2. 〈**햄릿**〉(2001). 연출: 이윤 ▬▬택 / 극단: 연희단거리패 / 햄릿: 이승현 / 오필리아: 김소희

1. 〈**템페스트**〉(2010). 연출: 오태석 / 극단: 목화 / 세자(퍼□

3. 〈레이디 맥베스〉(1999). 연출: 한태숙 / 극단: 물리 / 맥베스: 정동환 / 레이디 맥베스: 서주희

4. 〈우루왕〉(2001), 연출: 김명곤 / 극단: 국립극단, 국립무용단, 국립창극단, 국립국악관현악단 / 우루왕(리어왕): 왕기석

5. 〈**칼로막베스**〉(2010). 연출: 고선웅 / 극단: 극공작소 마방진 / 막베스: 호산

6. 〈**한여름 밤의 꿈**〉(2012). 연출: 양정웅 / 극단: 여행자 / 가비(오베론): 정해균 / 아주미(보틈): 정아영

7. 〈**노래하듯이 햄릿**〉(2005). 연출: 배요섭 / 극단: 뛰다 / 광대: 황혜란, 최재영, 윤진성

8. 〈바퀴 퍼포먼스 로미오와 줄리엣〉(2005). 연출: 김진만 / 극단: 앙상블 / 티볼트: 김염 / 머큐쇼: 이동수

한국 셰익스피어 르네상스

이현우

순천향대학교 영문학과 교수

한국셰익스피어학회 부회장(국제교류), 한국 고전르네상스 영문학회 편집이사, 국제 학술지 *Multicultural Shakespeare* 자문위원, 국제협력프로젝트 *Asian Shakespeare Intercultural Archive* 공동 책임자, *Shakespeare Bibliography-online by Shakespeare Quarterly* 한국담당자

저서 『셰익스피어: 관객, 무대, 그리고 텍스트』, *Glocalizing Shakespeare in Korea and Beyond* (공저), *William Shakespeare's Sonnets for the First Time Globally Reprinted: A Quatercentenary Anthology 1609-2009* (공저) 외

역서 『햄릿 제1사절판본(1603)』, 『세네카의 오이디푸스』, 『코리올레이너스』 외

논문 "Hollywood Conspiracy about Shakespeare," "Shakespeare's Dramaturgy about the 'Pit' Space —Hamlet leaps into the yard, not the stage-strap," "The Yard and Korean Shakespeare," "Shamanism in Korean *Hamlets* since 1990: Exorcising *Han*," "Dialectical Progress of Femininity in Korean Shakespeare since 1990," 「굿과 한국 셰익스피어: 양정웅의 〈햄릿〉과 오태석의 〈템페스트〉를 중심으로」 외 다수

연출 〈코리올라누스〉, 〈햄릿 Q1〉, 〈떼레즈 라깽〉

연기 〈오이디푸스〉, 〈오레스테스 3부작〉, 〈관리인〉, 〈나는 빠리의 택시운전사〉, 〈리어왕〉, 〈한여름 밤의 꿈〉, 〈페리클레스〉, 〈이런 동창들〉, 〈만드라골라〉, 〈메카로 가는 길〉, 〈몰리 스위니〉, 〈라 쁘띠뜨 위뜨〉, 〈나비의 꿈〉, 〈셰익스피어 인 뮤직〉, 〈오델로 인 발레〉, 〈험한 세상의 다리〉(TV) 외 다수

수상 2012 PAF 연극연출상(수상작: 떼레즈 라깽)

한국 셰익스피어 르네상스

초판 1쇄 발행일 2016년 4월 10일

지은이 이현우
발행인 이성모
발행처 도서출판 동인 • 서울시 종로구 혜화로3길 5 118호
   TEL 02-765-7145 / FAX 02-765-7165 / dongin60@chol.com
등 록 제1-1599호
ISBN 978-89-5506-711-8
정 가 38,000원

한국 셰익스피어 르네상스

이현우 지음

도서출판 동인

이 저서는 2011년 정부(교육부)의 재원으로 한국연구재단의 지원을 받아 수행된
연구임(NRF-2011-812-A00183).

책을 내면서

1990년대 들면서 한국연극계에서 부쩍 셰익스피어를 많이 공연했다. 2000년대 들어선 더욱 더, 어떨 땐 지나치다 싶을 정도로. 전공이 셰익스피어인데다 연극 공연을 좋아하다보니 나는 이런 현상이 참 반가웠다. 그래서 셰익스피어 공연을 열심히 쫓아다니면서 보아왔고, 그 자료를 축적해왔다. 그리고 틈틈이 그에 관한 글들도 써왔다. 대학원생시절부터 지금까지 제법 오랜 기간 동안 그저 좋아서 해왔던 일이 어느새 내게 큰 자산이 되었다. 이번에 그동안의 글들을 모으고, 또 기존의 자료를 토대로 새로운 글들을 추가했다.

『한국 셰익스피어 르네상스』. 다소 거창한 제목으로 책 제목을 달았다. 100여 년 동안의 한국 셰익스피어 공연사를 되짚어 보면, 1990년 이후 한국 연극계의 셰익스피어 공연은 그 양과 질에 있어 모두 그 이전과는 확연히 구분되는 가히 폭발적인 성장과 성과를 이루어냈다. 그래서 '르네상스'라는 조금은 힘이 들어간 듯이 보이는 표제어를 붙여 최근 20여 년 간의 한국 셰익스피어 공연의 특징과 성향을 분석하고 정리하고자 하였다. 섣부른 역사적 규정이라 생각할 수도 있겠으나 한국연극계의 셰익스피어 붐의 제 특성들을 아우르기 위한 것이므로 어색하게 느끼실 분들의 이해를 구한다.

1990년대 이후 어떤 의미에선 경중의 차이는 있지만 전 세계가 셰익스피어 붐을 경험하고 있다고 해도 과언이 아닐 것이다. 각 나라의 셰익스피어 학자들이 자국의 셰익스피어 공연을 소개하기 위해 애써왔고, 다른 나라의 셰익스피어를 알기를 원했다. 나도 그 중 하나이다. 이 책은 한국의 셰익스피어를 이해하고 알리기 위한 한 방안이라고도 할 수 있다.

최근 아시아의 셰익스피어 공연은 그 어느 지역의 경우보다도 독창적이고 독특하며, 무엇보다 자국의 전통 및 역사 문화적 특성과 긴밀한 연관관계 속에서 발전하고 있어 세계의 주목을 받고 있다. 그래서 2008년경부터 아시아의 중요한 셰익스피어 공연을 디지털화해서 기록하고 분석하며 보존하고자 하는 '아시아 셰익스피어 상호문화 아카이브'(Asian Shakespeare Intercultural Archive)가 아시아의 여러 학자들이 모여 구성되었다. 나도 그 일원이다. 그 구성원 중 가장 열정적인 활약을 해왔던 일본의 고바야시 가오리 교수가 지난 가을 갑자기 유명을 달리했다. '아시아 셰익스피어 상호문화 아카이브'는 내가 이 책을 쓰는데 있어 중요한 추동력이 되어 주었다. 이 자리를 빌려 함께 '아카이브'를 이끌어 가고 있는 동료들에게 감사하며, 다시 한 번 고바야시 가오리 교수의 명복을 빈다.

이 책은 2011년 한국연구재단의 지원에 의해 진행되었다. 5년여의 긴 시간이 흘렀다. 아직도 미흡하고 손볼 구석이 눈에 띄지만 약속된 연구기간이 만료되어 가고, 꽉 짜인 차후의 일정으로 인해 여기서 마무리할 수밖에 없을 듯하다. 꾸지람이든 조언이든 기꺼이 달게 듣고 약으로 삼아 '한국 셰익스피어 르네상스'에 대한 수정본 내지 확장본을 기약해 본다. 셰익스피어 탄생 450주년인 2014년과 서거 400주년인 2016년의 수많은 셰익스피어 작품을 이번 책에 담지 못한 것은 큰 아쉬움이다. 2014년과 2016년 사이의 셰익스피어 공연들은 분명 한국 셰익스피어 르네상스를 한층 풍요롭게 기록해줄 것이다.

이 책에는 많은 극단의 공연 사진이 실려 있다. 이를 허락해 주신 모든 극단께 감사드리며, 어려운 여건 속에서도 이러한 학술서적을 출판해 주시는 도서출판 동인의 이성모 사장님께도 심심한 감사의 말씀을 드린다.

끝으로 독자의 이해를 돕기 위해 일반 출판물명은 『 』, 셰익스피어 원작 및 공연작품명은 〈 〉 부호로 구분해 표기했음을 밝힌다.

2015년 12월 31일
이현우

차례

한국 셰익스피어 르네상스

　1990년부터 2012년 현재까지 지난 20여년은 한국 셰익스피어 공연사에서 그 유례를 찾아볼 수 없는 셰익스피어 공연의 중흥기이다. 1980년대까지만 하더라도 기성 극단의 셰익스피어 공연은 일 년에 한두 편 보기가 쉽지 않았을 정도로 셰익스피어는 고가의 귀중품 같은 취급을 받으며 드물게 공연되었고, 또 공연된다는 사실만으로도 화제가 되곤 하였다. 하지만 1990년부터 이러한 상황은 급반전을 맞는다. 필자가 개인적으로 조사해본 바에 의하면, 1990년과 1991년에 연이어 일 년에 6편씩 공연되더니 점차 그 수가 폭발적으로 증가하여 1990년부터 2011년까지 무려 433편의 셰익스피어 공연이 이루어졌다. 이중 외국 공연 단체에 의한 셰익스피어 공연물 38편을 제외하더라도, 총 395편이라는 엄청난 숫자의 한국 셰익스피어 공연물이 제작되었다. 실로 놀라운 셰익스피어 사랑이자 열풍이고, 생산량이라고 하지 않을 수 없다. 특히 주목할 부분은 2000년대 들어 한층 활발해진 셰익스피어 공연이 2009년부터 2011년까지 최근 3년 동안은 더욱 폭발적으로 증가하여 무려 150여 편이나 공연되었다는 사실이다. 이러한 지속적인 증가 추세에 비추어 한국의 셰익스피어 열풍은 앞으로도 계속 확대되어 갈 것임을 예상케 한다.

사실 이러한 셰익스피어 붐, 열기와 에너지는 한국 연극계뿐만 아니라 세계 연극계에서도 유례가 없는 일이라 할 것이다. 더욱이 양적인 측면에서만이 아니라, 질적인 측면에서의 발전은 더욱 주목할 만하다. 오태석의 〈로미오와 줄리엣〉, 〈템페스트〉, 양정웅의 〈한여름 밤의 꿈〉, 이윤택의 〈햄릿〉, 김명곤의 〈우루왕〉, 한태숙의 〈레이디 맥베스〉, 이병훈의 〈리어왕〉, 원영오의 〈동방의 햄릿〉, 김낙형의 〈맥베스〉 등이 국내의 울타리를 넘어 여러 나라에서 초청 공연을 하거나 해외 연극제에서 수상을 하며 해외의 평단과 관객들의 환영을 받았고, 그렇게 국내 연극의 해외 진출에 첨병 역할을 하였다. 특히 오태석의 〈로미오와 줄리엣〉과 양정웅의 〈한여름 밤의 꿈〉은 2006년 셰익스피어의 본고장인 영국의 문화예술의 심장이라고 할 수 있는 바비칸 센터에서 초청 공연을 함으로써 한국 셰익스피어 공연사에 한 획을 긋는 역사적인 성과를 이루어냈다. 더욱이 양정웅의 〈한여름 밤의 꿈〉은 2012년 런던의 글로브극장에서 개최된 '글로브 대 글로브 셰익스피어 페스티벌'에 초청되어 전체 37개국의 셰익스피어 작품들 속에서도 특별한 주목과 평가를 받기도 하였다. 이들 외에도 고선웅의 〈칼로 막베스〉, 손진책의 〈태풍〉, 김광보의 〈오필리아, 누이여 나의 침실로〉, 김정옥의 〈햄릿〉, 김아라의 〈햄릿 프로젝트〉, 김동현의 〈맥베스, The Show〉, 김진만의 〈바퀴 퍼포먼스 로미오와 줄리엣〉, 배요섭의 〈노래하듯이 햄릿〉 등 독창적이면서도 예술적 완성도가 뛰어난 우수한 셰익스피어 공연들이 대량으로 양산되었다.

또한 주목할 만한 사실은 오태석, 이윤택, 한태숙, 김아라, 손진책, 양정웅 등 한국을 대표하는 연출가들이 예외 없이 셰익스피어 연작 시리즈를 시도해오고 있다는 것이다. 오태석은 1995년 초연한 〈로미오와 줄리엣〉을 계속 발전시켜나가며 현재까지 15년 이상을 공연해 오면서, 여기에 덧붙여

〈맥베스〉와 〈태풍〉으로 이어지는 셰익스피어 시리즈를 내놓고 있다. 이윤택의 셰익스피어 시리즈는 그 수가 좀 더 많은 데, 1992년 〈맥베스〉를 시작한 이래, 〈리어왕〉, 〈태풍〉, 〈오셀로〉를 공연해 오고 있으며, 특히 〈햄릿〉은 오태석의 〈로미오와 줄리엣〉의 경우와 마찬가지로 1996년 초연 이래 현재까지 끊임없이 진화에 진화를 거듭하며 국내 공연뿐만 아니라 수많은 해외 공연을 이어가고 있다. 김아라의 셰익스피어 시리즈도 언급하지 않을 수 없다. 김아라는 경기도 죽산에 자신의 야외 공연장을 만들어 그 곳에서 1998년 〈인간 리어〉를 필두로 2001년까지 〈햄릿 프로젝트〉, 〈맥베스 21〉, 〈인간 오셀로〉를 연이어 선보였다. 현재 가장 주목받는 여성 연출가라고 할 수 있는 한태숙 역시 셰익스피어 열풍의 주도자 중의 한 사람이라고 할 수 있는데, 1998년 한국 연극계에 '물체극'이란 새로운 개념의 공연 방식으로 신선한 충격을 준 〈레이디 맥베스〉로 시작해 〈꼽추, 리차드 3세〉, 〈이아고와 오셀로〉를 연이어 보여주었다. 2012년 현재 국립극단 예술감독을 맡고 있는 손진책 역시 셰익스피어 사랑에 예외가 아니다. 〈베니스의 상인〉을 마당극 형식으로 푼 〈마포 황부자〉를 비롯해 〈템페스트〉, 〈철종 13년의 셰익스피어〉를 연출했으며, 그의 극단 미추에서 폴란드 연출가 바비츠키 연출로 〈맥베스〉, 이병훈 연출로 〈리어왕〉을 제작하기도 하였다. 셰익스피어 전작을 연출하는 것을 목표하고 있다고 공공연히 밝히고 있는 양정웅도 〈로미오와 줄리엣〉, 〈한여름 밤의 꿈〉, 〈환(맥베스)〉, 〈십이야〉, 〈햄릿〉을 연이어 발표해 오고 있으며, 특히 그의 〈한여름 밤의 꿈〉은 오태석의 〈로미오와 줄리엣〉이나 이윤택의 〈햄릿〉처럼 2002년 초연한 이래 현재까지 국내외에서 지속적으로 공연되고 있다. 한국의 셰익스피어 열풍은 이렇게 한국의 대표적 연출가들에 의해 집단적 집중적으로 형성되고 이끌어졌다고 할 수 있을 것이다.

다양한 규모와 각양각색의 특성을 지닌 각종 셰익스피어 페스티벌들 역시 지난 20여 년 동안 셰익스피어 붐을 촉발하고 지속시키는 데 크게 일조하였다. 매년 대학의 연극 전공 학과들이 함께 주최하고 있는 젊은 연극제가 1997년 제 5회 대회 때는 셰익스피어 페스티벌로 치뤄졌으며, 1998년부터 2000년까지 '작은 신화' '노뜰' '여행자' 등 당시만 하더라도 젊다고 할 수 있는 극단들이 모여 다양한 실험적 셰익스피어 극들을 선보인 '셰익스피어 상설무대'가 있었다. 또한 2001년 한국셰익스피어학회와 국립극장이 주관하고 '실험극장' '가변' '숲' '주변인들' '지구극연구소' 등 다섯 극단이 참여한 '셰익스피어 러브 페스티벌', 2009년 한국 연극연출가 협회가 주관하고 한국, 중국, 인도의 세 극단이 모여 〈사랑의 헛수고〉, 〈리어왕〉, 〈햄릿〉 등의 작품을 보여준 '아시아 연극연출가 워크숍,' 2011년 〈햄릿〉을 연극, 뮤지컬, 오페라, 무용의 네 가지 형식으로 한꺼번에 재현해준 '햄릿 프로젝트,' 그리고 '여행자' '청우' '작은 신화' '풍경' '백수광부' '골목길' 등 대학로의 대표적인 여섯 극단들이 각자만의 특색과 해석으로 재구성한 여섯 가지 버전의 〈햄릿〉을 선보인 '햄릿 업데이트,' 실험성이 강한 젊은 극단들이 참여했던 '셰익스피어와 광대들 페스티벌,' 여섯 명의 여성 연출가들이 열전을 벌인 '제7회 여성연출가전－셰익스피어, 여장을 하다' 등 각양각색의 셰익스피어 페스티벌들이 있어 왔다. 이러한 셰익스피어 페스티벌에는 젊은 극단들의 패기 넘치는 실험적인 작품들이 참여하기 마련이었고, 그러다 보니 완성도에 있어서는 만족스럽지 못한 경우가 적지 않았다. 하지만 이들이 번쩍이는 아이디어와 참신성으로 한국의 셰익스피어를 더욱 풍요롭고 다채롭게 발전시키는 데 크게 기여한 것만큼은 틀림없는 사실이다.

한편, 120여개의 소극장들이 운집해 있는 대학로에서 수많은 공연들이 명멸하고 있는 가운데 수년째 흥행 신화를 만들어 나가고 있는 것도 셰익스피어 공연이다. 2008년부터 2012년 현재까지 4년여의 기간 동안 오픈 런을 진행하고 있는 여기야 연출의 〈코믹쇼 로미오와 줄리엣〉과 김대환 연출의 〈말괄량이 길들이기〉이가 바로 그 흥행 신화의 주역들이다. 그밖에도 남육현이 2002년 창단한 유라시아 셰익스피어 컴퍼니는 셰익스피어 전작 공연을 시도 중으로 이미 10여 편의 셰익스피어 작품을 국내 초연작 중심으로 공연해 오고 있으며, 서울시극단에서는 2009년부터 〈겨울이야기〉, 〈베니스의 상인〉, 〈로미오와 줄리엣〉 등 어린이 셰익스피어 시리즈를 기획함으로써 셰익스피어 열풍을 어린이 연극에까지 확장시키고 있다. 셰익스피어 공연의 질과 양, 그리고 내용의 다양성 등 모든 면을 살펴보면, 한국 연극계는 1990년부터 시작해 20여년이 지나 2010년대에 접어들면서 마침내 '셰익스피어 르네상스'를 맞이했다고 해도 과언이 아닐 것이다.

그렇다면 도대체 이러한 한국 셰익스피어의 르네상스는 왜 발생한 것일까? 또 그것은 구체적으로 어떤 규모이고 어떤 특성을 가지고 있으며, 한국의 사회, 문화와는 어떤 연관관계 속에서 형성되고 지속되고 있는 것일까? 엄청난 규모로 이루어지고 있는 셰익스피어 공연 열풍이 한국 연극계에 어떤 영향을 미치고 있는 것일까? 또 그러한 셰익스피어 공연물들에 대한 국내외 관객들의 실질적인 평가는 어떤 것일까? 셰익스피어 텍스트에 대한 각종 이론과 새로운 해석들이 한국의 셰익스피어 공연 속에서는 실재로 어떻게 무대화 되고 있는 것이며, 한국의 연출가들은 어떤 기상천외한 새로운 해석을 셰익스피어 텍스트에 추가하고 있는 것일까? 한국 셰익스피어 르네상스는 자연스럽게 이러한 질문들을 던진다.

지금 셰익스피어의 극작품들은 한국 연극계에서 세계 어떤 극작가보다, 또 한국의 그 어떤 극작가의 극작품들보다 훨씬 더 많이, 더 자주 공연되고 있다. 뿐만 아니라 셰익스피어 르네상스를 주도해 나가고 있는 것은 오태석, 손진책, 이윤택, 한태숙, 양정웅 등 한국의 대표적 연출가들이며, 한국의 연극을 세계에 소개하고 있는 것도 바로 그들의 셰익스피어 공연들이다. 셰익스피어는 지금 한국 연극계를 지탱하고 발전시켜나가는 가장 핵심적인 중심축의 하나이며, 21세기 한국 연극계의 가장 두드러지고 가장 중요한 현상 중의 하나이다. 그런 만큼 이제 한국 셰익스피어 르네상스는 총체적이며, 구체적으로, 그리고 체계적으로 분석되고 정리되어야 할 절실한 필요성과 마주하고 있다.

이론적 연구와 무대예술은 서로 상보적 관계에 있다. 셰익스피어에 대한 학문적 이론과 연구가 무대 예술의 창조에 기여하기도 하지만, 창의적으로 무대화된 셰익스피어 공연이 새로운 이론과 해석을 제시하기도 한다. 세계화 시대와 맞물려 전 세계에서 그 어느 때보다 셰익스피어 공연이 활성화되고 있지만, 특히 아시아의 셰익스피어 붐은 세계 셰익스피어 학자들로부터 각별한 주목을 받고 있다. 기존의 서구의 셰익스피어와 주제와 형식적 측면 모두에서 전혀 다른 새로운 셰익스피어를 보여주고 있기 때문이다. 이에 따라 아시아 셰익스피어 공연을 연구한 존 러셀 브라운(John Russell Brown)의 『셰익스피어를 위한 새로운 지역들 극장, 관객, 그리고 아시아』 (New Sites for Shakespeare Theatre, the Audience, and Asia)(New York Routledge, 1999), 푸남 트리베디(Poonam Trivedi)와 미나미 류타(Minami Ryuta)가 공동 편집한 『아시아에서의 셰익스피어 재현하기』(Re-playing Shakespeare in Asia)(New York Routledge, 2009)와 데니스 케네디(Dennis Kennedy)와 용 리란(Yong Li Lan)이 공동으로 편집한 『아시아의 셰익스피어 동시대 공연』(Shakespeare in Asia Contemporary Performance)(Cambridge Cambridge UP, 2010) 등의 연구서가 최근 연이어 출간되었다. 그런데 안타까운 것은 이들 연구서에서 공통적으로 한국의 셰익스피어에 대해서는 거의 또는 전혀 언급이 되어 있지 않다는 것이다. 지금 한국의 셰익스피어 공연은 아시아의 어느 나라보다도 질과 양에서 결코 뒤처지지 않으며 오히려 앞선 측면이 적지 않다. 그럼에도 불구하고 세계 학자들의 시선에 들어오지 않은 것은 그만큼 체계적으로 연구되거나 소개되지 않은 탓이 크다. 필자는 2009년 연구책임자로서 국내외 여러 교수들과 함께 한국의 주요한 셰익스피어 공연에 대한 『셰익스피어 글로컬화하기, 한국 그리고 그 너머에서』(Glocalizing Shakespeare in Korea and Beyond)라는 영문 연구서를 낸바 있다. 하지만 이 영문연구서는 오태석, 이윤택, 한태숙, 양정웅 등의 주요한 셰익스피어 공연물에 집중되어 있어 한국의 셰익스피어 르네상스를 총체적으로 조명하지 못하는 한계가 있었고, 또한 영문 연구서다 보니 국내에서는 큰 소용이 되지 못한 아쉬움이 있었다.

　이러한 까닭에 이번 『한국 셰익스피어 르네상스』는 1990년부터 최근까지의 셰익스피어 공연물들을 총체적이면서도 체계적으로 분석하여 한국 셰익스피어 르네상스의 윤곽과 특성을 비교적 일목요연하고 선명하게 드러내 한국 셰익스피어 공연을 이해하고 연구하는 데 실질적인 도움이 되고자 의도하였다. 이를 위해, 제1장 '1990년 이래의 한국 셰익스피어 공연 현황 및 특성'에서는 1990년부터 2011년까지의 433개 셰익스피어 공연에 대한 분석표를 제시함과 동시에, 이를 토대로 한국 셰익스피어 르네상스의 전체적인 현황 및 특성을 조망한다. 제2장 '민주화와 세계화, 그리고 셰익스피어 르네상스'에서는 1990년대 한국 사회의 민주화와 세계화가 어떻게 셰익스피어 르네상스의 촉매제가 되었는지를 설명하며, 제3장 '한국의 전통극 양식과 셰익스피어'에서는 '마당'이라는 공유항을 매개로 한국 전통극 양식과 셰익스피어 공연 방식 사이의 접점을 찾아본다. 제4장 '한국의 샤머니즘과 셰익스피어'에서는 한국화를 시도한 많은 셰익스피어 공연 중 특히 '샤머니즘' 내지 '굿'을 극 속에 도입하고 있는 공연들이 많았던 원인과 각 공연의 샤머니즘적 특성을 살핀다. 제5장 '한국의 여성주의와 셰익스피어'에서는 한국 사회의 여성주의적 문화 기류가 셰익스피어 공연에 어떻게 반영되고 있는지 그 특성을 규명해 본다. 제6장 '한국의 정치와 셰익스피어'에서는 다이나믹하게 전개되어온 한국 사회의 민주화와 병립한 민중주의적 셰익스피어 공연들을 살펴보며, 제7장 '한국의 소리와 셰익스피어'에서는 셰익스피어의 시적 언어를 우리말 운율에 맞춰 번역하고 공연해 보려는 시도들 및 그 방법론에 대해 탐색한다. 제8장 '한국의 포스트모던 셰익스피어'는 원작에 대한 현대적 해체와 재구성을 시도한 셰익스피어 공연들을 중심으로 한국의 포스트모더니즘적 셰익스피어를 설명하며, 제9장 '한국 셰익스피어 공연에 대한 해외의 반응'은 해외에서 이루어진 우리나라 셰익스피어 공연물들에 대한 해외 언론의 리뷰를 좀 더 객관적으로 분석해 봄으로써 한국 셰익스피어 공연물의 위상과 수준을 점검한다. 끝으로 부록에서는 1990년부터 2011년까지 셰익스피어의 각 작품 별 주요한 공연을 선정해 그 메타 데이터 −공연 일시, 장소, 캐스트, 스텝, 공연 양식, 시놉시스 등−를 정리·소개한다.

제1장

1990년 이래의 한국 셰익스피어 공연 현황 및 특성

1990년 이래 한국 연극계의 셰익스피어 공연은 그 양에 있어서 엄청날 뿐만 아니라 질적인 측면에서도 매우 다양한 스펙트럼을 보여주는데 무엇보다 표 분석을 통해 그러한 셰익스피어 공연의 현황 및 특성을 일목요연하게 정리해 볼 필요가 있겠다.

표 1 셰익스피어 공연 목록(1990~2011)[1]

년도	작품	극단 / 연출자	성향
1990	앤토니와 클레오파트라	실험극장(윤호진)	C

---

[1] 이 분석표는 몇몇 예외적인 경우를 제외하고는 기성극단의 셰익스피어 공연물들을 대상으로 하는 것을 원칙으로 하였다. 비 기성극단의 작품으로는 셰익스피어를 주제로 했던 연극 전공 대학생들의 '젊은 연극제,' 기성연극인들이 주도했던 고대와 연대, 중앙대 등의 동문 공연 등이 포함되었다. 한편, 오태석의 〈로미오와 줄리엣〉, 한태숙의 〈레이디 맥베스〉, 양정웅의 〈한여름 밤의 꿈〉, 이윤택의 〈햄릿〉 등의 공연은 여러 해에 걸쳐 반복적으로 표기되고 있는데, 이러한 공연들은 해가 바뀌어 가면서 지속적으로 변화하고 진화해 나가면서 새로운 프로덕션의 양태를 보여주고 있기에, 반복되는 공연일지라도 동일 년도가 아닌 한 모두 표에 포함시켰다.

	로미오와 줄리엣	민중극단(전준택)	C
	햄릿 4	극단 76(기국서)	E
	햄릿 5	극단 76(기국서)	E
	실수연발	신시(김상열)	K
	햄릿	유고자파드 극단 Ugo-Zapad Theatre (발레리 벨리아코비치)	C/E
1991	맥베스	류잔지 컴퍼니(류잔지 쇼우)	E
	맥베스	여인극장(강유정)	C
	욕망성국	당대전기극장(우싱쿠오)	Ch(경극)
	한여름 밤의 꿈	한양레파토리(최형인)	C/E
	말괄량이 길들이기	가교(정종화)	C
	윈저의 바람둥이 부인들	현대예술극장(정일성)	C
1992	타임리스 리어	극단 뮈토스(오경숙)	E
	오셀로	실험극장(김동훈)	C
	맥베스	부산연기자협회(이윤택)	E
	태풍	두레(장수동)	K
	법에는 법으로	국립극단(김창화)	C
	베니스의 상인	성좌(권오일)	C
	맥베스	English Shakespeare Company (보그다노프 Michael Bogdanov)	C/E
	십이야	English Shakespeare Company (페닝톤 Michael Pennington)	C/E
1993	햄릿	극단 자유(김정옥)	K/E
	리어왕	극단 반도(주요철)	E
	리어왕	Playbox Theatre (마키비츠 Lech Mackeiwicz)	E
1994	맥베스	미추(K. 바비츠키)	C/E
	리어왕	스코트 극단(스즈키 타다시)	J/E

	락 뮤지컬 로미오와 줄리엣	뮈토스(오경숙)	M(락 뮤지컬)
	햄릿	극단 띠오빼빼(에카테리나 오브라스트바)	E
	리어왕	고대90주년기념동문공연(고금석)	C/E
	한여름 밤의 꿈	연대110주년기념동문공연(김태수)	C/E
	한여름 밤의 꿈	한양레파토리(최형인)	C/E
	우리 시대의 리어	동숭레파토리(유재철)	E
1995	미친 리어	극단 76(기국서)	E
	로미오와 줄리엣	목화(오태석)	K/E
	리자드 3세	국립극단(심철리)	C/E
	오필리아, 누이여 나의 침실로	극단 청우(김광보)	K/E
	문제적 인간 연산	유 씨어터(이윤택)	K/E
	팔스타프	국립오페라단(신경욱)	O
	햄릿	연희단 거리패(이윤택)	K//E
	로미오와 쥴리엣	유고자파트 Ugo-Zapad Theatre (벨리아 코비치)	C/E
	태풍	Shared Experienced Theatre (낸시 멕클 러 Nancy Meckler)	E
1996	리어, 그 이후	극단 뮈토스(오경숙, 박장렬)	E
	떠벌이 우리 아버지 암 에 걸리셨네(햄릿)	극단 연우무대(채승훈)	K/E
	노미오와 주리애	인천시립극단(이승규)	K
	마로위츠 햄릿	은행나무(윤우영)	E
	리어왕	전주시립극단(안상철)	C
1997	* 제 5회 젊은 연극제: 셰익스피어 페스티발(한 양대주체) 십이야 맥베스	 한양대 동국대	 E E

	리허설 말괄량이 길들이기	상명대	K
	리어	중앙대	K
	햄릿이야기	청주대	C
	오셀로	단국대	C
	거꾸로 가는 리어 -아,부,지!	극단 무대에서 바라본 세상(김달중)	E
	* 세계연극제: 리어왕 한여름 밤의 꿈 오셀로	자유 + 유(김정옥) 서울시립뮤지컬단(이종훈) 국립무용단(국수호)	E E D
	맥베스	극단 작은 신화(김동현)	E
	햄릿	극단 작은 신화(반무섭)	E
	실수연발	인천시립극단(이승규)	K
	초대(햄릿)	극단 행동(임재찬)	E
1998	로미오와 줄리엣	공연기획 〈파파〉(박중현)	E
	* '98 셰익스피어 연극상 설무대: 맥베스 햄릿 한여름 밤의 꿈 페리클리즈 로미오와 줄리엣	 극단 작은신화(김동현) 극단 노뜰(원영오) 극단 사조 + 비파(성준현) 극단 셰익스피안 '86(한영식) 그룹 여행자(양정웅)	 E E E E E
	레이디 맥베스	극단 물리(한태숙)	K/E
	오셀로	Royal National Theatre (샘 맨더스 Sam Mendes)	C/E
	햄릿	극단 미학(정일성)	C/E
	한여름 밤의 꿈	경기도립극단(주요철)	K(마당극)
	십이야	국립극단(박원경)	C
	오셀로 -피는 나지만 죽지 않는다	극단 동숭무대(박근형)	E
	인간 리어	극단 무천(김아라)	E
	오셀로	국립오페라단(김홍승)	O

햄릿 1999	극단 유(김아라)	E
리어왕	부산 시립극단(이윤택)	E
* '99 셰익스피어 상설무대: 신연극 도깨비 헛소동 NEO-로미오와 쥴리엣 실수연발 햄릿 리어왕 노동자 보틈의 한여름밤 의 꿈	 극단 무연시(김도후) 극단 떼아뜨르 노리(성종현) 극단 극발전연구회(조한신) 극단 노뜰(원영오) 그룹 여행자(양정웅) 극단 연극집단 반(박장렬)	 E E E E E E
햄릿 프로젝트	극단 무천(김아라)	E
태풍	서울예술단(이윤택)	M
록 햄릿	서울 뮤지컬 컴퍼니 (전훈 연출, 조광화 각색)	M(락뮤 지컬)
겨울동화	극단 반딧불이(임경식)	C/E
셰익스피어는 수다쟁이	바탕골 예술관(이혜민)	E
레이디 맥베스	극단 물리(한태숙)	K/E
스펙트럼2001(햄릿)	사다리 움직임 연구소(임도완)	E
로미오와 쥴리엣	공연기획 파파(박중현)	E
맥베스	스튜디오 502(임경식)	C/E
찬탈–역사의 블랙홀 속 으로(맥베스)	극단 작예모(김운기)	K
베니스의 상인	한국셰익스피어학회(류영균)	CE
한여름 밤의 꿈	서울시 뮤지컬단(이종훈)	E
* '99 춘천 국제 연극제: 맥베스 맥베스 달빛의 열기(한여름 밤) 남가일몽	 Troup Coyote(네덜란드) The Player's Theatre(영국) Thag-Theatre(독일) 백제연극앙상블(장성식)	 E E E E
화개장터(로미오와 쥴리)	과천세계공연예술제 영호남연극인(현태영, 강남진)	K

(표 왼쪽 연도 칸: 1999)

	미친 햄릿	극단 청년 + 극단 수업(김민호)	E
	맥베스는 잠을 죽였다	제2회 변방연극제(양지원)	E
2000	레이디 맥베스	극단 물리(한태숙)	K/E
	락 햄릿	서울 뮤지컬 컴퍼니(전훈)	E
	햄릿 머신	씨어터 제로 + 창파(채승훈)	E
	막베스	그림연극(이현찬)	E
	셰익스피어식 사랑 메소드	극단 배우극장(홍유진)	E
	*제3회 셰익스피어 상설무대 황야(맥베스) 막베스 광부 리어 햄릿 몽중몽	극단 노뜰(원영오) 그림연극(이현찬) 극단 여기(홍석환) 연극 집단 반(박장렬)	E E E E
	맥베스 21	무천(김아라)	E
	한여름 밤의 꿈	무천(김아라)	K/E
	햄릿	연희단거리패(이윤택)	K/E
	말괄량이 길들이기	Royal Shakespeare Company (린제이 포스너Linsay Posner)	C/E
2001	우루왕	국립극장(김명곤)	K/E(총체극)
	셰익스피어의 여인들	극단 아우내(한규용)	E
	동방의 햄릿	극단 노뜰(원영오)	E
	데포스마시옹 - 햄릿	극단 열린(오순한)	E
	리어왕	부산광역시립극단(이윤택)	K/E
	로미오와 줄리엣	목화(오태석)	K
	셰익스피어 인 뮤직	한국 페스티벌 앙상블(김동현)	O/P
	태풍	서울예술단(이윤택)	M
	햄릿	국립극단(정진수)	C
	스펙트럼 2001(햄릿)	극단사다리연구소(임도완)	E
	햄릿	연희단거리패(이윤택)	K/E

	햄릿-분신놀이	예성동인(김현묵)	E
	인간 오셀로	무천(김아라)	E
	키스 미 케이트	신시뮤지컬컴퍼니(임영웅)	M
	베니스의 상인	서울시극단(채윤일)	C
	한여름 밤의 꿈	극단 유(임형택)	E
	한여름 밤의 꿈	극단 미추(신용수)	M
	* 셰익스피어 러브 페스티발 말괄량이 길들이기 로미오와 줄리엣 십이야 트로일러스와 크레시다 오셀로	 극단 주변인들(서충식) 극단 숲(임경식) 극단 가변(박재완) 실험극장(김성노) 극단 지구극연구소(김태훈)	 E E E E E
	포비든 플래닛(태풍)	루트원 엔터테인먼트(조태준)	M
	한여름 밤의 꿈	극단여행자(양정웅)	K
	로미오와 줄리엣	국립발레단(장 크리스토프 마이요)	B
	레이디 맥베스	극단 물리(한태숙)	K/E
	로미오와 줄리엣	서울예술단(유희성)	M
2002	태풍	서울예술단(이윤택)	M
	헨리 4세	서울시극단(김광보)	C
	맥베스, The Show	극단 작은신화(김동현)	E
	오셀로	리투아니아 Meno Fortas Theater (네크로슈스 Einmuntas Nekrosius)	E
	햄릿 프로젝트 2002	무천(김아라)	E
	햄릿 기계	극단 76(함형식)	E
	우루왕	국립극장(김명곤)	K/E (총체극)
	줄리어스 시저	국립극단(정일성)	C
	한여름 밤의 꿈	전주시립극단(장성식)	C

	베로나의 두 신사	유라시아 셰익스피어 컴퍼니(남육현)	C
	오델로-피는 나지만 죽지 않는다	동숭무대(임정혁)	E
	맥베스	경기도립극단(장용휘)	C
	맥베스	순천시립극단(차영화)	C/E
2003	리어왕	당대전기(우신꾸어)	Ch(경극)
	로미오와 줄리엣	서울예술단(유희성)	M
	햄릿	부산시립극단(김세진)	E
	트랜스 십이야	극단 가변(각색, 연출 오동식)	E
	겨울 이야기	툇마루 무용단(각색: 이태주 연출: 이종훈, 안무: 최청자)	D/M
	온 에어 햄릿	극단 가변(송형종)	E
	상자 속의 한여름 밤의 꿈	극단 뛰다(이현주)	E
	오셀로	시울시극단(권오일)	C
	클럽 오베론	댄스 씨어터 동랑(연출/안무 박일규)	E
	햄릿	연희단거리패(이윤택)	K/E
	하나의 점 속에서 맥베스	극단 빛누리(신태영)	E
	한여름 밤의 꿈	극단 여행자(양정웅)	K/E
	실수연발	극단 처용(이상원)	C
	동방의 햄릿	극단 노뜰(원영오)	E
	타이터스 앤드러니커스	국립극단(김철리)	C/E
2004	환 (맥베스)	극단 여행자(양정웅)	K/E
	트랜스 십이야	극단 가변(박재완)	E
	클럽 하늘(한여름 밤의 꿈)	댄스 씨어터 동랑(박일규)	E
	동방의 햄릿	극단 노뜰(원영오)	E
	햄릿	문화창작집단 수다(이성렬)	E
	한여름 밤의 꿈	극단 여행자(양정웅)	K/E

	뮤지컬 십이야	루트 21(박재완 & 이미경)	E/M
	리어왕	연희단거리패(이윤택)	E
	바그다드 햄릿	극단 창파(소희정)	E
	덫 -햄릿에 대한 명상	무천(김아라)	E
	오셀로 - 피는 나지만 죽지 않는다	극단 동숭무대(임정혁)	
	오셀로 니그레도(11/3-21)	극단 가변(송형종)	E
	꼽추, 리차드 3세	악어 컴퍼니(한태숙)	E
	심벨린	극단 비파(김철리)	E
	Al-Hamlet Summit	슐라이만 알 바쌈 씨어터 컴퍼니 (슐라이만 알 바쌈) Sulayman Al-Bassam Theatre Company (Sulayman Al-Bassam)	E
	바퀴 퍼포먼스 -로미오와 줄리엣	극단 앙상블(김진만)	E
	하멸태자(햄릿)	경남예술극단(이훈호)	K/E
	해랑과 달지(한여름 밤)	극단 길라잡이(임진택)	K/E (마당극)
2005	The Complete Works of William Shakespeare	The Reduced Shakespeare Company (John Saunders)	E
	Romeo and Juliet	리투아니아 OK Theatre(오스카라스 코르슈노바스)	E
	덫-햄릿에 대한 명상	극단 무천(김아라)	E
	로미오와 줄리엣	서울예술단(유희성)	M
	템페스트	프랑스 푸추반 씨어터	M
	바퀴 퍼포먼스 -로미오와 줄리엣	극단 앙상블(김진만)	E
	바그다드 햄릿	극단 와우(소현정)	E
	오셀로 니그레도	극단 가변(송형종)	E
	해랑과 달지(한여름 밤)	극단 길라잡이(임진택)	K/E

하멸태자(햄릿)	경남 예술극단(이훈호)	K/E
마포 황부자 (베니스의 상인)	극단 미추(손진책)	K/E (마당놀이)
코리올라누스	화동연우회(이현우)	C/E
겨울이야기	툇마루무용단(이종훈)	D/M
락뮤지컬 로미오와 줄리엣	경기지역문예회관협의회(김광보)	M
오셀로, 오셀로	극단 동시대(오유경)	E
맥베스	극단 미학(정일성)	C
노래하듯이 햄릿	극단 뛰다(배요섭)	K/E
한여름 밤의 꿈	유씨어터(김관)	E
블랙 햄릿	극단 신협(전세권)	E
베니스의 상인	국립극단(박재완)	E
뮤지컬 셰익스피어의 여 인들	극단 예휘 +문화사랑 야다(송윤석)	E
햄릿	연희단거리패(이윤택)	K/E
말괄량이 길들이기	극단 주변인들(서충식)	E
한여름 밤의 꿈	극단 숲(임경식)	E
2006	맥베스	메노 포르타스 극단(아인문타스 네크로 슈스)Meno Fortas Theater(Einmuntas Nekrosius)	E
	햄릿	메노 포르타스 극단(아인문타스 네크로 슈스)	E
	베니스의 상인	전주시립극단(조민철)	C
	뮤지컬 로미오와 줄리엣	대구시립극단(이상원)	M
	익스트림 로미오와 줄리엣	극단 앙상블(김진만)	E
	말괄량이 길들이기	슈튜트가르트 발레단(John Cranko)	B
	말괄량이 길들이기	JT 컴퍼니(문삼화)	E
	십이야	부산시립극단(손기룡)	C

	햄릿	대구시립무용단(김재만)	D
	햄릿 트라우마	극단 푸른소(김원태)	E
	로미오와 줄리엣	목화(오태석)	K
	유령을 기다리며(햄릿)	극단 드림플레이(김재엽)	E
	리어왕	극단 76(기국서)	E
	한여름 밤의 꿈	극단 여행자(양정웅)	K/E
	맥베스, The Show	극단 작은신화(김동현)	E
	오셀로	The Genus Opera(Ludek Golat)	O
	미친 햄릿	극단 청년(김민호)	K/E
	이야고와 오셀로	극단 물리(한태숙)	E
	서스펜스 햄릿	극단 화살표(정새혁)	E
	로미오를 사랑한 줄리엣의 하녀	극단 가마골(이윤주)	E
	댄스 뮤지컬 겨울이야기	툇마루 무용단(김태훈)	D
	한여름 밤의 악몽	극단 자명종(박재민)	E
	락 햄릿	서울뮤지컬컴퍼니(전훈)	M
	줄리에게 박수를	극단 인터(김 지후)	E
2007	맥베스	전주시립극단(조민철)	C
	동키쇼(한여름 밤의 꿈)	SM 아트 컴퍼니(표인봉)	E
	노래하듯이 햄릿	극단 뛰다(배요섭)	K/E
	웨스트 사이드 스토리	서울 뮤지컬 컴퍼니(이원종)	M
	헛소동	유라시아셰익스피어컴퍼니(남육현)	C
	끝이 좋으면 다 좋아?	유라시아셰익스피어컴퍼니(남육현)	C
	맥베스	목화(오태석)	K
	로미오와 줄리엣	목화(오태석)	K
	한여름 밤의 꿈	극단 여행자(양정웅)	K/E
	닌자 햄릿	Tiny Ninja Theater (Dov Weinstein)	E

	겨울이야기	한국배우협회(오순환)	C
	왕과 햄릿	극단 신협(경상현)	E
	햄릿	극단 현존(박명규)	E
	플레이 위드 햄릿	플레이 위드 (박선희)	E
	햄릿(Black out)	댄스 씨어터 창(김남진)	E
	테러리스트 햄릿	국립극단(다니엘 헤르초크 Jens Daniel Herzog)	C/E
	사랑의 헛수고	글로브극장(도미닉드롬굴 Dominic Dromgoole)	C
	맥베스	국립오페라단 (울리세 산타키 Ulisse Santacchi)	O
	패밀리 리어	극단 청년극장(송형종)	E
	오필리아의 은밀한 사랑 이야기(햄릿)	극단 청춘오월당(전용환)	E
	뮤지컬 햄릿	PMG 네트워크(김광보)	M
	나비스 햄릿	설치극장 정미소(김기승)	E
	골목길 햄릿	극단 골목길(박근형)	E
	뮤지컬 햄릿	스펠 엔터테인먼트(왕용범)	M
	거트루드	코끼리만보(배삼식)	E
	햄릿	동국대학교 연극학부 동문합동공연 (김용태)	E
2008	뮤지컬 로미오와 줄리엣	서울예술단(유희성)	M
	리어왕	미추(이병훈)	K
	말괄량이 길들이기	서울시극단(전훈)	C
	말괄량이 길들이기	Kim's Comfunny(김대환)	E
	테러리스트 햄릿	국립극단(다니엘 헤르초크 Jens Daniel Herzog)	C/E
	코믹쇼 로미오와 줄리엣	껌아트홀(여리야)	E
	레이디 맥베스	극단 물리(한태숙)	K/E

로미오와 줄리엣	목화(오태석)	K
맥베스	목화(오태석)	K
맥베스	극단 예린(윤여송)	E
십이야	극단 여행자(양정웅)	E
한여름 밤의 꿈	장선희 발레단(장선희)	B
한여름 밤의 꿈	극단 맥(이정남)	K
리차드 2세	유라시아셰익스피어컴퍼니(남육현)	C/E
심벨린	어린이를 위한 셰익스피어 컴퍼니 (야마사키 세이스케)	E
오셀로 셰익스피어 인 빌레	국립발레단 + 극단 물결(송현옥)	B/P
로미오와 줄리엣	국립발레단(유리 그리가로비치)	B
해오라기와 솔뫼	연희단거리패(하워드 블레닝)	K
헛소동	전주시립극단(조민철)	C
오셀로	극단 미학(정일성)	C/E
플레이위드 햄릿4 －나를 찾는 여행	플레이위드(박선희)	E
2009	베니스의 상인	명동예술극장(이윤택)	C/E
	햄릿 －슬픈 광대의 이야기	극단 시인과 무사(김동연)	E
	햄릿	동국대학교 동문합동공연(김용태)	E
	뮤지컬 〈햄릿〉	스펠 엔터테인먼트(왕용범)	M
	햄릿 Q1	디오니소스 드라마 연구회 + 극단 물결 (이현우)	K/E
	김현탁의 햄릿	성북동 비둘기(김현탁)	E
	햄릿의 한여름 밤의 꿈	극단 연인(박철완)	E
	햄릿	연희단거리패(이윤택)	K/E
	햄릿	극단 여행자(양정웅)	K/E
	햄릿－육신의 고요	폰테데라 극단 Compagnia Laboratorio	E

(Amleto —Nella Carne il Silenzio	di Pontedera (로베르토 바치 Roberto Bacci)	
노래하듯이 햄릿	극단 뛰다(배요섭)	K/E
햄릿 에피소드	대구시립무용단(김재만)	D
* 2009 아시아연극연출가 워크숍: 사랑의 헛수고 리어 햄릿	한국연극연출가협회/아르꼬 예술극장 한국팀(김성노) 인도팀(라비 차우라베디) 중국팀(장광티엔)	 K/E I/E Ch/E
오셀로—피는 나지만 죽지 않는다	극단 동숭무대(임정혁)	E
오셀로	고양문화재단 / 대전 예술의 전당 (심재찬)	E
꿈속의 오셀로	연희단거리패(이윤택) 쿠나우카(미야기 사토시)	K/J/E
우리 시대의 오셀로 —사랑의 망상	극단 떼아뜨르 고도(임정혁)	E
맥베스	극단 신작로(이영석)	E
헨리 4세 1부	유라시아셰익스피어컴퍼니(남육현)	C/E
헨리 4세 2부	유라시아셰익스피어컴퍼니(남육현)	C/E
헨리 5세	유라시아셰익스피어컴퍼니(남육현)	C/E
한여름 밤의 꿈	한양레파토리(최형인)	E
한여름 밤의 꿈	극단 여행자(양정웅)	K/E
골목길 햄릿	극단 골목길(박근형)	E
맥베스	극단 죽죽(김낙형)	E
십이야	극단 가변(이성구)	E
로미오와 줄리엣	목화(오태석)	K
말괄량이 길들이기	Kim's Comfunny(김대환)	E
맥베스	떼아뜨르 봄날(이수인)	E
겨울이야기	서울시극단(김석만)	C

	햄릿	극단 노뜰(원영오)	E
	한여름 밤의 꿈	극단 반(박장렬)	E
	로미오와 줄리엣	극단 뮈토스(오경숙)	E
	철종 13년의 셰익스피어	미추(마츠모토 유코)	K/E
	굿나잇 데스데모나, 굿모닝 줄리엣	극단 표현과 상상(노승희)	E
	코믹쇼 로미오와 줄리엣	껌아트홀(여기야)	E
	창극 로미오와 줄리엣	국립창극단(박성환)	K(창극)
	로미오와 줄리엣	제 12 언어연극 스튜디오/도쿄데스락 (타다 쥬노스케)	E
	로미오와 줄리엣	이탈리아 국립 아떼르 발레또 무용단 (마우로 비곤쩨띠 Mauro Bigonzetti)	B
	프랑스 오페라 〈로미오와 줄리엣〉	오페라 인 부천(이경재)	O
	이러려고 꼬셨니? 로미오와 줄리엣 인 1947	극단 인혁(이기도)	E
	태풍	미추(손진책)	E
	태풍	당대전기극장(서극)	Ch(경극)
	타이터스	상상만발극장(박해성)	E
	리어왕	극단 미학(정일성)	C/E
	리어왕	극단 미추(이병훈)	K/E
	맥베스	Theater Company 201(이명일)	E
	맥베스, 악(樂)으로 놀다	극단 우투리(김선애)	K/E
2010	코믹쇼 로미오와 줄리엣	껌아트홀(여기야)	E
	아이컬 〈로미오와 줄리엣〉	한국어린이뮤지컬공연단(장도현)	M
	로미오와 줄리엣	목화(오태석)	K/E
	오페라 〈로미오와 줄리엣〉	오페라 인 부천(이경재)	O
	뮤지컬 〈로미오와 줄리엣〉	서울예술단(박석용)	M

로미오와 줄리엣은 살해 당했다	극단 극발전소(정범철)	E
로미오와 줄리엣 Ver. 2.0	공연공작소(공동연출)	E
맥베스	극단 초인(박정의)	E
맥베스, 악(樂)으로 놀다	극단 우투리(김선애)	K/E
맥베스	극단 죽죽(김낙형)	E
레이디 맥베스	극단 물리(한태숙)	K/E
맥베스 에프터 셰익스피어	미니 씨어터(Mini Theater) (이비짜 불란Ivica Buljan)	E
맥베스	인천시립극단(이종훈)	C
맥베스	극단 집현(이상희)	K/E
어느 배우의 슬픈 멜로 드라마, 맥베스	극단 초인(박정의)	E
리어왕	미추(이병훈)	K
햄릿	연희단거리패(이윤택)	K/E
햄릿	베를린 샤우뷔네 극단Schaubuhne am lehniner platz 오스터마이어Thomas Ostermeier)	E
한여름 밤의 꿈	극단 여행자(양정웅)	K/E
십이야	드라마 팩토리(김세환)	E
리어왕	대전문화예술의 전당(이성열)	C/E
말괄량이 길들이기	대구시립극단(이국희)	C
베니스의 상인	서울시극단(김광보)	C
창극 로미오와 줄리엣	국립창극단(박성환)	K(창극)
말괄량이 길들이기	Kim's Comfunny(김대환)	E
오셀로	극단 옆집누나(오승수)	E
뮤지컬 〈베로나의 두 신사〉	신시 컴퍼니 (글렌 월포드Glen Walford)	M

	존 왕	유라시아셰익스피어컴퍼니(남육현)	C
	아테네의 타이몬	유라시아셰익스피어컴퍼니(남육현)	C
	에드워드 3세	유라시아셰익스피어컴퍼니(남육현)	C
	겨울이야기	서울시극단(김석만)	C/E
	페리클레스	화동연우회(김광림)	K/E
	한여름 밤의 꿈	연희단거리패(남미정)	M
	말괄량이 길들이기	극단 뮤토(지현숙)	M
	태풍	목화(오태석)	K/E
	클럽 십이야	극단 송마루(송은주)	E
	맥베스	국립오페라단(이호현)	O
	햄릿	포항시립극단(김삼일)	C
	헨리 4세 왕자와 폴스타프	부산시립극단(김광보)	C
	십이야	전주시립극단(조민철)	C
	한여름 밤의 꿈	서울시립극단(이창직)	C
	사랑과 광중(두 귀족친척)	인천시립극단(이종훈)	M
	윈저의 명랑한 아낙네들	영남오페라단(최현묵)	O
2011	* 햄릿 프로젝트: 연극 햄릿 뮤지컬 햄릿 오페라 햄릿 무용 햄릿	대학로스타씨티극장(차현석) 대학로스타씨티극장(김지훈) 대학로스타씨티극장(차현석) 대학로스타씨티극장(차현석)	E M O D
	* 햄릿 업데이트: 햄릿 서바이벌 햄릿, 죽음을 명상하다 길 위의 햄릿 그냥, 햄릿 Let Them Talk(햄릿) 영매 프로젝트 II-햄릿	극단 풍경(박정희) 극단 백수광부(이성열) 극단 골목길(박근형) 극단 작은신화(최용훈) 극단 청우(김광보) 극단 여행자(양정웅)	E E E E E E
	* 셰익스피어와 광대들 페스티벌:		

어폰 오셀로	예술집단 페테(백훈기)	E
햄릿 스캔들	창작공동체 아르케(박상석)	E
맥베스	아츠플레이 本(박지연)	E
* 제7회 여성연출가전 －셰익스피어, 여장을 하다: 한여름 밤의 꿈 햄릿 리어 로미오와 줄리엣 투인 맥베스 소네트－검은 여인의 노래	 조은컴퍼니(홍영은) 씨어터 백(백순원) 공상집단 뚱단지(황이선) 봄이 눈뜰 때(유림) 극단 옆집누나(오승수) 극 발전소(서미영)	 E E E E E E
햄릿	드라마팩토리(김세환)	E
햄릿	서울시극단(박근형)	E
햄릿	극단 집현(이상희)	K/E
리턴 투 햄릿	문화창작집단 수다(장진)	E
햄릿	인천시립극단(이종훈)	C/E
햄릿 기계	우리극연구소(이윤택)	E
뮤지컬 햄릿	EMK 뮤지컬 컴퍼니(로버트 요한슨 Robert Johanson)	M
칼로 막베스	극단 마방진(고선웅)	E
독고다이 원맨쇼, 맥베스	극단 초인(박정의)	E
맥베스	극단 코끼리 만보(이영석)	E
Rhythmic Theatre 맥베스, 매혹	극단 하늘을 꿈꾸는 광대, 비천(염상애)	E
십이야	극단 여행자(양정웅)	K/E
십이야	MJ Planet (김관)	C/E
십이야	시민극단2010(김재엽)	C/E
십이야	Studio Life(쿠라다 준)	E
한여름 밤의 꿈	Studio Life(쿠라다 준)	E
말괄량이 길들이기	극단 쟁이(주성환)	M(어린이)

로미오와 줄리엣	극단 서울(김명규)	M(영어)
로미오와 줄리엣, 라이브	극단 노이(최정환)	E
오페라 로미오와 줄리엣	대구오페라하우스(홍석임)	O
로미오와 줄리엣	국립발레단(쟝 크리스토프 마이요 Jean Christophe Mailliot)	B
리어왕	극단 숲(임경식)	E
오셀로	극단 후암(차현석)	E
템페스트	목화(오태석)	K
장미전쟁-헨리 6세 1부	유라시아셰익스피어컴퍼니(남육현)	C/E
타이터스	상상만발극장(박해성)	E
타이투스 앤드로니커스	하땅세(윤시중)	C/E
리차드 3세	클루지 헝가리안 씨어터 The Hungarian Theatre of Cluj (가보 톰파 Gaber Tompa)	E
리어왕	포항시립극단(김삼일)	C
오셀로	포항시립극단(김삼일)	C
맥베스	포항시립극단(김삼일)	C
베니스의 상인	포항시립극단(김삼일)	C
안토니와 클레오파트라	Horipro, Inc. (니나가와 유키오)	J/E
안토니와 클레오파트라	로얄씨어터(류근혜)	E
사랑의 헛수고	한국연출가협회(김성노)	E
말괄량이 길들이기	Kim's Comfunny(김대환)	E
코믹쇼 로미오와 줄리엣	껌아트홀(여기야)	E
맥베스	연희단거리패 (알렉산더 젤딘 Alexander Zeldin)	E
사랑과 광증(두 귀족친척)	인천시립극단(이종훈)	M

표에서 볼 수 있듯이, 1990년부터 2011년까지 총 433편[2]의 셰익스피어 공연이 한국에서 이루어졌다. 이 중 외국 공연단체에 의한 셰익스피어 공연물이 총 38편(연극 35편, 무용이 2편, 오페라 1편) 있었다. 따라서 순수하게 한국의 공연 단체에 의한 공연물은 총 395편으로서, 이 중 연극 공연이 373편(뮤지컬 포함), 무용 공연이 11편, 오페라 공연이 9편, 그리고 발레와 연극, 오페라와 연극이 융합된 경우가 각각 1편씩 있었다. 한편, 필자는 이들 셰익스피어 공연물들을 각각의 특성에 따라 C. E, K, M, D, B, O, P 등의 기호로 분류해 보았다. 'C'는 'Conventional'의 약자로서, 셰익스피어의 텍스트에 비교적 충실하면서 공연 방식이나 의상 등에 있어서도 보수적이고 전통적인 방식을 따랐던 공연에 대해 'C' 그룹으로 분류해 보았다. 윤호진의 〈안토니와 클레오파트라〉, 김창화의 〈법에는 법으로〉, 박원경의 〈십이야〉, 남육현의 〈헛소동〉, 〈존 왕〉 등 셰익스피어 전작 시리즈 공연물 중 상당수, 김광보의 〈베니스의 상인〉 등이 이 부류에 속하는 것으로 보았다. 'E'는 'Experimental'의 약자로서, 원래의 텍스트에 과감한 변형을 가하고 공연 방식에 있어서도 현대적이며 실험적인 시도가 공연의 주된 부분을 차지하는 작품들이 'E' 그룹에 속하도록 했다. 김아라의 〈햄릿 프로젝트〉를 비롯해, 원영오의 〈동방의 햄릿〉, 김동현의 〈맥베스, The Show〉, 박재완의 〈트랜스십이야〉, 송형종의 〈오셀로 니그레도〉, 김진만의 〈바퀴 퍼포먼스 로미오와 줄리엣〉 등 공연 타이틀에서부터 원작에 대한 실험적 태도가 물씬 풍겨나는 공연물들이 여기에 해당한다고 하겠다. 'C'와 'E'가 함께 결합된 'CE' 그룹이 있는데, 이것은 공연방식에 있어서 무대디자인이나 의상, 음향, 음악, 그리고 작품 해석 등에 있어서 현대적인 실험을 가미하지만, 전체적인 극구성

---

2 필자의 노력에도 불구하고 언론 노출이 제대로 안 되었거나, 잘 알려지지 않았던 지방 공연 같은 경우 기록에서 빠졌을 수 있다. 따라서 실제 셰익스피어 공연의 수는 433편보다 조금 더 많을 가능성이 있다.

에 있어서는 원작의 그것을 비교적 충실히 따르고 있는 경우를 의미한다. 최형인의 〈한여름 밤의 꿈〉, 김철리의 〈리차드 3세〉, 정일성의 〈리어왕〉, 김석만의 〈겨울이야기〉, 김관의 〈십이야〉, 윤시중의 〈타이터스 앤드로니커스〉 등이 'CE'에 속하는 것으로 간주했다.

실험적인 셰익스피어 공연이라고 할지라도 한국 전통극 양식을 기반으로 한, 소위 한국적 변용에 주안점을 둔 공연의 경우는 'E' 그룹과 구분하여, '한국화'를 의미하는 'Koreanization'의 약자 'K'를 활용해 별도로 분류했다. 또한 'K'와도 다른 'KE'가 있는데, 전자는 한국적 변용을 가하기는 하지만 비교적 원작의 내용을 충실히 반영하는 공연을 의미하는 데 반해, 후자는 그 공연형식과 운영 방법에 있어 한국 전통극적 요소들을 적극적으로 도입할 뿐만 아니라, 극의 내용과 구성적 측면에 있어서도 적극적인 변화와 실험을 추구한 경우를 위한 분류 기호이다. 오태석의 〈로미오와 줄리엣〉, 이병훈의 〈리어왕〉, 장수동의 〈태풍〉, 양정웅의 〈십이야〉 등이 'K'에 속하는 대표적인 셰익스피어 공연들이며, 김광보의 〈오필리아, 누이여 나의 침실로〉, 양정웅의 〈한여름 밤의 꿈〉과 〈햄릿〉, 배요섭의 〈노래하듯이 햄릿〉, 한태숙의 〈레이디 맥베스〉, 이윤택의 〈햄릿〉, 그리고 손진책의 〈마포 황부자〉 등이 'KE'에 속하는 대표 주자들이다. 이밖에 'Ch'는 중국화에 기초한 몇몇 중국 셰익스피어 공연물에 붙인 기호이며, 'I'는 인도화를 추구한 인도의 셰익스피어 공연, 그리고 'KJE'는 이윤택이 일본의 대표적인 연출가 중의 한 사람인 미야기 사토시와 함께 공동 연출했던 〈오셀로〉 공연에 붙인 분류 기호로서, 한국화와 일본화, 그리고 현대적 실험성이 복합적으로 동원되었던 공연의 특성을 반영한 것이다. 'M'은 뮤지컬 셰익스피어 공연을, 'D'는 창작 무용, 'B'는 발레 셰익스피어 공연, 'O'는 셰익스피어 오페라를 분류한 표시이다. 그리고 'P'는 연극을 의미하는데, 오페라와 발레 공연이지만, 연극이 연결고리로 활용된 공연을 표기하기 위해 사용된다.

최근 20여 년 동안의 한국 셰익스피어 공연물을 이러한 기준에 의해 분류해 각 그룹 별 공연물의 수를 살펴보면, 전체적인 현황 및 특성이 보다 선명하게 눈에 들어온다. 앞에서 언급한대로 셰익스피어 극에 기초한 11편의 무용 공연과 9편의 오페라 공연 외에, '연극'이라는 카테고리에 묶어서 생각할 수 있는 373편의 한국 셰익스피어 공연물들을 살펴보면, C 그룹이 45편, CE 그룹이 29편, E가 194편, K가 23편, KE가 51편, KJE가 1편, M이 30편이다. 그리고 오페라와 연극을 결합한 OP가 1 편, 발레와 연극을 결합한 BP가 1편이다(표 2를 보시오). 1990년부터 현재까지 공연된 연극으로서의 셰익스피어 공연 중에서 텍스트 중심의 전통적 방식의 셰익스피어 공연은 불과 45편(12%)뿐이며, 나머지 88%의 대다수 공연들이 어떤 방향으로든 실험과 변용을 시도한 공연물들임을 알 수 있다. 특히, K 또는 KE 그리고 KJE로 분류할 수 있는 한국적으로 변용된 셰익스피어 공연이 75편으로 전체의 20%를 차지하고 있다는 사실이 눈길을 끈다.

표 2 셰익스피어 공연 성향 분석표

유형	총 수	외국 수	국내 수
C	46	1	45
E	214	20	194
C/E	35	6	29
K	23		23
KE	51		51
KJE	1		1
M	31	1	30
DM	2		2

D	6		6
O	10	1	9
OP	1		1
B	5	2	3
BP	1		1
Ch	3	3	0
JE	2	2	0
IE	1	1	0
ChE	1	1	0
	433	38	395

이러한 상황이 암시해 주는 것은 무엇보다도 한국 연극계가 셰익스피어를 오늘의 우리 시점에 맞추어, 그리고 우리 문화 속에서 재창조하기 위해 엄청난 창조적 에너지를 분출했다는 것이다. 그리고 이러한 셰익스피어를 통한 창조적 에너지는 오태석, 이윤택, 한태숙, 손진책, 김아라, 양정웅 등 한국 연극계를 대표하는 대부분의 연출가들을 망라하며 발현되고 있다는 측면에서 더욱 특별한데, 한국의 셰익스피어 공연은 셰익스피어 분야에만 국한되는 것이 아니라 한국 연극계 전체의 한 추동력으로서 기능하고 있다고 할 수 있다.

반면에, 원본에 충실하며 전통적 방식을 따른 셰익스피어 공연이 전체의 12% 정도에 불과하다는 것은 한국 연극계가 원래의 셰익스피어를 존중하는데 지나치게 소홀했다는 인상을 지울 수 없다. 한국적 재창조와 현대적 변용은 매우 중요하고 반드시 필요한 작업이기는 하나 한국의 연극인들이나 관객들이 셰익스피어 본연의 모습을 놓치게 되는 것은 안타까운 일이다. 음과 양이 조화와 균형을 이뤄야 하는 세상 이치처럼, 셰익스피어를 대함에 있어서도 정통적인 방식과 혁신적인 태도가 보다 더 균형을 맞췄으면 하는 바램을 가져본다.

각각의 작품별 선호도를 살펴보면, 〈햄릿〉에 대한 편애가 우선 눈에 들어온다. 분석 대상이 된 1990년에서 2011년까지 〈햄릿〉은 국내외 작품 합해 무려 108개의 프로덕션이 관객과 만났다. 전체 433편 셰익스피어 공연 중 24.9%를 차지하는 수치이다. 국내 공연 단체의 〈햄릿〉은 101편으로 전체 한국 셰익스피어 공연 395편 중 25.6%를 차지한다. 셰익스피어 공연 네 편 중의 하나는 〈햄릿〉인 셈이니 한국의 〈햄릿〉 사랑은 편애의 수준을 넘어, 심지어 일종의 집착처럼 보이기까지 한다. 〈햄릿〉의 뒤를 잇는 것은 〈맥베스〉와 〈로미오와 줄리엣〉이다. 〈맥베스〉는 56편이, 〈로미오와 줄리엣〉은 53편이 공연되었다. 한국 작품만으로는 〈맥베스〉가 51편, 〈로미오와 줄리엣〉이 49편 제작되어, 각각 한국 셰익스피어 공연 중 12.9%와 12.4%를 기록하며 두 작품 모두 한국에서의 높은 인기를 입증하였다. 이들의 뒤를 이어 4위를 기록한 것은 38편이 올라간 〈한여름 밤의 꿈〉이다. 한국 극단의 작품으로는 36편이 제작되었다. 다음은 〈리어왕〉으로 31편이 선을 보였으며, 이 중 한국 작품은 28편이었다. 6위는 〈오셀로〉로서 한국 작품이 23편, 외국 작품이 2편, 7위는 〈십이야〉로 한국 작품이 15편, 외국 작품이 2편이다. 8위 〈말괄량이 길들이기〉는 한국 작품 14편, 외국 작품 2편을, 9위 〈태풍〉은 한국 작품 8편과 외국 작품 3편을 각각 기록했다. 10위는 9편의 한국 작품만을 무대에 올린 〈베니스의 상인〉인데 한국 작품만을 고려한다면 〈베니스의 상인〉이 9위, 〈태풍〉이 10위가 된다. 11위는 7편의 한국 작품이 제작된 〈겨울이야기〉이다. 그 외에는 모두 5편 이하로 제작된 작품들인데, 그 와중에 해외에서도 자주 공연되지 않는 편에 속하는 셰익스피어의 초기 비극인 〈타이터스 앤드러니커스〉가 4편 제작된 것이 눈길을 끈다.

셰익스피어 사후 8년만인 1623년에 그동안 공연되고 보관되어 왔던 36개 작품의 셰익스피어 원고들을 모아 출간한 〈제1이절판(First Folio)〉을 우리는 흔히 정전본이라 일컫는다. 그리고 다른 작가들과의 합작품으로 여겨지는 〈페리클리즈〉, 〈두 귀족 친척〉, 〈에드워드 3세〉를 합치면 전체 셰익스피어 작품 수는 39편이 된다. 그런데, 위의 통계 수치를 살펴보면, 한국의 셰익스피어 공연이 〈햄릿〉을 비롯한 특정 10여 개의 작품에 지나치게 편중되어 있음을 알 수 있다. 395편의 한국 셰익스피어 공연만 놓고 보았을 때 10위까지의 작품이 332편으로 전체 셰익스피어 공연의 84%를 차지한다. 특히나 〈한여름 밤의 꿈〉을 제외하곤 상위 6위까지가 〈햄릿〉, 〈오셀로〉, 〈리어왕〉, 〈맥베스〉 그리고 〈로미오와 줄리엣〉 등 셰익스피어의 대표적 비극 작품들인데 이 다섯 작품이 차지하는 비중이 전체의 64%에 해당한다. 이렇게 특정 작품에 대한 쏠림 현상이 지속되다보니, 한번 밖에 공연된 적이 없는 작품도 14편이나 되고 아예 공연된 적이 없는 작품도 〈뜻대로 하세요〉, 〈헨리 8세〉 등 네 작품이나 된다. 이나마도 남육현의 '유라시아 셰익스피어 컴퍼니'가 셰익스피어 전작 공연을 목표로 운영되면서 공연된 적이 없는 셰익스피어 극작품들을 지속적으로 공연한 덕분이다. 최근 20여 년 동안 공연되지 않았던 작품들의 거의 대부분은 그 전에도 공연된 적이 없다. 남육현의 시도가 없었더라면, 한국에선 기성극단의 공연 기록이 없는 셰익스피어 작품의 수는 훨씬 더 늘어났을 것이다. 셰익스피어의 대표적 비극들이 갖는 가치와 위대함에 대해서는 언급할 필요조차 없는 것이기는 하지만, 그 외의 30여 다른 작품들의 가치가 상대적으로 소홀히 취급되거나 외면당하는 것은 안타까운 일이다. 언급한 395편의 한국 셰익스피어 공연물을 그 제작 횟수에 따라 표로 만들어 보았다. 표를 통해 한국 연극계의 셰익스피어 제작 선호도 및 현황을 보다 일목요연하게 파악할 수 있을 것이다.

표 3 한국의 셰익스피어 공연 제작 현황 1990~2011

No	작품명	제작 횟수
1	햄릿	101
2	맥베스	51
3	로미오와 줄리엣	49
4	한여름 밤의 꿈	36
5	리어왕	28
6	오셀로	23
7	십이야	15
8	말괄량이 길들이기	14
9	베니스의 상인	9
10	태풍	8
11	겨울이야기	7
12	타이터스 앤드러니커스	4
13	실수연발	4
14	헨리 4세 1부	4
15	헨리 4세 2부	
16	헛소동	3
17	안토니와 클레오파트라	2
18	페리클리즈	2
19	리차드 3세	2
20	사랑의 헛수고	2
21	두 귀족 친척	2
22	윈저의 명랑한 아낙네들	2
23	코리올레이너스	1
24	아테네의 타이몬	1

25	심벌린	1
26	트로일러스와 클레시다	1
27	줄리어스 시저	1
28	리차드 2세	1
29	끝이 좋으면 다 좋아	1
30	헨리 5세	1
31	헨리 6세 제1부	1
32	헨리 6세 제2부	0
33	헨리 6세 제3부	0
34	베로나의 두 신사	1
35	존 왕	1
36	법에는 법으로	1
37	에드워드 3세	1
38	헨리 8세	0
39	뜻대로 하세요	0
40	기타 셰익스피어 관련 공연	14
	합계	395

이상과 같은 외형적 현황 분석을 넘어, 각 셰익스피어 공연들의 내적 특성을 살펴보면, 한국의 셰익스피어 공연은 셰익스피어라는 테두리를 넘어 한국 사회, 한국 문화, 한국 연극계 전체와 긴밀한 연계 속에서 전개되어 왔음을 더욱 명료하게 확인할 수 있다. 지난 20년 동안 평단과 관객들로부터 의미 있는 관심을 불러일으키며 성과를 냈던 셰익스피어 작품들의 주요한 특징들을 다음 장에서부터 좀 더 구체적으로 살펴보자.

제2장

민주화와 세계화,
그리고 한국 셰익스피어 르네상스의 출발

셰익스피어는 근대극이 도입되기 시작하던 20세기 초에서부터 서서히 이 땅에 뿌리를 내렸고, 해방 이후 본격적으로 공연되기 시작한 이래 줄곧 한국연극계의 사랑을 받아 왔다. 하지만 2000년대인 지금처럼 그렇게 거의 상시적으로 접할 수 있는 대상은 결코 아니었다. 80년대만 하더라도 비평의 대상이 될 만한 기성극단의 셰익스피어 공연은 열 손가락을 간신히 넘긴다. 80년 손진책 연출의 〈십이야〉와 김승수 연출의 〈맥베스〉, 81년 표재순의 〈햄릿〉, 83년 현대 극장이 제작하고 패트릭 터커가 연출한 〈베니스의 상인〉, 모진수의 〈십이야〉와 김영환의 〈오셀로〉, 그리고 이해랑의 〈리어왕〉, 84년 안민수의 〈리어왕〉, 85년과 89년 이해랑의 〈햄릿〉, 85년 박용기의 〈오셀로〉, 86년 무세중의 〈맥베스〉, 그리고 88년 국립극단이 문호근 연출로 올린 〈말괄량이 길들이기〉와 81, 82, 84년에 있었던 기국서의 실험적인 〈햄릿〉 시리즈 등을 열거할 수 있으나, 그나마 이후에까지 기억될 만한 공연으로는 안민수의 〈리어왕〉 외에는 특별히 눈에 들어오지 않는다. 그러나 이러한 상황은 1990년대부터 급변하기 시작한다. 1990년 6편을 시작으로 그 수가 점증하더니 1995년부터는 폭발적으로 증가하여, 이미 언급했듯이 1990년부터 2011년까지 433편의 셰익스피어 공연이 이루어졌다. 그 중 38편의 해외 작품을 제외하더라도 395편의 한국산 셰익스피어 공연이 무대에 올려졌으며, 그에 비례한 질적 발전도 놀랍다. 그렇다면 1990년대부터의 이러한 갑작스런 셰익스피어 열풍과 성장의 원인은 또는 그 배경은 무엇일까?

셰익스피어의 인기는 어제 오늘의 일이 아니며, 또 우리만의 현상도 물론 아니다. 그래서 한국에서 오늘날 이토록 셰익스피어가 자주 공연되는 원인에 대해서도 흔히 '셰익스피어 극작품들의 시간과 공간을 초월하는 보편성과 현대성,' '셰익스피어 희곡의 위대한 예술성,' 그럼에도 불구하고 넘치는 '뛰어난 대중적 재미,' 그리고 '셰익스피어라는 비교 불가능한 브랜드 가치' 등 일반론적인 진단과 답변이 제시되곤 한다. 하지만 한국의 셰익스피어 붐을 설명하기 위해서는 이러한 일반적인 이유들 외에 추가적인 설명이 꼭 필요하다. 우리나라의 경우 셰익스피어 열풍이 1990년 들어 갑작스럽게 진행되었으며, 그 열풍의 정도가 질과 양 모든 측면에서 주변 다른 나라들의 경우를 훨씬 넘어서는 것이기 때문이다.

결론부터 말하면, 한국의 셰익스피어 열풍은 1990년대 한국 사회의 민주화와 세계화, 그리고 이에 따른 시대 및 세계와의 소통의 열망과 밀접한 연관관계가 있다. 갇혀있고 응축되어 있던 한국의 문화예술 에너지가 민주화와 세계화의 물결을 타고 세상 밖으로 분출되어 나오는데, 그 주요한 통로 중의 하나가 바로 셰익스피어였다고 하겠다. 군사 독재 정부 기간이라고 할 수 있는 1970-80년대엔 사회 문화적 여건상 창작극이 활발하게 생산될 수 없었고, 그런 만큼 90년대 들어 창작과 표현의 욕구와 자유가 충만해 있다고 한들, 그것을 실현해줄 만한 도구가 충분치 않았던 것이다. 다시 말해, 한국 연극계는 90년대 들어 갑자기 확장된 공연무대, 갑자기 다가온 민주적 창작 환경, 그리고 갑자기 마주하게 된 한반도라는 좁은 울타리 밖의 세계와 접하면서 그동안 눌러왔던 창작과 공연예술 에너지를 분출하게 되는데, 정작 자신들에게는 그것을 담아낼 그릇, 즉 제대로 된 창작극이 절대 부족했던 것이다. 바로 이때 셰익스피어가 한국 연극계의 한 대안으로 등장한 것이다.[3]

1. 첫 단계 - 우수한 해외 셰익스피어 공연의 수입

7~80년대의 군사 정권 시대에 한국은 문화 교류에 있어 매우 폐쇄적이었다. 연극뿐만 아니라 모든 예술 분야에서 뛰어난 성취를 이루어냈던 러시아를 비롯한 동구의 연극을 접할 수 없었으며, 현대 연극의 선구자라고 할 수 있는 브레히트마저도 공산권인 동독출신이라는 이유로 접할 수 없었다. 일본과는 식민지 문화 청산이라는 대명제 하에 문화교류가 매우 소극적 수준에서만 허용되고 있었다. 다른 서방 세계와의 교류도 지나치게 미국 일변도였다고 할 수 있다. 그러나 88 올림픽을 전후해 한국 사회 전반에 커다란 변화가 일어나기 시작했다. 외부와의 소통과 문화적 교류에 소극적이기 짝이 없던 한국 정부는 88 올림픽을 맞아 그 문을 활짝 열기 시작했다. 그리고 문호를 적극적으로 개방하기 시작한 한국 정부는 90년대 민주화의 물결

---

3 한상철은 90년대 초반의 한국연극계를 정리하는 자리에서 "90년대 초는 별로 할 얘기가 없을 것입니다. 왜냐하면 과거의 정치 사회를 풍자하고 공격했던 연극의 일반적인 현상이 90년대 초까지 계속되었기 때문에, 90년대 초는 아무런 변화가 없었다고 보아야 할 것입니다"(「상업주의」, 14)라고 한국연극계의 답보적 상태를 언급한다. 80년대와는 확연히 달라진 90년대에 들어서도 아직은 과거의 패러다임에서 크게 벗어나지 못하고 답보 상태에 있던 한국연극계에 셰익스피어는 일종의 돌파구 같은 역할을 했던 것이라고 할 수 있을 것이다.

을 타고 더욱 정치 문화적 개방의 길을 갔으며, 이러한 흐름은 1993년 세계화의 기치를 내건 김영삼 정부가 들어서면서 본격화되었다. 결과적으로 90년대에 들어서, 한국 문화 예술계는 미국 중심의 문화 교류 패턴에서 탈피해 전 세계와 활발히 접촉하게 되는데, 연극 분야에 있어서도 그동안 금기시 되던 러시아 및 동구권을 비롯해, 기존엔 거의 접할 수 없었던 영국, 독일, 프랑스 등 유럽 예술 강국들의 우수한 해외 공연물들이 대량 수입되었으며, 일본, 대만, 중국 등 아시아권의 이웃 나라들의 뛰어난 작품들 역시 적극적으로 소개되었다. 그리고 이들 해외 공연 단체들이 한국 관객들에게 보여준 작품들 중에서는 특히 셰익스피어 공연이 많았다. 한국의 셰익스피어 열풍에는 분명 이러한 민주화 및 세계화에 따른 개방과 소통의 문화적 배경, 그리고 해외의 우수한 셰익스피어 공연이 준 자극에 다시 셰익스피어를 통해 화답하고 교감하려는 욕구가 강력한 풀무 역할을 했다.

앞에 제시된 표를 통해서도 알 수 있듯이, 셰익스피어 열풍의 도입부 역할을 한 1990년부터 1994년까지 26개의 셰익스피어 공연 중, 7편이 해외 공연물이다. 극단 미추의 작품이기는 하지만, 1994년 폴란드의 대표적 연출가 크리스토프 바비츠키가 연출한 〈맥베스〉도 넓게는 해외 셰익스피어란 범주에서 고려할 수 있다. 1990년부터 2011년까지 전체 433편 중 38편만이 해외 작품인 전체적인 상황과 비교하면 90년대 초반에 해외 셰익스피어 공연물의 비중이 얼마나 컸었는지를 알 수 있다. 그리고 이 시기에 공연된 해외 셰익스피어 작품들 중 상당수가 이미 국제적인 명성을 갖고 있던 걸작들이었다.

러시아 유고자파드 극단의 〈햄릿〉, 일본 류잔지 극단의 〈맥베스〉, 대만 당대전기극장의 〈욕망성국(맥베스)〉, 영국 셰익스피어 극단의 〈맥베스〉와 〈십이야〉, 호주의 플레이 박스 극단의 〈리어왕〉, 일본의 세계적인 연출가

스즈키 다다시가 이끄는 스코트 극단의 〈리어왕〉 등이 그들인데, 이들은 모두 다양한 측면에서 한국 연극계에 큰 자극이 되었다. 주제와 형식 등 모든 면에서 파격적인 모습을 보여주었던 유고자파드의 전위적이면서도 민중주의적이었던 〈햄릿〉은 여전히 귀족적이며 낭만주의적이고 사실주의적인 셰익스피어 공연방식에 고착되어 있던 한국 연극계의 인식에 일대 전환을 가져왔던 공연이었고, 류잔지의 현대적 〈맥베스〉는 고전이 어떻게 현대 사회와 연관되어 재탄생할 수 있는지를 효과적으로 보여주었다. 경극 스타일의 셰익스피어를 꾸준히 선보이며 세계적인 이목을 끌고 있는 대만의 우싱쿠우 연출가가 이끄는 당대전기극장의 〈욕망성국(맥베스)〉는 셰익스피어가 지역화(localization)하는 가장 성공적인 예의 하나를 보여주며 셰익스피어의 한국화에 커다란 자극을 선사하였다. 영국을 대표하는 연출가 마이클 보그다노프와 마이클 페닝톤에 의해 1986년 설립된 이래 혁신적으로 재해석된 수많은 셰익스피어 공연으로 국제적인 이목을 끌어온 '영국 셰익스피어 극단'의 〈맥베스〉와 〈십이야〉 공연도 매우 특별한 의미를 지닌다. 현대적인 재해석을 가하면서도 원작의 텍스트를 충분히 존중하는 영국 셰익스피어 극단의 〈맥베스〉와 〈십이야〉는 셰익스피어 공연의 모범 답안 같은 공연이었다. 호주의 플레이 박스 극단의 〈리어왕〉은 리어왕의 상황을 교실로 이동시켜 보여준 수작으로서 역시 셰익스피어를 현대적으로 재구성하는 훌륭한 예를 보여주었다. 일본의 전통극인 가부키와 노의 공연 양식을 빌려와 자신만의 독특한 공연방식을 성취한 스즈키 다다시의 〈리어왕〉은 당시에 이미 세계적 명성을 얻었던 공연으로서, 우싱쿠우의 〈욕망성국(맥베스)〉와 더불어 셰익스피어를 한국화해야 할 당위성과 의무감을 한국 연극계에 강력하게 제기해 주었다.

이와 같이 90년대 초에 수입된 우수한 해외의 셰익스피어 공연들은 셰익스피어의 나라 영국을 비롯해, 그동안 접하기 힘들었던 러시아, 일본, 중국, 호주 등 다양한 문화권을 아우르며 셰익스피어가 어떻게 현대화되고 지역화되어 세계와 소통하고 있는지를 생생하게 증명하며, 한국 연극계에 좋은 본보기요, 자극제가 되어주었다. 이들 해외 셰익스피어 공연들 중 특히 한국 셰익스피어 르네상스의 원년이라고 할 수 있는 1990년에 공연된 유고자파드의 〈햄릿〉은 셰익스피어에 대한 해석과 공연방식 등 모든 면에서 한국 연극계에 의미 있는 영향을 끼쳤기에 아래에 좀 더 상술한다.

러시아 유고자파드 극단의 내한 공연은 한국의 세계화와 민주화의 상징적 사건이라고 할 만한 것인데, 그동안 접근 불가였던 공산권 국가의 〈햄릿〉 공연이라는 사회정치적 맥락에서뿐만 아니라, 셰익스피어에 대한 공연방식과 해석 등에 있어서도 신선한 충격과 새로운 인식적 전환을 가져온 공연이었다. 러시아는 당시만 하더라도 공산권을 대표하던 소련이라는 국호를 사용하던 때였는데, 1990년에 첫 내한 공연으로 레닌그다드 인형극단의 〈어린 왕자〉(1990.05.15~18), 유고자파드 극단의 〈햄릿〉(1990.05.17~21), 그리고 말리 극장의 〈벚꽃 동산〉(1990.07.04~08) 등 세 작품을 연이어 소개하였다. 모두가 뛰어난 러시아 공연 예술의 명성을 입증하는 수작들이었으며, 무엇보다 유고자파드 극단의 〈햄릿〉은 국내 셰익스피어 공연의 활성화를 자극하는 데 크게 기여하였다.

유고자파드 극단 〈햄릿〉의 무대는 천장에서부터 내려와 있는 5개의 원기둥을 제외하고는 텅 비어 있다. 배우들은 소품도 거의 사용하지 않는다. 그 빈 무대를 오직 관객들의 상상력을 한껏 고취시키는 배우들의 절제되면서도 에너지 넘치는 연기로 가득 채운다. 신시사이저에 의한 빠르고 비트 강한 록 음악에 맞춰 배우들의 등·퇴장과 장면 전환이 경쾌하면서도 연속적으로 이루어진다. 배우들의 연기 역시 때로는 록 음악의 비트에 맞춰 뮤지컬의 코러스처럼 집단적으로 행해지기도 하고, 때로는 일반 정극처럼 개별적으로 전개되며 무대 위의 다이나미즘을 확보한다. 그 때까지 한국의 대부분의 셰익스피어 공연들은 거대한 세트와 갖가지 소품, 그리고 사실주의적인 연기의 동원에 혈안이 되곤 했었다. 유고자파드 〈햄릿〉은 이러한 한국 연극계에 전혀 새로운 셰익스피어 공연 기법을 선보였던 것이다. 그래서 신정옥은 유고자파드의 〈햄릿〉에 대해 "진부하고 편협된 양식에서 탈피하여 현대적 감각에 맞는 새로운 '극적 변형'의 연출 시도로써 심오한 매력과 다양성을 보여주었다고 할 수 있다"(『셰익스피어 한국』 164)고 평가하였다.

5개의 원기둥은 성의 기둥 같은 미쟝센 역할을 맡기도 하고, 긴장감 높은 장면에서 이리저리 흔들리며 등장인물들의 불안한 심리상태를 표현하는 표현주의적 도구로 활용되기도 한다. 특히 햄릿의 죽음에 때 맞춰 덴마크에 무혈입성 한 포틴브라스가 조포를 울리게 할 때, 5개의 원기둥이 마치 대포처럼 객석을 향하며 조명 불빛을 쏟아낸 마지막 장면은 압권이었는데, 김미혜는 이 마지막 장면에서의 기둥과 조명의 사용과 관련하여 "3시간 가까운 공연의 마지막 순간까지 관객을 붙들고 마무리한 놀라운 연출이었다"고 언급하였다.

이 공연은 마지막 장면 이외에도 눈길을 끄는 조명기법을 선보였는데, 그것은 특정 장면에서 배우들의 얼굴이나 특정 부위만을 부각시키는 클로즈업 같은 영화기법을 이용하는 것이다. 이러한 영화적 기법은 극 진행의 효율성을 높일 뿐만 아니라, 등장인물들의 내면에 관객들이 보다 용이하게 집중케 하는 효과가 있었으며, 동시에 〈햄릿〉이라는 고전 또는 과거의 세계에 일관되게 현대를 대입시키는 연출의 의도를 드러내는 장치이기도 했다.

그러나 이 공연의 가장 큰 미덕은 전복적이라고까지 할 만한 등장인물들에 대한 해석이다. 유고자파드의 〈햄릿〉에 나오는 햄릿과 오필리아는 기존에 우리가 봐왔고 그래서 늘 기대해온 귀족적이고 아름다운 모습이 아니다. 햄릿은 매우 서민적이다 못해 기괴해 보이기까지 하며, 오필리아 역시 크게 다르지 않았는데, 신현숙은 이러한 인물 설정을 기호학적으로 풀어 다음과 같이 설명하였다.

> 유고자파드의 〈햄릿〉에서 햄릿은 쉰 목소리(음색), 마르고 광대뼈가 튀어 나온 얼굴형과 병색이 완연한 낯빛, 광기로 번득이는 눈빛, 거칠고 격렬한 제스처들, 불안정하지만 힘찬 움직임 등 신체언어들이 빠롤을 대체하고 있다. 그래서 우유부단한 사색형 지식인, 완벽주의자 햄릿은 저돌적인 행동주의자로 표현된다. 햄릿뿐만이 아니라 모든 등장인물들이 마치 열에 들뜬 듯한 움직임과 강렬한 액션을 취하고 있는데, 심지어 오필리아마저도 순진 가련한 모습 대신에 사납고 자기 주장이 강한 억척어멈의 모습을 하고 있다. 이러한 신체언어들은 단순한 도상 기호에 머무르지 않고 각 등장인물의 상징으로서 작용하고 있다. (52)

유고자파드 〈햄릿〉의 이러한 인물 설정은 당시의 한국 연극계에 대한 충격을 주었는데, 채승훈에 따르면 "햄릿과 오필리아가 왜 저렇게 못생겼으며 연극은 왜 저렇게 이상하게 하냐고 중간에 나간 연극인도 있었다"(8). 이렇듯 당시로서는 매우 혁신적이었던 유고자파드의 〈햄릿〉은 한국 연극계의 거부감을 불러일으키기도 하였지만, 긍정적인 영향을 준 부분이 훨씬 컸던 것이 사실이다. 다만, 그러다 보니 유고자파드 〈햄릿〉 공연 이후 몇 달 뒤에 무대에 올랐던 기국서의 〈햄릿 5〉(1990.09.15~20) 같은 경우는 김성희로부터 "음악과 동작, 등장과 퇴장, 유령 장면 등은 지난번에 내한 공연을 가졌던 러시아 유고자파드 극단의 〈햄릿〉을 모방한 인상을 주었다"(188)고 아예 노골적인 모방에 대한 지적을 받기도 하였다.

유고자파드 극단의 〈햄릿〉 공연이 한국 연극계에 끼친 긍정적인 영향을 크게 다음의 세 가지 정도로 정리해 볼 수 있겠다. 첫째, 셰익스피어 공연 기법의 핵심인 빈 무대와 연쇄적이고 신속한 장면 전환의 중요성을 각인시켰다. 둘째, 어떻게 과거의 셰익스피어가 현대와 만나 화학적 결합을 이루어낼 수 있는가에 대한 한 해법을 제시해 주었다. 셋째, 의상과 음악에 배어 있는 슬라브적 색채는 어떻게 영국의 셰익스피어가 효과적으로 지역화할 수 있는가에 대한 모범을 보여주었다.

이처럼 유고자파드의 〈햄릿〉을 비롯해 우수한 해외 셰익스피어 공연물들이 90년대 초 우리 연극계에 커다란 자극이 되고, 셰익스피어에 대한 관심을 고조시킨 것은 틀림없는 사실이다. 하지만, 이들의 역할이 한국 셰익스피어 붐을 태동시킨 주된 원인일 수는 없으며, 그것은 차라리 좋은 영양제와 같은 것이었다. 그들을 초대했던 한국 연극 스스로 셰익스피어를 통해 그동안의 울타리를 벗어나 세계와 만나고픈 열망이 컸다. 한국 연극계 역시 셰익스피어를 통해 외부와의 소통에 나서는 한편, 내부적 도약과 부흥의 발판을 마련하고자 부심하고 있었다. 셰익스피어는 그동안 한국 연극계에 쌓여왔던 폭발적 에너지를 담아낼 그릇이었으며, 한국 연극계가 세계와 만나는 통로였던 것이다.

2. 셰익스피어에 대한 탐색기[4]

앞에서 살펴본 〈표 1〉에서 한 눈에 확인되듯이, 90년대 들어서 한국 연극계는 셰익스피어에 대한 엄청난 애정과 에너지를 과시하기 시작했다. 하지만 그러다보니 아마추어 극단이나 다름 없는 작은 신생 극단의 경우뿐만

---

4 본 장의 '2. 셰익스피어에 대한 탐색기' 이후는 필자의 기 발표된 논문 「90년대 셰익스피어 공연 현황에 대한 소고」, 『우리극 연구』 7 (1996): 77-94에 기초한 것임.

아니라 국립극단을 비롯한 여러 유명 극단의 경우에서도 정작 제대로 소화된 셰익스피어 공연을 목격하기란 쉬운 일이 아니었다. 유고자파드 극단의 〈햄릿〉 등과 같은 우수한 해외 셰익스피어 공연물들의 좋은 모범과 교훈도 있었지만, 한국 연극계가 그들에 필적할 만큼 질적으로 더 발전하고 성숙한 셰익스피어를 생산해 내기까지는 좀 더 많은 시간과 노력이 필요했다.

1990년부터 1994년까지 5년 동안은 한국 연극계의 셰익스피어 르네상스의 도입부라고 할 만한데, 이 기간은 셰익스피어를 제대로 공연하기 위한 방법론적인 탐색기라고도 할 수 있을 것이다. 1989년에 있었던 이해랑 연출, 유인촌 주연의 〈햄릿〉까지를 포함해, 윤호진 연출, 이호재, 이혜영 주연의 〈앤토니와 클레오파트라〉(1990), 김동훈 연출, 윤승원, 송영창, 이휘향 주연의 〈오셀로〉(1992), 강유정 연출, 이호재, 정경순 주연의 〈맥베스〉(1991), 그리고 김철리가 연출하고 오영수가 주연한 국립극단의 〈리차드 3세〉(1995) 등은 모두 우리 연극계를 대표하거나 적어도 무시할 수 없는 역량 있는 연극인들이 참여하고 적지 않은 제작비와 유능한 스태프 진이 동원된 경우들임에도 불구하고, 그리고 무엇보다 실험을 자제하고 가능한 한 원본에 충실하려 했던, 다시 말해 그만큼 안전운행을 했음에도 불구하고 실패한 대표적인 예들에 속한다고 할 수 있다. 이러한 공연들은 실패하게 된 공통된 원인을 가지고 있는데, 그것은 다름 아닌 셰익스피어 극의 연극적 특성에 대한 인식 부족 또는 오해에서 기인한 오류라고 할 수 있다.

셰익스피어 극에는 사실주의 극 등의 일반적인 연극 방법론으로는 접근할 수 없는 셰익스피어 극 나름의 독특한 방법론이 요구된다. 셰익스피어 극은 주요한 부분은 대개 운문으로 되어 있는 일종의 시극이다. 시란 음악이요 내용의 함축이다. 따라서 셰익스피어의 언어란 아름다운 그러나 역동적 에너지의 운반체라고 할 수 있다. 그것은 내용에 대한 세밀한 분석과 더불어 표현할 수 있는 기교와 힘을 요구한다. 우리가 이것을 무대 위에서 실현할 수 있는 일차적 수단은 적절한 번역이다. 언어의 시적인 기능을 살리면서도 현재의 우리 관객들이 수용하기 용이한 적절한 우리말 번역이 필수적이다. 이러한 언어는 배우의 움직임을 지배한다. 햄릿이 말한 '절제된 연기'를 일반적인 사실주의 연기와 혼동해서는 안 된다. 햄릿의 지적대로 "연기는 언어에, 그리고 언어는 연기에 맞추어야 한다"(Suit the action to the word, the word to the action)(3.2.17-8).5 즉 셰익스피어 극은 "자연의 절도에 어긋나지 않아야 하며"(you o'erstep not the modesty of nature)(3.2.19), 그러면서도 동시에 엄청난 에너지를 품고 있는 시적 언어에 동반되는, 에너지가 충만한 시적 연기를 요구한다. 유인촌의 '햄릿'이 그래도 이런 요구조건에 비교적 가까이 다가섰다고 한다면, 오영수의 '리차드 3세'는 아마도 가장 멀어진 경우에 속할 것이다.

한편, 셰익스피어 학자 바다위(M. M. Badawi)도 지적하듯, 셰익스피어극의 공연상의 가장 중요한 특성 중의 하나가 "공연의 빠른 속도"이다(108). 이 속도의 문제는 해결하기 가장 쉬운 것임에도 우리나라 셰익스피어 공연물들의 가장 일반적이고도 심각한 결함으로 지적하지 않을 수 없는 부분이다. 셰익스피어 극은 웬만한 현대극의 거의 두 배 정도의 길이를 가지고 있으며, 영화를 방불케 할 정도의 잦은 장면전환으로 이루어져 있다. 그런데 1990년대 초까지 우리나라의 대부분의 셰익스피어 공연은 장면전환을 암전 등의 구태의연한 방법으로 처리함으로써, 극의 진행을 대단히 지루하게 만들 뿐만 아니라, 극이 지루해지는 문제를 주로 정확한 분석도 없이 많은 대사를 잘라내는 것으로 해결하려다 오히려 작품의 질만 손상시키는 경향이

---

5 본 책의 모든 셰익스피어 원문 인용 및 행 표시는 다음의 책에 근거한다. Shakespeare, William. *The Riverside Shakespeare*. Second Edition. Ed. G. Blakemore Evans & J. J. M. Tobin. New York Houghton Mifflin Company, 1997.

많았다. 또한 김동훈의 〈오셀로〉의 경우처럼 사실주의적 무대장치에 집착할 때 극의 속도감은 한층 저해 받을 수밖에 없었다.

언어만큼이나 셰익스피어 극을 특징짓는 것이 바로 셰익스피어가 사용했던 무대의 구조이다. 객석 깊숙이 돌출한 빈 무대, 그리고 무대 후면에 위치한 2층 구조의 무대장치와 무대 후면의 중앙 및 양 측면의 출입구로 구성되어 있던 글로브극장(Globe Theatre)의 무대 위에서 셰익스피어는 자신의 연극이 쉴 새 없이 진행되도록 했던 것이다. 그러나 앞서 지적한 이해랑, 윤호진 등의 셰익스피어 연출은 이러한 셰익스피어극의 특성들이 대부분 고려되지 못함으로써, 셰익스피어를 성의 있게 소개하는 수준에서 만족해야 했다고 하겠다.

3. 셰익스피어적 공연 방법론의 제시

90년대의 셰익스피어 공연은 주로 실패작이 많았던 것이 사실이다. 그러나 그들은 적어도 반성의 기회를 제공할 수 있었으며, 그러한 와중에서 우리의 연극 문화 속에 셰익스피어라는 거목이 뿌리를 내리고 줄기를 뻗으며, 꽃을 피우는, 그리고 그 꽃이 자양분이 되어 다른 새로운 꽃들을 피게 하는 일정한 발전의 흐름이 있었던 것도 사실이다. 이러한 흐름의 시발은 셰익스피어 극의 방법론적 특성을 이해하고 적용함으로써, 빈약한 제작여건에도 불구하고 성공적인 무대를 만들어낸 두 젊은 극단의 셰익스피어 공연이었는데, 그 하나는 전준택의 〈로미오와 쥴리엣〉(민중, 1990)이었으며, 다른 하나는 최형인의 〈한여름 밤의 꿈〉(한양레파토리, 1991)이었다.

경험이 부족한 젊은 연출가―특히 전준택의 경우 프로 무대에는 데뷔작품이었다―와 젊은 배우들, 빈약한 제작비 등의 한계를 극복한 이들의 성공은 셰익스피어를 공연함에 있어서 셰익스피어적 방법론이 얼마나 중요한

가를 웅변적으로 입증해주는 예라고 할 수 있다. 이들은 공통적으로 현재 우리 젊은이들이 쓰는 살아 있는 언어로 된 새로운 번역을 배우들에게 마련해 주었으며, 셰익스피어 배우들에게 필수적인 내외적으로 충만한 에너지의 필요성을 그들의 배우들에게 요구하고 있었고, 무엇보다 극의 빠른 전개에 대한 당위성과 방법론을 알고 있었다. 특히 전준택의 〈로미오와 줄리엣〉은 셰익스피어의 글로브극장의 무대구조를 연상시키는 빈 무대와, 그 후면의 2층 구조의 세트를 이용해 극의 흐름을 원활하게 가져갔던 점을 평가할 만하다. 최형인의 〈한여름 밤의 꿈〉은 셰익스피어적 방법론에 충실함으로써 성공한 가장 전형적인 예라고 할 수 있는데, 그는 스스로 원작을 현재적이며 길게 늘어지지 않는 일상적인 구어의 우리말로 새롭게 번역했으며, 경험은 없지만 열정적인 젊은 배우들이 거침없이 연기할 수 있도록 배려하면서 그들의 에너지로 무대를 가득 채웠다. 또한 관객의 상상력에 기댄 거의 평면에 가까운 무대를 통해 복잡하게 얽혀 있는 한여름 밤의 사건을 전혀 복잡함이 없이 빠르고 힘차게 전개시켜 나갔다. 최형인은 셰익스피어극의 언어, 셰익스피어 배우의 에너지, 셰익스피어극의 빠른 전개 등 셰익스피어극의 가장 중요한 세 가지 속성을 자신의 연출무대에 효과적으로 대입, 실현해냄으로써, 경험 없는 배우들, 빈약한 제작여건 등으로 인한 여러 단점들을 충분히 상쇄시켰다. 최형인의 〈한여름 밤의 꿈〉은 셰익스피어 공연을 위한 방법론적 측면에서 우리 연극계에 하나의 모범을 제시해준 것이다.

4. 도전 — 한국적 셰익스피어를 향하여

〈한여름 밤의 꿈〉과 같은 우리 내부의 모범이 제시되고, 러시아 유고자파드의 〈햄릿〉, 일본 류잔지 극단의 〈맥베스〉, 스코트 극단의 〈리어왕〉, 중국 당대전기극장의 〈용망성국(차이니즈 맥베스)〉, 영국 셰익스피어 극단의

〈맥베스〉와 〈십이야〉 등 현대적이고 전위적이며 또 자국문화적인 셰익스피어를 보여준 외국 유명극단들의 교훈이 주어지자, 우리연극계에도 셰익스피어를 우리의 문화 속에서 소화해 내고자하는 본격적이고 야심만만한 도전이 일어났다.

이러한 도전의 선봉은 뜻밖에도 '두레'라는 작은 신생극단이었다. 극단 대표 장수동은 두레의 창단 작품으로 셰익스피어의 마지막 작품이라고 할 수 있는 〈태풍〉을 준비했다. 그는 원작의 무대를 이탈리아 근처의 어떤 섬에서 한반도 남단의 파랑 섬으로 옮겨오고, 등장인물들의 이름을 아사달(주인공 프로스페로), 아랑(미란다), 낮도깨비(에어리얼) 등으로, 그리고 대사 전체도 예스러운 우리말로 바꾸며 원작을 한국적으로 완전히 번안하였다. 국내에선 거의 공연된 적이 없을 뿐더러, 〈태풍〉을 1957년부터 1990년까지 무려 네 차례나 연출을 했었던 피터 부룩(Peter Brook)도 "연극 가운데 〈태풍〉만큼 난해하고 모호한 것도 없다"고 언급한 작품에 대해 젊은 연극인이 한국적 번안 공연을 시도했다는 점을 우선 평가해야 하겠다. 장수동은 원작이 가지고 있는 극장주의적, 놀이적, 제의적 요소를 잘 파악하고 있었으며, 그것을 한국적으로 형상화하려고 노력했다. 그런 목적에서 그는 원작의 요정 에어리얼을 우리에게 훨씬 친근한 낮도깨비로 바꾸고, 또 그의 역할을 원작보다 훨씬 강조하는 방법론을 택했다. 하지만 유감스럽게도 낮도깨비에 대한 지나친 강조는 이 공연의 함정으로 작용했다. 장수동은 아사달보다도 오히려 낮도깨비를 극의 중심적 위치에 놓으면서, 초월자적 경지에 다다른 원작의 주인공을 복수의 고뇌에 잠긴 지극히 인간적인 인물로 변모시켰는데, 이러한 인물설정은 처음부터 화해를 목적으로 했기에 가능했던 이 극의 제의적 극구성과 모순된다. 자기모순에 빠진 극이 설득력을 가질 수는 없는 일이었다. 피터 부룩은 셰익스피어의 작품을 공연할 때 그의 작업은 항상 그 연극을 '현대화'하는 것으로 귀착한다고 했다(87). 관객들이 그 연극을 접하는 오늘의 시점은 그 극이 써졌을 때와 시공간적으로 매우 다르기 때문이다. 마찬가지 이유에서 우리나라에서 공연되는 셰익스피어가 '한국화'되는 작업은 적절하고 의의 있는 일이다. 그러나 그것은 원래의 셰익스피어에 대한 올바르고 철저한 분석과 이해를 전제조건으로 한다.

셰익스피어를 한국화하려는 보다 적극적인 태도는 극단 자유의 〈햄릿〉에서 목격되었다. 자유의 〈햄릿〉은 연출자 김정옥이 78년 〈무엇이 될꼬하니〉 이래 지속해온 집단창조와 우리의 굿 및 전통연희양식의 접목이란 방법론을 그대로 가져와, 김정옥 자신의 표현을 빌자면, "죽음 앞에 선 광기를 주제로 한국 무속의 굿판과 서구양식의 만남을 시도한다"는 실험적 작품이었다. 김정옥은 원작이 가지고 있는 메타드라마적 특성을 극대화해 원작 〈햄릿〉을 죽음 앞에서 몸부림치는 인간들의 영혼을 위로하기위한 한판 굿으로 풀어나갔다. 특히 극중극 장면을 굿으로 대치시키고, 오필리아를 선왕의 혼이 내려 그의 죽음의 비밀을 말하는 영매로 설정한 것은 매우 독창적이며, 한국적 정서에 어울리는 연출이었다. 유인촌, 박정자, 김금지, 박웅, 권병길, 윤복희, 한영애 등 출연진들도 탄탄했고, 토월극장의 깊이를 최대한 활용한 무대에 삼베 천을 객석 앞부분 천장에서부터 무대 맨 뒷부분에까지 원근감 있게 설치해 마치 이승과 저승의 연결계인 듯한 인상을 준 무대미술은 압권이었다. 그러나 이러한 성과들에도 불구하고 김정옥의 실험은 완성된 결정체의 안정된 모습을 보여주지는 못했다. 이해랑의 정통극적 〈햄릿〉에 익숙해져있던 유인촌은 김정옥의 한국적 〈햄릿〉에 적절히 융화되지 못해 곳곳에서 어색함을 드러냈으며, 그 밖의 다른 배역들도 몽타주적 기법으로 재구성된 극의 전개과정에 충분히 적응하지 못한 듯 극적 긴장을 일관성 있게 유지해나가지 못했다. 또 각 장면들이 몽타주적인 기법으로 분절된 데다가, 여기에 연극 속의 연극임을 알리는 메타드라마적인 극적 장치들이 추가됨으로 인해, 극의 상황이 종종 모호해지거나 산만해지는 부작용을 동반했다. 김정옥의 〈햄릿〉은 프랑스와 독일에서도 공연돼 긍정적인 반응을 얻음으로써, 셰익스피어란 인류공용어로 한국적 예술과 한국적 정서를 외국무대에 본격적으로 소개했다는 우리연극사의 커다란 의의를 갖는다. 그러나 작품의 완성도란 측면에서는 아쉬움을 감출 수 없다.

두레의 〈태풍〉과 자유의 〈햄릿〉은 셰익스피어를 한국적으로 번안한 예이다. 그러나 셰익스피어를 한국적 양식으로 변모시키는 것만이 우리 문화 속에서 셰익스피어를 수용하는 것은 아니다. 셰익스피어 공연에 대해 보다 앞선 안목을 가진 외국의 유능한 연출가나 스태프들이 우리 배우들과 더불어, 그리고 우리 관객들을 대상으로 셰익스피어를 공연하도록 하는 것도 셰익스피어의 보편적 의미를 우리의 문화 속에서 수용하기 위한 적극적인 방법의 하나일 것이다. 그런 맥락에서 볼 수 있는 극이 미추의 〈맥베스〉였다. 그동안 〈지킴이〉, 〈오장군의 발톱〉, 〈남사당의 하늘〉 등 완성도 높은 창작무대를 보여주었던 미추가 폴란드의 명연출가 크리초토프 바비츠키와 만나 현재의 우리 관객들도 쉽게 받아들일 수 있는 셰익스피어의 현대성과 보편성을 탐색했다는 것은 큰 의의가 있는 작업이었다. 고전적 분위기와 현대적 분위기가 잘 조화된 무대와 의상은 셰익스피어의 현대적이고 보편적 가치를 드러내려는 바비츠키의 의도를 분명히 해주었고, 연극성을 강조하며 암전 없이 속도감 있게 이루어진 무대전환 등이 바비츠키의 세련된 솜씨를 돋보이게 했다. 그러나 셰익스피어 극은 어떤 작가의 작품보다도 배우 중심적이며, 특히 비극은 작품 전체에서 주인공 한사람이 차지하는 비중이 대단히 크다. 〈햄릿〉, 〈오셀로〉, 〈맥베스〉, 〈리어왕〉 모두 주인공을 중심축으로 극의 모든 움직임이 전개된다. 셰익스피어 비극에서 주인공의 결함은 그 밖의 어떤 수단으로도 보완될 수 없다. 그런 점에서 이호재의 맥 빠진 맥베스는 바비츠키의 〈맥베스〉에 대한 긍정적 결론을 유보시키는, 메울 수 없는 틈새가 되었다. 다만 미추의 〈맥베스〉가 가치 있는 도전이었으며, 우리 연극계가보다 완성적인 셰익스피어 공연으로 가기 위한 의미 있는 표석이었음에는 틀림없다고 하겠다.

5. 첫 결실 — 오태석과 이윤택의 셰익스피어

우리의 문화 속에 셰익스피어를 흡수하고 또 셰익스피어를 통해 우리의 모습을 투영해보려는 시도로는 이밖에도 기국서의 〈햄릿〉, 이윤택의 〈맥베스〉, 유재철의 〈우리 시대의 리어〉 등 우리의 정치, 사회에 대한 신랄한 풍자를 담아내기 위해 원래의 형식과 골격을 완전히 해체하고 재구성된 실험적인 셰익스피어 공연이 있었다. 역사극으로 자신의 극작가생활을 시작한 셰익스피어는 비극에서도 정치적 문제를 작품의 주요한 틀로 이용했다는 점에서 이들의 정치적 셰익스피어로의 전환은 일단 당위성을 갖는다. 더군다나 정치나 권력의 문제를 다룬 제대로 된 창작희곡이 많지 않은 상황에서 이들의 셰익스피어에 대한 집착은 오히려 당연할 런지도 모른다. 그러나 이들의 정치 지향적으로 철저히 해체된 셰익스피어는 아무리 성공적인 경우라 하더라도 셰익스피어에 대한 지나친 단순화라는 숙명적인 약점을 떨쳐버릴 수 없다. 결국 우리의 문화적 기호로 이루어진 보다 완성된 형태의 셰익스피어는 보다 우회적이고 포괄적인 방법으로 셰익스피어와 우리를 융합시킨 경우에서 찾아야 할 것이다. 다행히 우리 연극계는 이런 맥락에서 오태석의 〈로미오와 줄리엣〉, 이윤택의 〈문제적 인간 연산〉이라는 큰 결실을 얻고 95년을 마감할 수 있었다.

오태석과 이윤택은 우리의 전통극적 기법과 서양의 현대극적 기법을 융합시키려는 작업을 일관되게 해온 대표적인 연극인들이다. 그런 만큼 그들의 한국적 셰익스피어는 우연한 일회적 작업이 아니라 그들의 일관된 연극 작업의 일환으로 또는 그 결실로서 이루어졌다고 하겠다. 오태석의 〈로미오와 줄리엣〉과 이윤택의 〈연산〉은 어찌 보면 셰익스피어라는 척도로는 전혀 비교의 대상이 될 수 없는 별개의 것이다. 그러나 그들은 서로 다른 방향에서 같은 목표물을 향해 다가갔다고 볼 수 있다. 〈로미오와 줄리엣〉에서 오태석은 셰익스피어의 틀을 가능한 한 원형 그대로 유지하면서도 결국에는 자신의 모습을 드러냈으며, 〈연산〉에서 이윤택은 유인촌을 통해 줄곧 자신의 연산을 전면에 내세우고 있었지만, 동시에 셰익스피어의 햄릿을 - 적어도 유인촌이 이해랑이나 김정옥의 〈햄릿〉에 출연했을 때보다는 훨씬 성공적으로 - 보여주고 있었다. 결국 그들은 셰익스피어의 연극과 자신들의 연극의 융합을 시도한 것인데, 그러한 시도는 양자의 특성과 역할을 충분히 존중한 데서 성공의 기틀을 마련했다고 할 수 있다.

오태석의 〈로미오와 줄리엣〉은 지금까지 언급된 어떤 셰익스피어공연보다도 셰익스피어적 방법론을 충실하게 대입시킨 예이다. 무엇보다 중요한 성과는 3.4 또는 4.4조를 비롯한 그것의 몇 가지 변형된 우리말 운으로 새롭게 이루어진 번역이다. 최종철이 언급하듯이, 셰익스피어가 사용한 약강오보격의 시운이 영어의 자연스러운 리듬에 가장 근접한 것이었던 것과 마찬가지로 3.4, 4.4조의 우리말 운율 역시 가장 자연스럽게 사용할 수 있는 시운의 하나이다(9). 이러한 시적 언어는 빠른 리듬으로 대사에 힘을 실어주며, 내용의 효과적인 함축을 허용한다. 오태석의 배우들은 시적 운율로 압축된 대사를 그들의 훈련된 독특한 호흡법에 따라 힘 있게 내뱉었으며, 또한 그러한 발성에 맞춰 기로 충만한 듯한 힘 있는 양식적인 연기를 보여주었다. 시적 운율과 검술 장면에서 뚜렷이 대변되는 한국적 발성과 한국적 연기법이 원작의 골격을 대부분 그대로 유지한 극의 흐름과 절묘하게 조화를 이루었다. 또한 이번 공연의 간과할 수 없는 특성 중의 하나가 셰익스피어의 글로브극장의 무대구조를 반영한 열린 무대와 무대 후면의 2층 구조의 무대장치이다. 오태석은 이러한 무대장치를 이용해 중단되지 않는 장면 전환을 의도했음은 물론이며, 아직도 공사 중인 현대적인 2층 건물을 캐플리트가와 몬태규가의 집으로 설정함으로써 증오로 인한 정신적 물리적 폐해를 가시화하며 동시에 의미의 층위를 보편적 차원으로 확대한다. 오태석의 〈로미오와 줄리엣〉은 여러 측면에서 셰익스피어 극의 특성을 꼼꼼히 연구하고 또 그것을 작품 속에 적용하려고 애쓴 흔적이 역력하다. 그러나 이미 암시되었듯이 셰익스피어를 향한 오태석의 노력은 궁극적으로는 자신의 연극으로 회귀한다. 오태석의 연극은 우리의 전통극적 형식을 이용하든 아니면 서양 연극의 것을 차용해오든 언제나 한국적 정서 내지는 현재의 한국 민중들의 문제를 투시하고 반영한다. 〈로미오와 줄리엣〉의 반목하는 양가의 젊은이들의 싸움에 현대적 무기의 따가운 소음이 삽입되면서 관객들의 의식은 현대적 시점으로 이동되고, 원작과는 달리 사랑하는 연인들의 희생에도 불구하고 끝내 화해하지 못하는 이 극의 결말부에 가서는 동족상잔의 아픔 이후에도 화해하지 못하는 남북대치의 우리 현실을 되새겨보도록 유도된다. 그런데 오태석의 연극은 딱히 한국적이기만 한 것이 아니다. 이미 〈심청이는 왜 두 번 인당수에 몸을 던졌는가〉에서 뚜렷이 나타났었듯이, 양식과 사상에 있어 서구 현대극의 포스트모더니즘적 특성을 공유한다. 〈로미오와 줄리엣〉에서의 오태석의 결말은 한국 관객 대다수에게는 남북한의 대립을 우선 연상시키겠지만, 그것은 동시에 지금 이 순간에도 세계 도처에서 벌어지고 있는 분쟁의 현장일 수 있으며, 무엇보다도 체스 게임의 판과 말들이 이 극의 주요한 무대장치의 일부로 일관되게 활용됨으로써, 또 다른 분쟁의 시작으로 끝나는 이 극의 결말은 셰익스피어 학자 얀 코트(Jan Kott)의 역저 『셰익스피어, 우리의 동시대인』(*Shakespeare Our Contemporary*)에 기초해 공연되었던 서구의 많은 셰익스피어 공연물들 또는 포스트모더니즘 계열의 서구 현대극에서 두드러지게 나타나는 비관적인 결정론적 세계관을 강하게 내비친다. 체스 게임은, 베케트의 〈게임의 종말〉에서처럼, 인간의 삶이 보이지 않는 어떤 힘에 의해서 조종되거나 끊임없이 농락당할 뿐이며, 그러한 존재상황 속에서 인간이란 무기력하고 무의미한 존재에 지나지 않는다는 비관적 인식을 표현할 때 흔히 사용하는 상징물이다. 무대바닥 전체에 그려진 체스 게임 판과 그 위에서 배우들이 계속 밀고 다닌 왕, 여왕, 기사, 성 등의 체스게임의 말들은 처음부터 끝까지 무대를 장악한 상징체이기에, 결국 이 극 전체의 의미과정의 마지막 망으로 작용하지 않을 수 없다. 그래서 이러한 의미구조는 이 극을 남북이 분열된 우리의 현실에 대한 반영으로 이해할 때에도 어김없이 적용된다. 그렇다면 남북화해와 통일에 대한 오태석의 인식은 지극히 비관적이다. 그는 남북분단과 반목을 피할 수 없는 우리의 기계적인 존재조건으로 받아들이는 듯이 보일 수 있는 여지를 제공한 것이다. 이번 작품의 이러한 의미구조가 오태석 자신의 진지한 사유의 산물이라면 다행이고, 연극적 장치의 단순한 차용에 의한 우연한 결과라면 유감이다. 그러나 한국적 언어, 한국적 몸짓, 한국 관객이란 인식조건에 얽매여 이극의 가능성을 한국적 상황이란 한정된 울타리 안에 가두지는 말자. 무수한 희생에도 불구하고 지금 이 순간에조차 유혈의 분쟁을 멈추지 못하고 있는 인류의 역사는 오태석의 해법에 분명 보편적 당위성을 부여한다. 그리고 오태석의 이러한 절망적 비전의 해법은 〈로미오와 줄리엣〉에만 한정된 임시방편적인 것이 아니라, 부조리극에 많은 영향을 받았던 데뷔 초기에서 부터 잉태되어 〈심청이는 왜 두 번 인당수에 몸을 던졌는가〉, 〈아침

한때 눈이나 비), 〈비닐하우스〉 등에서 본격적으로 부각된 오태석의 일관된 연극관의 반영이다. 결론적으로 말해 오태석은 셰익스피어를 통해 자신의 연극을 보여주었으며, 셰익스피어적 방법론과 자신의 방법론 모두에 충실함으로써 성공할 수 있었다.

이윤택의 〈연산〉은 셰익스피어가 한국적 연극기호로 완전히 전환되어 재생산된 경우이다. 〈연산〉은 분명 셰익스피어 작품이 아니다. 그러나 셰익스피어는 〈연산〉의 뼈가 되고 자양분이 되었다. 이윤택 자신은 〈연산〉과 셰익스피어와의 관계를 이혜경과의 대담에서 다음과 같이 설명한 바 있다.

> 〈연산〉의 경우 연극형식에서 모방의 차원이 아니고 현대적인 구조로 담은 것이지요. 제가 이번에 노린 것은 현대적인 구조로서의 역사극인데, 현대적인 구조라면 셰익스피어 극 등의 연극의 얼개를 따오는 거지요. 제가 생각하기에 우리나라 연극에서 가장 취약한 부분이 연극의 얼개라고 생각하는데 극의 구조는 외국의 것을 따와야 된다고 생각합니다. (87)

〈연산〉에서 어느 한 작가의 한 작품만이 재료로 이용된 것은 아니다. 그러나 가장 뚜렷한 영향을 끼친 것은 역시 〈햄릿〉이다. 〈햄릿〉이 햄릿이란 주인공의 의식변화과정을 중심으로 그의 부친의 죽음의 실상을 밝히고 그의 복수의 과정과 최후라는 극 구성을 가지며, 특히 그의 부친의 죽음의 진실이 드러나는 데는 부친의 혼령과 극중극이 중심 역할을 하는 것과 마찬가지로, 〈연산〉 역시 연산의 심리적 변화과정을 중심으로 그의 모친의 죽음에 얽힌 진실을 극 중 극적 역할을 하는 굿과 장녹수에게 내린 모친의 혼령에 의해 밝히며 복수와 주인공 자신의 최후라는 극 구성으로 짜여 있다. 또한 〈햄릿〉이 정치나 권력의 문제와 복잡하게 얽혀있듯이, 〈연산〉도 정치, 권력의 문제가 주요한 극적 모티브 중의 하나로 등장한다. 이러한 외형적

윤곽의 유사성 외에도, 두 극은 '희극적 위안 장치'(comic relief)의 삽입, 시적 언어, 햄릿-오필리아-로젠크란츠-길덴스턴의 인물배치를 연상시키는 연산-장녹수-처선-숭재의 인물 설정 등 보다 세부적인 사항에서도 서로의 관련됨을 암시한다. 그뿐이 아니다. 이득주의 논문에서 지적되듯, 〈햄릿〉과 〈연산〉은 꽤 많은 대사가 서로 닮아 있다. 그 중 하나만 예로 들어보자. 구천을 떠돌다 자신들을 찾아온 부모의 혼령으로부터 진실을 알게 된 햄릿과 연산은 자신들의 운명을 다음과 같이 말한다(「연산과 햄릿」 151).

> **햄릿** 뒤틀린 세상. 아, 저주받은 운명아,
>   내가 그걸 바로잡으러 태어나다니!

> **Hamlet** The time is out of join-O cursed spite,
>   That ever I was born to set it right! (1.5.188-9)

> **연산** 나는 아직 어린 몸으로 선대의 왕업을 이어받고
>   조정 대신들의 합의를 이끌어 내야할 입장에 서 있다. (1.4)[6]

많은 유사점 중에서도 가장 많이 닮은 부분이 햄릿과 연산이란 두 주인공이다. 연산의 고뇌는 바로 햄릿의 고뇌, 그것이다. 부모의 한 맺힌 죽음에 대한 복수의 고뇌, 생과 사의 기로에서 썩은 세상을 바로잡아야 할 벅찬 의무가 주어진 자신의 운명에 대한 고뇌, 정치적 갈등, 어머니에 대한 애증의 감정과 오이디푸스 콤플렉스, 사랑하는 여인에 대한 애증의 감정, 그리고 이러한 고뇌 속에서 터져 나오는 광기적 행동 등 . . . 이윤택은 은유적 기호 속에 갇혀 있는 그러한 내적 갈등들을 특유의 해체적 방법으로 노골화

---

6 이윤택, 「연산」, 『문제적 인간』(공간미디어, 1995), 38.

하고 때로는 극단화한 것이다.

물론 〈연산〉은 김윤철이 "이윤택이 서양의 고전을 우리의 정치극으로 재구성하는 안일한 빌어쓰기를 그만두고 오랜만에 작품 전체를 다 책임진 순수한 창작극이다"(「오늘의」, 51)라고 평했을 정도로 『햄릿』과 다른 독창적인 부분이 훨씬 많으며, 이윤택 스스로 이득주와의 대담에서 밝히고 있듯이 대사, 동작, 관객과의 관계, 무대 장치 등이 우리 극의 특징을 지니고 있으며, 우리 고유의 굿, 제식, 태평무, 전래동요 등이 주요한 재료로 사용되었고, 또한 동시에 대사의 운율화, 동작의 양식화, 세팅의 상징화 등에서 중국의 경극적 요소가 도입되었다(「연산에 나타난」, 21). 그리고 무엇보다도 이윤택의 일관된 관심사인 정치와 권력의 문제에 대한 묘사가 두드러진다. 결론적으로 말해 이윤택은 〈햄릿〉을 〈연산〉의 얼개요 자양분으로 삼되 자신의 연극적 기호로 철저히 재창조해냈다고 하겠다. 이윤택은 자신이 추구하는 연극관을 묻는 이득주의 질문에 "폐쇄적 전통고집이 아닌 세계 연극의 맥락 속에서 살아남을 공동의 키워드로 구성된 우리극을 수립할 필요가 있는데 이는 독재적 '통합'이 아닌 수용적 '종합'을 통해 이루어져야 합니다"(「연산에 나타난」, 21)라고 말한 바 있다. 바로 이러한 맥락에서 〈연산〉은 성취되었으며, 이는 오태석의 〈로미오와 줄리엣〉과 더불어 셰익스피어가 우리 연극 속에서 왜 필요하며 또 어떻게 소화되어야 하는가를 웅변적으로 설명해 준다.

6. 한국 셰익스피어 르네상스의 길목 − 셰익스피어 붐의 원인 그리고 결과

지금까지 90년대에 공연된 셰익스피어 극의 실상을 간략하게 정리해봤다. 이제 "90년대에는 왜 그토록 셰익스피어극이 많이 공연된 것일까? 또 그렇게 많이 공연된 셰익스피어극은 우리연극계에서 어떤 의미를 갖는가?" 하는 의문이 자연스레 숙제로 다가선다.

"지금 이 시점에서 왜 셰익스피어를 공연하는가?"하는 물음에 대해 여러 답변의 목소리들이 있었다. 최형인은 "셰익스피어의 작품들은 현대적이다. 시간의 흐름이나 문화적 배경에 관계없이 항시 불변의 가치를 지니고 있다"(215)고 했고, 연극 칼럼니스트 박정영은 "기계적인 메커니즘만 남은 무대, 형식주의에 빠진 현대 연극에서 셰익스피어는 어떤 가치가 있는가"고 자문한 뒤, "우리의 리어왕, 파우스트, 오이디푸스 그리고 또 다른 우리의 의식 속에 살아 꿈틀대는 고전, 신화 속의 인물들이 여전히 우리의 삶을 말하고 진실을 자극한다면 아무리 낡아서 더 이상 그 형태를 알아보지 못한다고 하더라도 그것은 영원히 가치가 있다. 그것은 바로 우리들의 원형의 모습이기 때문이다. 그리고 이들은 또 다른 연극 형식에서, 또 다른 작가의 글쓰기에서, 새로운 연출자의 영원한 재료로서 도전할 가치가 있는 높은 산으로 우뚝 서 있을 것이다"(201)라고 답한다. 김윤철은 좀 더 세부적인 설명을 제시한다. 그는 첫째, 셰익스피어 극에 담겨져 있는 인류 보편적 진리의 주제, 둘째, 어떤 작품보다도 뛰어난 연극성, 셋째, 현대적인 정신분석학이 적용될 정도의 뛰어난 심리묘사, 넷째, 여성주의, 맑스주의, 신역사주의 등 현대적인 새로운 비평이론의 도입에 따른 셰익스피어의 현대적 글 읽기 등을 오늘날에도 셰익스피어가 자주 공연되는 주요한 원인으로 꼽았다("특징 없는" 51). 그런데 이들은 주로 셰익스피어의 동시대적 가치에 대한 일반론적 언급이기 때문에, 정작 문제시 되어야 할 왜 90년대이며, 왜 우리 연극계이고, 왜 붐을 이룰 정도인가에 대해서는 연극적 측면에서뿐만 아니라, 사회, 문화적 측면에서의 추가적 논의가 필요하다고 본다. 여기서는 본 필자의 능력과 본 지면의 특성상 지극히 간단한 언급에 그치도록 한다.

아놀드 하우저(Arnold Hauser)는 소비가 생산을 자극한다는 맑스의 말을 인용하면서, 소비는 생산과정을 보정하거나 수정하는 요소에 불과한 것이 아니라 오히려 생산과정의 본질을 구성하는 요소라고 주장한다(31). 이러한 하우저의 견해를 빌린다면, 90년대의 셰익스피어 붐은 셰익스피어를 소비하고자 하는 사회·문화적 풍토가 무르익은 가운데 두터운 소비층이, 적어도 상당한 잠재적 소비층이 형성되자, 이에 자극을 받은 연극계가 셰익스피어 공연물들을 양산해 냄으로써 발생한 현상으로 볼 수 있다. 사실 우리 사회는 90년대 이전에는, 특히 70년대 말 부터 80년대 말까지는, 셰익스피어라는 고전에 눈 돌릴 겨를이 별로 없었다. 연극은 현장예술이란 특성 때문에 어떤 예술 장르보다 강한 사회성을 지닌다. 그래서 군사독재가 한창 기승을 부릴 무렵 우리 연극계의 의식 있는 연극인들은 당연히 사회비판이 강한 사회적 목적극 내지는 풍자극에 경도되었으며, 특히 군사독재의 폐해가 가장 심각하던 80년을 전후한 시기에는 암울하고 극단적 절망을 주제로 하는 부조리 연극에 집착하기도 했다. 이런 분위기 속에서 셰익스피어는 그저 우리의 현실과는 너무나 동떨어져있는 400년 전의 고전일 뿐이었으며, 그래서 간혹 공연이 되더라도 방법론 부재와 구태의연한 해석의 셰익스피어 공연이 되기 마련이었다. 또 우리 연극계의 제작능력의 빈곤성도 셰익스피어에 대한 연극인들의 잠재된 열정을 억압하는 요소로 작용했다. 대개의 셰익스피어 극은 대작이며 그래서 많은 배우, 많은 제작비를 필요로 한다. 그것을 감당할 만한 극단이 많지 않았다. 그러나 무엇보다 중요한 요인 중의 하나는 셰익스피어를 수용할 만한 정서적 준비가 되어 있는 관객층이 폭넓게 형성되지 못했었다는 점이다. 굳이 소비가 생산을 앞선다는 맑스의 언급을 떠올리지 않더라도 현장 예술인 연극이 관객 주류의 기호를 살피는 것은 당연하다. 관객들 역시 저항적인 사회 풍자극이나 아니면 아예 도피적인 멜로드라마를 원했고, 또 더 많은 수의 잠재적 관객들은 연극이란 것 자체에 관심을 두지 않았다.

그러나 90년대 들어 우리 사회의 민주화가 상당히 진전되고, 정착되어 가면서, 또 경제적 여유가 상대적으로 더 생기면서, 그리고 문화의 중요성에 대한 인식이 확대되고, 세계화라는 정부주도의 사회풍토가 조성되면서, 우리 사회는 이제 인류가 공유한 위대한 고전들의 보고인 셰익스피어를 수용할 만한, 그리고 그러길 원하는 관객층을 충분히 확보하게 된 것이다. 우리 연극인들 역시 이러한 사회적 변화에 동승해 사회적 연극에 대한 강박관념에서 벗어나, 그동안 억눌러왔던 셰익스피어에 대한 스스로의 소비욕구를 일깨웠을 뿐만 아니라, 관객들의 소비욕구에 부응할 수 있는 셰익스피어라는 고급 문화상품을 양산해냈던 것이다. 물론 소비와 생산은 변증법적 관계에 있다. 소비에 의해 자극된 생산은 다시 좀 더 높은 수준의 소비 욕구를 창출한다. 1990년대 중반까지 우리 연극계는 갑작스런 양산체제 속에서 많은 불량품을 만들어냈던 것이 사실이지만, 그러한 와중에서도 소비와 생산의 변증법적 원리를 증명하며, 셰익스피어 공연의 꾸준한 질적 향상을 이루어 왔다.

1990년대 중반까지 셰익스피어의 붐은 비교적 성공적인 결실을 맺고 있다고 말할 수 있다. 이러한 셰익스피어 붐이 언제까지 계속 될 런지 알 수없지만, 1990년대 초반의 실패와 성공의 예들은 우리에게 셰익스피어 공연에 대한 적지 않은 정보의 축적을 이루어 주었다. 그것은 셰익스피어를 좀더 쉽게 소화해낼 수 있도록 도와주는 것이기도 하지만, 반면에 셰익스피어에게 아무런 준비도 없이 경박스럽게 덤벼드는 것에 대한 경고이기도 하다. 어쨌든 셰익스피어 붐의 이런 양면적 역할은 우리 연극계의 전반적인 수준과 격을 한 단계 높이는 결과를 가져올 것임에는 틀림없다.

7. 맺는 말

간단히 요약하자면, 1990년대의 우리나라의 셰익스피어 붐은 우리 사회의 민주화 및 세계화와 밀접한 관계 속에서 일어났다. 민주화가 가져온 민주적이고 민중적인 것, 그리고 우리 것에 대한 자부심, 또한 동시에 보편적이고 국제적인 것에 대한 갈증과 열망이 빚어낸 문화적 산물의 일부가 바로 셰익스피어 붐이다. 그런 맥락에서 우리 연극계의 셰익스피어 공연은 셰익스피어의 귀족 지향적 측면보다는 대중 또는 민중 지향적 측면을 강조하는 경향이 두드러진다. 기존의 문어체적 번역을 일반 민중들의 살아있는 언어로 새롭게 번역하는 것에서부터, 민중적 기호로 이루어져 있는 우리의 전통극적 요소를 접합하기, 궁중적 귀족적 풍경에 민중적 색체 가미하기, 한국의 독재정권 내지 권력구조에 대한 패러디, 그리고 권위주의적 지배 이데올로기에 대한 저항적 해체적 글 읽기에 이르기까지 다양한 방법이 동원되었고, 또 그러한 방법들을 택했던 공연들이 주로 관객들의 호응을 얻었다. 한마디로 90년대의 셰익스피어 붐은 한국의 현재적 셰익스피어를 성취하기 위한 부단한 경주의 과정이었다고 정리할 수 있겠다. 이제 이러한 과정은 일정한 결실을 맺고 있으며, 이것은 우리 연극계가 세계와 직접적으로 대화할 수 있는 핫라인을 갖추었음을 의미한다. 셰익스피어야말로 문화와 정서를 표현할 수 있는 가장 효과적인 보편어(universal language)이기 때문이다.

제3장

한국의 전통극 양식과 셰익스피어[7]

1. 서론

셰익스피어의 대부분의 극작품들은 공연 시간이 3시간 이상 걸릴 정도로 매우 길뿐만 아니라 수많은 크고 작은 장면의 복잡한 교차로 이루어져 있다. 따라서 이러한 셰익스피어 극을 원활하게 운영하는데 있어 가장 중요한 것 중의 하나가 효과적이고 신속한 장면전환이며, 입체적인 등·퇴장이다. 셰익스피어 극작품의 산실 역할을 한 글로브극장의 경우, 스테이지 하우스의 일층에 3개의 출입문이 있고, 2층 갤러리에 하나, 그리고 무대 바닥에 '무대 함정'(stage trap)이라 불리는 바닥 통로가 있었을 것이며, 무대 천장에서도 '하늘'(heavens)이라 이름 붙여진 공간에서 도르래와 밧줄을 이용해 배우들이 등·퇴장했을 것으로 추정되고 있다. 이런 입체적인 등·퇴장로를 이용해 동시 다발적인 장면전환 및 장면운영이 이루어 졌을 것이다. 그런데

---

7 본 장은 다음과 같은 필자의 기 발표 논문을 수정·보완한 것이다 「셰익스피어, 마당, 그리고 한국 전통극 양식」, *Shakespeare Review* 43.3 (2007): 519-546.

런던에 재건된 새 글로브극장은 여기에 '마당'(yard)이라는 또 하나의 등·퇴장 및 연기공간을 더하고 있다. 새 글로브극장의 공연을 보면, 무대 위의 등·퇴장 공간 외에도 극장의 마당으로부터 배우들이 등·퇴장을 하거나 아예 마당을 연기 공간으로 사용하는 것을 거의 매 공연마다 볼 수 있다.

　새 글로브극장이 그 진실성(authenticity)에 대한 논란의 여지에도 불구하고 마당 사용을 고집하는 것은 두 말할 필요도 없이 그 뛰어난 효과성 때문이다. 무대의 뒤와 위, 그리고 아래에서뿐만 아니라 무대를 둘러싸고 있는 양 측면 마당과 전면의 마당 어느 곳에서도 배우들이 등장하고 퇴장하며 더욱이 연기 공간으로 활용한다면 극작품은 훨씬 더 입체적이며 생동감 있게 그리고 빠르게 운영하는 것이 가능하다. 새 글로브극장에서 〈아우구스틴의 참나무〉(Augustine's Oak) 공연 제작 과정에 직접 참여한 바 있던 극작가 피터 오스왈드(Peter Oswald)의 다음과 같은 진술은 마당 활용의 탁월한 효과성에 대한 가장 명쾌한 증언이 될 것이다.

> 마당은 드라마의 한 부분이다. 만일 당신이 마당의 관객의 힘을 활성화시킬 수만 있다면, 그 마당의 관객들은 공연이 진행되는 내내 그 공연에 기여할 것이며, 배우들은 믿을 수 없을 정도로 가속을 낼 수 있을 것이다. 그것은 모든 것을 다르게 만들 수 있다─마당이 바로 그렇게 할 수 있는 힘을 가지고 있으며, 그것은 어떤 착석한 관객들이 가질 수 있는 힘을 능가한다.
>
> The yard is a part of the drama. If you can activate the power of the groundlings, they will help the play along, and the actors can shift gears incredibly. It can make all the difference─the yard has the power to do that, more than any seated audience could ever have. (8)

　셰익스피어가 실제로 글로브극장의 마당을 등·퇴장로나 연기 공간으로 활용했는지에 대해서는 이견이 분분하다. 앤드류 거(Andrew Gurr)를 비롯해 많은 셰익스피어 학자들이 셰익스피어 텍스트 어디에도 마당을 연기 공간으로 활용한 어떠한 직접적인 언급도 없다는 점과 글로브극장 무대에는 마당과 무대를 구분하는 무대 난간이 둘러쳐져 있었을 것으로 추정된다는 점을 들어, 현재의 새 글로브극장이 적극적으로 실행하고 있는 마당의 연기 공간으로의 활용은 비 셰익스피어 적이라는 것이다.

그러나 중세 후반기부터 셰익스피어 동시대에까지 마당 객석 또는 일반 객석의 관객들과의 활발한 소통이 이루어져온 영국 연극의 전통을 고려해볼 때, 셰익스피어 역시 마당 객석을 등·퇴장 입구 내지 연기 공간으로 사용했을 가능성은 충분하다. 최근에 다시 복원해 정기적으로 공연되고 있는 요크 기적극(York Myestery Cycles)을 비롯해 〈인간들〉(Mankind)(1460s), 〈풀겐즈와 루크리즈〉(Fulgens and Lucres)(1490s) 같은 도덕극 류의 중세 후반기의 연극뿐만 아니라, 〈불타는 몽둥이의 기사〉(The Knight of the Burning Pestle)(1607), 〈정신없는 양치기〉(The Careless Shepherdes)(1656) 또한 〈내실 사원의 가면극〉(The Masque of the Inner Temple)(1613), 〈꽃의 가면극〉(The Masque of Flowers)(1614) 등의 셰익스피어 동시대 연극에서 마당 및 객석의 관객들과 섞여 공연을 하거나 등·퇴장을 하는 상황이 텍스트 상에 또는 당시 공연에 대한 그림 상에 명확히 남아 있다. 또한 가면극의 경우는 거의 양식적 차원에서 공연이 끝난 다음 객석의 관객들에게 다가가 함께 춤을 추는 장면이 설정되어 있음을 여러 가면극의 텍스트 속에서 목격할 수 있다(이현우,『셰익스피어』289). 한편, 무대 난간의 경우, 글로브극장의 설립 초기에는 없었다가 특정한 시점 이후에 설치되었을 개연성이 있는데다가, 한번 설치된 무대 난간이라고 하더라도 언제든 탈부착이 가능했을 것이기 때문에 무대 난간이 셰익스피어가 마당을 활용했을 가능성을 완전히 차단하지는 못한다.

사진 1 〈요오크 기적극〉. 배우들이 마당까지 내려와 연기하는 모습을 쉽게 볼 수 있다.

　무엇보다 셰익스피어가 자신의 글로브극장에서 실제로 마당을 연극적으로 활용했을 가능성을 가장 강력하게 시사해주는 것은 새 글로브극장 측의 실제 임상적 경험일 것이다. 새 글로브극장에서는 유일하게 2000년의 〈햄릿〉 공연에서만 무대 난간을 사용했다. 많은 기대를 갖고 무대 둘레에 무대 난간을 설치하고 공연을 했지만, 레일로 인해 관객들이 무대 위의 상황을 감상하는데 불편하고, 또한 무대와 마당의 관객의 직접적인 소통과 접촉을 차단하는 장애적 측면이 두드러지는 등의 이유로 다시는 무대 난간을 사용하지 않고 있으며, 오히려 지금은 새 글로브극장의 마당 사용은 어떤 다른 극장의 셰익스피어 공연과도 차별화되는 새 글로브극장만의 대표 브랜드가 된 듯하다.

　그런데 새 글로브극장이 보여주고 있는 마당의 등·퇴장 및 연기 공간화란 공연 기법은 최근 한국에서 이루어진 몇몇 셰익스피어 공연물이 마당을 적극 활용하는 한국의 전통극 양식을 반영하고 있는 사실과 일맥상통하는 점이 있어 흥미롭다. 탈춤, 탈놀이 등으로 통칭되는 한국의 전통극은 가면 착용으로 인한 대사 전달의 쉽지 않음, 그리고 마당에서 서거나 쪼그려 앉아서 봐야 하는 신체적 불편함 등으로 자칫 산만해 지거나 지루해 할 수 있는 관객들을 보다 용이하게 극 세계 속으로 집중시키고 참여시킬 목적으로, 지속적으로 배우들로 하여금 관객과 직접 대화하거나 접촉하게 하고, 관객을 배우로 또는 배우를 관객으로 삼아 공연을 진행하는 것을 극 양식 상의 큰 특징으로 한다.

오늘의 한국 관객들은 비록 실내극장의 안락한 의자에 앉아 관람한다고 는 하지만, 셰익스피어라는 거대한 고전 앞에서 그들은 글로브극장의 마당 의 관객들이나 한국 전통극의 마당의 관객들처럼 불편한 상태에 있다고 할 수 있다. 그런 맥락에서 오태석, 이윤택, 양정웅 등 한국의 대표적인 연출가 들이 셰익스피어를 공연할 때, 마당의 활용, 마당에 있는 관객의 활용이란 한국 전통극의 양식적 특성을 도입하면서 보다 용이하게 관객의 참여를 유 도하고 있는 것은 매우 타당한 시도라고 할 만하다.

그래서 마당을 적극적으로 활용하는 한국의 전통극 양식에 익숙한 한국 의 연출가들이 셰익스피어를 만나 무대화하고자 할 때 마당의 활용에 주목 하게 된 것은 어찌 보면 자연스럽고 당연한 결과라고도 할 수 있을 것인데, 한편으로 그것은 서서 보는 관객들에게 둘러싸인 자신의 불편한 공연조건 을 극복했어야만 했을 셰익스피어를 연상시키면서, 논란의 와중에 있는 새 글로브극장의 마당 활용에 대한 셰익스피어적 진정성의 문제에 대해 긍정 적인 힘을 보태주는 것이 될 수 있을 것이다.

본 장에서는 새 글로브극장과 한국 전통극의 마당 사용의 유형을 차례 로 분석한 다음, 그러한 마당 사용의 예가 적극적이면서도 섬세하게 실현되 고 있는 한국 셰익스피어 공연의 예를, 그러한 전통극적 양식을 무대에 접 목하면서 변형시킨 정도에 따라 양정웅의 〈한여름 밤의 꿈〉, 오태석의 〈로 미오와 줄리엣〉, 그리고 이현우의 〈코리올라누스〉를 통해 소개하고자 한다.

2. 글로브극장의 마당 사용 방식

앞에서 언급했듯이, 현재 글로브극장에서 이루어지는 거의 모든 공연이 마당을 활용하는데, 비록 폴라인 키어난(Pauline Kiernan)은 글로브극장의 마당 사용을 주로 "마당의 관객들 사이를 헤치고 지나가는 등·퇴장로"(entrances and exits through the groundlings 81)로 파악했지만, 보다 세부적으로 살펴보면 대략 그 유형을 다음과 같은 세 가지로 분류해 볼 수 있다. 첫째는 키어난 이 지적한대로, 단순히 마당에서 무대로 등장하거나, 반대로 무대에서 마당을 통해 퇴장하는 등·퇴장 입구로의 활용이다. 이러한 방식은 글로브극장의 거의 모든 공연물들에게서 공통적으로 가장 흔하게 목격되는 것인데, 가장 대표적인 예로는 2006년 루씨 베일리(Lucy Bailey)가 연출한 〈타이터스 앤드러니커스〉에서 고트 족과의 전쟁에서 승리한 타이터스가 개선하는 장면을 들 수 있다. 타이터스가 이끄는 로마군의 일행이 타모라와 그녀의 두 아들 등을 쇠사슬에 묶어 행진해 들어오는데, 극장 밖으로부터 마당의 서있는 관객들 사이를 헤치며 등장해서 무대 위로 등장했다. 이러한 시도는 마치 마당의 관객들이 실제 로마의 군중들인 것 같은 착각을 불어 일으키면서 강력한 극적 효과를 유발하는데, 실제 개선 장면 같은 '그림'을 만들어 낼 수 있을 뿐만 아니라 관객들로 하여금 자동적으로 극 속의 로마군중 역할을 하지 않을 수 없게 만듦으로써 그들의 의식을 극의 세계 속으로 자연스럽고도 강력하게 유인한다.

두 번째 유형은 마당의 관객들에게 직접 다가가 말을 걸거나 보다 구체적인 신체적 접촉을 동반하면서 마당의 관객을 잠정적인 배우로 간주하는 것이다. 2003년 베리 카일(Barry Kyle)이 연출한 〈리차드 3세〉에서는 3막 7장의 '런던 시민들에 의한 리차드의 왕위 추대 장면'을 마당의 관객들, 즉 실제의 런던 시민들을 극 속의 런던 시민들로 간주함으로써 극적 효과를 배가 시켰다. 리차드와 런던 시민 사이를 오가며 매파 같은 역할을 해야 하는 버킹검이나 시장은 무대 위에 남아 있지만, 시민 역의 배우들이 마당의 서서 보는 관객들 틈에 끼어서 연기하면서 바로 옆의 관객들에게 리차드나 버킹검 또는 시장의 대사에 대해 자신들과 같이 반응하며 실제로 말소리도 내도록 유도했다. 필자도 이 공연 때 마당의 관객들 속에 섞여 있었는데, 갑자기 배우들과 섞여 함께 연기 아닌 연기를 부담 없이 하게 된 관객들은 신이 났고, 배우 시민들이 유도하는 대로 야유를 하기도 했고, 특히 리차드가 왕위 계승을 수락한 다음에는 신나게 그리고 목이 터져라 "리차드 왕 만세"를 외쳐댔다. 이밖에도 2001년의 〈리어왕〉 공연에서 에드먼드가 했던 것처럼, 마당까지 내려가 마당의 관객들에게 직접 말을 걸면서 관객들을 극속의 자기 주변 인물이나 친구처럼 간주하며 독백이나 방백을 하는 방식은 대부분의 글로브극장 공연물에서 발견되는 매우 일반적인 것이다.

세 번째 유형은 마당을 배우들의 연기 공간으로 활용하는 것이다. 앞서 나열한 두 유형도 물론 마당을 연기 공간으로 활용하는 것이라고 할 수 있겠지만, 마당을 단순히 통과하거나 마당의 관객과 접촉하는 방식이 아니라, 무대 위의 상황처럼 마당에서 배우들이 구체적인 사건을 연출해 낸다. 1998년 루씨 베일리가 연출한 〈뜻대로 하세요〉에서는 마치 미국의 프로 레슬링의 한 장면처럼 마당에서 배우들의 싸움 장면이 연출되었다(사진 2). 마당 공간에서 갑작스럽게 벌어지는 이런 싸움이나 소동 장면은, 마치 실제 거리에서 일어나는 일을 목격하는 것 같은 현장적 감정의 파동이 마당의 관객들을 지배하면서 보통 3시간 이상은 서있어서야 하는 마당의 관객들에게 일종의 재충전의 기회를 제공한다.

이상 언급된 마당 활용의 세 가지 방식은 각각의 공연물 속에서 별도로 사용되기도 하고, 또 많은 경우에 한 공연물 속에서 모두 동원되기도 한다.

사진 2 〈뜻대로 하세요〉(1998). 루씨 베일리 연출. 글로브극장.

분명한 것은 이제 마당 사용의 기법은 런던의 아니 영국 전체의 수많은 다른 어떤 셰익스피어 공연과도 글로브극장의 셰익스피어 공연을 구분해 주는 글로브극장의 대표 브랜드가 된 듯이 보인다는 것이며, 그만큼 매 순간 뛰어난 극적 효과를 입증해 주고 있다는 것이다.

셰익스피어의 마당 사용 가능성을 일축하고 있는 앤드류 거는 베일리의 〈뜻대로 하세요〉 공연이 보여준 마당에서의 레슬링 장면에 대해 언급하면서 셰익스피어적 방법이 아니면서도 그 극적 효과가 너무 커 요즘의 연출가들이 마당 사용의 유혹에 넘어갈 것을 염려한다.

요즘엔 마당의 관객들을 공연에 직접적으로 개입시키는 방식으로 그들을 끌어들이려는 유혹에 빠지기 쉬운데, 하지만 그것은 셰익스피어적인 방식이 아니다.

It is easy nowadays to fall for the temptation of trying to engage the groundlings by directly enlisting them in the show, but that was not Shakespeare's way. (33)

하지만 글로브극장의 디렉터인 패트릭 스파티스우드(Patrick Spottiswoode)는 필자와의 이메일 인터뷰에서 "학자들은 이것(배우들이 마당으로 내려와서 연기를 했다는 증거)에 대한 증거가 없다고 주장하지만, 증거가 없다는 것이 없음의 증거는 아니다"(Scholars argued that there was no evidence for this (absence of evidence, however, is not evidence of absence!))라고 마당 사용이 비셰익스피어적 공연방식이라는 견해에 대해 반론을 제기한다. 글로브극장의 마당 사용에 대해 동의하는 사람이든 동의하지 않는 사람이든 한 가지 분명한 사실은 모두가 그 극적 효과에 대해서는 충분히 인정하고 있다는 것이다. 셰익스피어는 글로브극장이라는 거친 공연 현장을 진두지휘하던 연극인이다. 과연 그런 셰익스피어가 뛰어난 극적 효과를 발휘하는 어떤 공연 기법을 계속 외면했을까? 마당 사용에 존재 기반을 두고 있는 한국의 전통극이나 그러한 전통극 양식을 활용하고 있는 한국의 몇몇 셰익스피어 공연들은 셰익스피어의 마당 사용 가능성에 대해, 또는 적어도 셰익스피어 극에 있어 마당의 가치 내지 효용성에 대한 긍정적인 신호를 보내준다.

3. 한국 전통극의 마당 사용

한국의 전통 연희 양식 중 가장 대표적인 것은 역시 탈춤이라고 할 수 있을 것인데, 이 탈춤의 공연 방식에서 가장 중요한 것 중의 하나가 바로 배우와 관객과의 적극적인 상호소통임은 잘 알려진 사실이다. 그래서 조동일은 탈춤에서의 '배우와 관객과의 관계'에 관련하여 "탈춤은 하는 사람과

보는 사람이 구별되지 않을수록 공연이 온전하게 이루어지는 연극이다"(143)
라고까지 언급한다. 또한 그는 여기에 첨언하여, "하는 사람은 하면서 보는
사람이어야 하고, 보는 사람은 보면서 하는 사람이어야 하는 것이 탈춤에서
이루어져야 할 놀이패와 구경꾼의 관계이다"(143-144)라고 설명한다. 탈춤에
서 이와 같이 배우와 관객이 각각의 정체성이 뒤섞이며 하나로 합일할 수
있는 것은 근본적으로 탈춤의 공연 장소와 극중 장소가 별개로 구분되어
있지 않은데 기인한다.[8] 즉 공연장인 마당은 관객들이 모여 있는 객석이자
동시에 극의 내용이 전개되는 무대이기도 한 것이다. 글로브극장의 경우 무
대와 마당이 구분되어 있다면, 탈춤의 경우는 무대는 없고 오로지 마당만
있는 것이며, 그 마당에 배우와 관객이 함께 공존하는 것이다. 그래서 탈춤
에서는 배우와 관객이 서로 접촉하며 즉흥적인 대사를 주고받는 것이 기본
적인 공연의 운영 방식이 된다. 따라서 탈춤에서는 관객들 속에서 등장하고
퇴장하기, 관객들을 배우 취급하며 대사 주고받기, 관객들 틈 속에서 연기
하기 등이 모두 이루어질 뿐만 아니라 공연 내내 지속된다.

    탈춤의 대본은 대부분 채록본인 관계로 각 판본 마다 조금씩 내용이 다
른데 그 공연 진행 상황만큼은 그래서 더욱 생생하게 연상해 볼 수 있게 해
준다. 다음은 양주별산대놀이의 두 장면인데 여기에서는 모두 배우들이 의
상을 갈아입고 대기하는 장소인 개복청에서 있다가 관객들 사이를 지나 마
당 공연장으로 등장하는 모습이 생생하게 그려져 있다. 산대놀이마당의 구
조를 그린 서연호의 그림(『산대탈놀이』100)을 참조하면 그런 상황을 더욱 쉽
게 알 수 있다.

---

    8 탈춤의 공연장소와 극중장소와의 관계에 대한 보다 자세한 내용에 대해서는 조동일의
『탈춤의 역사와 원리』(서울 기린원, 1988) 131-142쪽을 참조할 수 있다.

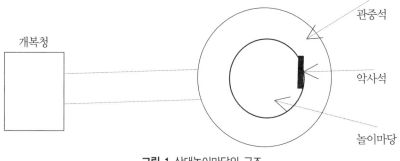

그림 1 산대놀이마당의 구조

"제 2 과장 옴중과 상좌"
옴중 (달음질로 개복청으로부터 등장하여 5-6보 가량 장중으로 들어와 다리
　　를 버티고 서서 허리에 손을 짚고) 네에밀할 놈의 데 해포 만에 나왔
　　더니 아래가 휘청휘청하고 어째 어수선 산란하고나.

"제 3 과장 목중과 옴중"
목중 (장중 입구에서 5-6보 가량 중앙까지 걸어와서 다리를 벌리고 서서 허
　　리에 손을 짚고 엉덩이를 휘저으면서) 예라 예라 예이러. 여러 하품
　　만에 나왔더니 아래 위가 어째 휘청휘청하고 사대육신이 노골노골한
　　것이. . . . 야, 안됐다. (이두현 141)

　　또한 배우들이 관객들에게 직접 말을 걸며 관객들을 배우 취급하거나
그들의 즉흥적인 반응이나 응대를 유도하는 장면도 어느 탈놀이 대본에서
든 쉽게 목격되는데 여기선 봉산탈춤의 한 장면과 양주별산대놀이의 한 장
면을 소개한다.

"봉산탈춤 제 6 과장 중에서"
말뚝이 쉬- (음악과 춤 그친다.) 여보 구경하는 양반들 말씀 좀 들어 보시

오. 잘다란 골연 잡수지 말고 저 연죽전으로 가서, 돈이 없으면 내에
게 기별이라도 해서 양칠간죽 자문죽을 한발아웃식 되는 것을 사다
가, . . . (홍창수, 『한국희곡』 114)

"양주별산대놀이 제 6 과장 3경 중에서"
취발이 . . . (관중을 향하여) 여보 여러분 구경허신 손님네 여기서 몸 조심
허는 이는 피허우. 여기서 까딱허믄 살인나오. (이두현 167)

한편, 관객 사이에 앉아서 관객인양 역할 하는 악사와 배우가 대사를 주
고받는 장면도 적지 않은데 이것은 글로브극장의 배우들이 마당에 내려가
그곳을 연기공간으로 활용하며 별개의 장면을 연출해 내는 상황을 연상시
킨다. 봉산탈춤에서 그러한 대목을 하나 뽑아보자.

"봉산탈춤 제 7 과장 중에서"
영감 (등장. 악공 앞에 가서 운다.) 에에 에에 에에 에에 에에.
악공II 웬 영감이와.
영감 나도 웬 영감이더니 덩덩궁하기에 굿만 여기고 한 거리 놀라고 들어
온 영감이올세.
악공II 놀라면 놀고 갑세.
영감 노든지 마든지 허름한 할맘을 잃고는 할맘을 찾고서야 아니 놀겠읍나.
(홍창수, 『한국희곡』 123)

영감이나 악공 모두 탈놀이를 포함하는 한판 굿 놀이에 놀러온 구경꾼,
즉 관객을 자처한다. 또한 객석 맨 앞자리에 앉아 있는 악공은 위장된 배우
관객이라 할 수 있고, 그 위장된 관객과 함께 '할맘'을 찾는 장면을 연출하
고 있다.

탈춤 또는 탈놀이 형식의 한국 전통극은 현재까지도 지속적으로 전승되고 공연되고 있을 뿐만 아니라 1970년부터는 '마당극'이라는 형태로 현대적으로 개량되어 꾸준히 대중들 앞에서 공연되고 있다. 마당극 분야를 대표한다고 할 수 있는 '극단 길라잡이'와 '우금치'의 마당극 공연물들은, 마당이라고 하는 지극히 불편한 공연 조건이 배우와 관객이 함께 공연에 가담하게 되고 하나로 뒤섞이게 되면서 극적으로 얼마나 역동적인 장소로 돌변하는지를 여실히 보여준다. 이러한 마당의 전통에 기반 하는 한국 연극에서 마당은 특별한 의미를 지니며, 그러하기에 마당의 극적 개념과 역할을 중시하는 것은 마당극을 표방하지 않은 일반 공연작품들에서도 흔히 목격되는 사항이라 하겠다. 한국의 연출가나 관객들에게 '마당'은 친숙한 공연 조건인 셈이다. 그리고 위에서 간략하게 살펴보았지만, 한국 전통극의 '마당'의 사용방식은 글로브극장의 '마당' 사용방식과 정도와 빈도수의 차이가 있을 뿐 크게 다르지 않다고 할 수 있다.

4. 한국 셰익스피어의 마당 사용

셰익스피어 공연과 관련해 최근 한국 연극계에 경사가 있었다. 2006년 오태석의 〈로미오와 줄리엣〉과 양정웅의 〈한여름 밤의 꿈〉이 셰익스피어 공연의 심장부라고 할 수 있는 런던에서, 그것도 영국 공연계를 대표한다고 할 수 있는 바비칸 센터에서 공연을 가졌다. 뿐만 아니라, 2011년 오태석의 〈템페스트〉가 에딘버러 인터내셔널 페스티벌의 개막작으로 공식 초청되어 격찬은 속에 공연하며 '헤럴드 엔젤스'(Herald Angels)상을 수상하였으며, 2012년 양정웅의 〈한여름 밤의 꿈〉은 런던의 글로브극장이 주최한 '글로브 대 글로브 셰익스피어 축제'에 참가하여 관객과 평단 모두의 커다란 호평을 받으며 공연하였다. 글로브극장은 원래 1599년에 건설되어 셰익스피어가 주주로 있으면서 그의 작품 대부분을 그곳에서 공연한 곳으로 셰익스피어 극예술의 모태와 같은 곳이라고 할 수 있다. 현재의 글로브극장은 전문가들의 고증을 거쳐 1996년에 다시 재건된 것이다. '글로브 대 글로브 셰익스피어 축제'는 셰익스피어의 37개 작품을 37개의 다른 언어로 공연하기 위한 대형 프로젝트로 37개국을 대표하는 각국의 극단이 글로브극장에서 셰익스피어를 공연한 초대형 셰익스피어 축제였다.

한국의 셰익스피어 붐이 본격화된 1990년부터 지금까지 전국적으로 거의 400편 가까운 수많은 셰익스피어 공연이 제작되었는데, 그들을 조사해보면 어떤 방식으로든 소위 한국화를 시도한 셰익스피어 공연물들이 상대적으로 좋은 평가를 받아왔음을 발견할 수 있다. 그동안 오태석의 〈로미오와 줄리엣〉, 〈템페스트〉, 이윤택의 〈햄릿〉, 김아라의 〈맥베스〉와 〈한여름 밤의 꿈〉, 한태숙의 〈레이디 맥베스〉, 김명곤의 〈우루왕〉, 이종훈의 뮤지컬 〈한여름 밤의 꿈〉, 양정웅의 〈한여름 밤의 꿈〉, 〈십이야〉, 〈햄릿〉, 이승규의 〈실수연발〉, 김광보의 〈오필리아, 누이여 나의 침실로〉 등이 그러한 예에 속한다고 할 수 있다. 그런데 이들 중에서도 특히 오태석의〈로미오와 줄리엣〉, 〈템페스트〉와 양정웅의 〈한여름 밤의 꿈〉은 공통적으로 한국의 전통극 양식 중에서도 '마당'의 개념을 유독 강조한 특징을 공유한다. 다른 한국화 된 셰익스피어 공연의 경우, 한국적 의상, 한국적 등장인물 이름, 한국적 무대, 한국적 무용, 한국적 음악, 한국의 무속 대입 등 셰익스피어와 한국 문화의 결합을 시도한 것이라고 할 수 있는 반면, 오태석과 양정웅의 경우는 위와 같은 특성을 공유하면서도, 특히 한국 전통극 양식의 마당의 개념을 적극적으로 도입하고 응용한 경우라고 할 수 있다. 바꿔 말해, 오태석과 양정웅의 셰익스피어는 양식적 측면에서는 한국적 셰익스피어 공연들 중에서도 가장 한국적이라고 할 수 있겠다. 내용적 측면에서뿐만 아니라 양식적 측면에서도 한국화 하는 데 성공한 것, 그것이 아마도 바비칸과 글로브극장이 그들을 선택한 이유의 큰 부분을 차질할 것이다.

본 논문에서는 최근의 한국 셰익스피어 공연 중에서 '마당'의 개념을 다양하게 도입하고 응용 한 세 가지 사례를 분석하고 소개함으로써 궁극적으로 셰익스피어를 풀어나가는 데 있어 '마당'의 효용성과 가치를 부각시켜보고자 한다. 이를 위해 '마당'의 개념이 한국의 전통극적 양식 거의 그대로 운영된 양정웅의 〈한여름 밤의 꿈〉에서부터 마당의 개념 중 배우들이 배우 상호간보다는 관객과 조응하는 데 집중하는 특성에 집중한 오태석의 〈로미오와 줄리엣〉, 그리고 마당의 개념을 비디오와 무대 구조를 통해 현대적 공연 양식에 도입한 필자 본인이 연출한 〈코리올라누스〉를 차례대로 언급하고자 한다.

(1) 양정웅의 〈한여름 밤의 꿈〉과 마당

양정웅의 〈한여름 밤의 꿈〉은 우리의 전통 꼭두각시놀음의 틀과 탈놀이의 운영 방식을 빌려와 셰익스피어의 〈한여름 밤의 꿈〉의 전개에 대입한다. 요정 왕과 왕비를 비롯해 4명의 연인 등과 같은 주요 등장인물들마저 가면을 쓴 것 같이 온통 얼굴을 뒤덮는 두꺼운 흰색 분장을 하고서 인형이나 만화 캐릭터처럼 정형화되며, '똑 딱 똑딱' '쿵 딱 쿵딱'거리는 꼭두각시놀음에, 그리고 탈놀이에 동원되는 타악 음악의 장단에 맞춰 몸동작을 하고 발걸음을 옮긴다. 그리고 무대는 마치 마당처럼 무대 한편에 고정된 악사들을 제외하곤 온통 비워 있으며, 극도의 연극성을 전제로 배우들은 악사와도 대화하고 관객과도 대화하며 무대 뒤에 숨어 있다가 등장하기도 하고 무대 위에 남아 있다가 등장하기도 하고 객석으로 퇴장도 하고 객석에서 등장하기도 한다. 연극성이 강조되면 될수록 그 연극은 더 많은 자유를 보장받기 마련이다. 그래서 관객들은 그 인형극 같고, 만화 같은 꿈의 세계를 쉽게 용인한다. 한국 전통의상을 걸치고 도깨비 왕(가비)과 왕비(돗)로 설정된 요정 왕과 여왕이 마치 꼭두각시 인형처럼 움직여도, 주변 인물의 도움으로 허미아의 이단 옆차기가 마치 와이어 액션처럼 연출되고, 비록 사랑의 묘약 때문이기는 하지만 정력을 상징할 수 있는 당나귀 괴물로 변한 보틈한테 요정 여왕이 매혹당하는 대신, 성적 매력과는 전혀 관련이 없어 보이는 돼지 머리 괴물로 변한 심마니 노파 아주미한테 도깨비 왕 가비가 반해 쩔쩔매는 낯선 상황으로 변화되었어도 관객은 거부 반응을 보이지 않는다.

양정웅은 한국 관객들에게도 너무나 익숙한 스토리를 비틀고 뒤바꿔 자신의 이야기를 전달하되 이 뒤바뀐 이야기를 관객들이 쉽게 용인할 수 있도록 처음부터 이 극을 배우들과 관객이 함께 모여 같이 즐기고 같이 만들어 가는 공동의 놀이판으로 만들고자 했다고 할 수 있다.

2004년 5월 국립극장 하늘 극장에서 공연되었을 때는 공연이 시작되기 전에 관객들이 간단한 먹을거리를 제공받기도 하고 또한 공연이 진행되는 동안에도 그 먹을거리를 즐기도록 유도되기도 했다. 공연이 시작되면 무대 위에 출몰해 춤을 추며 흥을 돋우는 도깨비들은 객석을 비집고 관객들 틈 속에서 튀어 나오며, 관객들과 장난을 치기도 했다. 콜롬비아의 보고타 공연에서는, 공연 중에 객석을 헤집던 도깨비 두두리(퍽)가 객석의 한 소년 귀에다 갑자기 꽹과리를 쳐서 깜짝 놀라게도 하며, 가비는 객석의 한 여자 관객을 무대 위로 끌어 올려 어눌한 콜롬비아 말로 농을 하며 객석을 웃음바다로 만들기도 하는 것을 극단 여행자에서 제작한 공연 DVD를 통해 확인할 수 있다. 관객과의 놀음은 공연장의 조건에 따라 매번 달라지는 것이기는 하지만, 도깨비들뿐만 아니라, 아버지의 반대로 애인과 야반도주를 하는 벽(허미아)과 항(라이산더), 이들을   는 벽의 정혼자 루(디미트리어스)와 루를 짝사랑하는 익(헬레나)이 헤매는 아테네 숲의 일부도 곧잘 관객들의 품속이 된다. 공연 내내 관객과의 직접적인 소통과 접촉에 기반하고 있는 양정웅의 〈한여름 밤의 꿈〉 속에서는 배우들이 객석으로 내려가든, 관객들이 무대 위로 올라오든, 2007년 시드니 공연에 대해 리뷰를 쓴 마크 홉킨스(Mark Hopkins)의 지적대로 "자주 제4의 벽은 무너지고 관객들은 공연 중인 난장 속으로 들어가게 된다"(often breaking the fourth wall and bringing the audience into the playfulness onstage). 물론 이런 제4의 벽의 와해를 모두가 반기거나 동의하는 것은 아니다. 평론가 샘 말로우(Sam Marlowe)는 양정웅의 〈한여름 밤의 꿈〉에 대한 『타임즈』(The Times) 공연평에서 객석과 무대를 넘나들며 제4의 벽 와해의 주범 노릇을 하는 도깨비들이 관객들한테 재잘거리며 째려보기도 하는 것에 대해 "좀 성가실 수 있다"(can be fainlty irritating)고 지적한다. 그러나 이 작품의 국내외에서의 수많은 공연에서 평범한 많은 관객들은 그들의 재잘거림과 째려보기뿐만 아니라 직접적인 신체접촉마저도 즐겨왔다.

연기술이나 공연 방법론, 그리고 화술과 음악에 이르기까지 한국의 전통극적 양식을 가장 적극적으로 셰익스피어에 대입시켰다고 할 수 있는 양정웅의 〈한여름 밤의 꿈〉은 글로브극장처럼 마당과 무대가 모두 갖춰져 있는 국립극장의 '하늘극장', 콜롬비아 보고타의 야외 천막 극장 등에서뿐만 아니라 마당이 존재하지 않는 런던의 바비칸 센터나 시드니의 리버사이드 극장, 대학로의 게릴라 소극장 같은 일반 실내극장에서도 약간씩 수정을 가했을 뿐 동일한 방식의 공연을 보여줌으로써 셰익스피어를 공연함에 있어서 마당(객석) 또는 마당(객석)의 관객을 활용하는 것이 유용할 뿐만 아니라 얼마든지 가능한 것임을 단적으로 보여주는 예라고 할 수 있겠다.

(2) 오태석의 〈로미오와 줄리엣〉, 마당, 그리고 배우의 시선

오태석의 〈로미오와 줄리엣〉은 다분히 글로브극장 무대구조를 염두에 두고 또한 가급적 원작에 충실하고자 했던 1995년 호암아트홀 공연을 출발점으로 해서 2001년 완전히 한국화된 공연물로 재탄생한 다음 2006년까지 거의 해마다 공연되었을 뿐만 아니라 독일, 일본, 인도, 그리고 영국의 바비칸 센터에 이르기까지 해외 공연도 꾸준히 해온 한국 셰익스피어 레퍼토리를 대표한다고 할 만한 작품이다.

필자는 1995년(호암아트홀) 공연부터 2001년(아룽구지 소극장), 2002년(토월극장), 2005년(하늘극장), 2006년(아룽구지 소극장), 2006년(바비칸 센터) 공연에 이르기까지 계속해서 오태석의 〈로미오와 줄리엣〉을 쫓아다녔는데, 실험과 변화를 멈추지 않는 오태석의 연출적 특성을 입증하듯, 이 작품은 크고 작은 변화들이 끊임없이 이루어졌다. 등장인물들의 이름도, 의상도, 무대 세트도 점점 더 한국적인 색채가 강화되어 갔으며, 등장인물들의 형상화와 각 장면들에 대한 해석과 연출적 콘셉트도 더욱더 한국적인 내용들로 채워져 갔다. 결국 이러한 경향의 결정판이 2006년 바비칸 센터 공연이라고 할 수 있겠는데, 한국적 채색에도 불구하고 셰익스피어적인 속도와 에너지로 가득하던 무대는 어느 틈엔가 한 폭의 한국화, 그리고 말간 백자 같은 정적이고 사색적이며 투명한 무대로 변화되었다. 배우들의 움직임과 감정표현은 이 전 공연들에 비해 극단적이라고 할 정도로 절제되었으며, 배우들의 대사 톤도 때로는 200석 정도의 소극장임에도 뒷자리에서는 귀를 쫑긋거려야 할 정도로 나지막하게 구사되었다. 때때로 무대는 정적 속에 빠져들었는데, 특히 일반적으로 감정을 폭발시키는 장면에서 그러했다. 원수 관계의 두 집안 무리들이 싸우는 첫 장면에서도, 그들의 싸움에 개입하는 카플렛 내외와 몬테규 내외의 반응도, 줄리엣이 패리스에게 시집가지 않겠다고 고집하자 그 아버지가 격노하는 장면에서도, 원작과는 달리 사랑의 결합 없이 적막하게 날이 밝고 마는 로미오와 줄리엣의 첫날밤 장면에서도, 감정의 폭발보다는 절제와 긴장이 어우러진 정적이 무대를 지배했다.

그러나 오태석의 〈로미오와 줄리엣〉이 이러한 변화의 과정을 거치는 동안에도 변하지 않는 것들이 있는데, 하나는 3.4조의 대사이고, 또 하나가 맨발의 사용, 그리고 나머지 하나가 바로 배우가 배우 상호간보다는 관객을 직접 응시하며 연기하는 오태석 특유의 연기법이다. 이중 다른 곳에서의 공연보다 바비칸 공연에서 특히 강조되고 강화된 것이 바로 관객을 응시하며 연기하는 것이다. 오태석은 〈로미오와 줄리엣〉에서만이 아니라 그의 다른 작품에서도 이러한 연기법을 고집하는데, 〈로미오와 줄리엣〉 바비칸 센터 공연에서는 지나치다 싶을 정도로 배우들은 관객 쪽을 응시하며 연기를 했다. 여러 인물들 속에서 자신의 대화 상대를 지목할 때와 같은 꼭 필요한 상황을 제외하곤 배우들은 시종 관객을 응시하며 대사를 구사했다. 그래서 이번 바비칸 공연을 평한 김준영은 "공연이 진행되는 동안 배우들은 서로 마주 하지 않았다. 관객들은 인물들이 서로 대사를 할 때 그 대사를 받아주는 거울이 되었으며"(75)라고 언급했다. 이러한 관객을 지향하며 연기하는 방식을 이번 바비칸 공연에서 더욱 극단적으로 활용하게 된 까닭에 대해 오태석은 2007년 1월 27일 필자와의 인터뷰에서 다음과 같이 밝힌 바 있다.

우리 볼거리는 만들려고 동원한 것들이 대체로 관객을 전적으로 믿고, 간소하게 만들었고, 비약을 잘하게 했다. 그리고 다양한 즉흥성을 잘 동원하였다. 그리고 말을 겹으로 만들었다. 자기들끼리 놀지 않고 나한테 말을 하면서 비약을 하게 함으로써 관객과 같이 내용을 이어가는 방식을 채택하였다. 그럼으로써 관객들을 더욱 흥미롭게 만들 수 있는 것이다. (개인 대담)

한편 오태석은 자신의 이러한 연기법의 일반적 경우에 대해 서연호 교수와의 대담에서 더욱 자세히 언급한 적이 있다.

> 우리 연극에서는 시선이 끊임없이 객석으로 와서 관객을 자꾸 끌어들인다는 말이죠. 관객을 자기 쪽으로 잡아당긴다. 말하자면 적극적으로 봐달라고 권유하는 건데, 적극적으로 봐달라는 이야기는 배우가 관객한테, '내가 지금 굉장히 많은 부분을 생략하고 비약하고 있으니까 그것을 당신이 채워야 된다. 채우면서 봐야 재미있다' 이런 말을 자꾸 하는 겁니다. 판데다 눈을 주면 안 된다. 나만 보고 있어라. 왜 봐야 되느냐, 조금 전에 이야기한 틈새를 메우고 이어주고 그러려면 집중하지 않으면 안 돼지요. 그러면 자연히 배우와 관객사이에 소위 넘나듦, 피차간에 참견할 수 있는 여지가 생긴다는 말이죠. (『오태석』 284-5)

오태석의 관객을 지향하며 하는 연기법도 우리의 전통극 양식에서 가져온 것이다. 탈놀이나 마당극에서 배우들은 상호간에 얼굴을 마주하기도 하지만, 독백 방백에 그치지 않고 상대방과 나누어야 할 대사도 시종 자신들을 둘러싸고 있는 마당의 관객들에게 주기 십상이다. 오태석은 이러한 연기법이 가지고 있는 장점을 무대 상황에 대한 관객의 적극적인 개입으로 간파한 것이며, 그것을 본인의 무대에 대입시키고 있는 것이다.

오태석의 〈로미오와 줄리엣〉에서 배우들은 관객과 직접적으로 이야기하고 즉흥적인 응답을 주고받기도 하지만 양정웅의 경우처럼 객석 속으로 들어가거나 관객과 직접 접촉하지는 않는다. 대신 배우들의 시선은 줄곧 객석에 머문다. 몬태규 패거리들과 카플렛 패거리들이 서로 시비를 하고 막말을 주고받을 때도 배우들은 서로를 향하지 않고 관객을 쳐다보며 관객에게 그런 말들을 쏟아낸다. 관객은 갑자기 몬태규가 되고 카플렛이 되면서 그러한 시비의 대상이 되고 만다. 로미오(김병철 분)와 줄리엣(김문정 분)이 무도회 장면에서 처음 만나 그 유명한 사랑의 대사를 주고받을 때도 그들은 좌우가 아닌 앞뒤로 서서 관객과 대화한다. 관객은 사랑에 빠진 두 청춘남녀의 뜨거운 시선을 피할 수 없다. 할 수 없이 로미오도 되어주고 줄리엣도 되어주어야 한다. 발코니 장면도 마찬가지고 티볼트와 머큐쇼, 그리고 로미오가 시비를 하다가 머큐쇼가 죽고 티볼트가 죽을 때도 마찬가지다. 심지어 로미오와 줄리엣이 첫날밤을 맞을 때도 그들의 시선을 받아주어야 하는 것은 관객이다. 첫날 밤 빈 무대에 홀로 남겨진 줄리엣은 제법 긴 시간 동안 로미오를 기다린다. 아마도 티볼트와의 격한 장면을 연기한 로미오 역의 배우에 대한 배려였을 이 기다림의 시간 동안 줄리엣은 유모가 아닌 관객과 놀이를 한다. 기도하듯 손바닥을 붙이고선 '떨어진다 떨어진다'는 주문을 외워 손바닥이 떨어지게 만드는 어이없는 마술 놀이인데 신랑을 기다리는 신부의 조바심과 불안함이 동시에 배어나는 절묘한 극적 장치라고 할 만하다. 이런 놀이를 하면서 줄리엣은 마치 친구와 이야기 하듯 아니면 유모에게 어리광부리듯 관객과 대화를 시도한다. 마침내 로미오가 도착한다. 하지만 이들은 무도회나 발코니 장면에서처럼 서로 마주 보고 있지 않다. 줄리엣의 족두리와 저고리를 벗겨주어야 하는 로미오는 자연스레 줄리엣의 뒤에 서게 되고 그들의 시선은 역시 관객을 향한다. 물론 버선을 벗길 때, 무대를 완전히 덮은 하얀 천속을 헤매고 다닐 때처럼 배우들의 시선이 서로를 향하거나 관객으로부터 숨어버리는 순간도 당연히 있다. 하지만 대사가 시작될 때면 어느 틈엔가 그들의 시선은 관객에게 돌아와 있다. 오태석의 줄리엣이 다른 줄리엣들과 확연히 구별되어지는 장면이 바로 마지막 자살하는 장면이다. 오태석의 줄리엣은 예쁘게 죽는 것이 아니라 고통스럽고 현실적으로 죽어간다. 바로 이 순간 오태석의 줄리엣은 신음소리와 함께 고통스럽게 "여보 곧 만나," "여보 나 아파"를 되뇌는데 이 짧고 긴박한 순간에도 줄리엣의 시선은 우선 관객을 쫓는다. 로미오와 줄리엣의 죽음 이후 그들의 두 집안은 원작과 달리 화해하지 않고 더 큰 불화를 시작하며 오태석의 〈로미오와 줄리엣〉은 끝난다. 이 마지막 장면은 처음 장면과 마찬가지로 관객을 향한 두 집안의 패거리들이 관객을 향해 고함을 지르고 칼을 휘두른다.

오태석의 〈로미오와 줄리엣〉은 이렇게 시종 관객에게 시선을 두면서 진행되는데, 배우들의 이런 지속적인 접근 방식이 갖는 실효성은 매우 상대적인 것으로 보인다. 우선 이 작품에 대한 필자 개인적인 경험에 비추면, 소극장에서는 이런 연기방식이 오태석이 의도한 것 같은 효과적인 기능을 발휘하지만, 이 작품이 토월극장에서 공연되었을 때와 2007년 이런 관객 지향식 연기방법을 극단적으로 강조하며 아르코 예술 대극장에서 공연된 〈맥베스〉의 경우처럼 대극장에서는 별 효과가 없거나 오히려 배우들의 모습을 어색하게 만드는 경향이 없지 않은 것 같다. 다음으로는 관객의 취향에 따른 상대성인데, 배우들의 지속적인 접근과 지향을 즐기기보다는 부담스러워 하는 관객에게 이러한 연기방식은 오히려 혼란을 줄 가능성이 있다. 바비칸 공연을 본 영국의 비평가 사라 헤밍스(Sarah Hemmings)는 이 공연의 장점을 열거하면서도 동시에 "빠른 속도와 양식화된 연기는 결함들을 내포하고 있다. 등장인물들의 곤경에 공감해 가기가 어렵다"(breakneck speed and stylization have drawbacks. It is hard to engage with the characters' plight)라고 언급했는데, 그것은 관객을 지향하는 양식화된 연기방식의 혼란스러움에 대한 지적에 다름 아닐 것이다. 그래서 오태석의 〈로미오와 줄리엣〉은 한국의 셰익스피어 레퍼토리를 대표할 만큼 장기 공연되고 해외 공연도 꾸준히 이루어지고 있음에도 그 평가는 양극단을 오간다. 이번 바비칸 센터 공연의 경우에도 양정웅의 〈한여름 밤의 꿈〉이 현지 언론으로부터 대개 별 3개 정도의 문안한 평가를 받은 반면, 오태석의 〈로미오와 줄리엣〉은 별 2개에서부터 별 4개에 이르기까지 다양한 평가를 받은 것도 그러한 이유에서 연유할 수 있을 것이다.

필자는 이번 오태석의 〈로미오와 줄리엣〉 바비칸 센터 공연에 한국인 대학원 4명, 영국 현지의 셰익스피어 또는 공연 전문가 4명을 초대해 함께 관람하며 간단한 토론도 가졌다. 이들의 반응도 극과 극으로 딱 절반씩 나뉘었으며, 관객들의 반응 역시 공연의 끝과 함께 환호성과 기립박수를 쳐대는 이들이 있었는가 하면 공연평을 비디오카메라에 담으려고 했던 필자의 대학원생들에게 짜증을 내며 공연장을 빠져나가던 이도 있었다. 그러나 일반 관객들의 경우 환호하던 이들의 목소리가 훨씬 크고 많았던 것은 분명하다.

(3) 이현우의 〈코리올라누스〉, 마당, 그리고 TV 모니터

필자는 2005년 12월에 예술의 전당 자유소극장에서 〈코리올라누스〉[9]를 연출한 바 있다. 필자가 이 공연을 준비하면서 가장 고심했던 두 가지 사항이 있는데, 하나는 이 극의 정치적 상황이 현재의 한국의 정치 상황과 적지 않은 공유항을 지니고 있고 그렇기 때문에 관객들을 어떻게 하든지 극 속의 인물들이나 민중들과 동일시 할 수 있도록 해야 겠다는 점이었으며, 다른 하나는 이 극이 〈로미오와 줄리엣〉, 〈햄릿〉, 〈오셀로〉, 〈리어왕〉, 〈맥베스〉, 〈안토니와 클레오파트라〉같은 다른 비극들과 달리 멜로드라마적인 요소가 철저히 배제되어 있으며 극구성도 다른 비극들에 비해 비교적 단순한 편이어서 극이 지루할 수 있고, 때문에 관객들을 지속적으로 무대에 집중시킬 수 있는 별도의 극적 장치가 필요하다는 점이었다. 필자는 이러한 고민의 해결책을 '마당'에서 찾았다.

마당이 없는 실내 극장에서 마당을 찾아내기 위해 우선 극장의 선택이 중요했다. 30여 명의 출연진이 나오고 무대 후면에는 3층 구조의 로마식 성

---

9 필자가 연출한 이 〈코리올라누스〉는 영어식 발음 대신 로마의 라틴어식 발음으로 고유명사를 번역하였다. 이는 로마를 배경으로 하는 극의 시대 상황을 부각시키기 위한 극적 전략의 일환이었다. 코리올라누스는 영어식으로는 통상 코리올레이너스로 번역된다.

벽 세트를 구축해야 했기 때문에 보다 넓은 무대가 필요하기도 했지만, 글로브극장처럼 무대의 3면이 관객에 의해 둘러싸여져 있고 관객과의 접촉이 쉬운 자유소극장을 선택했다. 그런데 필자는 의상, 세트, 음향 등 작품 전체에서 옛 로마식 스타일과 21세기의 현대를 콜라주 형식으로 뒤섞으며 셰익스피어 작품에서 현재 오늘의 우리를 드러내고자 했기 때문에 그러한 맥락에서 무대와 마당을 융합해줄 어떤 장치가 필요했다.

필자는 그러한 장치로서 텔레비전 모니터를 이용했다. 15대의 텔레비전 모니터를 무대에 설치했는데, 그 텔레비전 모니터들은 오늘날 로마유적지에서 볼 수 있는 것 같은 붕괴된 로마 성벽의 일부분이거나 그 주변에 떨어져 있는 돌덩이 유적물들의 일부처럼 보이도록 했다(그림 2). 관객들은 극장 안으로 들어서는 순간부터 이 무대 위의 모니터들에 자신들의 모습이 비춰지는 것을 보며, 모니터는 공연이 시작된 다음에도 로마 군중들이 또는 로마의 병사들이 모여 있는 장면에서는 반복해서 관객들의 모습을 실시간으로 비춰준다. 마치 글로브극장의 무대 위에 있던 배우들이 마당으로 내려와 관객들과 뒤섞이며 하나가 되는 것처럼 관객들이 무대 위에도 존재하는 자신들의 모습을 보도록 한 것이다.

1막 1장 로마 민중들이 폭동을 일으키는 장소를 필자는 의사당 앞의 거리에서 의사당 안의 목욕탕으로 바꾸었는데 메니니우스를 비롯한 몇몇 귀족들이 목욕을 즐기며 실내에 설치된 텔레비전 모니터를 통해 민중들이 데모를 하는 장면을 지켜보도록 했으며(사진 3), 잠시 후 모니터 속의 민중들이 실제로 그 의사당 목욕탕 속에 난입하도록 했다.

바로 이때 모니터의 화면에는 객석에 앉아 있는 관객들의 모습이 비춰진다. 즉 난입한 민중들의 무리는 실제 배우들뿐만 아니라 객석의 관객들도 함께 포함함을 암시한 것이다. 모니터는 극중 장소가 바뀔 때마다 각각의

사진 3 〈코리올라누스〉(2005). 이현우 연출. 극단 화동연우회. 예술의 전당 자유소극장.

장면에 해당하는 상징적인 화면들—나비, 늑대와 로물루스 쌍둥이 동상, 볼스키 휘장 등—을 내보내지만, 전쟁에서 코리올라누스가 승리하여 로마시민들의 환호를 받으며 개선하는 장면, 민중들이 다시 봉기하여 코리올라누스를 로마의 적으로 규정하여 로마에서 내모는 장면, 볼룸니아가 볼스키의 편에 선 코리올라누스를 설득하고 로마에 개선하여 로마시민들의 환호를 받는 장면, 그리고 마침내 코리올라누스가 볼스키의 민중들에게마저 볼스키의 원수로 내몰리며 오피디우스와 그의 암살자들에 의해 살해당하는 장면 등에서는 예외 없이 객석에서 관람중인 관객들의 모습을 실시간 중계했다.

또한 여기에 추가하여 배우들을 객석에 들여보내 관객들과 함께 앉아 있도록 하기도 했는데, 이때에도 모니터는 다른 관객들과 함께 섞여 있는 그들의 모습을 보여주었다. 공연이 시작하기 전 씨시니우스와 브루투스는 객석의 앞자리에 미리 앉아 있었으며, 코리올라누스가 민중의 봉기와 씨시니우스와 브루투스가 민중을 대표하는 호민관에 선출되었다는 설명을 하는 장면에서부터 모니터는 객석의 관객 전체에서 점점 좁혀들어 두 등장인물을 클로즈업해 보여준다(사진 4). 볼스키의 침공 소식이 전해지고 코리올라누스 및 당황한 민중들이 퇴장하자 뒤이어 씨시니우스와 브루투스가 객석에서 바로 무대 위로 이동하는데 모니터에는 이들이 자리에서 일어나 무대에 등장하기 직전까지의 모습이, 그러니까 관객들이 무대 위에서 그들의 모습을 직접 보기 전까지의 모습이 중계되며, 관객들이 그들의 모습을 무대 위에서 보게 되는 순간부터는 다시 모니터에는 관객들의 모습이 잡힌다.

극의 마지막 장면에서는 볼스키 족들에 의해 코리올라누스가 살해되는 장면 내내 모니터에 객석이 비춰지다가, 그의 시신이 운구되는 동안 모니터

사진 4 〈코리올라누스〉(2005). 이현우 연출. 극단 화동연우회. 예술의 전당 자유소극장.

에는 객석에 앉아 있는 두 등장인물, 즉 현대적 의상을 입은 볼룸니아와 어린 마르티우스(코리올라누스의 아들)가 클로즈업 되어 나타난다. 오늘의 볼룸니아가 코리올라누스의 역사를 오늘의 어린 마르티우스에게 교육하는 듯한 이미지를 창출하고 그래서 코리올라누스의 이야기는 2500년 전 뿐 아니라 지금까지도 반복해 일어날 수 있고 오늘의 한국의 정치현실과도 크게 다르지 않을 수 있다는 메시지를 주고자 한 것인데, 현재 시점의 관객들과 등장인물들과 함께 나란히 앉아 있고 또 그러한 모습을 모니터를 통해 관객들이 목격함으로써 주제의 동시대성이 좀 더 쉽게 전달되기를 기대했던 것이다.

한편, 모니터 외에 무대의 구조적 측면에서도 관객과 무대 위의 배우가 하나 되는 효과를 얻고자 했다. 로마 시민들이 등·퇴장하는 입구를 무대와 객석 사이 공간에 있는 지하층에 만들어 계단을 통해 객석 밑의 지하층에서 무대 위로 직접 등·퇴장할 수 있도록 함으로써, 마치 로마 시민들이 객석 밑에서—즉 관객들 속에서—나오고 그들 속으로 들어가는 듯한 느낌을 갖도록 의도했다. 이 무대 정면의 등·퇴장로로는 민중들만이 드나드는 것이 아니라 개선 장면에서는 로마 시민, 귀족 모두가 그리로 들어가도록 하며(사진 5), 전쟁장면에서는 패퇴하는 로마군이나 쫓는 볼스키 군사들도 그곳을 이용하도록 했다. 관객들의 움직임이 비교적 자유로운 마당과는 달리 고정된 객석 의자에 앉아 있어야 하는 실내 극장에서는 배우들의 관객이나 객석 활용방식이 제한적일 수밖에 없다. 원래는 객석 사이의 중앙 통로를 활용해 전쟁장면의 등·퇴장을 시도하려 했으나 자유소극장의 중앙객석이 가운데 통로 없이 측면 쪽에만 이동로가 있어 결국 객석 밑을 등·퇴장로로 활용하게 된 것이다. 관객과의 직접적인 접촉 대신 관념상의 접촉을 시도한 셈이라고 하겠다.

사진 5 〈코리올라누스〉(2005). 이현우 연출. 극단 화동연우회. 예술의 전당 자유소극장.

　　그렇다고 관객과의 직접적인 접촉이 아예 없었던 것은 물론 아니다. 이 극을 연출하면서 가장 어려웠던 장면이 2막이었는데, 1막은 민중의 폭동과 전쟁 장면으로 다이나믹하게 만들기가 쉬웠으며 3막에도 역시 코리올라누스를 다시 민중의 적으로 몰아세워 나가는 매우 극적이 장면이 마련되어있고, 4막에서는 호민관들의 코믹한 오만과 코리올라누스의 볼스키 투항이라는 아기자기한 드라마가, 그리고 5막에서는 볼스키의 재침공으로 인한 상황의 대 반전과 볼룸니아의 코리올라누스 설득, 그리고 코리올라누스의 죽음이라는 큰 드라마가 존재하고 있는 반면, 2막에서는 1막에서의 전쟁장면 후에 휴식을 주려는 배려인 듯, 특별히 극적인 상황이 없었고, 그래서 이 극에서 관객이 가장 지루해 할 수 있는 장면이었기 때문이다. 특히, 코리올라누스가 민중들의 지지표를 얻으러 다니는 길고 지루한 2막 3장이 문제였는데, 필자는 이 장면에서 본격적으로 객석을 공략하기로 했다. 즉, 코리올라누스가 무대 위에서 지나가는 로마 시민들을 만나 표를 얻게 하는 대신, 객석으로 직접 들어가 관객들로부터 지지표를 얻도록 했다.

결과는 매우 만족스러웠다. 겸손을 뜻하는 누더기를 걸치고 자신들 앞에 등장한 코리올라누스의 모습에 관객들은 깜짝 놀라기도 하고 '나를 지지해 주시오'라는 그의 갑작스럽고 다소 생뚱맞는 말에 재치 있게 즉흥적인 말을 주고받기도 하면서 웃음을 자아냈다. 공연이 거듭되면서 코리올라누스 역을 맡은 유태웅이 이 장면을 너무 즐기려는 징후가 보여 필자는 연출로서 그를 자제시키는데 애를 먹기도 했다. 아무튼, 가장 지루했던 장면이 가장 유쾌한 장면 중의 하나로 돌변했던 것이다.

코리올라누스가 직접 객석으로 들어가게 된 장면으로는 하나가 더 있었다. 3막 3장에서 마침내 로마 민중들에 의해 민중의 적으로 낙인이 찍힌 채 로마에서 추방당하게 된 코리올라누스가 로마를 저주하며 퇴장하는 장면에서 인데, 필자는 코리올라누스를 추방하는 로마의 민중들과 관객이 다른 어떤 장면에서보다도 일체감을 경험하기를 원했다. 그래서 민중의 재판을 받는 이 장면에서 코리올라누스의 위치를 무대와 객석 사이에 두었다. 코리올라누스는 객석의 민중들과 무대 위의 민중들 그리고 모니터 속의 민중들에 의해 완전히 둘러싸인 상태가 되었고, 민중의 적으로 선고를 받은 코리올라누스는 객석 사이를 거칠게 헤치고 1층 객석 맨 뒷자리 위의 난간을 넘어 2층 발코니를 통해 퇴장했다. 이러한 실제적인 접근과 접촉을 통해 관객들이 극 속의 상황을 보다 현실적인 것으로 느낄 수 있기를 기대했다.

이 작품을 연출하면서 '마당' 활용의 문제를 고려할 때, 필자에게는 한국의 전통극 양식과 글로브극장의 마당 활용 방식 모두가 의미 있는 도움을 주었다. 무엇보다 필자는 이 두 가지 별개의 극 양식이 갖는 '마당'의 역할과 기능이 서로 크게 다르지 않다는 것을 알고 있었고, 마당을 활용한 한국 연극에 대한 경험을 통해 마당의 극적 효과와 역할에 대해 익숙했고 또 글로브극장 공연의 마당 활용에 대한 관찰을 통해 셰익스피어 극에서의 마당의 가치에 대한 확신이 있었기 때문에 셰익스피어를 무대화함에 있어 마당의 개념을 극장 안으로 주저 없이 끌고 들어올 수 있었다.

그림 2 무대 스케치(양영일)

5. 결론

셰익스피어가 과연 실제로 마당을 활용했는지 여부에 대해 100% 확실한 답은 없다. 그러나 1996년 재건된 런던의 새 글로브극장의 공연들은 셰익스피어를 공연함에 있어 마당을 활용하는 것이 얼마나 효과적인가를 매일같이 웅변적으로 보여주고 있다. 또한 '마당' 운영의 개념과 실제에 대해 익숙한 한국의 연출가들이 보여준 다양한 방식의 마당 활용이 가미된 셰익스피어 공연물들은 셰익스피어 극에 있어 마당의 가치뿐만 아니라 마당의 다양한 활용 방안에 대한 가능성마저 암시해 준다.

셰익스피어의 정통성 있는 공연기법에 마당의 개념을 넣을 수 있을 것인지에 대해서는 앞으로도 더 많은 연구가 필요할 것이다. 마당을 성공적으로 활용하고 있는 글로브극장의 공연들과 실내 극장에서마저 마당의 다양한 응용 방식을 제시하고 있는 한국의 셰익스피어 공연들은 만일 마당의 개념이 셰익스피어적인 방법론으로 추가된다면 셰익스피어가 얼마나 더 입체적으로 읽혀지고 얼마나 더 풍요롭게 재생산될 수 있는지를 상상케 한다. 마당에 익숙한 한국의 학자들이 셰익스피어의 마당 연구에 본격적으로 나서자고 제안하고 싶다.

제4장

한국의 샤머니즘과 셰익스피어

한국 사회에 본격적으로 셰익스피어 붐이 일기 시작한 1990년 이후 김명곤의 〈우루왕〉, 박성환의 〈창극 로미오와 줄리엣〉, 김낙형의 〈맥베스〉, 오태석의 〈템페스트〉, 이윤택의 〈오셀로〉를 비롯해 많은 셰익스피어 공연들이 셰익스피어를 한국화하기 위한 일환으로 샤머니즘 내지 굿을 적극적으로 작품 속에 도입해 왔다. 그런데 특히 한국화를 시도한 〈햄릿〉에 있어서는 거의 예외 없이 샤머니즘과 굿을 애용해 왔기에, 한국 셰익스피어 공연사의 하나의 특징적 현상처럼 보일 정도이다. 1990년부터 현재까지 총 101편의 한국산 〈햄릿〉이 공연되었다. 이 기간에 공연된 395편의 전체 한국 셰익스피어 공연물의 25.6%가 〈햄릿〉인 것이다. 네 편 중 한 편은 〈햄릿〉인 셈이다.

김정옥의 〈햄릿〉(1993), '한국적 햄릿'이라는 부제를 달았던 이윤택의 〈문제적 인간 연산〉(1995), 이윤택의 〈햄릿〉(1996, 1998, 1999, 2001, 2003, 2005, 2009, 2010), 김광보, 조광화의 〈오필리아, 누이여 나의 침실로〉(1995), 전운, 조광화의 〈락 햄릿〉(1999, 2000, 2006), 김민호의 〈미친 햄릿〉(2002, 2003, 2006), 배요섭의 〈노래하듯이 햄릿〉(2005, 2007, 2009), 그리고 양정웅의 〈햄릿〉(2009), 〈영매 프로젝트 II-햄릿〉(2011), 이상희의 〈햄릿〉, 김지훈의 〈햄릿 프로젝트 뮤지컬〉이 샤머니즘과 굿을 주요 도구로 한국화를 시도한 〈햄릿〉들이다.

김정옥의 〈햄릿〉, 이윤택의 〈문제적 인간 연산〉, 김광보 연출, 조광화 각색의 〈오필리아 누이여 나의 침실로〉, 전운 연출, 조광화 각색의 〈락 햄릿〉, 김민호의 〈미친 햄릿〉 등에서는 공히 오필리아가 영매가 되어 선왕의 유령과 접신하여 선왕의 죽음의 비밀을 햄릿에게 알려주는 역할을 한다. 이윤택의 〈햄릿〉에서는 햄릿이 선왕과 접신하여 선왕의 죽음의 비밀과 복수의 명령을 듣게 되며, 오필리아 역시 광기의 상태에서 무녀의 모습으로 나타나고, 죽은 후에는 저승계와 이승계를 이어주는 영적인 연결고리로서 역할하기도 한다. 배요섭의 〈노래하듯이 햄릿〉은 억울하게 죽은 햄릿의 영혼을 위로해주려는 광대들의 한판 굿 놀음이 〈햄릿〉 이야기의 재현이 되는 극 구성을 보여준다. 양정웅의 〈햄릿〉은 햄릿의 죽은 아버지를 위로하는 진오기 굿, 물에 빠져 죽은 오필리아의 넋을 건지는 수망굿, 죽음을 앞둔 햄릿을 위로하는 산진오기굿이 극의 시-중-종을 형성하는 주요한 뼈대로 도입되고 있으며, 그의 〈영매 프로젝트 II-햄릿〉은 앞의 〈햄릿〉을 굿 위주로 압축해서 재구성한 공연이다. 이상희의 〈햄릿〉에서는 선왕의 진혼제를 행하는 도중 선왕의 혼령이 무당에 빙의되면서 선왕의 살해 사건의 전말을 햄릿에게 전하고 복수를 명한다. 김지훈의 〈햄릿 프로젝트 뮤지컬〉은 극 전반에 걸쳐 굿을 표현의 수단으로 표방하는데, 늙은 무당이 혼령을 부르고, 혼령들의 억울한 사연을 보여주며, 마지막에는 그들을 천도하는 의식을 거행한다.

흥미로운 점은 2000년 이전 〈햄릿〉 공연들은 주로 오필리아라는 한 여성 등장인물을 샤머니즘을 연결시키며 극의 중심에 위치시킴으로써 90년대에 발흥하던 여성주의적 흐름을 반영했던 데 반해, 2000년 이후엔 작품 자체를 샤머니즘적 제의, 즉 굿으로 만드는 경향이 있다는 것이다. 그리고 이렇게 작품 일부분에 샤머니즘적 요소를 부분적으로 적용시키는 데 그치지 않고 작품 전체의 샤머니즘적 제의 화를 시도할 때, 하나의 제의적 셰익스피어 극으로서보다 완성된 형태를 성취한다.

본장에서는 1절과 2절로 나누어, 우선 1990년대부터 최근에까지 한국적 샤머니즘을 작품 속에 도입한 〈햄릿〉 공연들을 차례로 살펴보며 샤머니즘과 한국적 〈햄릿〉 공연과의 상관관계를 규명해볼 것이며, 2절에서는 앞선 모든 샤머니즘적 〈햄릿〉 공연들의 결정판처럼 보이는 양정웅의 〈햄릿〉과 한국의 샤머니즘을 극 속에 융해해내는 데 가장 성공했다고 할 수 있는 오태석의 〈템페스트〉를 대상으로 한국의 굿이 〈햄릿〉이라는 특정 작품의 차원을 넘어서 셰익스피어 극을 무대 위에 구현하는 데 어떻게 기능하고 있는지 구체적으로 조명해 보고자 한다.

■ 1절 샤머니즘과 한국적 햄릿[10]

1

한국의 셰익스피어 발전과정과 〈햄릿〉은 각별한 인연을 갖고 있다. 한국 최초의 셰익스피어 완역본이 현철의 〈하믈레트〉(1922)이며, 한국 최초의 셰익스피어 전막 상연은 중앙대학교 연극부의 〈햄릿〉(정인섭 역, 이해랑 연출, 최무룡, 박해숙 주연, 1949)이다. 또한, 6.25동란 기간 동안에도 공연되어 전설적인 흥행 기록을 세운 공연도 〈햄릿〉(1951, 한로단 역, 이해랑 연출, 김동원 주연)이며, 지금까지 한국에서 가장 많이 공연된 셰익스피어 작품도 〈햄릿〉이다. 1990년대 이래로 한국 사회가 셰익스피어 붐을 맞게 되었을 때도 이 〈햄릿〉은 1990년을 전후한 시기에 한국의 대표적인 연출가 이해랑과 대표적인 연극배우 유인촌에 의해 세간의 주목을 받으며 수차례 공연됨으로써 셰익스피어 붐의 촉발제가 되기도 하였다.

이처럼 100여년 정도 되는 한국의 신극 역사 속에서 한국의 역사적 발전과정과 맥을 같이 하며 〈햄릿〉이란 작품이 지속적으로 사랑을 받아온 까닭은 아마도 '일제 식민지'와 '6.25동란', 그리고 군사 독재의 기간을 이어오면서 싸여온 한국 민족의 한 맺힌 아픈 역사와 맞닿은 부분이 〈햄릿〉 속에 있기 때문일는지 모른다. 일제강점기 이래로 한국 민족에게 '사느냐 죽느냐(to be or not to be)는 생존을 위한 명제와도 같은 표현이었다. 셰익스피어

---

10 본 장은 필자의 다음의 영문 논문에 기초한 것이다. "Shamanism in Korean Hamlets since 1990 Exorcising Han." *Asian Theatre Journal* vol. 28. No. 1 (2011). 104-128.

의 원문이 일부나마 번역문이 아닌 원문 그대로 소개된 최초의 문구가 바로 1915년 장덕수가 "살가 죽을가 흥난 것이 문제로다"라는 번역문과 함께 소개한 "to be or not to be"였다(신정옥, 『셰익스피어 한국』 28). 그런데 장덕수가 소개한 "살가 죽을가 흥난 것이 문제로다"라는 햄릿의 이 고뇌의 일성은 1905년 을사보호조약 체결 직후 장지연 선생이 발표한 "시일야방성대곡"(是日也放聲大哭)에서의 "生乎아 死乎아"라는 절규와 너무도 닮았다. '사느냐 죽느냐'로 대변되는 햄릿의 고뇌는 지난 1세기 동안 유난히도 많은 고난을 겪어왔던 한국 민족의 고뇌와 다르지 않았던 것이다.

이미 언급했듯이 1990년대에 들어와서 한국이 셰익스피어 붐을 경험하게 되었을 때 이번에도 〈햄릿〉은 그 어떤 셰익스피어 레퍼토리보다도 많이 공연되었다. 그런데 1990년부터 2011년까지 공연된 101편의 〈햄릿〉 중에서 비교적 관객이나 평단으로부터 호의적인 평가를 받았던 〈햄릿〉 공연물들은 주제와 형식에 있어 모두 '한국화'라는 특징을 공유한 사실이 목격된다. 사실 이러한 경향은 〈햄릿〉뿐만 아니라 같은 기간 제작된 400편 가까운 셰익스피어 공연물 전체에서도 발견되는 공통된 현상이긴 한데, 특히 〈햄릿〉의 경우에 있어서는 '한국화' 중에서도 '샤머니즘'의 무대화라는 구체적인 공통점을 보여주고 있어 흥미롭다. 1990년대 이래 공연된 여러 편의 〈햄릿〉 중에서도 김정옥의 〈햄릿〉(1993), 이윤택의 〈문제적 인간, 연산〉(1995, 2003), 〈햄릿〉(1996, 98, 99, 2000, 2001, 2003, 2005), 조광화의 〈오필리아, 누이여 나의 침실로〉(1995), 〈락 햄릿〉(1999, 2000, 2006), 김아라의 〈햄릿 프로젝트〉(1999), 김민호의 〈미친 햄릿〉(2002, 2003, 2006), 배요섭의 〈노래하듯이 햄릿〉(2005, 2007) 등이 주목할 만한 수작으로 손꼽힐 수 있겠는데, 이들은 모두 극 속에 샤머니즘적 '접신'의 과정을 그리거나 아예 무당을 등장시키며 '제의' 또는 '굿'의 과정을 극화하고 있다. 한국의 신극 역사 100년을 〈햄릿〉을 통해 조망해 보면, 이것은 마치 90년대의 민주화, 세계화, 즉 그 자유와 확장의 시대에 태어난 샤머니즘적 〈햄릿〉이 일제와 6. 25동란, 그리고 분단과 군사독재 시대의 '죽느냐 사느냐'의 문제로 한 맺힌 한국 민족의 영혼을 상대로 '엑소시즘'(exorcism)의 제의를 펼치고 있는 것처럼 보이기도 한다.

본 장에서는 바로 그러한 1990년대 이래의 주요한 〈햄릿〉 공연에서 나타나는 샤머니즘적 특성을 세부적으로 살펴보고자 한다. 그렇게 함으로써, 90년대 이후 한국에서 〈햄릿〉을 이해하고 수용하는 한 특징적 방식을 연극적 맥락에서뿐만 아니라 사회적 맥락에서도 명쾌하게 이해해 볼 수 있다고 믿기 때문이며, 또한 90년 이후 한국의 주요 연출가들이 바쁘게 주고받은 〈햄릿〉과 한국적 샤머니즘 사이의 역학관계에 대한 담론의 연극적 진화과정을 확인해 볼 수 있다고 믿기 때문이다.

2[11]

김정옥의 〈햄릿〉, 이윤택의 〈문제적 인간, 연산〉, 〈햄릿〉, 조광화 작 김광보 연출의 〈오필리아, 누이여 나의 침실로〉, 조광화 작, 전 훈 연출의 〈락햄릿〉, 김민호의 〈미친 햄릿〉 등 모두 한국적 의상에 한국적 시대 배경, 한국적 역사와 한국적 정치 상황, 한국적 종교, 한국적 음악과 악기가 동원된 한국화된 〈햄릿〉들일 뿐만 아니라, 공히 한국적 샤머니즘을 극화한다. 또한, 여기서 한발 더 나아가 이들은 보다 세부적인 공유항을 지니는데, 이들이 보여주는 샤머니즘은 모두 오필리아가 선왕의 유령과의 접신을 이루어 내는 '영매'의 역할을 함으로써 실현된다. 이들 한국화된 햄릿들은 왜 오필

---

11 제2장은 1993년부터 1996년까지의 일련의 샤머니즘적 〈햄릿〉 공연을 다루는데, 필자의 논문 「한국적 〈햄릿〉은 왜 오필리아에게 주목하는가?」『디오니소스』 1(1997)에 기초하면서 부분적으로 내용을 수정·보완한 것이다.

리아에게 집착하는 것이며, 왜 오필리아를 영매로 만들어 버린 것일까?

오필리아야말로 〈햄릿〉에서 가장 한국적인 정서에 어울리는 인물이다. 오필리아는 궁극적으로는 가부장적 사회의 희생양이라고도 할 수 있다. 그녀는 아버지에 의해서뿐만 아니라 오빠에게서까지 정조를 강요당하며 애인인 햄릿과의 사랑을 이루는데 방해를 받는다. 그녀는 심지어 햄릿에게서까지 정조를 강요당하며 차라리 수녀원에나 가버리라는 모욕도 당한다. 오필리아는 〈한여름 밤의 꿈〉의 허미어, 〈오셀로〉의 데스데모나, 〈로미오와 줄리엣〉의 줄리엣, 〈리어왕〉의 코딜리아, 〈베니스의 상인〉의 제시카 등 셰익스피어의 어느 여자 주인공과도 다르게 아버지의 명령에 대단히 순종적이다. 그래서 아버지가 하라는 대로 햄릿과의 만남을 삼가기도하고, 아버지의 명을 받들어 클로디어스왕과 아버지가 숨어보는 가운데 햄릿의 광기의 원인이 무엇인지 알아보기 위한 미끼 노릇마저 하게 된다. 심지어는 그녀는 아버지를 위해 햄릿에게 거짓말까지 한다.

햄릿 . . . 아버지 어디 계시니?
오필리아 집에요, 왕자님.

Hamlet . . . Where's your father?
Ophelia At home, my lord. (3.1.129-130)

이 극에서 오필리아는 실질적으로 자신의 정조를 의심받을 만한 어떤 행위도 한 적이 없으며, 적극적인 사랑의 표시마저 한 적이 거의 없다. 그녀가 다른 사람 앞에 자신의 감정을 마음껏 표현하고 행동에 옮기는 것은 그녀가 광기에 빠진 다음부터이다. 광기만이 인습과 편견으로 부터 그녀를 해방하는 유일한 탈출구가 되고 있다. 이러한 오필리아의 모습은 유교적 인습의 틀 안에 갇혀있어야만 했던 동양의 여인들, 특히 우리 한국의 옛 여인들과 유난히 닮아 있다. 우리의 전통문화의 한 특징으로 한의 정서라는 것이 있다. 그리고 이 한의 정서는 대개의 경우 여인네들에 의해 대변되어 왔다. 이런 맥락에서 오필리아는 한국화하기가 비교적 용이하고 또 적합한 특질을 가지고 있는 등장인물이다.

한국화한 오필리아들의 가장 특징적인 공통점은 그들은 모두 영매적 역할을 하거나 적어도 이승계와 저승계의 연결고리 역할을 하는 등 샤먼적 성격을 갖는다는 것이다. 도대체 한국화한 오필리아는 왜 샤먼적인 성격을 지향하는 것일까? 40년간 무속을 연구해 온 서정범 교수는 무당이 된 사람의 35%는 유전적 영향 때문이었고, 65%는 가정환경 때문에 심한 정서불안이나 애정결핍을 겪은 사람들이었다고 말한다(서정범 310). 즉, 한이 많고 사랑을 받지 못한 사람들이 무당이 될 가능성 많다는 것이다. 이들의 회한과 고독은 대화와 사랑의 상대를 영의 세계에서 찾고, 결국 그들은 영과 육의 세계의 연결고리 역할을 하는 영매적 존재가 된다. 서구사회의 유령은 다분히 심리적 작용의 일환이다. 〈햄릿〉의 경우도 유령은 1막에서는 실질적 존재처럼 여겨지지만 3막의 유령은 분명 햄릿의 심리적 작용의 투영으로 보는 것이 타당할 것이다. 우리 문화 속에서 죽은 자의 혼은 또 다른 실질적 존재로 여겨져 왔으며, 그것을 목격하는 가장 흔하고 익숙한 방법 중의 하나는 무당이나 혹은 영매적 역할을 하게 되는 어떤 제 3 자를 통하는 방법이다. 따라서 〈햄릿〉이란 극작품을 한국적 문화기호로 풀어보려는 연출가들은 햄릿 아버지의 한 맺힌 혼령을 무대 위에 불러내야 하는 문제와 맞닥뜨렸을 때 손쉽게 우리 문화 속에 있는 샤먼적 방법론에 의존할 수 있는 것이다. 그리고 〈햄릿〉에서 영매가 되기에 가장 적합한 인물은 물론 오필리아이다.

〈햄릿〉에는 한이 맺힌 세 영혼이 있다. 독살당한 선왕 햄릿과 주인공 햄릿, 그리고 오필리아이다. 한국적 관점에서 보면, 영의 세계에 있는 선왕 햄릿과 육의 세계에 있는 햄릿을 이어주는 가장 적절한 수단은 역시 오필리아이다. 물론 원작 속에서 햄릿이 선왕의 유령을 처음 보는 시점에서는 오필리아는 아직 아무런 상처도 없다. 아직은 한이 없는 인물이다. 관객에게 오필리아에 대한 아무런 정보도 주지 않은 채, 그리고 무엇보다 오필리아를 아직은 평화스러운 상태에 남겨 놓은 채, 갑자기 오필리아를 혼을 부르는 영매로 제시할 수는 없는 일이다. 그래서 한국적 〈햄릿〉에서 선왕의 혼을 부르는 영매적 역할을 하는 오필리아의 모습은 새롭게 재구성된 극 구성 속에서 나타나며, 특히 원작의 극중극 장면을 대신하곤 한다.

김정옥의 〈햄릿〉은 메타드라마적인 방법론을 동원해 극 전체를 한판 굿으로 완전히 재구성했다. 극은 오필리아의 장례식에서부터 시작한다. 이후의 극은 마치 광대들의 극중극인 듯이 전개된다. 극은 오필리아의 죽음에 대한 진혼의식 같기도 하고, 아니면 그녀의 죽음과 관련된 과거의 환영들의 놀음 같기도, 또 아니면 오필리아의 과거 속으로 우리 모두가 초대받은 것처럼 느껴지기도 한다. 관객은 이미 오필리아의 죽음과 한을 목격한 상태이고, 그러한 상황 속에서 오필리아는 마치 다시 환생한 듯 나타나 다른 등장인물들과 더불어 예전의 일들을 재현한다. 김정옥 자신은 이 극의 의의에 대해 "죽음 앞에선 광기를 주제로 한국 무속의 굿판과 서구 연극적 양식과의 만남을 시도한다"라고 스스로 밝힌 바 있다. 극중극 장면은 굿으로 대치되고, 오필리아는 선왕의 혼이 내려 그의 죽음의 비밀을 말하는 영매로 설정된다. 한국적 굿을 통한 죽음의 세계와 삶의 세계와의 결합을 김정옥 번안의 주요 목적이라고 보았을 때, 오필리아는 그 극 구조상의 핵심적 위치에 설 뿐만 아니라, 주요한 의미전달자로서 기능한다.

사진 6 〈햄릿〉(1993). 김정옥 연출. 극단 자유. 극중극을 대체한 굿 장면에서 오필리아(한영애 분)가 영매의 역할을 하고 있다.

오필리아가 선왕 햄릿의 혼령을 불러내는 영매적 역할을 하는 예는 김 광보 연출, 조광화 각색의 〈오필리아, 누이여 나의 침실로〉에서도 목격된 다. 이 극에서야말로 오필리아는 극의 가장 중요한 의미 전달자이자 극구조 의 핵심에 선다. 김광보와 조광화는 원작에 내포되어 있는 많은 주제 중에 서 일단 등장인물들이 겪는 사랑에 대한 애증의 감정에 집중한다. 그리고 그 애증의 대상은 오필리아에 집약되어 있다. 주요 등장인물은 오필리아, 햄릿, 그리고 레어티즈 세 사람뿐이다. 이밖에 일종의 코러스적인 역할을 하는 세 명의 수도승들이 시종 무대의 뒤의 배경 막 속에서 죽음의 진혼의식을 올리듯 염불을 외우며 목탁을 두드린다. 이 〈오필리아〉는 김정옥의 〈햄릿〉에서와 마찬가지로 오필리아의 장례장면에서부터 시작하는데, 처음부터 오필리아가 분노와 광기로 들떠있는 햄릿과 자신에 대한 근친상간적 애정에 집착되어 있는 오빠 레어티즈의 사랑 사이에 사로잡혀 있는 극의 모티브적 상황이 명확하게 전달된다. 오필리아는 그 두 사람 모두에게 사랑을 받지만, 햄릿은 복수를 위해 오필리아를 떠나가고 레어티즈 역시 아버지를 죽인 햄릿에게 복수를 하기 위해 그녀를 떠난다. 모두에게서 버림을 받고 혼자가 된 오필리아는 마침내 자살을 한다. 극은 죽은 오필리아와 레어티즈의 혼령이 아직도 복수에 대한 고뇌 속에서 발버둥치고 있는 햄릿을 바라보면서 끝을 맺는다. 극은 시종일관 무대에 남아 코러스적인 역할을 하는 세 명의 수도승과 촛불이 밝혀져 있는 제단으로 인해 매우 불교적이며 동시에 원시적이고 샤먼적인 향취를 갖도록 의도되었으며, 극적 주제 역시 사랑과 복수를 포함하는 온갖 세속적인 욕망에서 비롯하는 삶의 번뇌로부터의 해방을 지향하는 지극히 동양적이며 불교적인 것을 내세웠다. 이렇게 동양화된 극 세계의 한복판에 내던져진 오필리아는 이룰 수 없는 두 사랑 사이에서 고독하고 고통스럽다. 햄릿과의 사랑은, 그가 어머니의 너무나 빠른 재혼으로 인해 여성에 대한 강한 혐오감을 갖게 되었기 때문에, 또한 그의 복수에 대한 강한 집착 때문에 성취할 수 없으며, 레어티즈와의 사랑은 오누이 사이의 근친상간적인 것이기에 애초부터 불가능한 것이었다. 현실의 벽에 꼼짝없이 갇혀버리고만 오필리아가 영적 세계에 출입문을 트는 것은, 앞서 살펴본 실제 무녀들의 경우에 대한 서정범 교수의 언급에서만큼이나 자연스러운 설정이다.

오필리아 아아, 저하, 내 몸에 누군가 찾아왔어요!

(갑자기 주문 같은 웅얼거림이 무대를 가득 메운다. 오필리아는 무당이 빙의하듯 몸을 떤다.)

오필리아 아, 무서워요!
햄릿 오필리아!

(햄릿, 오필리아에게 다가서려다 무엇엔가 튕긴 듯 밀려난다. 햄릿선왕의 유령이 나타나 오필리아의 바로 뒤에 선다. 유령은 거대한 인형으로 형상화한다. 인형은 수도승 삼형제가 조작한다. 한명은 머리를, 두명은 양팔을 각각 조정한다. 유령은 햄릿을 닮았고, 불에 타는 듯 붉다. 오필리아는 선왕의 혼령이 씌인다. 햄릿선왕의 유령은 오필리아가 하는 몸짓을 그대로 따라한다. 벽에 비친 그림자처럼.)

햄릿 오필리아인가, 귀신인가?
오필리아 (거친 남자 목소리로) 햄릿, 나의 태자! (두 팔을 벌린다.)

· · · · ·

오필리아 비열한 암살을 복수해다오, 햄릿!
햄릿 암살!

· · · · · ·

오필리아 네 아비를 죽인 자가 지금 왕관을 쓰고 있다.
햄릿 역시 숙부가! (8)

〈오필리아〉에서 오필리아는 모두 세 번 영매가 된다. 첫 번째는 위 인용문에서 알 수 있듯이, 선왕 햄릿의 혼령이 처음 햄릿에게 나타나 그의 죽음에 대한 진실과 복수의 명령을 말하는 장면에서이고, 두 번째는 선왕의 살해 장면을 재현하는 극중극 장면에서이며, 세 번째는 햄릿이 자신의 아버지를 죽였다는 사실을 알게 된 오필리아가, 선왕 햄릿의 혼령과 접신하여 마치 선왕의 혼령이 살아 움직이는 듯 햄릿에게 복수를 재촉하는 장면에서이다. 조광화의 또 다른 〈햄릿〉 각색본인 〈락 햄릿〉은 비록 현대적인 의상과 락 음악을 활용한 매우 서구적인 스타일의 〈햄릿〉처럼 보이지만 오필리아가 햄릿 선왕의 혼령과 접신하는 과정과 장면은 그대로 반복하면서 〈오필리아〉에서의 한국적 특색을 연장하고 있다. 특히 이 작품의 연출을 맡은 전 훈은 선왕의 혼령에게 접신된 오필리아 앞에서, 마치 현실의 아버지에게 하듯, 그렇게 햄릿이 무릎을 꿇고 울부짖으며 복수를 맹세하는 장면을 연출

사진 7 〈락 햄릿〉(2000). 전훈 연출. 조광화 각색. 서울 뮤지컬 컴퍼니. 오필리아(진주 분)가 선왕 햄릿의 혼령에 접신되어 햄릿에게 복수를 명하고 있다.

함으로써, 샤먼적 오필리아의 존재감을 강화였다.

오필리아의 영매적 역할은 〈햄릿〉이란 텍스트가 우리적 문법에 의해 완전히 다시 쓰였을 때 더욱 명확히 강조된다. 이윤택의 〈문제적 인간, 연산〉(이하 〈연산〉)은 〈햄릿〉을 토대로 연산의 한 많은 삶의 역정을 무대화한 작품이다. 〈햄릿〉과 〈연산〉의 연관성 및 유사성에 대해서는 이득주의 「'연산'과 '햄릿'」, 이현우의 「90년대 셰익스피어 공연현황에 대한 소고」 등의 논문에서 이미 논의된 바 있을 뿐더러, 이윤택 자신의 다음과 같은 언급은 〈햄릿〉이 〈연산〉의 밑바탕이 되었다는 사실을 간접적으로 시인하고 있다.

> 〈연산〉의 경우 연극 형식에서 모방의 차원이 아니고 현대적인 구조로 담은 것이지요. 제가 이번에 노린 것은 현대적인 구조로서의 역사극인데, 현대적인 구조라면 셰익스피어극 등에서 연극의 얼개를 따오는 것이지요. 제가 생각하기에 우리 연극에서 가장 취약한 부분이 연극의 얼개라고 생각하는데, 극의 구조는 외국의 것을 따와야 된다고 생각합니다. (이윤택, 「재구축과 해체」 87)

〈햄릿〉이 햄릿이란 주인공의 의식변화 과정을 중심으로 그의 부친의 죽음의 실상을 밝히고 그의 복수의 과정과 최후라는 극 구성을 가지며, 특히 그의 부친의 죽음의 진실이 드러나는 데 부친의 혼령과 극중극이 중심 역할을 하는 것과 마찬가지로, 〈연산〉 역시 연산의 심리적 변화과정을 중심으로 그의 모친의 죽음에 얽힌 진실을 극중극적 역할을 하는 굿과 장녹수에게 내린 모친의 혼령에 의해 밝히며 복수와 주인공 자신의 최후라는 극구성으로 짜여 있다. 또한 〈햄릿〉이 정치나 권력의 문제와 복잡하게 얽혀 있듯이, 〈연산〉도 정치, 권력의 문제가 부여 모티브 중의 하나로 등장한다. 이러한 외형적인 윤곽의 유사성 외에도 두 극은 '희극적 위안 장치'(comic relief)의 삽입, 시적 언어, 햄릿 - 오필리아 - 로젠크란츠 - 길덴스턴의 인물배치를 연상시키는 연산 - 녹수 - 처선 - 승재의 인물 설정 등보다 세부적인 사항에서도 서로의 관련됨을 암시한다(이현우, 「90년대 셰익스피어」, 90).

논의의 초점을 다시 오필리아의 영매적 역할에 모아보자. 이미 언급한 데로 〈연산〉에서 오필리아는 녹수로 대치되고 있다. 그러나 녹수는 원작의 오필리아에게 내재되어 있을 여러 가지 가능성을 노골화하거나 때로는 극단화한 모습으로 나타난다. 원작의 오필리아처럼 녹수는 연산의 연인이요 위안이며 동시에 애증의 대상이지만 오필리아와는 달리, 아니 광기에 휩싸였을 때의 오필리아처럼, 그녀의 사랑은 적극적이며 노골적이고 육체적이다. 그런데 원작의 오필리아가 전혀 갖지 못한 한 가지 특징을 녹수는 추가하고 있는데 그것은 바로 모성적 모습이다. 억울하게 죽은 어머니 폐비 윤씨에 대한 원한으로 고통스러워하는 연산을 녹수는 모성애 가득한 모습으로 감싸 안는다.

> **녹수** (가슴을 열어 연산의 머리통을 감싸 안는다) 여기가 님의 집입니다. 비록 속 좁은 새가슴이지만 우는 아이 젖을 주고 찬 기운 쏘인 몸 데워 줄 수 있지요. (39)

이러한 모성애적 특성은 녹수에게서 극대화 되었지만, 사실 앞에서 언급된 다른 두 한국적 오필리아에게서도 정도의 차이가 있을망정 모두에게서 공통적으로 나타나는 특징이다. 특히 〈오필리아, 누이여 나의 침실로〉에서의 오필리아는 녹수와 비슷한 어머니의 품안을 연기한다.

> **오필리아** 아들아, 맹세의 표시로 나를 안아다오.
> (햄릿, 오필리아를 안는다. 오필리아, 자식을 안 듯 안는다.) (9)

모성적 특성이 녹수에게서 가장 두드러지듯이, 영매적 특성도 녹수에게서 가장 명확하고 또 연극적으로 표현되고 있다. 이윤택은 원작의 극중극을 굿판으로 명확하게 바꾸어 놓았고 햄릿이 극중극을 주제하듯 연산은 스스로 왕무당이 되어 굿판을 주도한다. 그리고 그는, 앞의 두 한국적 오필리아의 우연한 신내림과는 달리, 녹수에게 신장 옷을 입히며 의도적으로 그녀가 영매가 되도록 한다. 의식적으로 신을 부르고 신이 내리는 것이다. 녹수에게 내린 폐비 윤 씨의 혼령은 녹수의 육체 속에 있으면서도 자신과 녹수를 혼돈하지 않는다.

> **녹수** 융아, 나는 네 어미의 혼령이다. 새벽닭이 울고 해가 뜨면 대궐 마루 밑에 숨어서 탄식하며 시간을 보내고, 달이 뜨는 밤이면 살아 숨 쉬는 공기가 되어 네 주위를 맴돌기 십년, 이제 네가 날 느끼기 시작하고 녹수의 몸이 날 받아 주어 네게 말할 수 있구나.(46)

그래서 연산의 굿판은 더욱 명확하고 그만큼 더 연극적이다. 영매가 되는 한국적 오필리아는 그 텍스트가 완전히 한국적 문법으로 다시 쓰였을 때, 설정의 당위성에서도 연극적 효과 면에서도 가장 성공적인 것으로 관찰되는데 그것은 아마도 당연한 일일 것이다.

이윤택은 〈연산〉을 공연한 이듬해인 96년에 〈햄릿〉을 연출했다. 이번에는 한국적 해석을 가미하기는 했지만 대체로 원작의 기본 골격을 그대로 유지했다. 그러나 이 경우에도 오필리아에 대한 해석과 연출은 원작으로 부터 가장 거리화 되어 있다. 오필리아는 녹수처럼 거의 창부적 이미지마저 갖는 적극적이고 외향적이고 에너지가 풍부한 여인이다. 이 극에서 오필리아는 햄릿뿐만 아니라 클로디어스와도 육체적 관계를 갖는 것으로 암시된다. 심지어 희미한 암시지만 레어티즈와의 관계도 심상치 않다. 이러한 오

사진 8 〈문제적 인간 연산〉(1995). 이윤택 작. 연출. 유 씨어터. 연산(유인촌 분)이 무당의 역
할을 하고 있고, 녹수(이혜영 분)가 영매가 되고 있다.

필리아에게 영매적 역할은 적합하지 않다. 물론 이윤택도 이 극에서는 오필
리아에게 영매적 역할을 주지 않는다. 대신 햄릿이 영매가 되어 선왕의 혼
령과의 접신을 통해 죽음의 내막을 알게 된다. 선왕의 혼령과 마주한 햄릿
은 반가움과 그리움에 손을 내밀며 다가가 말을 붙여보려 하지만, 선왕의
혼령은 햄릿과 대화를 나누는 대신, 햄릿의 육신 속으로 들어와 햄릿과 합
일하는 모습을 연출한다. 햄릿은 온 몸을 전율하며 선왕의 육신이 접신됨을
표현하고 선왕의 말이 없이도 선왕의 죽음의 비밀과 복수의 명령을 알아듣
는다. 타락한 어머니에 이어 타락한 연인을 갖는 이윤택의 햄릿은 원작의
오필리아보다도 더 고립된 인물이다. 영매적 역할은 그에게 더 어울린다.
　그러나 오필리아도 여전히 이승계와 저승계의 연결고리의 역할을 하는

샤머니즘의 체현자로 나타난다. 광기에 빠져 있는 오필리아는 무당의 옷을 연상시키는 원색적 의상을 입고 등장해, 원작에서는 시련당한 처녀의 일반적인 푸념처럼 되어 있는 대사를 광기 속에서 자신이 클로디어스와 육체적 관계를 가진 사실을 클로디어스 앞에서 적시하는 무의식적 고백의 대사로 바꾸어 말한다.

> 쓰러뜨릴 땐 백년해로
> 이제와선 핑계야
> (클로디어스에게) 왜 날 건드렸죠?
> (클로디어스에게) 정말 나와 결혼할 생각이었나요?
> (이윤택, 『햄릿 읽기』 130)

더구나 광기 장면을 마무리하고 작별인사를 나누는 오필리아는 자신의 대사를 무가(巫歌)의 리듬에 맞춰 노래하듯 말하는데, 특히 레어티즈에게 하는 "무덤가에 서서 당신을 기다릴께요"(132)라는 마지막 대사는 무녀의 예언처럼 들린다. 이는 이윤택이 오필리아의 광기를 단순한 광기와 구분하여 일종의 무병으로 간주한 데서 기인한다고 할 수 있겠다. 이와 관련하여 이윤택은 1996년 초연 당시 제작된 공연 프로그램에서 다음과 같이 밝히고 있다.

> 햄릿의 광기를 온몸으로 받아내는 고통스런 사랑의 행각, 그리고 오빠의 떠남, 왕과의 내통, 아비의 죽음이 연속되면서 오필리아는 미친다. 이 오필리아의 광기 또한 혼돈스런 현실 속에서 자아를 상실하는 과정에서 드러나는 신열로 해석된다. 오필리아는 단순한 정신질환자는 아니다. 미친 오필리아의 노래는 은폐된 세계를 낱낱이 밝혀내는 화두의 상징성을 지닌다. 오필리아의 노래가 단순한 미친 여자의 흥얼거림이 아니라, 주술적 무가사설의 리듬으로 표현되는 이유도 여기에 있다. (『햄릿』 17)

이윤택의 오필리아는 원작의 오필리아처럼 순결한 존재로만 묘사되지는 않지만, 삶과 죽음의 경계를 넘어서까지 자신의 사랑을 표현하는 사랑의 에너지가 충만한 여인으로 그려진다. 죽은 오필리아의 영혼은 자신이 죽었다는 사실도 모른 채 무대 위에서 춤을 춘다. 그러다 자신의 죽음을 인지하고서는 스스로 무덤 속으로 걸어 들어간다. 그러나 레어티즈가 무덤 속으로 뛰어들자 마치 살아있는 인간처럼 다시 일어서 그와 포옹을 하며, 또 자신의 무덤 앞에 나타난 햄릿과는 뜨겁고 애절한 포옹과 입맞춤을 나눈다. 이윤택의 오필리아는 영매는 아니지만, 이승계와 저승계를 아우르는 샤머니즘 세계의 강렬한 메타포이다.

사진 9 〈햄릿〉(2001). 이윤택 연출. 연희단거리패. 광기에 빠진 오필리아(김소희 분)가 무녀의 춤을 추고 있다. 그녀의 의상 역시 무녀의 의상을 연상시킨다.

이렇게 오필리아가 모성적 특질을 갖는 영매적 존재로 연출되거나, 적어도 영의 존재를 확인해주는 존재로 해석되는 등 90년대의 한국화한 〈햄릿〉에서 오필리아의 존재와 역할이 확대되고 주목받는 이유에 대해서는 크게 작품 내적인 원인과 작품 외적인 원인의 두 가지 측면에서 고려해볼 수 있다.

작품 내적인 원인으로는 무엇보다도 이미 언급한 바대로 오필리아에 내재되어 있는 영매적 존재로서 전환되기에 적합한 한국적 정서의 반영이라고 할 수 있을 것이다. 작품 외적인 원인으로는 90년대 우리 문화계를 휩쓸고 있는 여성주의의 직간접적 영향을 지적할 수 있겠다. 즉 오필리아 중심의 또는 오필리아의 의미와 역할 확대를 시도한 일련의 한국적 〈햄릿〉은 한국화와 여성주의적 글읽기라는 우리 문화계의 커다란 문화패턴의 한 산물이라고 단순화시켜 말할 수 있겠다. 그런데 이런 문맥에서 탄생한 변형된 오필리아는 한국의 대표적인 남성 연출가들이 기대하는 한국적 여성주의의 일단을 엿보게 하는 것 같아 흥미롭다. 그들은 여성을 수동적이며 억압적 상황으로부터 해방할 것을 주장하지만, 그렇게 해방된 여성에게서 희망하는 궁극적인 모습은 그 여성 자신의 독립적인 삶이나 철저한 자유를 향유하는 개인적 여성이라기보다는 삶과 죽음을 초월해 우리에게 위안의 힘을 발휘해주는 모신적 성격에 가까운 위대한 어머니와 같은 여성, 연인이다. 그것은 서구의 현대적 문화맥락에서 또 다른 여성주의적 경향을 반영하며 변형되고 있는 하이네 뮐러의 투쟁적 오필리아나 마로위츠의 지극히 현실적이고 성적으로 자유분방하기만한 오필리아 등과는 근본적으로 성격을 달리한다.

3

1990년대에 이루어진 〈햄릿〉 공연들이 주로 오필리아(또는 햄릿)라는 특정 인물을 영매화하거나 샤머니즘의 매개체로 만드는 경향을 보인 반면, 2000년을 전후하면서부터는 공연 전체가 하나의 샤머니즘적 제의를 형성하는 경향을 보인다. 후자의 경향을 보여주는 공연으로서는 이윤택의 2001년판 〈햄릿〉, 김아라의 〈햄릿 프로젝트〉, 김민호의 〈미친 햄릿〉, 그리고 배요섭의 〈노래하듯이 햄릿〉 등이 있다.

2000년을 전후한 시기에 나타나고 있는 이러한 샤머니즘의 무대화의 변화된 양상은 이윤택의 1990년대에 공연된 〈햄릿〉과 2000년대에 공연된 〈햄릿〉의 결말부의 차이에서 쉽게 발견된다. 두 공연은 햄릿과 오필리아에 대한 접신의 양상을 표현하는 것에서는 동일하지만, 1996년 〈햄릿〉의 결말에서는 죽은 햄릿과 성에 진입한 포틴브라스를 동일시한다. 즉, 햄릿의 시신을 안고 퇴장하던 포틴브라스가 등을 돌려 관객에게 얼굴을 보여주는데, 그것은 바로 햄릿의 얼굴이다(이윤택, 『햄릿』 17-18). 새로운 군주로 등극하는 포틴브라스의 운명도 햄릿과 다를 바 없을 것을 암시하는 다분히 얀 코트(Jan Kott)적 결말이다. 그러나 2001년 〈햄릿〉에서는 포틴브라스의 병사들이 죽은 햄릿의 시신 위에 수의를 덮듯 하얀 천을 무대 전체를 덮어 버린다. 그런 직후 그 하얀 천속에서 마치 새로운 생명이 태어나듯 햄릿의 유령이 나신의 모습으로 천천히 걸어 나와 무대 뒤로 휘향한 조명을 받으며 사라진다. 세상의 온갖 오욕으로부터 해방된 정화된 자의 모습으로 저승계를 향해 가는 그 나신의 뒷모습은 거의 성스럽기까지 하다. 2005년에 공연된 〈햄릿〉에서는 여기서 한발 더 나간다. 하얀 천속에서 역시 나신으로 나타난 햄릿은 무대 뒤로 사라지면서 무대를 가득히 덮은 하얀 천을 같이 끌고 들어간다. 마치 자신의 죄뿐만 아니라 세상의 온갖 죄를 다 같이 씻어 가는 듯 구도자적 모습을 보여준다.

사진 10 〈햄릿〉(2001). 이윤택 연출. 연희단거리패. 햄릿(이승헌 분)의 영혼이 하얀 천 속에서 서서히 나타나고 있다.

2000년을 전후한 시기에 나타나고 있는 이런 변화의 이유는 첫째 90년 대 이래의 한국의 셰익스피어 공연에서 나타났던 여성주의의 발전과정과 연관되어 있다고 할 수 있다. 90년대 초에는 남성중심적 세계에 파묻혀 있던 여성의 존재성 자체를 강조하고 부각시키는데 급급했던 여성주의가 2000년대에 들어서면서부터는 때로는 남성의 힘과 권력을 압도하기까지 하는 강력하고 자유로운 여성의 모습, 즉 여성성의 정치성과 주체성을 강조하는 경향으로 진화해 갔다. 관객의 절대 다수를 여성이 차지하는 한국의 공연 현실 상, 연출가들은 이런 여성에 대한 사회의 변화하는 인식에 무심할 수 없었을 것이고, 여성을 단순히 희생적 모신적 존재로 간주하게 되는 샤머니즘적 영매로 머물게 할 수 없었을 것이다. 둘째, 작품의 특정 부분−여성의 영매화 같은−을 샤머니즘적 제의와 연결시키는 것에서 작품 전체를 샤머니즘적 제의와 연계시키는 것은 그만큼 셰익스피어의 극작품을 전체적으로 통찰하는 예술적 안목이 생기고, 무엇보다 90년대 말에서 2000년대 초까지 IMF 환란과 이후의 사회적 양극화와 갈등, 그리고 남북 화해와 통일의 시대를 대비하면서 새롭게 제기되고 있는 남북분단에 따른 이념적 대립 등을 경험하고 있는 한국 사회에서 요청되고 있는 정신적 위안과 사회적 통합에의 갈망에 대한 연극계의 화답이라고도 할 수 있을 것이다.

2002년, 2003년에 이어 2006년에 공연된 김민호의 〈미친 햄릿〉은 한국의 이러한 현실을 자신의 〈햄릿〉 속에 직접적으로 내비친 경우이다. 〈미친 햄릿〉은 한국의 비무장지대를 배경으로 삼았다. 햄릿은 해골을 수집하는 미친놈이고, 레어티즈는 비무장지대를 지키는 군인이다. 오필리아는 무당이고, 선왕의 유령은 동네 아저씨 차림으로 이곳의 터줏대감 노릇을 하며 다른 등장인물들에게 말을 걸기도 하고, 오필리아의 굿에 나타나 과거의 비밀을 폭로하기도 한다. 호레이쇼는 굿 연구가이며, 클로디어스와 폴로니어스는 거지이고, 거투르드는 밥집 아줌마로 나온다. 극은 무당이 된 오필리아가 죽은 자들의 영혼을 위로하기 위한 굿을 벌리면서 시작한다. 이 굿을 통해 등장인물들은 과거에 대한 기억 속으로 들어가게 되는데, 그것은 원작 〈햄릿〉의 처음부터 3막 4장−극중극 이후 햄릿이 거투르드에게도 선왕 암살의 비밀을 고백하며 몰아붙이는 장면−까지의 세계 그대로이다. 과거 속에서는 밥집 아줌마는 미친놈의 엄마였고, 남편인 유령이 죽자마자 미친놈의 작은 아버지인 거지와 결혼했으며 무녀와 미친놈은 서로 사랑하는 사이였고, 미친놈이 여인의 아버지인 패가망신을 죽인 20여 년 전의 사실들을 기억해 낸다. 결말부분은 과거에서 빠져나와 다시 굿판이다. 이제 등장인물들은 잊고 있던 또는 잊고 싶어 하던 자신들의 과거와 얽히고설킨 현재와 마주한다. 서로를 원망하고 증오하다 원작의 결말처럼 호레이쇼를 제외한 모두가 죽는다. 거지는 자신의 죄를 반성하라는 밥집 아줌마를 군인의 총으로 쏴 죽이고, 또 거지와 패가망신은 서로 죽고 죽이며, 미친놈이 사랑하지 않는다는 말에 무녀는 스스로 목숨을 끊고, 군인은 미친놈과 결투를 하다가 미친놈을 죽이고 자신도 자살한다. 유령이 나타나 관객들을 향해 "이 슬픈 일이 당신들 눈에는 웃기겠지? 당신들하고 상관없는 일인 것 같소? 당신의 일일 수도 있어!"라고 말한다. 유령은 햄릿의 시체를 안고 진혼굿인 듯이 보이는 의식을 치러준다. 유령의 곡소리가 울려 퍼지며 극은 끝난다.

사진 11 〈미친 햄릿〉(2003). 김민호 연출. 극단 청연. 비무장 지대의 군인(레어티즈 서광일 분)이 접신된 여자(오필리아 김민주 분)를 바라보고 있다.

김민호의 〈미친 햄릿〉은 불교의 윤회사상을 작품의 얼개로 삼아 원작 〈햄릿〉의 세계와 한국의 현실을 과거와 현실이라는 이름으로 뒤섞어 놓았다. 한반도 분단의 비극의 역사가 아직까지도 고스란히 남아있는 군사분계선을 배경으로 거지, 미친놈, 무당, 그리고 군인 등 역사의 피해자 내지 사회의 주변인들을 등장시켜, 그들의 고통에 〈햄릿〉을 투영시켜 비극성을 부여 한다. 또한 과거 〈햄릿〉의 세계에도 있었고, 현재 한반도에도 있으며, 관객 누구나의 일이 될 수도 있는 이런 아픔과 고통을 전통적인 굿의 형식을 빌려 서로 위로하고 함께 극복해보자는 메시지를 전한다.

1999년 공연된 김아라의 〈햄릿 프로젝트〉는 〈미친 햄릿〉과는 달리 매우 은유적인 방식으로 제의를 행한다. 김아라는 1997년 서울에서 한참 떨어진 죽산이라는 산골짜기 마을에 야외극장을 짓고 축제적인 연극을 표방하는 극단 '축제극단 무천'을 결성했다. 김아라는 이 야외극장에서 1998년에 〈오이디푸스〉, 〈인간 리어〉, 그리고 1999년에 〈햄릿 프로젝트〉, 2000년에 〈맥베스〉, 2001년에 〈오셀로〉를 공연하였다. 이중 셰익스피어의 4대 비극은 모두 동일한 형태의 무대 구조 및 공연 양식을 활용하였다. 객석에 둘러싸인 둥근 원 형태의 무대, 무대 한가운데 설치된 물 웅덩이, 그 물 웅덩이를 가로지르는 다리 구조물이 설치되었다. 그리고 객석 가까운 곳곳에 마이크를 설치해 배우들이 자신의 대사라기보다는 마치 내레이션을 하듯이 대사를 구사하였으며, 객석 뒤편으로는 가수와 악기가 위치하여 생음악을 들려주었다. 이들 공연들은 모두 셰익스피어의 극 그 자체를 공연한다기보다는 그 극에 관한 극을 공연하는 방식이었다. 등장인물들은 자신의 대사를 극 상황에 몰두하여 구사하기도 하지만 종종 인물 밖으로 나와 마치 내레이터처럼 서사적으로 자신의 대사를 전달하였다. 배우들이 원래의 극으로부터 일정한 거리를 둠으로써 그만큼 관객들이 더 적극적으로 극의 진행

과정에 참여해 함께 극을 완성하도록 하는 의도였을 것이다. 사실 이렇게 원작으로부터 거리두기 전략은 제의를 표방하는 〈미친 햄릿〉, 〈노래하듯이 햄릿〉에서도 공통적으로 엿보이는 특징들이다.

〈햄릿 프로젝트〉는 햄릿의 우유부단과 심리를 냉혹하게 힐난한 〈마로위츠의 햄릿〉을 텍스트로 삼았다. 그러나 연출가 김아라가 원했던 것은 햄릿의 내면세계를 중심으로 절묘하게 줄여놓은 그 텍스트 자체이지, 〈마로위츠의 햄릿〉의 재현은 아니었다. 〈마로위츠 햄릿〉의 번역자이며 평론가인 김윤철은 〈햄릿 프로젝트〉가 햄릿을 "신체장애인이며, 무대 위의 연못 안에 고립되어 있어, 경멸할 대상이기보다는 동정해야할 인물"(최재훈 116)로 그렸다는 측면에서 〈마로위츠의 햄릿〉의 미덕을 제대로 소화하지 못했다며 다음과 같이 비판하였다.

> 햄릿을 소외된 인물로 그린 것은 〈마로위츠 햄릿〉의 개념이라기보다는 오히려 셰익스피어의 〈햄릿〉의 개념이며, 그래서 김아라가 셰익스피어의 햄릿 개념에 더욱 충실한 듯 보입니다. 그렇다면 〈마로위츠의 햄릿〉을 텍스트로 선택한 데 당위성이 없지 않나 생각합니다. (최재훈 116)

김윤철의 이러한 비판은 오히려 〈햄릿 프로젝트〉의 탈 마로위츠적 특성을 잘 설명해주는 것이기도 하다. 김아라는 〈마로위츠의 햄릿〉을 텍스트로 이용하기는 하였지만, 마로위츠의 햄릿과는 달리 햄릿이란 인물을 매우 동정적으로 그리며 관객으로 하여금 그의 광기에 집중하고 그것을 이해하며 공감하도록 유도한다. 햄릿 역을 맡은 김형태는 실제 소아마비로 다리를 저는 장애자다. 그는 물웅덩이 한가운데까지 돌출해 있는 플랫폼 위에 고정된 의자를 중심으로 시종 무대의 정중앙에 위치해 있다. 그는 마로위츠의 햄릿과 마찬가지로 행동 없는 자신의 복수에 대한 강박관념만을 극의 마지막 순간까지 토해내고 있지만, 〈마로위츠의 햄릿〉처럼 주변 인물들의 조롱이 끝까지 이어지지는 않는다. 극의 마지막 순간, 햄릿은 유령의 복수에 대한 명령을 되뇌고, 거투르드를 제외한 다른 등장인물들은 무대를 둘러싼 마이크를 잡고 코러스가 되어 "맹세하라"라는 유령의 명령을 반복한다. 햄릿 옆에 남아 있던 거투르드는 물웅덩이 속에 들어가 온몸에 물을 튀기며 미친 듯이 춤을 춘다. 햄릿은 "지금 이 순간부터, 마음이여 잔인해 져라. 그 밖의 모든 것은 쓸데없는 것이니. . . ."라고 계속 절규한다. 그의 절규 뒤로는 마로위츠가 적어놓은 다른 등장인물들의 '조롱하는 웃음' 대신 '맹세하라'라는 유령의 명령이 메아리치며 구슬프고 장중한 음악이 동반될 뿐이다.

〈햄릿 프로젝트〉에서 김아라의 의도는 분명해 보인다. 그는 행동하지 못하는 햄릿을 조롱하려는 것이 아니라 동정하며 위로하려는 것이다. 햄릿의 마지막 절규가 계속되는 동안 물웅덩이 속에서 몸부림치는 거투르드는 그러한 햄릿에 대한 모성적인 절규이며 침례의식이라고 할 수 있을 것이다.

〈햄릿 프로젝트〉의 제의적 양식은 분명 샤머니즘적 제의의 그것은 아니다. 하지만 이 극의 모든 등장인물들은 현재의 살아 있는 인물들이라기보다는 연출가 김아라가 악몽 속에서 파편적으로 불러낸 과거의 망령들처럼 보이기 때문에, 이 극은 연출가 김아라가 영매가 되어 이끈 샤머니즘적 제의극이라고도 할 수 있을 것이며, 극의 형식 역시 다른 샤머니즘적 제의의 극과 크게 다르지 않다.

천으로 만든 거대한 인형들로 독특한 작품 세계를 만들어온 '극단 뛰다'의 배요섭이 2005년과 2007년에 연출한 〈노래하듯이 햄릿〉은 〈햄릿 프로젝트〉와 몇 가지 공통점을 가지고 있다. 두 공연 모두 음악극이라 할 만큼 공연에서 노래와 음악이 차지하는 비중이 컸으며, 〈햄릿〉 그 자체라기보다는 〈햄릿〉에 관한 이야기 또는 〈햄릿〉에 관한 극이라는 메타씨어터적인 극 형식을 가졌으며, 무엇보다 우유부단한 햄릿을 조롱하지만, 궁극적으론 동정한다는 점이다. 그러나 〈노래하듯이 햄릿〉은 무당 역할을 하는 5명의 광대를 등장시켜보다 분명하고 경쾌하게 샤머니즘적 제의를 원작과 결합시킨다. 〈노래하듯이 햄릿〉은 샤머니즘이 결합된 한국의 셰익스피어 공연물들 중에서 가장 주목할 만한 작품 중에 하나임에 틀림없다.

〈노래하듯이 햄릿〉은 2005년엔 국립극장 별오름 극장에서, 2007년엔 글로브극장을 연상시키는 국립극장 하늘극장에서 공연되었다. 2005년 공연에서는 광대 3명을 썼지만, 2007년엔 광대가 5명 등장하면서 더욱 완성도 있는 공연을 보여주었다. 여기선 2007년 공연을 중심으로 언급한다.

연못을 연상시키는 무대장치가 무대와 객석 사이에 위치하고, 다만 좁은 다리가 무대와 객석을 연결한다. 무대 한편에는 피아노, 콘트라베이스, 북, 드럼 등으로 이루어진 작은 오케스트라가 위치하고 있다. 무대는 어슴푸레한 저녁을 표현하고 왠지 구슬픈 느낌을 주는 피아노 연주에 뒤이어 왁자지껄한 웃음과 수다를 쏟아내며 다섯 명의 광대가 수레를 타고 등장한다. 적막했던 무대는 갑자기 이들의 놀이터가 된 느낌이다.

이들은 광대이기도 하지만 무덤을 찾아다니며 죽은 자들의 영혼을 위로해주며 저승으로 보내주는 무당이기도 하다. 이날 저녁 한 무덤가에서는 그들은 무덤가를 배회하며 아직 이승을 떠나지 못하고 있는 죽은 햄릿의 영혼을 조우한다. 무덤가에 있던 그의 일기장을 발견한 광대들은 그의 한 맺힌 이야기를 연극으로 만들어 세상에 알려줌으로써 햄릿의 응어리를 풀어주고, 그렇게 해서 그를 맘 편히 저승으로 보내주기로 한다.

이후 광대들은 햄릿의 일기장을 넘겨가며 원작 〈햄릿〉의 이야기를 꾸려나간다. 이들이 죽은 햄릿의 과거사를 복원하는 방식은 크고 작은 가면과 천을 이용하여 만든 인형을 이용하는 것이다. 햄릿은 달랑 머리 밖에 없는

사진 12 〈노래하듯이 햄릿〉(2005). 배요섭 연출. 극단 뛰다. 광대들이 햄릿의 무덤가에서 발견한 햄릿의 일기장을 읽고 있다. 가운데 광대가 손에 들고 있는 것이 햄릿의 가면인데 햄릿을 연기할 때 사용된다.

가면이다. 햄릿 가면은 마치 해골을 연상시킨다. 머리털은 하나도 없고, 눈은 움푹 들어갔으며 뺨도 푹 꺼졌다. 움푹 들어간 동공 속에선 눈 꼬리가 축 처진 그의 슬픈 눈이 보이고 뺨에는 광대처럼 눈물 자국인 듯한 굵은 검은 자국이 그려져 있다. 한눈에 슬픔과 번민에 빠져 있음을 알게 해준다. 클로디어스와 거투르드는 모두 거대한 가면과 그것을 지탱하는 3미터 이상 되는 장대로 표현되는데, 클로디어스에게는 검은 천을 입혔으며, 거투르드에게는 붉은 천을 입혔다. 원작 〈햄릿〉의 1막 2장에 해당하는 클로디어스와 거투르드의 결혼 축하연 장면에서 햄릿은 작은 접이 의자에 천을 씌워 의자에 쭈그리고 앉아 있는 외소한 모습으로 표현된다. 클로디어스와 거투르드의 가면의 거대한 크기는 그들의 욕망의 크기를 표현하기도 하지만(김경미), 무엇보다 햄릿의 의식 속에서 자리 잡고 있는 그들의 압도적인 존재 감일 것이다. 또한 클로디어스의 몸을 감싸고 있는 검은 천은 그의 검은 야욕과 더불어 죄의식을, 거투르드의 붉은 천은 그녀의 성애적 욕망을 상징한다고 하겠다. 반면 의자에 앉아 있는 자세로 햄릿을 표현하고 있는 것은 행동은 없고 생각만 많은 햄릿을 시각화 하고 있으며, 거대한 클로디어스와 거투르드의 존재 앞에서 너무나 위축되어버린 햄릿의 자아일 것이다. 한편, 유령은 거대한 가면에 흰 줄이 잔뜩 매달린 우산을 받쳐 든 모습으로 나타나 햄릿에게 복수를 명한다. 거대한 유령의 가면은 역시 햄릿의 의식을 짓누르고 있는 그 중압감의 크기를 표현하는 것일 것이며, 유령을 빗줄기가 흐르는 우산 속의 존재로 표현한 것은 그가 햄릿의 의식 속에 고독하고 슬픈 존재로 남아 있음을 표현하는 것일 것이다.

이처럼 〈노래하듯이 햄릿〉은 햄릿의 의식 속에 있는 여러 이미지들을 겉으로 드러내 가면과 여러 소품으로 시각화하는 데 그 양식상의 특징이 있다. 하지만 가장 커다란 특징은 극의 제목에서 암시되듯 노래하듯이 화음을 넣어 말하는 광대들의 대사이며 또 대사처럼 극의 내용 속에 녹아 있는 노래 말이다. 햄릿의 고뇌를 응축하고 있는 "죽느냐 사느냐" 독백에서 다섯 명의 광대들은 마치 서로 토론을 하듯이 '죽음'과 '삶'의 선택에 대해 질문과 답변을 주고받기도 하고, '죽는다는 건 잠자는 것,' '잠들면 꿈을 꾸지'이라며 '죽음'과 '삶' 사이에서 차마 어느 하나를 선택하지 못하는 나약한 인간의 맘을 절묘한 화음으로 합창하며 그들의 난상토론에 대한 답변으로 제시하기도 한다. 말과 노래를 하나로 엮어내는 방식은 이 극의 처음부터 끝까지 일관되게 유지되는 이 극의 특징적 공연형식이 되고 있는데, 이것은 광대들이 꾸미는 놀이의 세계, 그 비현실의 연극적 세계를 현실의 세계와 더욱 극명하게 대비시켜주는 절묘한 극적 장치로 기능한다. 노래하는 듯한 또는 실재로 노래하는 광대들의 언술 방식은 인형과 가면, 막대 등을 이용해 죽은 혼령을 위한 일종의 제의를 행하는 광대들의 지극히 비사실적 행위를 관객들이 '사실성' '논리성' 등의 벽에 갇히지 않고 하나의 '연극적 행위'로 너그럽고 자유롭게 받아들이도록 하는데 적절하게 기여하는 것이다.

이 극의 시각 중심적 전략은 '죽느냐 사느냐'라는 합창과 합주가 진행되는 동안에도 멈추지 않는다. 광대들은 '죽느냐 사느냐'라는 물음을 주고받음과 동시에 햄릿의 머리를 주고받으면서 햄릿이란 존재를 머리로서만 표현하는데 이것은 생각은 많지만 행동은 부족한 햄릿의 특징을 극단적으로 시각화한 예라고 할 수 있겠다. 공연 내내 햄릿은 어느 한 광대가 햄릿의 가면을 쓰는 것이 아니라, 햄릿 머리(해골) 자체로서 표현이 되는데, 이 극에서 햄릿은 늘 다섯 명의 광대들 중 누군가가 햄릿의 해골을 잡고 또 누군가는 햄릿의 대사를 말하고 또 다른 누군가는 햄릿을 연기하는 방식으로 존재한다(주소형 83). 이 극에서 취한 햄릿의 이러한 다자적 존재 방식은 '죽느냐 사느냐' 같은 독백 장면에서 그의 복잡하며 분열적인 내면세계를 더 할 나위 없이 효과적으로 표현한다고 하겠다.

다섯 광대들의 햄릿에 대한 태도는 동정과 조롱의 반복이다. 광대들의 햄릿에 대한 조롱은 극의 후반부로 갈수록 더욱 강화된다. 극중극을 보고 양심의 가책을 받아 기도하는 클로디어스의 모습은 클로디어스의 몸통을 이루는 검은 천을 네 명의 광대들이 뒤에서 잡아당김으로써 그를 옥죄이는 모습으로 연출되었다. 클로디어스의 천을 잡아당기던 광대들 중의 하나가 햄릿이 되어 클로디어스를 찌를 것인가 말 것인가를 고민하다 결국 복수를 미룬다. 이제 나머지 광대들이 이런 햄릿의 태도에 대해 "그 때 찔렀어야지," "사람을 찔러봤어야 말이지"라며 웃음마저 터뜨리며 조롱의 말을 쏟아낸다.

원작 〈햄릿〉에서 햄릿이 거트루드의 방을 찾아가 어머니의 욕정과 변심을 신랄하게 공격하는 장면은 어떤 의미에선 어버지의 죽음보다도 더 햄릿을 괴롭혀온 햄릿의 고뇌의 핵심을 다루는 장면이다. 〈노래하듯이 햄릿〉에서는 이 순간의 햄릿의 분노를 우산을 이용해 표현한다. 햄릿 가면을 우산 끝에 꽂아서 그 우산을 접었다 폈다하며 햄릿의 분기탱천한 모습을 연출한다. 이런 햄릿의 모습은 그의 내면의 분노를 쉽게 시각화하기는 하지만 마치 목도리 도마뱀을 연상시키는 듯한 우스꽝스런 것이기도 하다. 거트루드를 다그치다 아버지의 유령을 본 순간 햄릿의 머리는 작은 우산으로 옮겨 타며 "잘못했어요. 오늘은 하려고 했는데. . . ."라고 말한다. 작은 우산 꼭지 끝의 햄릿 머리는 복수지연을 책망하는 아버지의 혼령 앞에서 초라하고 왜소해진 햄릿 내면의 희화적 표현에 다름 아니다. 이 극 내내 이루어지고 있는 햄릿에 대한 공감과 조롱의 반복은 물론 햄릿 유령을 위로함과 동시에 이승에 대한 미련을 버리고 편히 저승에 가도록 하려는 광대들의 무당적 역할 수행의 일환이다. 광대들은 햄릿의 고뇌도, 사랑도, 그리고 복수와 죽음마저도 결국엔 무의미한 몸부림일 뿐임을, 그 인생의 참을 수 없는 가벼움에 대해 노래하며, 그 무의미한 삶의 굴레를 벗어던지라고 요구하는 것이다.

이 극에서 광대들이 가장 동정적으로 그리고 있는 인물은 오필리아이다. 미친 오필리아는 조금 전 햄릿이 걸었던 그 다리를 걸으며 "나는 간다, 누가 나 좀 안아줘. . . . 햄릿, 너를 절대 잊지 않겠어. 그러나 너도 날 영원히 기억해줘"라고 노래한다. 여기서 광대들은 오필리아의 가면을 낚시줄에 메달아 허공에 날리다 이내 다리를 에워싸고 있는 물에 빠뜨리며 물가에 빠져 죽는 오필리아의 모습을 재현한다. 그러나 광대들은 오필리아를 다시 들어 올려 하늘 높이 동심원을 그리며 날게 한다. 이때 하늘을 나는 오필리아의 영상이 조명 빛을 받으며 흔들리는 물가에 비치면서, 슬프고도 아름다운 장면을 연출해 낸다. 마치 그것은 이승에 대한 미련을 버리지 못하고 산자들의 주변을 맴도는 다른 죽은 이들의 영혼과는 달리 오필리아의 영혼이 이승의 굴레에서 벗어나 자유롭게 별이 빛나는 밤하늘에 오르는 듯한 모습이다. 잠시 후 광대들은 오필리아를 바닥에 내려놓고 위로의 노래를 부르며 그녀의 가면을 상징적 관이라고 할 수 있는 작은 상자 속에 담고 거기에 꽃을 꽂으며 장례를 치러준다. 평론가 이진아는 이때의 오필리아의 모습에 대해 언급하며 "깃털보다 가볍고 봄눈보다 덧없이 스르르 죽음을 향해 미끄러져간 오필리아"(41)라고 시적인 비유를 동원하며 광대들이 연출해낸 오필리아의 죽음 장면의 아름다움을 말한다.

덴마크로 몰래 돌아온 햄릿은 상자를 열고 "마지막으로 한번만 더 보게 해줘"라고 외치며 오필리아를 꺼내어 품에 안는다. 그러나 광대들은 또 다시 냉소적인 태도로 "오필리아도 너 때문에 죽은 거야. 그 아버지도 죽었잖아"라고 말하며 햄릿의 죄의식을 자극한다. 이제 햄릿은 "이젠 내가 죽을 차례야. 이젠 내가 네 놈에게 가겠어. 내게 칼을 줘. 복수의 칼을 줘. 내게 용기를 줘."라고 외치며 복수를 다짐한다. 광대들은 햄릿의 머리를 수레 정면 중앙에 위치시켜 수레를 몸체로 한 햄릿 인형을 만든 다음, 수레의 양 측면에 매달려 있던 천을 햄릿의 팔인 양 흔들어댄다. 이것은 복수를 향해 돌진해 가는 햄릿의 단호하고 격렬한 몸짓을 표현한다.

그런데 다음 장면은 햄릿의 일기에 쓰여 있지 않다. 그래서 더 이상 조롱할 거리도 남아 있지 않다. 광대들은 자신들이 임의로 햄릿이 복수를 감행하는 최후의 장면과 햄릿의 죽음에 대한 세 가지 시나리오를 차례로 들려준다. 세 번째 가정은 원래의 〈햄릿〉 그대로이다. 광대들은 어떤 식이든 햄릿 입장에선 억울한 죽음이고 그래서 햄릿의 영혼이 이승에서 떠도는 것이라고 말한다.

광대들은 햄릿의 영혼을 위로해 주기 위한 노래를 들려주자고 제안한다. 광대들 중 하나가 햄릿의 머리를 들고 다리 위로 걸어가 관객 앞에 선다. "날 위해 울어 주세요. 영원히 당신을 잊지 않게. 나 떠나도 잊지 마세요"라고 햄릿의 마음을 대변하는 듯한 노래를 부른다. 이제 광대들은 오필리아를 그렇게 했듯이 햄릿의 머리를 상자에 넣고 꽃을 꽂으며 계속해서 "나 떠나도 잊지 말아요. 영원히 나를 기억해 주세요"라고 합창하며 햄릿의 영혼을 위로하고 그의 장례를 치러주며 그래서 그의 영혼이 이승과 작별하게 해주는 제의의 여정을 끝낸다. 음악은 경쾌한 리듬으로 바뀌며 광대들은 수레를 타고 무대를 떠난다.

〈노래하듯이 햄릿〉은 '햄릿의 일기'를 재현하는 형식을 통해 원작을 재구성하면서도 광대들이 그 일기에 적힌 사연, 사연 마다 조롱조의 촌평을 가함으로써 〈햄릿〉 그 자체라기보다는 '〈햄릿〉에 대한 〈햄릿〉'이자 이진아가 지적하듯 '햄릿에 대한 담론'(40)이다. 햄릿의 증오와 복수심, 자기 연민과 고뇌, 사랑과 미움에 대해 광대들이 부질없는 짓이라고, 무의미한 짓이라고, 집착하지 말라고 조롱하며 타박하는 동안, 관객들은 자연스럽게 햄릿에 대한 광대들의 논쟁에 참여하게 된다. 부친 살해와 어머니의 이른 재혼이라는 특정한 개인적 사건에서 비롯하고 있는 햄릿의 고뇌는 그러나 '존재와 비존재' '사랑과 미움' '세상에 대한 집착과 초월' 등과 같은 보편적 주제의 고뇌로 발전한다. 따라서 햄릿의 고뇌에 대한 담론은 보편적 인간 삶에 대한 담론에 다름 아니며 관객의 고뇌에 대한 담론에 다름 아니다. 광대들은 햄릿에게 세상에 대한 집착에서 벗어나 이제는 저승으로 가라는 제의를 행하는 것이지만 그것은 동시에 관객에게 햄릿과 같은 고뇌와 집착에서 벗어나 보다 자유로운 상태에서 극장 문을 나서라는 주문이기도 하다.

4

〈햄릿〉이 자주 공연되는 것은 비단 한국만의 현상은 아니다. 그러나 한국만큼은 아니다. 한국의 〈햄릿〉 사랑은 거의 집착에 가까운 듯 보인다. 왜 그토록 한국의 〈햄릿〉은 그 중에서도 한국적 〈햄릿〉은 유독 샤머니즘과의 결합에 집중하는가? 필자는 그것을 삶과 죽음의 경계선에 서있는 햄릿의 고뇌에서, 일본의 식민지배, 6.25동란, 군사 독재, IMF사태, 극단적인 사회 양극화 등 극단적 삶의 환경 속에 노출되어 왔던 한국인들이 정서적인 유대감을 느끼기 때문은 아닐까 생각해 본다. 1905년 장지연 선생이 "시일야방성대곡"에서 "生乎아 死乎아"라고 외친 것은 1915년 장덕수가 이 땅에 처음 소개한 "살가 죽을가 흐난 것이 문제로다"라는 햄릿의 고뇌와 다르지 않다. 벼랑 끝 고난 속에서 쌓여온 한국인들의 정서를 우리는 흔히 '한'이라고 부른다. 햄릿의 "to be or not to be"는 한국인의 '한'의 메타포가 되기에 적절한 말이다.

1990년대의 민주화와 세계화는 한국인들에게 한국의 과거를 되돌아보고 한국인들 자신을 더욱 객관적으로 투영해 볼 수 있는 더 많은 자유와 더 넓은 비전을 제공해 주었다. 그것은 역사적으로 남성들보다 더 불리하고 더 어려운 삶의 조건과 마주해 왔던, 그래서 일반적으로는 남성들보다는 더 많은 한을 가슴에 담아왔던 여성들에 대한 페미니즘적 관심으로 귀결되었다고 본다. 오필리아는 한국 역사에서 흔히 목격되어온 한 맺힌 여인상과 크게 다르지 않다. 그러한 오필리아의 영매화는 그녀의 극적 기능과 의미를 극의 주변부로부터 극의 핵심부로 이동시키며 그녀에게 관객들의 더 많은 관심과 애정이 집중되게 하였다.

2000년을 전후한 시기에, 한국 사회의 가장 갈급한 이슈중의 하나가 사회적 경제적 양극화와 이념적 갈등을 치유하는 '사회 통합'이다. 그런 만큼 사회적 관심의 초점도 여성의 문제로부터 보편적 인간의 문제로 움직였다. 이러한 사회적 기류의 변화를 반영하는 듯, 일련의 〈햄릿〉 공연들은 햄릿의 영혼을 위한 제의로 작품 전체를 재구성하며, "to be or not to be"로 압축되는 햄릿의, 그 벼락 끝 위기에 선 인간들의 보편적이고 존재론적 고뇌에 대한 엑소시즘을 행하려 하였다.

〈햄릿〉은 태생적으로 엑소시즘과 연이 있다. 〈햄릿〉은 셰익스피어의 외아들 햄닛(Hamnet)이 1596년에 사망한 다음 4∼5년 뒤에 발표된 작품이다. 그래서 마빈 헌트(Marvin W. Hunt) 같은 학자는 〈햄릿〉을 셰익스피어가 일찍 죽은 자신의 외아들에 대한 극도의 고통스런 경험을 씻어내기 위한 엑소시즘의 결과물로 보기도 한다(88). 한국인들의 〈햄릿〉에 대한 집착 아닌 집착은, 그 샤머니즘적 애정은 우리 한국인의 영혼을 위한 엑소시즘의 일환은 아닐까? 아무튼, 고뇌가 많은 한국인들의 〈햄릿〉 사랑은 계속될 듯싶다.

■ 2절 굿과 한국 셰익스피어 – 양정웅의 〈햄릿〉과 오태석의 〈템페스트〉를 중심으로[12]

1. 굿과 한국 셰익스피어

굿과 한국 전통극 양식은 불가분의 관계이다. 한국 전통극의 태생이 굿이고, 지금까지도 전통극 양식에는 굿의 흔적이 가득하고, 굿에도 또한 전통극적 요소가 잔뜩 섞여 있기 때문이다. 굿에서 출발한 한국의 전통극이 이후 서로 영향을 주고받은 까닭일 것이다.

앞에서도 언급했듯이, 다양한 방식으로 그리고 직간접적으로 굿을 작품 속에 도입한 셰익스피어 공연이 적지 않았다. 특히 〈햄릿〉 공연 중에 그러한 경우가 많았는데, 〈햄릿〉에서 굿이 활발하게 이용된 것은 〈햄릿〉이란 작품이 한국인의 한의 역사성과 정서를 담아내고 풀어내기에 적합한 내용과 구성을 갖고 있기 때문이라고 판단된다.

굿을 셰익스피어에 도입하는 것은 단순히 셰익스피어를 한국화하려는 작업 이상의 의미를 가질 수밖에 없다. 이것은 탈놀이나 꼭두각시놀음, 그리고 비교적 최근의 마당극에 이르기까지 한국의 전통극적 양식을 도입하는 것에서 한 걸음 더 나아가, 한국 전통의 문화적, 철학적, 그리고 종교적 코드를 생성하며, 나아가 보다 특정한 예술적, 연극적 양식미를 설정하기 때문이다.

---

[12] 본 장은 필자의 다음의 논문을 수정·보완한 것이다. 「굿과 한국 셰익스피어-양정웅의 〈햄릿〉과 오태석의 〈템페스트〉를 중심으로」, *Shakespeare Review* 49.2 (2013): 249-274.

굿과 셰익스피어를 접목시키는 데 있어서는 크게 두 가지 방식이 있을 수 있다. 하나는 굿 속에 셰익스피어를 가지고 들어오는 방식일 것이고, 다른 하나는 셰익스피어 속으로 굿을 들여오는 방식이다. 즉, 전자는 굿을 있는 그대로 작품 속에 도입해 들여와 무당이나 영매가 굿의 모습 그대로 유지하며 보다 분명하게 외형적으로 굿을 행하는 것이고, 후자는 은유적인 방식으로 굿의 제 요소들을 혼용시킬 뿐 구체적으로는 굿이 행해지지 않는 방식이다. 최근 굿을 활용하는 이러한 두 가지 기류의 극단을 보여주는 듯한 셰익스피어 공연이 있었다. 전자를 대표한다고 할 수 있는 양정웅의 〈햄릿〉과, 후자를 대표한다고 할 수 있는 오태석의 〈템페스트〉가 바로 그것이다.

양정웅의 〈햄릿〉은 지금껏 굿을 이용한 〈햄릿〉 공연들의 끝판처럼 보이는 작품이다. 무대 전체를 무속의 당집처럼 무신도(巫神圖)로 가득채운 이 공연은 작품 전체가 하나의 굿판이라고 할 만하다. '진오기굿'으로 시작한 공연은 '수망굿'을 지나 '산진오기굿'으로 끝나는데, 세 가지 굿이 모두 각각의 실제 굿 양식을 재현하며 행해진다. 양정웅의 〈햄릿〉은 굿의 효과, 굿의 양식미, 굿의 의미를 작품의 전면에 내세우며, 가히 '굿 안에 셰익스피어가 들어왔다'고 할 만한 작품이다.

반면, 오태석의 〈템페스트〉는 철저히 은유적 방식으로 굿을 활용한다. 굿을 연상시키는 많은 오브제들이 사용되고, 많은 굿의 코드들이 생성되지만, 특정 굿이 굿 본래의 모습 그대로 재현되는 일은 없다. 그러나 작품 전체에 산재해 있는 굿의 제 요소들이 유기적으로 극 구조 속에 스며들어 궁극적으로는 작품 전체를 하나의 굿판으로 만들고 있다.

양정웅의 〈햄릿〉과 오태석의 〈템페스트〉는 굿을 활용하는 방식은 다르나, 극 전체에 걸쳐 굿을 적극적으로 활용하고 있고, 또 굿의 의미와 기능을 극 속에서 실현하려한 공통점을 갖는다. 굿에 초점을 맞추어 이 두 작품을 비교 분석해 봄으로써, 셰익스피어를 한국적으로 풀어 공연하는 데 있어, 굿이 갖는 의미와 역할 그리고 그 연극적, 예술적 가능성에 대해 탐색해보고자 한다.

2. 굿 속으로 들어간 셰익스피어 - 양정웅의 〈햄릿〉

양정웅의 〈햄릿〉은 셰익스피어라는 경계와 상관없이 굿을 가장 적극적으로 활용한 작품이라고 할 만하다. 무대 세트와 소품, 의상과 음악 등 극의 모든 제 요소들이 굿과 밀접한 관련을 갖고 있을 뿐만 아니라, 실제의 진오기굿, 수망굿, 산진오기굿이 행해지면서, 작품 전체가 굿의 진행과정처럼 이루어져 있기 때문이다.

극장 안에 들어서면 관객은 무대 옆면과 후면을 가득 장식하고 있는 거대하고 다양한 형태의 무신도들을 목격하게 된다. 영락없는 당집의 분위기인 셈이다. 무대는 기본적으로 빈 무대이지만, 무대 주변 바닥은 흰 쌀들로 채워져 있고, 그 가운데에는 명석 무대가 설치되어 있다. 마치 거대한 흰 네모 속에 작은 네모가 들어가 있는 듯한 모습이다. 씻김굿에서 쌀은 "액을 막는 액막이의 의미와 귀신을   는 사(邪)의 의미"(최진아 252)를 갖으며, 농경사회에 기반을 둔 한국 문화 속에서 쌀은 "생명의 상징"(임일진 11)이기도 하다. 무대는 그렇게 쌀로 인해 안과 밖이 구분되어 있는 신성한 장소이자 삶과 죽음이 교차하는 어떤 곳인 것처럼 설정되어 있다. 김소연은 이 무대를 "마치 신장도 앞에 수북이 담긴 쌀그릇이 차려 있는 무굿의 제상을 보고 있는 것만 같다"고 묘사하였다(64).

무대 양옆엔 굿판에서 흔히 볼 수 있듯이 북, 장구, 꽹과리, 징 등의 전통 악기들이 놓여 있는 악사석이 마련되어 있다. 누가 봐도 당집에서의 굿판을 연상시키는 무대 위에 천둥소리가 울리면서 햄릿(전중용 분)이 등장한다. 극은 햄릿의 "죽느냐 사느냐 그것이 문제다" 독백으로부터 시작한다. 극의 초점을 오로지 삶과 죽음의 문제에만 맞추며 원작을 한판 굿으로 풀어보려는 연출의 의지가 엿보이는 대목이다. 그런데 햄릿은 흔히 츄리닝이라고 불리는 하얀 운동복 차림이다. 검은 색도 아닌 하얀 운동복은 원작의 상황에도 어울리지 않고, 굿에도 어울리지 않기는 마찬가지다. 대신 이 하얀 운동복의 햄릿은 그의 복장만큼이나 캐주얼하게 원작의 상황과 굿의 상황을, 굿의 상황과 현실의 상황을 자유롭게 넘나든다. 어색한 하얀 운동복은 오히려 위장된 광기처럼 햄릿에게 자유를 부여한다. 햄릿의 죽음에 대한 사색이 끝나면, 무녀들의 구음과 함께 클로디어스(정해균 분)와 거트루드(김은희 분)가 제사상을 들고 들어와 선왕의 49제를 올리기 시작한다. 어느새 이러한 상황의 관찰자가 되어버린 햄릿은 "약한 자여 그대의 이름은 여자라"라고 마치 눈앞의 상황에 대한 해설 같은 독백을 이어간다. 엄숙하기 짝이 없는 클로디어스와 거트루드의 선왕의 서거를 기리는 49제 의식은 관찰자 햄릿의 해설 덕분에 그 위선을 더욱 적나라하게 드러낸다.

클로디어스와 거트루드가 제를 올리고 퇴장하면 바로 무녀들의 진오기굿이 시작된다. 베를 가르며 망자의 혼이 극락에 오르도록 하는 굿 행위를 하던 세 명의 무녀들이 선왕의 혼령에 접신되어 선왕이 살해된 비밀을 햄릿에게 전하고 복수를 명령한다. 이때 세 무녀들은 갈라진 삼베 천으로 햄릿을 휘감으며, 복수의 운명의 올가미에 얽매인 햄릿의 상황을 상징적으로 보여준다. 햄릿은 진오기굿의 원래 의도대로 망자의 혼령이 무사히 저승세계에 오르도록 하려면 실타래처럼 얽힌 끈을 풀듯 망자의 한을 풀어주어야 한다.

극단 여행자의 〈햄릿〉 프로그램에서도 밝히고 있듯, 진오기굿이란 "죽은 이의 넋을 위로하고 극락천도를 기원하는 굿"이며, "무속신앙에서는 진오기굿을 받지 못한 망자는 저승세계로 갈 수 없다고 믿을 정도로 가장 중요한 제의로 친다"(8). 그러나 무속 신앙에서 진오기굿의 중요성은 여기에 그치지 않는다. 최길성이 지적하듯, 진오기굿을 전후해 망자의 신원에 근본적인 변화가 생긴다.

> 죽은 지 얼마 되지 않은 망령은 부정하기 때문에 집안으로 모실 수 없고 지노귀굿을 거친 후에 안굿의 조상거리에서 모셔질 수 있는 자격을 얻는다. 이는 부정한 상태의 망령(ghost)에서 신(god)으로 승격하는 구조를 반영하고 있는 것이다. 즉, 무속신앙에서는 신이 아닌 망령이나 잡신을 집안으로 들이지 않으려는 사고구조이다. 삽신들과 부정으로부터 집안을 보호하려는 의식이 강하다. 즉 외부에 대해 집안을 깨끗하고 신성한 곳으로 보고 그렇게 만들려는 노력이 반영되어 있다고 할 수 있다. (106)

즉 부정한 망령이 진오기굿을 통해 집안을 수호하는 조상신으로 승격되는 것이다. 이러한 무속신앙의 맥락에서라면, 얼마 전 죽은 선왕의 혼령은 아직은 부정한 망령으로서 집안에 들일 수 없는 상태이고, 따라서 진오기굿을 통해 조상신의 위치를 얻어야 한다. 그래야만 집안의 평화와 안녕이 보장받을 수 있다. 하지만, 햄릿 앞에서 행해진 진오기굿은 온전히 끝나지 못했고, 그런 만큼 진오기굿의 목적도 아직 성취되지 않았다. 굿을 통해 전해진 선왕 망령의 한이 어떤 방식으로든 풀어져야만 그 망령은 저승세계로 들어가 집안의 평안을 수호하는 조상신이 될 것이다. 그래서 햄릿은 복수를 수행하지 않을 수 없고, 그의 복수의 과정은 처음에 시작한 진오기굿의 연장선상에 있다. 접신한 무녀들에게서 복수의 명을 부여받은 햄릿이 분노와 혼란에 떨자 호레이쇼(이성환 분)는 햄릿을 진정시키려 "이건 굿입니다"[13]라고 말한다. "이건 굿"이라는 호레이쇼의 말은 햄릿의 주의만을 환기시키는 것이 아니라 이극을 바라보는 관객의 인식도 일깨운다. 지금 관객 눈앞에 펼쳐지고 있는 것은 〈햄릿〉이 아니라 〈햄릿 굿〉이라고.

실제 굿이 행해지는 선왕 혼령 접신 장면, 오필리아 장례 장면, 햄릿의 죽음 장면 외에, 굿판의 이미지가 가장 명료하게 전달되는 장면이 극중극 배우들이 등장하는 부분들이다. 햄릿의 요청으로 극중극 배우들이 '프라이암 왕 살해'의 한 대목을 연기하게 되는 장면을 양정웅은 굿판을 빼어 닮게 연출했다. 연기하는 극중극 배우들을 자신을 포함한 구경꾼들이 둘러쌓게 하였을 뿐만 아니라, 장면이 진행되는 내내 무대 양 옆의 악사들이 무악을 지속적으로 효과음으로 연주하도록 했기 때문이다. 극중극 배우들이 프라이암 왕의 죽음을 이야기 하며 열연할 때 폴로니어스가 "너무 길다"라고 한 마디 던지는 것도 원작에 있는 실재 폴로니어스의 대사임에도 폴로니어스 역을 맡은 김진곤은 영락없는 굿판의 구경꾼을 연상시킨다. 장면의 분위기가 점점 고조되어 마침내 헤큐바가 "맨발을 끌며, 피눈물을 흘리며, 난도질 당한 남편의 사지를 거둔다. 하늘이여 우리를 이렇게 버리는가. 아아, 불쌍한 트로이 백성들아. 이 날을 잊지 말아라. 이 날을 잊지 말아라"라고 절규하며 쓰러지자, 이에 맞춰 무악도 절정으로 치닫는다. 이때 폴로니어스가 "이러다 진짜 초상 치르겠구먼. 그만들 해"라고 말하며 극의 끝을 알린다. 역시 영락없는 굿판의 모습이다.

극중극 배우들의 시연이 끝난 후 원작 그대로 햄릿의 두 번째 독백이 이어진다. 극중극 배우들의 열연에 감동한 햄릿은 자신의 우유부단을 탓한

---

13   양정웅의 〈햄릿〉 대사 인용은 *Asian Shakespeare Intercultural Archive* (http://a-s-i-a-web.org)에서 제공한 공연 동영상(2010년 호주 에들레이드 던스턴 극장 공연)의 한글 자막에 의존한 것이다. 이후 극단 여행자 〈햄릿〉의 대사 인용은 별도의 인용표시 없이 하기로 한다.

후 연극을 통해 삼촌의 부친 살해에 대한 확증을 얻고자 결심한다. 그런데 양정웅의 햄릿은 원작의 햄릿과는 달리 악귀가 자신을 농락하는 것은 아닌지 하는 고민이 없다.

> 무당의 말이 사실이든 아니든 상관없어.
> 조금이라도 이상한 낌새가 보이면
> 내 갈 길은 정해지는 거야.
> 귀신아! 잡귀든 악귀든 고맙다, 내게 와줘서!
> 연극이다. 삼촌의 양심을 움켜쥐는 거야!

구천을 떠도는 부친의 망령은 어차피 진오기굿을 통해 정화되고 신의 위치로 승격되기 전에는 불완전하고 부정한 존재이기 때문이다. 따라서 그에겐 확신을 가져다 줄 또 다른 도구(연극) 내지 과정이 필요한 것이며, 그렇게 자신을 위한 복수이자 부친의 망령을 천도하기 위한 제의인 그의 '햄릿 굿'은 진행형이다.

극중극은 매우 연극적인 방식으로 이루어진다. 극중 왕과 극중 왕비는 무언극으로 연기하고 호레이쇼와 또 한 명의 배우가 목소리 배우로 등장하여 그들의 무언극에 소리를 입힌다. 얼굴에 흰 분칠을 한 극중 왕비는 의상도 철저한 흰색의 혼례복 차림이다. 디자인은 혼례복이나 색감은 상복을 연상시킨다. 역시 얼굴에 흰 분칠을 한 극중 왕은 갈색의 삼베옷과 망건을 걸쳤다. 딱 망자에게 입히는 수의 차림이다. 살아 있는 왕과 왕비의 모습이 아니라, 이미 죽은 자와 그를 추모하는 살아 있는 자의 만남이며, 그들이 과거의 일을 재현하는 격이다. 클로디어스와 거트루드의 과거 행적을 연상시켜 그들의 양심을 들춰내기 위한 연극을 만드는 것에 주안점을 두었다기보다는, 이 극중극 역시 전체 큰 굿을 형성하는 작은 굿거리의 하나처럼 설정된 셈이다. 원작의 극중극 장면에서 중요한 것은 극중극 자체보다 그것에 반응하는 클로디어스와 거트루드의 반응, 그리고 그것을 살피고자 하는 햄릿의 반응이라고 할 수 있는데, 여기선 모든 등장인물들이 그저 극중극 자체에만 집중할 뿐이다. 원작의 측면에서 본다면, 극중극에 대한 등장인물들의 반응이 관객들의 시선에 구체적으로 잡히지 않는 것은 무척 아쉬운 대목이다. 하지만 양정웅의 설계 속에서 이 극중극의 초점 역시 연극보다는 굿이라면, 이야기는 달라진다. 굿에서 중요한 것은 무당의 한마디 한마디에 대한 참여자들의 반응이 아니라 굿의 전체적인 효과일 것이기 때문이다.

극중극을 통해 양심을 찔린 클로디어스는 자기 자신이 무당이 되어서 제를 올린다. 온 몸을 흰 천으로 동여 메고 허리에는 선왕의 시신을 상징하는 듯한 인형을 업고 있다. 그의 형제 살인에 대한 업보를 상징할 것이다. 무대 양옆엔 촛불들이, 클로디어스 앞엔 촛불을 올린 작은 제사상이 놓인다. 클로디어스의 한 손엔 무당의 방울이, 다른 한 손엔 나뭇가지가 들려져 있다. 점점 고조되는 무악에 맞추어 클로디어스의 절규도 클라이맥스를 향해 치닫는다.

누가, 누가, 도대체 누가 날 용서할 거야?
덫에 걸린 내 영혼아!
몸부림칠수록 점점 더 나를 죄어드는구나.
비나이다, 비나이다, 비나이다!

거트루드를 찾아가던 햄릿은 제를 올리는 클로디어스를 발견하고 그의 뒤에 서며 복수할 수 있는 절호의 기회를 맞는다. 원작에서와 마찬가지로 햄릿은 클로디어스가 음탕한 짓을 하고 있을 때 살해함으로써 보다 진정한 복수를 하고자 이번 기회를 외면한다. 햄릿의 이러한 선택은 늘 논란의 대상이 된다. 자기변명인가 아니면 더 지독한 복수를 위한 것인가. 그런데 양정웅의 〈햄릿〉에선 자기변명일 가능성은 거의 없어 보인다. 언급했듯이 그가 행하고 있는 '햄릿 굿'의 목적은 단순히 물리적 세계의 차원에만 머무는 것이 아니라 '영'의 문제와 맞닿아 있기 때문이다. 그래서 이 극에선 햄릿이 "이 놈은 지금 지 영혼을 풀며, 지 죄를 씻고 있잖아. 지금 죽이는 것은 복수가 아니다"라고 말하는 것이 오히려 자연스럽게 느껴진다.

햄릿이 거트루드를 찾아갔을 때 그녀는 세수 대야에 정안수를 떠 놓고 제를 올리고 있다. 역시 그녀의 행위가 계속되는 동안 무악이 동반된다. 징소리가 극의 긴장감을 고조시킨다. 햄릿은 거트두르에게 그녀가 양심을 볼 수 있게 거울을 보라며 그 물 속을 드려다 보게 한다. 오기굿에서 천의 가운데를 가르며 나아가는 것이 생전의 모든 업보를 정화하고 극락에 이르는 행위에 대한 상징적 의식인 것처럼, 굿의 모든 행위들은 상징의 체계 속에서 운영된다. 햄릿으로 인해 양심의 가책을 받은 거트루드는 계속 대야 속의 물로 자신의 얼굴을 씻는다. 일종의 상징적 정화의식이다.

이처럼 양정웅의 〈햄릿〉은 각 장면이 별개의 작은 굿이다. 이 극은 '진오기굿' '수망굿' '산진오기굿'의 세 가지 굿만으로 이루어져 있는 것이 아니다. 작품 전체가 굿이다. 하나의 큰 굿 속에 여러 개의 작은 굿거리가 존재하는 전통 굿의 양태와 다르지 않다. 햄릿이 영국으로 끌려간 뒤 이루어지는 소위 '오필리아 광기' 장면도 마찬가지다. 광기에 빠진 오필리아(김지령 분)는 흰 가운을 입고 손에는 굿을 할 때 사용하는 무당들의 원색 띠들을 감고 있어, 한눈에 무녀의 모습을 연상시킨다. 사내에게 희롱당하는 처녀의 이야기를 노래할 때 오필리아는 객석과 무대 사이의 쌀 위에서 뒹굴며 몸짓한다. 앞서 언급했듯이 쌀은 생명에 대한 상징이자 귀신을 쫓고 액을 막는 비력의 상징이다. 그 쌀의 웅덩이 안에서 뒹구는 무복 차림의 오필리아의 몸짓은, 햄릿에 의한 부친의 죽음이라는 끔찍한 고통으로부터 구원되기를 갈망하는 무(巫) 의식의 일환일 것이다. 이어진 장면에서 역시 부친의 죽음에 격분하여 반란을 일으킨 레어티즈가 클로디어스에게 겨눈 칼은 굿에서 사용하되는 무당의 칼이며, 오필리아가 주변 사람들한테 나누어주는 꽃들도 무당들이 굿에서 사용하는 원색의 띠를 자른 것들이다. 꽃을 다 나누어 준 뒤 퇴장하기 전 오필리아는 "하늘이여, 그분에게 자비를, 여기 있는 이사람들에게도−관객을 지칭하며−자비를!"하고 무릎을 꿇고 절규하며 두 손 모아 기원한다. 죽은 부친을 비롯한 가엾은 영혼들에 대한 오필리아의 의식은 이렇게 끝을 맺는다.

양정웅의 〈햄릿〉에 등장하는 두 번째 큰 굿은 익사한 오필리아의 장례를 위한 수망굿이다. 〈햄릿〉 프로그램에서 밝히고 있듯이, "물에 빠져 죽은 사람의 넋을 건져 위로하고 저승에 보내는 굿을 수망굿이라고 한다"(8). 흰 소복을 입은 네 명의 무녀들이 놋대야가 올려 진 제상을 들고 등장해선, 대야의 물에 흰 천으로 감긴 인형을 씻어 건져낸다−그 인형은 무속에서 사용하는 제웅이다. 즉 오필리아의 분신인 셈이다−그러자 오필리아의 혼령이 살아난 듯 접신된 무녀가 구슬프게 통곡한다. "차가운 물속에 들어갔는데 춥고 어둡고 / 나 좀 말려주지 오빠 어디 갔다 이제 왔소." 그러더니 이내 "오빠 나는 간다. 나 좋은 데 간다"며 레어티즈에게 이별을 고한다. 굿의 리듬을 타며 구슬프게 흐느끼는 접신된 무녀의 절규는 관객의 폐부를 저미기에 충분하다. 다른 무녀가 종이 연꽃을 대야 속에서 태우고, 레어티즈는 마치 거기에서 피워 오르는 연기가 오필리아의 영혼인양 두 손으로 어루만지려 한다.

동해안 지역에서 바다에 빠져 죽은 이를 위해 행해지는 굿인 수망굿은, 김인호와 정진홍이 언급하듯 무당이 굿상을 등지고 구경꾼을 향한 자세로 굿을 진행할 정도로 신성성보다는 연희성이 강조된다(85). 빈번한 익사사고를 삶의 일부처럼 안고가야 하는 물 깊은 동해안 어촌 마을에서 한 맺힌 유가족들의 심정을 대변하고 또 어루만지려는 의도일 것이다. 양정웅의 〈햄릿〉에서도 수망굿은 단순한 굿의 차원을 넘어 손색없는 연극적 장면으로서 원작의 오필리아 장례 장면의 페이소스를 효과적으로 육화해낸다.

양정웅의 〈햄릿〉에선 햄릿과 레어티즈의 검술시합 장면 역시 하나의 굿 거리로서 설정되었다. 수망굿 때와는 정반대로 원색적인 색동 무복을 입고 등장한 네 명의 무녀들은 흥겨운 노래와 몸짓으로 검술시합을 하나의 굿판이요, 잔치처럼 보이게 만든다. 햄릿과 레어티즈가 관객 앞에 차려진 제사상 앞에서 제례를 올리며 화해의 말을 주고받고 시합에 임할 준비를 한다. 이들의 검술 시합은 칼 대신 부채로 진행된다. 시합 내내 무녀들과 시합에 관여하지 않는 등장인물들이 무대 양 옆에 마련된 악사 석에서 비트가 강한 무악을 연주한다.

거트루드, 레어티즈, 그리고 클로디어스가 차례로 죽은 뒤, 자신마저 죽음을 목전에 두고 있던 햄릿이 "나 침묵 속에서 쉬고 싶다"라고 말하는 순간, 다시 무녀들이 등장해 햄릿에게 고깔을 씌우고, 이 공연의 마지막 굿인 산진오기굿을 시작한다(사진 13). 산진오기굿이란 아직은 살아 있는 사람을 대상으로 행하는 오구굿을 의미한다. 죽은 자들이 모두 일어나 양쪽으로 도열해 흰 천을 붙들고, 모형 돛배를 든 무녀가 마치 햄릿의 영혼을 배에 싣고 황천을 가르듯 그 천의 한가운데를 지나며 천 가르기 의식을 펼친다. 이후 무녀들의 바라춤과 살풀이춤이 이어지며, 죽어가는 햄릿을 앞에 두고 죽은 자와 죽을 자, 그리고 살아남은 자가 한데 어울려 해원의 춤을 춘다.

극단 여행자는 〈햄릿〉 프로그램에서 산진오기굿으로 마무리되고 있는 이 작품의 마지막 장면에 대해, "배신과 음모, 광기로 가득 찬 세상에서 맺

사진 13 〈햄릿〉(2010). 양정웅 연출. 극단 여행자. 죽음을 맞이하는 햄릿(전중용 분)을 위한 산
진오기굿이 행해지고 있다.

힌 한과 응어리를 내려놓고 침묵 속에서 쉬고자 하는 햄릿이 죽기 직전 그를 위로하는 산진오기굿이 행해지면서 극은 막을 내린다"(8)고 설명한다. 무대 위에서 펼쳐지고 있는 산진오기굿은 단순히 죽어가는 햄릿을 위로하는 차원을 넘어 서로 죽고 죽이며 원과 한을 나누어 가지고 복잡하게 얽혀버린 모든 등장인물을 함께 위로하고 함께 원과 한을 풀도록 유도하고 있다. 그렇게 함으로써 햄릿에게 진정한 위안과 휴식을 주려고 한다.

앞에서 살펴봤듯이, 양정웅의 〈햄릿〉은 무녀들이 주도하는 '진오기굿' '수망굿' '산진오기굿' 등 세 가지 굿만을 연극에 끌고 들어온 것에 그치는 것이 아니라 극 전체를 하나의 굿판으로 만든 것이다. 굿을 은유적 문법 혹은 연극적 문법 속에 가두어 두기보다는 오히려 굿의 양식을 고스란히 원작에 대입시키고, 그 틀 안에서 원작 〈햄릿〉을 녹여낸 셈이다. 즉 〈햄릿〉의 틀 안에서 굿을 녹여냈다기보다는, 굿의 틀 안에서 〈햄릿〉을 주물해낸 것이라 할 만하다. 양정웅의 이러한 시도는 분명 양날의 칼이다. 굿이 강조되다 보니, 등장인물들의 미묘한 내면세계에 대한 표현과 묘사가 소홀해졌으며, 극 구성의 구축 역시 논리적이고 치밀하게 짜이기보다는 삽화적이며, 무엇보다 인간 삶을 통찰하는 다행한 철학적 스펙트럼이 협소해졌다. 하지만, 삶과 죽음의 문제를 다루는 굿이란 틀을 전면에 내세우면서 원작 〈햄릿〉의 초점을 삶과 죽음의 문제에 집중시키는 효과를 얻었으며, 무엇보다 한국의 굿을 통해, 원과 한이 맺힌 처절한 이승의 현실에 위무의 의식을 실행하는 한국적 제의의 연극을 성취해냈다.[14]

---

14 양정웅의 〈햄릿〉은 2009년 명동예술극장 초연보다 2010년 호주 에들레이드 던스턴 극장에서의 공연이 한층더 완성도 높은 모습을 보여주는데, 굿과 〈햄릿〉의 결합에 대한 호주 평단과 관객의 반응은 모두 매우 긍정적이다. 그 중 『더 오스트렐리안』(*The Australian*) 지의 머레이 브럼웰(Murray Bramwell)은 "이 공연은 서구 연극이 대개 혼돈과 참사로 끝맺는 비극에 의례를 제공한다. 이 능란하게 각색된 신당 버전 공연에서, 극단 여행자는 햄릿에게 있어 연극은 여전히 유효한 것임을 우리에게 일깨워준다"(It brings a ceremony to the tragedy that

3. 셰익스피어 속으로 들어간 굿 - 오태석의 〈템페스트〉

오태석은 굿을 극화하는 데 익숙한 연출가이다. 서연호는 굿 양식을 현대화시켜 재창조한 연극을 "굿극"(『한국』 221)이라고 칭하면서 이러한 굿극을 창조하려는 움직임이 1970년대부터 한국연극계에 꾸준히 이어오고 있음을 지적한다. 그리고 동시에 굿극을 이끈 대표적 연출가들로 김정옥, 이윤택과 더불어 오태석을 지목한다(224-5). 이철우 역시 오태석의 〈초분〉, 〈여자가〉 〈백마강 달밤에〉를 분석하며 "오태석은 그의 작품을 통해서 굿을 과감하게 무대로 끌어들이고 굿의 분위기나 형식으로 연극의 지평을 넓혔다는 점에서 그 의의가 있다고 하겠다"(190)라고 언급하며 오태석 연극의 의의를 굿과 연결짓는다. 굿과 극의 융합이라는 오태석의 시도는 셰익스피어를 만나서도 멈추지 않는다. 심지어 가장 성공적인 결실을 맺고 있는 듯이 보인다.

오태석이 굿을 다루는 방식은 〈템페스트〉 1막 1장에서부터 분명하다. 천둥번개와 함께 포그가 무대 위로 쏟아지면 무대 오른쪽 한편에서 가락국 질지왕(프로스페로/송영광 분)이 커다란 북을 치며 직접 폭풍우를 일으키고 모든 상황을 스스로 조종한다. 그는 무속에서 사용하는 제웅 가면을 머리 뒤에 두르고 있어, 무당 그대로의 모습은 아니나 은유적 차원에서 무당을 충분히 연상시킨다고 할 수 있다. 그의 북소리에 맞춰 신라 자비왕(알론조왕/정진각 분)의 무리들이 폭풍우를 만나 난파당하는 것을 암시하는 춤동작을 하는데 긴 소매 자락을 위아래로 펄럭이며 껑충껑충 뛰고 뒹구는 모습이 무당들이 접신에 이르며 격렬하게 추는 춤 동작을 연상시킬 뿐만 아니

Western theatre usually registers only as chaos and mayhem. In this deftly adapted chamber version, the Yohangza company reminds us that with Hamlet the play is still the thing)라고 평하였다. 햄릿이 클로디어스의 혐의를 확인하는 데 연극을 활용하겠다고 했을 때 사용한 'the play is the thing'이란 표현을 인용한 것인데, 굿이라는 한국의 제의적 행위가 가져온 연극적 가치를 인정한 것이라고 할 수 있겠다.

라, 펄럭이는 희고 긴 소맷자락은 마치 등장인물들을 집어삼키려는 파도처럼 보이기도 한다. 무의 효과와 극의 효과가 절묘한 조화를 이루고 있다. 북소리가 절정을 지나 점점 잦아들고, 더불어 자비왕 무리들은 춤 동작을 멈추고 바닥에 쓰러져 난파당해 기절한 사람들의 모습을 연출한다. 샤먼의 장단에 맞춰 이뤄진 한편의 굿판인 셈이지만, 표면적으론 굿은 없고 드라마만 있다.

자비왕 무리들이 기절했다 깨어나자마자 이번에는 불의 장면이 마련되어 있다. 질지왕의 명을 받은 제웅(에어리얼/이수미 분)이 "불이야"(6)[15]를 외치고, 자비왕 무리들은 붉은 부채를 들고 이리 뛰고 저리 뛰면서 불이 난 장면을 연출한다(사진 14). 이때 질지왕의 북소리는 더욱 격렬하고 뚜렷하게 무악의 리듬을 만들어 내며, 붉은 부채를 위아래로 흔들며 겅중겅중 뛰는 자비왕 무리들의 모습도 더욱 무당들의 모습을 닮아있다. 이제 그들이 하나둘 쓰러지기 시작하면 저승사자 가면을 쓴 허재비들이 등장하고, 제웅이 한 켠에서 징을 두들기며 "허기야 허어허 . . . 온다는 임은 아니오고 동남풍이 날 속이네" 하고 마치 허망하게 구조되길 바랐던 자비왕 무리들의 마음을 대변하는 듯한 진도 들노래를 부른다. 이 노래는 허재비들, 그리고 다시 깨어난 자비왕 무리들에 의해 합창되면서 끝난다.

이 첫 장면은 굿에 사용되는 무악과 부채와 의상, 제웅이나 허재비 가면들과 같은 무구들, 그리고 무엇보다 무무가 동원되며 굿판의 이미지와 분위기를 한껏 살려내면서도 마법에 의해 풍랑을 만나고 불의 환상을 만나 고난을 겪는 극의 스토리를 매우 효율적으로 연출해낸다. 굿의 기호들로 극을 만들어 내는 격이라고 하겠다.

---

15 오태석의 〈템페스트〉 인용은 목화 레퍼터리 컴퍼니가 제작해 판매한 한·영문 병기 공연대본에 의한다. 오태석. *The Tempest*(『태풍』). 공연대본. 2011.

사진 14 〈템페스트〉(2011). 오태석 연출. 극단 목화. 부채를 활용한 화재 장면. 사진 상단 왼편에 북을 두드리며 상황을 연출해 내고 있는 질지왕(프로스페로 송영광 분)의 모습이 어렴풋이 보인다.

　이렇게 시작한 오태석의 〈템페스트〉는 시종 굿의 기호들로 넘쳐난다. 질지왕의 딸인 아지(미란다/정연주 분)가 자비왕의 세자(퍼디난드/김성언 분)를 발견할 때, 집 마당엔 오리와 원숭이가 줄넘기를 하며 놀고 있다. 이어 쌍두아(캘리반/조은아, 이승현 분)가 등장하여 아지를 희롱하자 질지왕이 그를 야단치며 쫓아내고 아지에겐 출생의 비밀에 대해 설명할 때, 소, 양, 원숭이가 등장하여 마치 장면의 배경인 양 뒤에서 질지왕의 말에 귀 기울인다. 이러한 동물들의 등장은 한편 엉뚱한 설정처럼 보이기도 하는데, 그 외에도 쥐, 개, 돼지, 뱀, 호랑이 등이 다른 장면에 등장하여 특별한 역할 없이 배경 노릇을 하고 있다.

조그만 섬의 지역 및 지형적 특성에 어울리지 않는 이러한 동물들의 나열적 설정은 무엇을 의미한 것일까? 한눈에 보기에도 이들은 무속의 십이지신의 분신들이다. 비록 토끼, 용, 닭은 나오지 않지만—아마도 배우 수를 고려한 때문이지 않을까 추측한다—십이지신을 떠올리기에 충분하다. 한국의 전통문화 속에 깊이 뿌리 내리고 있는 십이지신 사상은 도교, 불교와 더불어 무엇보다 무속 문화와 깊숙이 결부되어 있다. 십이지신을 이루는 띠 동물들은 이승과 저승을 이어주는 영매 동물이자, 귀신을 쫓고 액을 막아주는 신앙의 대상이며, 그들의 희생으로 세상을 풍요롭게 하고 나아가 제의에 바쳐지는 희생 제물이기도 하다. 또한 인간과 인간사의 특성과 성향을 각기 상징하여 점을 보는 수단이 되기도 한다(국가문화유산종합정보서비스). 질지왕의 마법의 섬에 있는 이 십이지신 띠 동물들은 전통적으로 한국인의 생활 주변에 머물면서 한국인의 정신세계에 자리해온 자연섭리의 제요소들인 것이다. 한편 십이지신 띠 동물들 외에, 오리들도 등장하고 있는데, 오리는 마을의 수호신 격인 솟대에 앉히는 상서로운 새로서 무속에서 역시 중요하게 여겨지는 동물이다. 솟대라는 말 자체가 삼한시대에 신을 모시던 장소인 소도에서 유래한 것이라고 한다(두산백과). 오태석의 연극에 등장하는 귀엽기 짝이 없는 노란 오리들이 한국 전통 사회의 무속 신앙에선 솟대에 올라 앉아 마을을 지키고 인간과 신을 연결해 주던 신성한 존재인 것이다. 원작에서 프로스페로의 마법의 섬은 그의 마법이 빚어내는 온갖 신비로운 존재와 소리로 가득한 반면, 오태석의 〈템페스트〉에서 질지왕의 마법의 섬은 무속에서 가져온 자연의 섭리의 상징물들로 가득하다.

오태석의 〈템페스트〉에도 실재 굿이 두 군데 등장한다. 하지만 여기서 나오는 굿의 양상은 양정웅의 〈햄릿〉에 나오는 실재 굿의 그것과는 매우 다르다. 원작 2막 1장에서 에어리얼이 알론조 왕 일행에게 들려주는 음악소리는 여기선 제웅이 선도하는 마을 사람들의 삼신제 노래로 대체되며, 삼신제왕 굿이 실제로 행해진다. 그리고 자식을 얻기 위한 굿인 삼신제왕 굿(김태곤 351)은 알론조 왕 일행이 물에 빠져 익사한 줄 알고 있는 세자를 다시 소생시키는 의식으로 활용된다.

> **제웅** 태풍으로 망자가 생겼으니 가보라고—
> 섬주인에 분부받고 왔사옵니다.
> **지도로** 망자라니?
> **겸지** 망자라면 세자—
> **제웅** 이봐요.
> 죽은 세자 건져드리려 왔어요. (25-6)

이 삼신제왕굿에서는 무악도 연주되고, 제상도 마련되며, "삼신제왕님네 / 아들을 섬겨주던 천수관담 . . ."(26)하며 삼신제 노래도 합창된다. 하지만 이내 이들의 삼신제는 진정한 굿의 모습이라기보다는 굿을 흉내 내는 놀이처럼 진행되다가 소무와 취발이가 등장하는 양주별산대놀이의 해산 장면으로 일순간 전환된다. 지혜로운 노신 지도로(곤잘로/정일협 분)는 "세자 살아 있어요"(27)하는 제웅의 말에 힘입어 소무의 치마 속에서 나온 베개를 세자가 살아 있다는 암시라고 말한다.

> **지도로** 암시지요. 살아 있다는. (28)

양정웅의 굿에 대한 태도는 실재 굿의 제의적, 종교적 역할을 무대 위에서 재현하려는 것에 가깝다. 반면 오태석의 굿은 굿의 연극적이고 놀이적인 측면을 강조한다. 삼신제왕굿의 실질적인 제의적 기능을 의도했다기보다는 세자가 살아 있고, 그래서 이후 재회하게 될 것임을 암시해주는 극적 도구로 활용된다. 자비왕 일행은 세자가 살아 있다는 사실을 모르지만 실제로는 살아있다. 굿이 자비왕과 세자의 재회에 기여하는 바는 없다. 그러나 마치 굿의 결과인양, 이후 자비왕과 세자의 재회가 이루어진다. 세자의 생존을 관객들도 이전부터 알고 있었기에 삼신제왕 굿에 대한 주술적 효과에 대한 기대는 애초에 존재하지 않는다. 부자지간의 재회는 이미 예비되어 있고, 굿은 그 과정에 흥을 불어넣는 놀이마당이 되어줄 뿐이다.

오태석의 〈템페스트〉에서 실제 굿은 한 장면 더 등장한다. 원작 3막 3장에서, 가지각색의 괴물들이 등장하여 연회를 베풀어주다가 이내 천둥 번개와 함께 괴조 하피로 변신한 에어리얼이 나타나 음식들의 환영을 사라지게 하면서 알론조 왕 무리들의 죄과를 일깨우는 장면에서다. 여기서 에어리얼은 프로스페로와 그의 딸 미란다를 죽음으로 내몰았던 알론조왕과 프로스페로의 동생 안토니오의 악행을 힐난하면서, 그들의 난파와 퍼디난드 왕자의 죽음도 그 죄과에 대한 형벌임을 고한다(3.3.68-82). 이 과정에서 자신의 죄악을 크게 뉘우친 알론조 왕은 아들과 함께 바다 속 개흙에 묻히겠노라며 자책한다(3.3.100-102). 여기서 프로스페로가 연출해낸 환상은 죄인들이 자신들의 죄를 깨닫고 새롭게 갱생하게 되는 일련의 과정을 보여줌으로써 완벽한 제의의 역할을 해낸다. 원작에서 이 장면은 난파로부터의 재생과 고난을 통한 회개와 화해의 과정을 보여주는 『템페스트』라는 작품 전체에 대한 메타적 반영체라고 할 수 있다. 그리고 이 장면의 역할과 의미를 꿰뚫은 오태석은 그것을 그대로 자신의 〈템페스트〉에 대입해 굿으로 풀어낸다.

허재비들이 등장해 자비왕 일행 앞에 잔치 상을 차린다. 이 잔치 상 위에는 돼지머리 3개가 놓여 있다. 허기진 배를 채우려 가운데 돼지머리를 잡아당기자 허망하게도 그 속이 비었다. 오른쪽의 다른 돼지머리를 집어 올리자 이번엔 그 속에서 죽은 듯 보이는 세자가 나타나 모두를 경악시킨다. 나머지 왼쪽의 돼지머리는 제웅이다. 무복 차림의 제웅이 돼지머리 가면을 뒤로 걸친 채 앞으로 나와 삼지창과 방울을 흔들며 마치 질지왕의 혼령에 접신 된 듯한 표정과 목소리로 소리친다.

> 12년 전 너희가 세 살백이 내 딸을 죽였어.
> 그 보답으로 너희자식도 죽였다.
> 지금부터 너희자식이 팔열지옥.
> 지옥 여덟 개를 차례차례 겪는 과정을
> 지켜보게 될 것이다. (60)

그리고 이때 몸이 조각조각 나뉘어져 있는 호랑이 탈이 나타나 세자를 집어삼키는 광경이 연출되자 제웅은 '호구지옥'을 외치며 참회하라고 질타한다.

> 이게 뭐야. 호랭이 뱃속으로 기어간다. 호구지옥.
> 보고나서 뉘우치거라. 참회해라. 참회. (60)

반역을 함께 도모했던 겸지(하정호 분)와 소지(조복래 분)가 아무리 칼을 휘둘러도 소용이 없는 가운데, 다음엔 열탕지옥이 연출된다. 원숭이들이 세자의 몸통을 꽁꽁 묶어 열탕 속에 집어넣고 세자는 "아버지"를 외친다. 제웅이 다음으로 "흑승지옥"을 보여주려던 차에 자비왕은 더 이상 견디지 못하고 "죄는 내가 지었는데 세자를 새우탕 속으로 집어넣는 건 부당하지 않어"라고 말하며 세자와 자신의 처지를 바꾸겠노라고 말하며 처절하게 자책한다. 지도로는 "생지옥이 따로 없네요. / 지난날에 죄과가 들짐승이 되어서 저 사람들 머릿속을 물어뜯고 있어요"라고 이 인과응보의 과정을 묘사한다.

돼지머리 잔치 상으로 시작해 무복을 입은 제웅이 주도한 이 모든 과정은 시종 무악의 요란한 타악 반주와 더불어 진행된 틀림없는 한판 굿이다. 그리고 이때의 굿판도 자비왕 무리를 혼내주기 위한 놀이판이지 종교적 굿판은 아니다.

오태석의 셰익스피어는 늘 한국적으로 많이 각색되지만, 놀라울 정도로 원작 지향적이다. 오태석 특유의 한국적 미학과 철학을 대입하면서도, 셰익스피어 원작의 내용과 극 구성에 충실히 기반하며, 무엇보다 원작의 핵심적인 또는 잠재된 가치와 특징들이 오히려 그의 한국화 과정 속에서 더욱 뚜렷이 부각되곤 하기 때문이다. 오태석 셰익스피어의 이러한 특성은 이전의 〈로미오와 줄리엣〉, 〈맥베스〉에서 이어, 그의 세 번째 셰익스피어 작품인 『템페스트』에서 한층 더 확고해지고 있다.

셰익스피어의 『템페스트』는 놀이화가 용이하고 무엇보다 제의의 무대화가 필요한 작품이다. 처음부터 용서를 전제하고 있기에 다른 작품에서 보이는 긴밀한 갈등 구조가 없다. 그 갈등구조를 스펙터클한 환상과 놀이적 마법, 그리고 제의적 구성이 대체한다. 프로스페로가 태풍을 일으켜 난파를 부르는 스펙터클한 첫 장면은 셰익스피어 특유의 강렬한 도입 장면으로 관객의 시선을 사로잡기에 손색이 없다. 알론조 왕 일행을 혼비백산케 하고, 특히 캘리반과 두 광대 트링큐로와 스테파노를 골려주는 갖가지 놀이적 장치들은 이 극에 희극적 재미를 선사한다. 또한 환영들이 연출해 내는 만찬 장면이나, 퍼디난드와 미란다의 결혼 축하연 등은 흥미로운 볼거리임에 틀림없다. 그리고 무엇보다 가장 중요한 것은 원수의 무리들을 바다 물속에 빠트렸다가 건져내 고난의 과정을 겪게 한 다음 회개와 더불어 용서와 화해의 과정을 보여주는 이 극의 전체적인 침례적 제의의 극 구성이 일반적인 갈등적 구성을 대신해 이 극의 틀을 견실하게 유지해 준다는 점이다.

그런 만큼 놀이적, 제의적 요소가 가득 배태되어 있는 셰익스피어의『템페스트』를 한국적 작품으로 재탄생시키면서 오태석이 〈템페스트〉를 놀이적 굿판으로 만든 것은 전략적으로도 매우 적절한 선택이라고 할 것이다. 그런데 이런 오태석의 선택과 전략 중에서도 가장 두드러진 부분은 프로스페로를 마법사의 차원을 넘어 샤먼적 존재로 해석한 부분이라고 하겠다. 원작의 프로스페로는 마법사이지만, 단순한 마법사는 결코 아니다. 밀라노의 공작이었던 그는 비학(secret studies)에 완전히 빠져들어 정사를 소홀히 하다가 그의 아우 안토니오와 이웃 나폴리의 왕 알론조에게 내쫓겨 바다를 표류하다 현재의 이 섬에 도착했던 것인데, 이런 고난 이후 갑자기 그의 도력이 강해져 마녀 시코락스 자신도 풀 수 없었던 저주를 풀고 소나무에 끼워진 에어리얼을 구출해냈을 뿐만 아니라, 이제는 폭풍우까지 일으킬 정도로 강력한 도술을 부리게 되었으며, 무엇보다 그러한 초자연적 힘으로 원수의 무리들에게 가상의 죽음과 갱생이라는 제의적 체험을 제공한다.

덴젤 스미스(Denzell S. Smith)는 프로스페로가 비학에 넋이 나갈 만큼 몰입된 상태를 묘사한 "transported" "rapt"(1.2.76-7)라는 표현을 들어 이러한 프로스페로의 상태가 샤먼들이 입문 과정에서 겪게 되는 "신명"(call)의 순간과 유사하며, 또한 프로스페로가 "세속적인 목적들"(worldly ends)을 무시하며, "은둔과 수양"(closeness and the bettering of mind)(1.2.89-90)에 몰두하는 것 역시 샤먼들의 태도와 다르지 않다고 주장한다(2). 이어, 샤먼들의 진정한 능력은 단순한 학습에 의해서만 습득되는 것이 아니라, "죽음과 재생의 패턴"으로 이루어지는 "통과의례적 체험"(initiatory experience)을 통해 얻어지는 것인데, 프로스페로가 표류 후 섬에 도착하기까지의 여정이 바로 "죽음과 재생의 형식"을 갖추고 있으며, 그러한 통과의례적 체험 후 프로스페로가 엄청난 능력을 갖게 되었다는 것이다(3). 또한, 샤먼은 통과의례적 체험의 결과 세 가지 종류의 능력을 얻게 되는데, 첫째는 자연을 통제할 수 있는 "비술적 힘"(occult power), 둘째는 정령이나 혼령에 대한 통제력, 셋째는 사람의 마음을 읽을 수 있는 직관력으로서, 『템페스트』의 주요한 부분들은 프로스페로가 바로 이러한 세 가지 종류의 샤먼적 마법으로 행하는 일들을 보여준다는 것이다(4).

덴젤 스미스가 주장하듯, 프로스페로와 샤먼 사이에는 많은 유사성이 존재한다. 그리고 오태석의 질지왕은 프로스페로에게 내재된 이러한 샤먼적 특성을 극대화한 셈이다. 오태석의 프로스페로인 질지왕은 마법사이자 무당이다. 앞에서 살펴보았듯이, 뒷머리에 제웅의 가면을 걸친 채 부채를 흔들거나 북을 치고 또 긴 소매 자락을 펄럭이며 경중경중 뛰기도 하는 질지왕은 외관상으로도 무당의 모습을 연상시킬 뿐만 아니라, 실제 그의 역할도 〈템페스트〉라는 놀이 굿판을 주제하는 것이다. 아무리 놀이 굿판이라지만, 굿은 굿이다. 굿의 목적은 맺힌 것은 풀고 슬픔은 위무하며 문제는 해결하는 데 있다. 난파에 이어 삼신제 굿거리와 돼지머리 잔칫상 굿거리 등을 통해 회개와 자책을 이끌어낸 질지왕은 모두를 용서해 주며 화해와 축복 속에 자신의 딸 아지와 세자를 부부로 맺어주며 굿을 마무리 한다. 질지왕은 굿을 끝낸 후엔 자신이 부리던 제웅을 비롯한 모든 존재들에게 자유를 주는데, 특히 캘리반에게 용서만을 주던 원작과 달리 샴쌍둥이처럼 아랫머리 윗머리 두 인물이 붙어 있던 쌍두아를 각기 분리해주며 그에게마저 자유의 기쁨을 만끽하게 해준다. 이어 질지왕은 무대 위에 늘어선 허재비들에게도 자유를 주면서 "그 종이탈 불에 태우고 가거라. 자유"(97)라고 말한다. 비록 무대 위에서는 허재비들이 종이탈을 무대 위에 벗어 놓고 나갈 뿐

실제로 불에 태우는 장면은 연출되지 않지만, 종이탈을 불에 태우라는 질지왕의 명령 자체는 굿의 마지막 순서의 일환이 된다. 한국 무속에서 굿이 끝나면 흔히 굿에서 사용된 무구들, 특히 종이무구들은 거의 대부분 불에 태우게 된다. 임승범에 따르면, "이러한 소각 행위는 단순히 종이무구를 태워서 없애버리는 것이 아니라, 신장 및 신령들이 접신된 종이가 되기 때문에 신을 배송하는 방법이기도 하다"(46). 질지왕은 철저히 극의 맥락 속에서 굿의 과정을 하나하나 실현해 나가고 있는 것이다.

제웅마저 해방시켜 보내준 뒤 질지왕은 관객 앞에 서서 마지막 인사말을 하고 자신이 사용하던 부채를 어느 관객 한 명에게 선물하며 자신의 모든 행위를 마친다.

> 여러분을 즐겁게 해드리려고 이 부채를 접었다 폈다
> 도술을 좀 펴봤습니다만, 어떠셨는지요?
> (무대 앞으로 나서 부채를 관객한테 건네고)
> 이제 제 도술은 여러분 손으로 건너갔습니다.
> 그 도술로 저를 이 섬에 가두어두셔도 되고
> 풀어주셔도 됩니다.
> 감사합니다. (98)

질지왕은 프로스페로의 마법의 지팡이 대신 늘 부채를 가지고 다니며 그것으로 그의 마법을 실현하고 굿놀이판을 조정해 왔다. 모든 상황이 종료된 다음 프로스페로는 그의 지팡이를 부러뜨리고 마법의 책을 바다에 파묻지만, 질지왕은 자신의 부채를 관객에게 선물하며 퇴장한다.

무속에서 부채는 매우 중요한 의미를 갖는다. 양종승의 언급을 빌리면, "부채는 방울과 함께 무당에게 없어서는 안 될 귀중한 귀물로 인식되면서 신령을 부르고 모시고 놀리고 보내고 할 때 사용되어지는 중요한 신구"(80)이며, 특히 "부채는 악신을 떨쳐버리고 선신을 불러들이는 무당의 필수적 신구로써 부채 바람을 통해 잘못된 과거를 씻어내고 현재의 복을 들이며 미래의 예언적 뜻을 알게 된다"(92). 그런데 무당이 내림굿을 하거나 폐업으로 인해 무업을 물려줄 때는 새 무당에게 자신의 부채를 넘겨주거나 그것을 숨겨 찾게 한다(이명희 95). 질지왕이 공연 내내 사용하던 부채를 마지막 순간에 관객에게 넘겨주는 것은 바로 이러한 무당의 후계 계승 행위와 맞닿아 있다.

오태석이 마법 지팡이를 무속적 부채로 치환시킨 것은 셰익스피어의 『템페스트』를 대하는 그의 태도를 압축적으로 설명해준다. 극 속에서 지팡이와 부채의 역할은 동일하다. 둘 다 마법과 주술로 극 속의 온갖 환상을 창조하고 프로스페로와 질지왕의 분신 역할을 한다. 그리고 결국엔 둘 다 프로스페로와 질지왕의 손에서 영원히 분리된다. 이렇게 질지왕의 부채는 프로스페로의 지팡이와 거의 동일선상에서 움직인다. 그러나 하나는 서양 마법사의 지팡이고 다른 하나는 한국 무속의 부채이다.

오태석은 〈템페스트〉를 한판 굿으로 풀었다. 그러나 그 굿도 또 굿을 주제한 무당도 원작의 촘촘한 망을 딛고 다만 은유적 차원에서 자신들의 기능을 다할 뿐이다. 오태석의 〈템페스트〉는 극이면서 굿이고 굿이면서 극이다. 오태석은 동아일보와의 인터뷰에서 자신의 연출방향과 관련하여 "이 작품은 외딴 섬에서 과거의 원한을 씻고 미래의 화해를 불러내는 한판 굿판을 닮았습니다. 영국 관객들에게 원작의 묘미를 새롭게 일깨워주는 동시에 미움의 악순환을 벗어나지 못하는 우리의 마음을 치유해줬으면 하는 마음도 담았습니다"라고 밝힌 바 있다. 오태석은 원작의 제의적 성격을 명확히 꿰뚫고 있었던 것이며, 이러한 이해를 바탕으로 원작과 한국의 굿을 날

줄과 씨줄처럼 절묘하게 한데 엮어내는 데 성공한 것이다. 2011년 오태석 〈템페스트〉의 영국 공연에 대해, 영국 가디언지의 마이클 빌링턴(Michael Billington)이 "셰익스피어의 핵심적 지점들을 가로지르는 공연"(a production that gets across Shakespeare's essential points)이라고 한 것이나, 더 타임즈의 로버트 도슨 스코트(Robert Dawson Scott)가 "이것은 한국이며 동시에 셰익스피어다"(It is Korea, but it is Shakespeare, too)라고 언급한 것은 모두 오태석의 〈템페스트〉가 굿과 원작을 절묘하게 한데 녹여낸 것에 대한 반증일 것이다.

4. 나오는 말

지금까지 한국의 많은 연출가들이 셰익스피어를 한국화 하는 작업의 일환으로 무속의 굿을 활용해 왔으며, 그 방법에 있어서는 양정웅의 〈햄릿〉과 오태석의 〈템페스트〉에 의해 대별되듯, 굿을 있는 모습 그대로보다 직접적으로 반영하는 방식과, 간접적이며 은유적으로 작품 속에 녹여내는 방식이 있어왔다. 어느 방식이 더 바람직하다든지 더 우월한 것이라고 말하는 것은 적절치 않을 것이다. 각각의 방식이 다 나름의 특징이 있어, 각 작품의 필요나 연출의 의도 및 철학에 맞춰 굿을 활용하면 될 일이다. 전자의 방식은 굿의 제의성을 보다 더 명료하게 창출해 낼 수 있을 것이며, 후자의 방식은 굿의 연희성을 보다 더 유연하게 활용할 수 있을 것이다. 그리고 실재에 있어서는, 양정웅의 〈햄릿〉과 오태석의 〈템페스트〉에서도 엿보이듯이, 어느 지점에선가 양자의 방식이 뒤섞이며, 정도의 차이를 두고 제의성과 연희성을 공존시킨다. 중요한 것은 어떤 방식으로 굿을 활용하던지 그것이 셰익스피어의 원작과 유기적으로 융합되었을 때에는, 굿이 셰익스피어에게 한국적 옷을 입히는 데 그치는 것이 아니라, 셰익스피어에게 제의성과 연희성을 강조한 새로운 틀과 해석을 제공하며 셰익스피어를 한층 풍요롭게 하는 것

이 가능하다는 것이다. 양정웅의 〈햄릿〉과 오태석의 〈템페스트〉는 한국의
셰익스피어가 굿을 활용하는 방식만을 확인시켜주는 것이 아니라, 굿이 셰
익스피어를 한국적으로 재창조함에 있어 매우 유용한 도구가 됨을 동시에
각인시켜준다.

이미 언급했듯이, 굿을 연극과 결합시키고자 하는 움직임은 셰익스피어
에게만 국한된 것이 아니며, 1970년대부터 김정옥의 〈무엇이 될고하니〉, 오
태석의 〈백마강 달밤에〉, 이윤택의 〈오구〉 등 창작극을 통해서도 꾸준히
이루어져 온 일종의 새로운 한국적 연극 장르를 만들려는 시도이다. 서연호
는 이렇게 굿과 현대 연극의 결합된 형태를 소위 '굿극'이라 칭하며, 그 의
의를 다음과 같이 설명한다.

> 한국의 전통적인 제의인 굿은 인간의 삶에 내포된 원초적인 비극성을 드러
> 내주고, 동시에 이를 치유하는 기능을 가진다. 이러한 기능으로 인해 굿은
> 신성한 의미를 획득하며, 이러한 신성한 의미는 오늘날의 삶에 있어서보다
> 절실한 것이다. 현대의 삶이 삭막해진 것은 산업화, 물질화, 도시화로 인해
> 본래의 성스러운 의미를 상실했기 때문이다. 탈신성화의 결과는 끝없는 소
> 외와 폭력의 악순환일 뿐이다. 그런 점에서 현대의 삶은 제의의 양식을 통
> 해 쇄신되고 정화될 필요가 있다. 굿극의 연극사적 의미는 바로 이러한 절
> 실한 시대적 요청에서 비롯된다. (『한국』 230)

오태석과 양정웅을 비롯해, 셰익스피어를 공연하면서 굿을 접목시키고
자 하는 이유도 한편으론 이와 크게 다르지 않을 것이다. 굿이 셰익스피어
극에 내재된 원초적인 비극성을 드러내주고, 동시에 그러한 비극적 상황에
노출된 현대의 인간들에게 치유의 기능을 발휘하거나 적어도 그러한 기회
를 제공해줄 수 있기 때문일 것이다. 그렇다면 굿은 셰익스피어를 한국화하
기 위한 수단의 차원을 넘어 현대 관객의 필요에 보다 적극적으로 대응하

는 셰익스피어의 현대화 내지 전위화의 수단으로도 활용될 수 있을 것이다.

그러나 굿을 활용함에 있어 경계해야 할 점도 물론 있다. 때때로 셰익스피어를 비롯한 서구의 연극을 한국적으로 수용함에 있어 굿이 너무 자주 사용되는 것은 아닌가 하는 생각이 들 때도 있다. 굿은 자체적으로 가지고 있는 색깔과 특성이 매우 강한 제의 형식이기에 굿의 남용은 자칫 또 다른 단순화를 조장할 위험성도 없지 않다. 굿은 효과적인 도구임에 틀림없지만, 자주 사용할 도구는 아니다.

제5장

한국의 여성주의와 셰익스피어[16]

1.

한국 사회의 민주화와 세계화가 진행되기 시작한 1990년대 이래로 한국 연극계는 질과 양 모든 측면에서 괄목할 만한 발전을 이루었다. 90년대에 들어서면서 10여 년 동안 한국 연극계의 특성으로는 창작극의 주류화, 뮤지컬의 활성화, 여성주의 연극의 대두, 그리고 셰익스피어 붐 등으로 요약할 수 있다.

1990년대 초까지, 한국 연극계는 서구의 번역극에 크게 의존해 왔다. 하지만, 이후 10여 년 동안 창작극은 한국 연극의 주류가 되었다. 작품성에서 뿐만 아니라 흥행적 측면에서도 창작극의 선전이 확연한데, 브로드웨이 산

---

16 본 장은 필자의 다음의 영문 논문을 우리말로 옮기며 일부 수정보완을 가한 것이다. "Dialectical Progress of Femininity in Korean Shakespeare since 1990." *Shakespeare's World / World Shakespeares The Selected Proceedings of International Shakespeare Association World Congress Brisbane 2006.* Eds. Richard Fotheringham, Christa Jansohn & R. S. White. Newark University of Delaware Press, 2008 273-291.

뮤지컬들을 제외하고는, 대부분의 흥행 성공작들은 창작극들이거나, 적어도 〈지하철 1호선〉(김민기 각색, 연출)처럼 서구의 작품을 철저히 한국화한 공연들이었다. 〈지하철 1호선〉은 한국 연극계의 큰 손으로 등장하기 시작한 뮤지컬 시장에서 당당히 최장기 뮤지컬 공연 기록을 세우고 있다. 최근 한국 연극계의 또 하나의 두드러진 현상은 여성주의 연극의 급성장이다. 2000년에 한국 연극을 되돌아 본 김윤철은 "임영웅 연출, 정복근 각색으로 극단 산울림에서 공연한 시몬 드 보브와르(Simone de Beauvoir) 작 〈위기의 여자〉를 필두로, 여성주의는 한국 연극의 가장 중요한 주제 중의 하나가 되었다"("Introduction" 6)라고 언급하였다.

셰익스피어 붐은 최근 한국 연극계의 가장 주목할 만한 특징 중의 하나이다. 1980년대까지만 하더라도 전문적인 직업극단의 셰익스피어 공연은 일 년에 한 편 보기가 쉽지 않았다. 하지만 지금은 서울에서만도 매년 10편에서 20편 정도의 셰익스피어 공연을 즐길 수 있다. 더욱이 셰익스피어 공연 수의 급격한 증가보다 더욱 중요하고 흥미로운 것은, 최근의 셰익스피어 공연물 중 상당수가 오태석, 이윤택, 김아라, 한태숙 등 한국을 대표하는 연출가들에 의해 무대화되고 있다는 것이며, 또한 이들의 셰익스피어 공연은 앞서 언급한 한국 연극의 세 가지 특성들을 대개는 모두 구현하고 있다는 것이다. 즉 최근의 주요한 셰익스피어 공연물들에는 원작의 한국적 변용, 음악극적 요소의 적극적 사용, 여성주의적 해석 등이 공통적으로 발견되고 있다. 그런데 필자는 이번 기회에 셰익스피어 공연들에 동원되고 있는 이러한 한국 연극계 전반의 공통적 특성들 중에서도 특히 여성주의적 경향에 시선을 집중해 보고자 한다. 왜냐하면, 셰익스피어 공연물들의 여성주의적 경향은 각각의 작품 속에서 개별적 분절적 특성만을 보여주는 데 그치는 것이 아니라, 전체적으로 일정한 패턴의 진화의 양상을 띠면서, 한국 연극계 전반의, 그리고 나아가 한국 사회 전반의 여성주의적 해석 내지 시각의 발전과정을 계측케 하는 바로 미터 역할을 한다고 여겨지기 때문이다.

본 글은 기존의 셰익스피어 여주인공들을 주변적, 수동적 위치에서 끄집어내어 작품 전체의 의미와 구조의 한 복판에서 역동적이고 막강한 영향력을 행사하는 새로운 인물로 재창조한, 한국 연극계의 대표적 연출가들의 대표적인 셰익스피어 공연물들에 초점을 맞추어, 셰익스피어 붐 속에서 진행되고 있는 한국 연극계의 여성주의적 해석의 진화 양상에 접근해 보는 것을 주된 목적으로 한다.

2. 여성성의 신화화

한국 연극계의 1990년대의 셰익스피어 붐 및 그 특성을 논하려면 무엇보다 먼저 김정옥의 〈햄릿〉(1993)에 주목할 필요가 있다. 그의 〈햄릿〉은 한국에서뿐만 아니라 유럽에서도 호평을 받았는데(김윤철, "Introduction" 12), 이미 한국화, 여성주의적 경향, 그리고 음악극적 요소 등의 특성을 모두 보여주고 있다. 김정옥 〈햄릿〉의 이러한 실험적 시도의 예술적, 상업적 성공은 이후의 다른 셰익스피어 공연에 지대한 영향을 미쳤던 것으로 보인다.

김정옥은 원래의 〈햄릿〉을 16개의 장면으로 해체, 재구성하여, 한판 굿으로 만들었다. 이 공연은 원작의 5막 1장에 나오는 오필리아 장례식 장면에서부터 출발하면서 〈햄릿〉 전체를 망자들의 과거의 삶에 대한 회상으로 재구성하고, 그렇게 하는 가운데 극 전체가 사자들의 영혼을 위로하기 위한 샤머니즘적 제의의 과정으로 전개되도록 했다. 한 맺힌 죽음을 맞는 많은 등장인물들 중에서도 특히 이 공연은 오필리아의 존재에 극의 무게 중심을 두었다. 첫 번째 장면에서 이미 관객들에게 자신의 죽음을 보여준 오필리아는 시간을 역행해 마치 그녀가 다른 등장인물들과 더불어 여전히 살아 있는 것처럼 무대 위에 진행되는 과거의 사건들에 가담한다. 특히 원작의 극 중극 장면이 한국적 굿에 의해 대체된 장면에서 오필리아는 영매로 설정되어 햄릿 선왕의 혼령과 접신하며 그의 죽음에 대한 진실을 폭로한다. 김정옥 스스로 이 공연의 의의를 "죽음 앞에 선 광기를 주제로 한국 무속의 굿판과 서구 양식의 만남을 시도한다"고 밝힌 바 있는데, 한국의 샤먼적 제의의 구조 속에서 삶의 세계와 죽음의 세계를 연결 짓고 있는 이 공연에서 오필리아는 극 구조의 핵이자 동시에 극 주제의 핵이었다고 할 수 있겠다. 그런데, 오필리아를 축으로 하는 이러한 접근 방식은 이후 이윤택의 〈문제적 인간 연산〉, 조광화의 〈오필리아, 누이여 나의 침실로〉와 〈락 햄릿〉, 그리고 국립극단의 〈우루왕〉에 이르기까지 지속적이고 강한 영향을 끼친 것으로 보인다. 이들 후자들의 공연에서는 모두 공통적으로 영매적 여주인공을 등장시키고 있는데, 이러한 설정이 지속적이고 반복적으로 이루어짐으로써, 마치 한국적 셰익스피어 공연에서 여주인공의 영매화는 셰익스피어의 한국화 작업에 있어 일종의 고정적 패턴처럼 보이기도 한다.

이윤택의 〈문제적 인간 연산〉의 경우, 연산(햄릿)은 그의 어머니의 죽음(햄릿의 아버지의 죽음과 대칭됨)에 대한 진실을 굿을 통해 발견하는데, 이 굿에서 녹수(오필리아)는 연산의 어머니 혼령을 불러내는 영매의 역할을 맡는다. 이윤택은 그의 〈햄릿〉(1996, 2001)에서도, 비록 오필리아를 샤먼적 영매로 만들지는 않았지만, 사랑과 회한으로 가득 차 본인 스스로 삶과 죽음의 경계마저 넘나드는 존재로 분하도록 했다. 오필리아(실은 그녀의 혼령)는 마치 자신이 살아 있는 존재인양 누구의 도움도 받지 않고 그녀 스스로 걸어서 자신의 무덤 속으로 들어가고, 그리고 다시 일어나 레어티즈와 포옹하며, 더욱이 그녀의 무덤 속으로 뛰어든 햄릿과 열정적으로 키스한다(사진 15). 비록 영매의 역할은 부여 받고 있지 않지만, 오필리아는 여전히 죽음의 세계와 삶의 세계를 잇는 연결 고리가 되고 있다.

사진 15 〈햄릿〉(2005). 이윤택 연출. 극단 연희단거리패. 오필리아 역의 김소희. 햄릿 역의 이승헌.

조광화의 〈오필리아, 누이여 나의 침실로〉와 〈락 햄릿〉 역시 오필리아의 샤먼적 역할을 강조하는 대표적인 예이다. 〈오필리아, 누이여 나의 침실로〉는 불교와 샤머니즘을 바탕으로 햄릿과의 회의주의적인 사랑과 레어티즈와의 근친상간적 사랑 사이에서 혼돈에 빠져버린 오필리아의 시각을 통해 햄릿의 세계를 조망한다. 〈락 햄릿〉은 〈오필리아, 누이여 나의 침실로〉의 락 뮤지컬 버전이다. 이미 앞 장 "샤머니즘과 한국적 햄릿"에서 언급한 바 있듯이 이들 두 공연에서 오필리아는 모두 세 번 영매가 된다. 선왕의 혼령이 햄릿에게 나타나 선왕 살해에 대한 진실을 말하며 복수를 명하는 장면과, 선왕 살해 사건을 재현하는 극중극 장면, 그리고 오필리아가 선왕의 혼령과 접신하여 햄릿에게 복수를 재촉하는 장면에서이다.

이러한 샤먼적 오필리아들은, 수동적이며 아무런 보호막도 없이 광기에 휩쓸리게 되고, 구성상에 있어서도 주변적 인물로 남아 있던 원작의 오필리아와는 달리, 모두들 대단한 내적 에너지로 충만해 있고, 열정적이며, 무엇보다 극구성의 핵으로서 기능한다. 선왕의 혼령에게 접신된 오필리아 앞에서, 마치 현실의 아버지에게 하듯, 그렇게 햄릿이 무릎을 꿇고 울부짖으며 복수를 맹세하는 장면은, 샤먼적 오필리아가 열정과 도덕성, 그리고 연극성에서마저 햄릿보다 우월한 위치를 점하고 있음을 암시해주는 상징적 장면일 것이다.

샤먼적 영매의 역할을 통한 오필리아 확장하기의 방법론은 2000년에 초연된 이래, 2003년까지 국내에서뿐만 아니라 이스라엘, 콜롬비아, 네덜란드, 터어키 등 해외에서도 지속적으로 공연되고 호평을 받아 온 〈우루왕〉에까지 이어지는 듯이 보인다. 〈우루왕〉은 국립극장장인 김명곤이 연출하고 국립극장에 소속된 극단, 국악 관현악단, 창극단, 무용단이 총동원되어 제작된 일종의 '한국화 된 뮤지컬' 셰익스피어 공연작품이라고 할 수 있겠는데, 극의 구성은 〈리어왕〉의 구조를 거의 그대로 유지하면서도, 원작의 코딜리아 관련 부분에 왕에 의해 버림을 받았던 막내 공주 바리가 오히려 왕이 병들었을 때 영약으로 그 왕의 목숨을 구한다는 우리나라 전래의 바리데기 설화를 결합시켰다.

원작에서는 코딜리아가 리어왕을 구하기 위해 프랑스 군대를 몰고 다시 영국으로 돌아오지만, 〈우루왕〉에서 바리는 굿을 통해 언니들한테 버림을 받은 그녀의 아버지 우루왕이 실성한 채 황야를 떠돌아다니고 있다는 것, 그리고 그녀의 아버지의 병은 천산의 명의 무장승이 가지고 있는 천지수에 의해 치유될 수 있다는 것을 알게 되며, 마침내 목숨을 걸고 천지수를 얻어 우루왕의 병을 고친다. 하지만 바리는 솔지(에드먼드)가 보낸 자객에 의해 우루왕 대신 칼에 맞는다. 비록 바리는 가까스로 목숨은 건지나 우루왕은

사진 16 〈우루왕〉(2002). 김명곤 연출. 국립극단. 바리(코딜리아) 역의 박애리, 우루왕(리어왕)
역의 왕기석, 길대부인 역의 안숙선.

자신의 어리석음을 심하게 자책하고 숨을 거둔다. 바리는 무녀가 되어 우루
왕과 새 어머니(길대부인)의 혼령, 그리고 다른 원혼들을 불러내어 위로 하
는 한판 굿을 벌리며 자신의 상생의 춤과 노래가 이어지는 동안 그들이 평
안히 저승계로 들어가도록 한다(사진 16).

이 공연의 무게 중심은 우루왕의 비극보다는 바리의 희생과 구원자적 역할에 많이 기울어져 있다. 그런 만큼 이 극의 진정한 주인공 역시 우루왕이라기보다는 바리이며, 그녀는 사랑과 희생, 용서와 구원이라는 이 극 전체의 주제를 체현한다.

샤먼적 영매의 역할을 겸하는 오필리아와 코딜리아는 원작 속에서 나타나는 그들의 원래의 모습보다 훨씬 능동적 존재일 뿐만 아니라 작품 전체에 미치는 막강한 영향력을 행사한다. 그들의 극적 기능과 의미는 그들의 존재를 극의 구성과 의미의 주변부로부터 핵심부로 이동시킨다. 그러나 그들의 확장된 역할은 현실적 세계보다는 영적인 세계와 맞닿아 있다. 영매적, 영적 역할은 분명 다른 등장인물들로부터 그들의 존재를 차별화하며 더욱이 신비화한다. 하지만 그러한 신비화의 과정은 여전히 현실계에 두 발을 딛고 있는 그들 자신의 현실적 필요를 충족시키기 위한 것이 아니라 타자를 위한 희생의 과정일 뿐이다. 분명 영매적 오필리아와 코딜리아는 원작의 경우보다 더욱 적극적이고 강하며 심지어 더욱 섹시하기까지 하다. 그리고 동시에 더욱 순종적이기도 하고, 더욱 희생적이며, 더욱 영적이다. 요컨대, 그들의 모습은 우리 사회가 전통적으로 그리고 관습적으로 여성성으로부터 요구하고 이상화해 왔던 방식, 즉 여성성을 희생을 전제한 '위대한 모성'(母性) 내지 '모신성'(母神性)과 대응시키고자 했던 방식으로 신비화된 것으로 보인다.

3. 여성성의 탈신비화

1998년, 1999년, 2000년, 그리고 2002년에 공연되었던 〈레이디 맥베스〉는 한국에서 공연된 실험적 셰익스피어 공연작품들 중에서 가장 성공적인 경우에 속한다. 〈레이디 맥베스〉는 기존의 〈맥베스〉를 레이디 맥베스의 시각을 중심으로 재구성, 재창조 한 극이다. 연출자 한태숙은 『코리아 헤럴드』

와의 인터뷰에서 "원작에서는 레이디 맥베스의 죽음과 또 그렇게 귀결되기까지의 죄의식과의 투쟁이 대사에 의해 묘사만 될 뿐 무대 위에서 형상화 되지 않는 것이 언제나 불만이었다. 하지만 레이디 맥베스의 심리적 갈등은 많은 여자들의 정신상태를 상징해 주는 것이기도 하다. 그래서 나는 그녀의 관점으로부터 〈맥베스〉 이야기를 풀고 싶었다"(*The Korea Herald*, May 24, 2000)고 언급한 바 있다.

〈레이디 맥베스〉는 망상과 히스테리, 그리고 몽유병으로 고통 받고 있는 레이디 맥베스를 한 의사가 최면술을 이용해 치유하는 과정으로 이루어져 있다. 그러므로 이 극이 보여주는 것은 최면에 걸린 레이디 맥베스의 내면세계이다. 하지만 무대 위에 펼쳐지는 그녀의 무의식은 원작 〈맥베스〉의 극 진행 순서를 거의 그대로 따르면서 자신의 권력에 대한 욕망, 죄의식, 그리고 죄업과 무서운 회한들을 나열해 나간다. 무대 위에서 보이는 레이디 맥베스의 내면세계는 원작 〈맥베스〉의 외부 세계마저 정교하게 짜 맞추어 나간다고 할 수 있다. 따라서 관객은 원작과 동일한 〈맥베스〉의 세계를 마주한다. 다만, 그 세계의 중심은 처음부터 끝까지 맥베스가 아닌 레이디 맥베스가 지배하고 있을 뿐이다.

한태숙은 단순히 레이디 맥베스가 스토리 전개의 중심에 위치하도록 하기 위해 레이디 맥베스의 시점을 빌려오거나 그에 맞추어 극 구성을 재편하지 않았다. 레이디 맥베스는 이 극작품 속의 실질적인 지배자로서 기능한다. 그녀 앞에서 맥베스는 징징거리는 겁쟁이 소년이나 심지어 겁먹은 여자아이에 더 유사해 보이기까지 한다. 맥베스 커플의 이러한 확연한 우성 / 열성의 관계는 여성성과 남성성 사이의 성과 젠더 문제를 부각시키는 것에 의해 단순하고도 분명하게 표현된다. 레이디 맥베스의 자아는 최면에 의해 무대 위에 시각화되면 될수록 매우 남성적인 것으로 보이며, 반면 맥베스의 자아는 점점 더 여성적인 경향을 드러낸다. 비록 레이디 맥베스의 외모는 매우 여성적이고 심지어 섹시하게까지 보이지만, 그녀의 진정한 본성은 전통적인 남성적 특질들로 가득 차 있다. 그리고 맥베스는 비록 강한 남성적 외모를 과시하지만, 그의 본성은 우리가 관습적으로 여성들의 정형성이라고 믿어온 나약한 여성적 특질들을 노출한다. 중요한 것은 이 극이 외양의 여성성과 남성성이 내적 본성의 여성성과 남성성에 절대적으로 압도되는 상황을 설정하고 있다는 점이다. 이러한 성과 젠더의 부조화 그리고 그들의 역할의 전도는 레이디 맥베스와 맥베스의 여성상위 체위에 의한 성행위 장면에서, 그리고 레이디 맥베스가 프로레슬러의 테크닉을 연상시키는 업어치기와 앞면 공격으로 뱅코우의 유령 때문에 혼이 나간 맥베스를 제압하고 진정시키는 장면에서 강력하고도 직접적으로 표현되고 있다(사진 17).

심정순이 지적하듯, 여성상위의 성행위 장면을 통해, "성적 욕망과 힘에 대한 욕망이 교차되면서 레이디 맥베스는 욕망의 여성적 주체로 확실히 부각된다"(「레이디 맥베스」 179). 또한 레이디 맥베스가 마치 프로 레슬러 같은 폭력으로 맥베스를 자신의 통제 하에 두는 그 장면은 레이디 맥베스를 권력의 주체로서 강조한다.

그러나 레이디 맥베스가 권력과 욕망의 주체로서 확대되면 될수록, 그녀의 고통과 고뇌 또한 더욱 더 깊고 커진다. 그녀의 확장된 죄의식은 오브제 아티스트 이영란에 의해 관객들에게 감각적으로 그리고 시각적으로 생생하게 전달된다. 이영란은 등장인물처럼 무대 위에 나타나서 진흙으로 공포와 분노를 절규하는 듯한 던컨왕의 시신을 그리기도 하고, 거대한 얼음덩어리로 던컨왕의 얼굴을 조각하기도 한다. 그리곤 이내 그것을 커다란 해머로 산산조각을 내버린다. 이러한 행위는 레이디 맥베스의 의식 속에 끊임없이 찾아드는 던컨왕의 이미지와 또 그것을 지워 없애고 싶은 레이디 맥베

사진 17 〈레이디 맥베스〉(1999). 한태숙 연출. 극단 물리. 레이디 맥베스 역의 서주희, 맥베스 역의 정동환.

스의 절망적이고 고통스러운 갈망을 상징할 것이다. 떨어져 나간 얼음덩어리로 레이디 맥베스는 던컨왕을 살해하는데 가담했던 그녀의 손을 내리 찧는다. 이영란의 물체 극을 통해 표현되는 레이디 맥베스의 죄의식의 절정은 이영란이 채찍처럼 만들어진 기다란 밀가루 반죽으로 레이디 맥베스를 때리다가는 이내 그것을 뱀처럼 만들어서 레이디 맥베스의 목을 조르는 장면이다. 레이디 맥베스는 무대의 맨 앞 쪽에 설치된 물웅덩이에 자신의 몸을 담그고 적시면서 자신의 죄의 흔적들을 지워 없애려 몸부림친다. 죄를 씻기

사진 18 〈레이디 맥베스〉(1999). 한태숙 연출. 극단 물리. 레이디 맥베스의 서주희, 오브제 아
티스트 이영란.

위한 그녀의 처절한 몸부림은 그녀의 무의식이 상상의 뱀에 의해 교살되는
순간까지 이어진다(사진 18).

레이디 맥베스는 "우리는 마녀들에게 사냥 당했을 뿐이다. 운명이 우릴
질식케 하고 살아 있는 것이 죽는 것보다 못한 상태에 빠지게 한다."라고
말하며 자신의 죄를 운명의 탓으로 돌린다. 그러나 전의는 "운명의 탓으로
돌리지 마십시오."라고 하며 레이디 맥베스가 스스로의 의지에 의해 스스로
저지른 죄를 직시하도록 요구한다. 그는 이어 "흉한 이 모습도 몸에 밴 독
을 빼고 맑은 육신으로 돌아가 쉬셔야 하지 않겠습니까?"라고 충고한다. 레
이디 맥베스는 자신의 죄를 인정하고, 평화 속에서 숨을 거둔다.

레이디 맥베스는 단지 욕망과 권력의 주체이기만 한 것이 아니라, 동시
에 자신의 운명의 주체이며, 자신의 죄업의 주체이기도 하고 자신의 공포의

주체이기도 하다. 그리고 무엇보다 그녀는 자기 자신의 죄를 정화시키기 위한 제의의 주체가 되고 있다. 레이디 맥베스가 무대 위에서 보여준 모든 행위는 궁극적으로 자신의 죄의식으로부터 스스로 해방되기 위한 자기중심적 행동들이다. 레이디 맥베스는 더 이상 영매적 오필리아나 코딜리아처럼 다른 이들을 위한 매개체적 존재, 모성적 존재에 머물지 않는 것이다. 레이디 맥베스는 철저히 현실주의적 이미지로 무장된 인물이다. 철저히 자기중심적이며, 철저히 세속적이고, 또한 너무도 욕망이 크며 너무도 번뇌가 많은 인물이다. 그러나 우리는 그러한 여성 캐릭터가 현실이 아닌 최면이라고 하는 가상의 또는 인위적인 틀 속에서 형상화되고 있다는 점을 간과해선 안된다. 비록 최면이 이 극을 효과적이고 자유롭게 전개될 수 있도록 하는 주요한 극적 장치임에는 분명하지만, 동시에 그것은 이 극의 아킬레스건이라고도 할 수 있다. 우리는 오태석의 〈로미오와 줄리엣〉(2001)에서 현실 속으로 더욱 깊이 들어와 있는 셰익스피어의 여인을 목격할 수 있다.

4. 근육질의 여성성을 향하여

레이디 맥베스의 비극적 주인공이 되기 위한 주된 전략은 자신의 여성성을 남성성과 대체시키는 것이다. 즉, 레이디 맥베스가 시종일관 무대의 전면에 내세워지지만, 그녀는 지속적으로 자신의 여성성을 남성적인 것으로 전환시키는 방식으로 무대를 지배한다. 하지만 오태석의 〈로미오와 줄리엣〉(2001)은 여기서 한발 더 나아가고 있다. 오태석은 이 공연에서 자신의 여성성을 결코 부인하지 않으면서도, 동시에 우리가 관습적으로 남성적인 것으로만 국한시켜 생각해 왔던 것들, 즉 남성적 특징, 권리, 심지어 욕망마저도 소유하고 있는 셰익스피어 여주인공을 제시했다.

오태석의 〈로미오와 줄리엣〉은 1995년에 초연된 바 있으며, 2001년에 완전히 한국적 색조로 바뀌어 독일의 브레머 셰익스피어 페스티벌에 참여했으며, 서울에서도 재공연 되었다. 1995년과 2001년의 〈로미오와 줄리엣〉 모두 오태석 자신이 새롭게 번역, 번안한 동일한 텍스트를 사용했기 때문에, 두 공연은 거의 대동소이한 극 구성, 주제, 그리고 무엇보다 셰익스피어의 약강오보격의 시 운율을 우리의 전통 시 가락인 3.4, 4.4조의 운율로 바꾼 우리말 시어 번역 등 많은 특징들을 공유했다. 그러나 1995년 공연이 원작의 시대적 배경과 현대를 혼용시키면서 원작에 내재된 동시대성 내지 포스트모더니티를 강조한 반면, 2001년 〈로미오와 줄리엣〉은 끝없는 혼돈의 악순환을 암시한다는 점에서 전자와 같은 주제의 현대성을 보여주지만 동시에 시대 배경을 조선시대로 옮기면서, 의상, 무대디자인, 연기나 춤의 양식 등, 극의 전 부분에 걸쳐 철저한 한국화를 시도했다는 점에서 차별화 되었다. 오태석의 2001년 〈로미오와 줄리엣〉의 특히 주목할 점은 시대 배경을 조선 시대로 옮기면서 공연 양식의 한국화에만 그친 것이 아니라 21세기 한국 사회의 문화적 정신적 정체성을 규정함에 있어도 여전히 절대적 위치를 점하고 있는 유교 문화의 가부장적 이데올로기, 특히 여성에 대한 기존의 인식 그리고 이와 관련한 공연 미학의 전복을 공연 내내 일관되게 시도한다는 점이다.

각각 문희순과 구영남으로 이름을 바꾼 오태석의 로미오와 줄리엣은 매우 자유롭고, 의식에 얽매이지 않으며, 에너지가 넘치고, 심지어 매우 원시적이기까지 한 자신들의 모습을 연출해내면서 유교적 관습의 울타리를 쉽사리 넘나든다. 특히 줄리엣은 가부장적 사회 환경에 대해서뿐만 아니라 여성은 죽는 순간에조차 아름다워야만 한다는 가부장적 공연 미학의 요구로부터 스스로를 해방시킨다.

오태석의 줄리엣(구영남)의 이러한 특성들은 그녀가 로미오(문희순)를 처음 만나는 순간부터 선명하게 그려진다. 오태석의 줄리엣은 로미오가 원수 집안의 아들이라는 사실을 처음 알게 되었을 때도, 사랑의 확신으로부터 움추려 들지도 않고, 어떤 두려움도 느끼지 않는다. 오히려 그녀는 "내 첫사랑이 증오 속에 태어났구나."(My only love sprung from my only hate)라고 말할 때 장난스러운 미소마저 짓는다. 곧 이어진 발코니 장면에서 로미오가 그녀의 혼잣말을 엿듣는 동안 그녀는—창문턱에 턱을 괴고 밤하늘을 바라보며 한껏 낭만적인 표정을 만들어내는 것 대신—검술을 연마한다. 뿐만 아니라, 그녀는 로미오를 업어치기로 무대 바닥에 넘어뜨린 다음 그의 배 위에 올라타 사랑을 고백하라며, "내 말 엿들었죠? 나 경박한 애라고 생각해? 푼수지? 그래도 나 사랑하지? 솔직히 말해. . . . 사랑한다고 해, 사랑한다고 해"라고 재촉하기도 한다.

그러나 그녀의 거칠고 과격한 행동들은 레이디 맥베스의 남성적인 폭력성과는 근본적으로 다르다. 레이디 맥베스의 폭력은 다른 사람들을 억압하고 통제하려는 것인 반면, 오태석 줄리엣의 거친—남성적—행동들은 그녀 자신의 내적 감정을 더욱 적극적으로 표현하기 위한 에너지 충만한 도구들일 뿐이다. 사랑을 쟁취해나가는 줄리엣의 선도적이고 적극적인 역할은 까마귀라는 별명으로 불리는 로미오가 줄리엣이 던진 줄에 사로잡히고 조종되는 새의 모습을 마임으로 표현하는 장면에 의해 상징적으로 묘사된다. 그 마임을 통해 두 등장인물은 원작 속의 다음의 구절을 시각화 한다.

> 가세요.
> 하지만, 너무 멀리는 안돼요.
> 장난꾸러기 손에 메인 새,
> 사슬에 메인 죄인인양,
> 짧은 자유도 시샘해 실 당기면,
> 다시 돌아오는 만큼 만요. (2.2.176-81).

그런데 사냥꾼-또는 새를 잡은 아이-과 사로잡힌 새의 역할 놀이를 하던 줄리엣과 로미오는 이내 전통적인 학춤의 춤사위를 타며 한 쌍의 학이 되어 서로를 평화롭고, 조화롭게, 그리고 깊고 우아하게 사랑하고 존경하는 모습을 보여준다(사진 19).

사진 19 〈로미오와 줄리엣〉(2001). 오태석 연출. 극단 목화. 구영남(줄리엣) 역의 장영남. 문희순(로미오) 역의 박희순.

줄리엣은 신부로서 로미오를 기다리는 지루한－극 중의 줄리엣에게, 그리고 실제적으로 극장의 관객에게－시간을 보내기 위해 관객을 향해 이런저런 우스꽝스런 표정과 몸짓을 보여주기도 하는데, 이러한 과정에서 자신의 남성적 근육을 과시하기도 한다. 하지만 그러한 와중에서도 첫날밤 신랑 로미오를 맞는 신부 줄리엣의 자태는 여전히 소녀적이고 여성적인 미덕과 존엄성－다른 보통의 신부들에게서 공유되는 갈망과 부끄러움 사이에서 창조되는 정교한 균형의 미학－을 잃거나 배반하지 않는다.

오태석의 줄리엣은 단순히 남성성을 모방하거나 동경하는 것이 아니라, 남성적 특성을 공유하면서도 여성성에 대한 자부심을 유지함으로써 여성성에 대한 기존의 편견에 도전하는 듯이 보인다. 더욱이 오태석은 줄리엣에게 뿐만 아니라 관객에게 기존의 여성성에 대한 오도된 개념들, 즉 외양의 여성성, 편견의 여성성에 대한 개념들을 무너뜨릴 수 있는 기회를 제공한다. 이

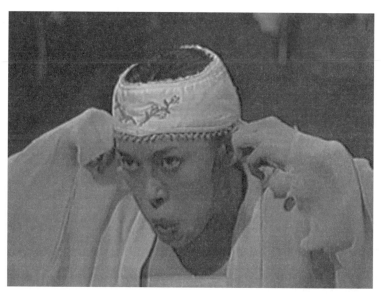

사진 20 〈로미오와 줄리엣〉(2001). 오태석 연출. 극단 목화. 구영남(줄리엣) 역의 장영남.

러한 시도들 중의 하나가 '줄리엣의 얼굴 추하게 만들기'이다. 줄리엣은 신랑 로미오를 기다리는 동안 관객을 직접 지향하는 모놀로그를 말하면서 자신의 얼굴을 일부러 원숭이의 것으로 만들기도 하고(사진 20), 코흘리개로 만들기도 한다. 〈사진 20〉에서 볼 수 있는 것 같은 결코 귀엽다고도 할 수 없는 원숭이 줄리엣, 코흘리개 줄리엣의 모습은 올리비아 헛세나 클레어 데인즈 같은 할리우드의 미녀 줄리엣에 익숙해져 있고, 러브 스토리의 여자 주인공은 예뻐야 한다는 고정 관념에 익숙해져 있는 관객들의 의식에 충격을 가한다.

그러나 우리의 편향된 기대심리를 뒤흔드는 가장 충격적인 장면은 줄리엣이 죽는 순간에 이루어진다. 오태석의 줄리엣은 자신의 배를 찌른 후 매우 고통스럽고 사실적으로 죽어간다. 지금까지 이전의 줄리엣들은 영상과 무대 위를 망라해 죽는 순간에조차 단지 아름답게만 죽어갔다. 이전의 줄리엣들은 영상 속에서조차 비명을 지르거나 피를 쏟거나 심지어는 고통스런 표정도 없이 그저 바람에 떨어지는 나뭇잎처럼 우아하게 또는 예쁘게 로미오 옆으로 쓰러져 왔다. 반면, 대부분의 로미오들은 정도의 차이는 있지만 죽는 순간의 자신의 고통을 짧더라도 비교적 사실적으로 표현하곤 한다. 왜냐하면, 독약을 마신 후의 "아, 정직한 약사로군, / 약효도 빠르구나. 줄리엣에게 입 맞추며 나는 죽는다"(5막 3장, 119-120)라는 다소 우스꽝스럽게까지 들릴 수 있는 로미오의 마지막 대사가 어쨌든 로미오 역의 배우에게 자신의 마지막 고통을 표현할 수 있는 시간적 여유를 허락하기 때문이다. 그러나 줄리엣의 경우, 파리스와 결혼하지 않을 수 있는 해결책을 내놓으라며 로렌스 신부에게 총까지 겨누는 바즈 루어만 감독의 〈로미오+줄리엣〉의 클레어 데인즈조차 로미오 옆에 우아하게 쓰러질 따름이다. 클레어 데인즈가 자살을 위해 자신의 머리에 총을 겨누는 순간 화면 가득히 클레어 데인즈의 얼굴을 '클로즈 업'했던 카메라는 총성과 더불어 클레어 데인즈가 로미오 옆에 쓰러지는 모습을 멀리서 '롱 샷'으로 잡는다. 따라서 관객은 줄리엣의 아름다움이 총알에 의해 산산이 부서지는 모습이나 줄리엣의 고통을 결코 볼 수 없다. 다만 수많은 촛불들과 더불어 로미오 시신 옆에 아름답게 자리 하고 있는 줄리엣의 단아한 외양을 목격할 수 있을 뿐이다. 하지만 오태석 의 줄리엣은 다르다. 그녀는 칼에 찔린 배를 움켜잡고 깊고 고통스러운 신 음소리를 내면서, 죽음의 두려움과 고통을 관객에게 충분히 전달하며 죽어 간다. 그녀의 현실적 죽음은 독약으로 생을 마감한 로미오보다 더욱 처절하 고 고통스런 대가를 치르면서 자신의 사랑을 완성하고 있음을, 죽음은 환상 이나 낭만이 아닌 철저한 현실임을, 여성도 언제나 어느 순간에나 아름다워 야만 하는 허상의 존재가 아니라 아플 때 아플 수밖에 없고, 그래서 추할 때 추할 수밖에 없는 현실 속의 존재임을 관객들에게 호소한다.

적어도 한국 연극계와 관련해서는, 오태석의 줄리엣에 이르러 비로소 셰익스피어의 비극적 여주인공이 기존의 가부장적 미학에 대한 작용·반작 용의 산물로서 야기되었을 '인형적' 또는 '신화적', '남성적'이라는 인위적 이 미지로부터 해방되어 진정한 인간으로서의 여성성을 회복하는 것이 가능해 졌다고 말해도 지나치지 않을 듯싶다. 오태석은 우리에게 줄리엣도 어떤 남 성과도 다르지 않게 절실하게 그리고 역동적으로 욕망하고 행동할 수 있는, 그러나 동시에 여전히 한 명의 여성으로서 매력적일 수도 있고 또 인간으 로서 추할 수도 고통스러울 수도 있는 현실의 인간임을 보여준 것이다.

5. 근육질의 줄리엣을 넘어서

오태석의 근육질의 줄리엣 이후 한국의 셰익스피어 공연은 여성주의 담 론을 다룸에 있어 훨씬 더 자유로워지고 있다. 우선 2002년 이후 한국의 셰 익스피어 공연에서 여성성과 관련한 담론 중 가장 눈에 띄는 것은 단순히 여성 내부의 문제를 다루는 차원에서 넘어서 여성과 남성의 역할을 아예 바꿔 버리는 소위 트랜스젠더 경향이다. 2002년부터 2, 3년간 수차례 앙코르 공연되면서 평단과 관객의 주목과 호응을 이끌었던 셰익스피어 공연으로 박재완 연출의 〈트랜스 십이야〉(2002-4)와 양정웅 연출의 한국판 〈맥베스〉라 할 수 있는 〈환〉과 〈한여름 밤의 꿈〉(2003-4)을 들 수 있는데, 세 공연 모두 원작 속의 남성과 여성의 역할을 뒤바꾸거나 아니면 아예 남성 등장인물을 여성으로 여성 등장인물은 남성으로 전환시키는 '성 뒤바꾸기'를 작품을 이끌어 가는 주요한 전략으로 활용했다.

박재완의 〈트랜스 십이야〉는 2002년 셰익스피어 페스티발에서 처음 선보인 이후 2004년까지 반복해서 앙코르 공연을 하면서 특히 젊은 관객 측에 폭발적인 인기를 누렸다. 박재완은 여기서 이 극의 축을 이루는 바이올라와 세바스찬 두 쌍둥이 남매, 올시노 공작, 올리비아 등 네 명의 등장인물뿐만 아니라 그들을 둘러싸고 있는 대부분의 인물들의 성을 뒤바꿔놓았다. 성의 뒤바꿈에 자연스러움을 더하기 위해 이름도 변화를 주었다. 올시노는 오시아, 올리비어는 올리, 세바스찬은 세바스, 바이올라는 봐이크, 페스테는 바니걸, 말볼리오는 마리스, 토비 경은 쏘냐, 마리아는 아크, 안토니오는 앤으로 뒤바뀐 성역할에 맞는 새 이름을 붙여주었다. 이렇게 〈트랜스 십이야〉는 남성 중심의 원작으로부터 여성 중심의 극 세계로 완전히 전환되었다. 수적 측면뿐만 아니라 내용적 측면에서 더욱 그러하다. 여장 남자 봐이크는 여성성에 힘입어 여성 영주 오시아에 대한 자신의 사랑을 성취한다. 또한, 오시노는 누의의 죽음으로 비탄에 빠져 있는 또 다른 공국의 영주 올리에게 열정적으로 구애하는데, 이러한 설정들은 여성성에 정치적 권력뿐만 아니라 사랑에 대한 역동적인 주도권마저 부여한다.

한편 난파당한 세바스와 그를 구해주고 사모하는 앤과의 관계, 그리고 봐이크와 비록 여장을 한 봐이크지만 자신도 모르게 그에 대한 사랑의 감정에 빠져들게 되는 올리의 관계는 관객들에게 동성애의 자연스러움을 설득력 있게 전달한다. 〈트랜스 십이야〉의 이러한 총체적인 성 역할 뒤바꾸기에 대해 전준택은 "남성우월적 원작은 십이야 축제로 비롯된 흥청망청으로 공격적이지 않게 전복될 수 있었고, 남장 여자가 여장 남자보다, 남성의 동성애가 여성의 동성애보다 최소한 시각적으로는 더 전복적일 수 있다는 메시지도 새롭게 선보이게 된 것이다(379)"고 정리하고 있다. 〈트랜스 십이야〉는 여성성에 대해서뿐만 아니라 양성 모두에 대한 편견 허물기를 시도한 것이라 할 수 있겠다.

양정웅의 〈환〉은 〈맥베스〉를 한국적 방식으로 각색한 다음, 마치 영화를 보는 듯한 느낌을 주는 이미지즘적 장면 연출과 역동적이고 스피디한 장면 전환을 보여준 공연인데, 여기서 성 정체성 문제와 관련하여 주목할 부분은 던컨왕에 대한 해석과 연출이다. 양정웅은 던컨왕을 여장 남자로 살아가면서, 여자처럼 행동하고 여자처럼 사고하는 심약하고 매우 여성적인 인물 '해'로 그렸다(사진 21).

사진 21 〈환〉(2004). 양정웅 연출. 극단 여행자. 던컨 역의 장영남. 맥베스 역의 정해균.

그런데 근육질의 줄리엣을 연기한 장영남이 이 역에 캐스팅된 것이 흥미롭다. 남성적인 근육질과 자유분방함을 내세운 줄리엣을 연기했던 장영남이 이번에는 아예 여성적인 남성을 연기한다는 것은 전자의 장영남을 기억하고 원작의 던컨을 알고 있을 많은 관객들에게 남성과 여성이 뒤바뀌는 성의 정체성의 혼란이란 측면에서 매우 아이러니컬한 극적 효과를 배가시켰다. 이것은 한국의 셰익스피어 공연들이 얼마나 신속하게 서로 간에 소통하고 있는지를 보여주는 단적인 예의 하나라고 할 수 있겠다.

　장영남의 해(던컨)는 유약한 나머지 진(맥베스)에게 정신적으로 육체적으로 의지하는 모습이고, 심지어는 진(맥베스)의 동성애의 여성 파트너 역마저 하게 되면서 성적으로도 그에게 의지하게 된다. 이런 해(던컨)는 진(맥베스)과 함께 목욕을 하다가 진(맥베스)에 의해 살해된다(사진 22). 여성이 남성화하고 그들의 권력을 쥐게 되었을 때는 힘과 자유를 맛보지만, 남성이 여성

사진 22 〈환〉(2004). 양정웅 연출. 극단 여행자. 던컨 역의 장영남, 맥베스 역의 정해균, 맥베스 부인 역의 김은희.

화 하는데서는 좌절과 구속이 있을 뿐이다.

양정웅의 〈한여름 밤의 꿈〉은 셰익스피어의 원작을 우리나라의 꼭두놀음 형식에 맞추어 한국화를 시도한 경우인데, 국내에서의 성공뿐만 아니라, 국립극단의 〈우루왕〉과 더불어 가장 많은 해외 공연을 한 작품이기도 하며, 한국의 셰익스피어 작품으로는 처음으로 런던의 바비칸 센터에서 2006년 6월에 공연하였다. 이 공연에서도 원작에 나오는 등장인물의 성 뒤바꾸기 작업은 극 진행의 중요한 열쇄로 활용되고 있는데, 원작에서 사랑 소동과 관련한 아테네의 연인들의 세계와 극중극을 준비하는 직공들의 세계 그리고 그들 모두를 조종하고 관찰하고 있는 요정들의 세계를 하나로 연결하는 고리 격인 보틈이 가난한 노파 심마니 아주미로 대체된 점이 특별하다. 원작에서는 보틈이 요정왕의 명을 받은 퍽의 장난으로 당나귀 머리를 한 괴물로 변신되고, 사랑의 묘약이 눈에 발라진 요정여왕 타이테니아는 그러한 당나귀 괴물 보틈과 사랑에 빠지지만, 양정웅의 극에서는 거렁뱅이 심마니 할매인 아주미가 돼지머리 괴물로 변하고, 도깨비 여왕 돗의 꾀에 의해 사랑의 묘약을 바르게 된 도깨비 왕 가비가 그 돼지머리 아주미와 사랑에 빠지게 된다(사진 23). 이러한 설정에서 주목되는 점은 단순히 원작의 오베론과 타이테니아의 관계가 양정웅의 극에서 역전되어 있다는 점보다도 아주미 자체의 설정이라고 할 수 있겠다. 타이테니아가 정력을 상징하는 당나귀 괴물과 사랑에 빠지는 것과 달리 도깨비 왕 가비가 늙고 추한 여인인데다가 돼지머리를 하게 된 아주미와 사랑 놀음에 빠지는 순간은 권력을 소유한 남성과 아름다운 여성과의 사랑이라는 성과 관련한 기존의 공식과 편견을 더욱 급진적으로 뒤흔든다.

양정웅은 도깨비 왕이 사랑에 빠지는 대상을 의도적으로 추한 존재로 만들기 위해 갖가지 노력을 더하는데, 아주미는 돼지머리만 쓰는 것이 아니

사진 23 〈한여름 밤의 꿈〉(2004). 양정웅 연출. 극단 여행자. 가비(오베론) 역의 정해균, 아주미(보틈) 역의 박소영.

라 정말 돼지 같이 꿀꿀 거리거나 커다란 수박 덩어리를 게걸스럽게 먹어 치우기도 하고, 심지어 무대 위에서 여성의 소변보는 장면을 연출해내기도 한다. 요컨대 양정웅의 아주미 설정은 나이 들고, 돼지 같이 뚱뚱하고, 너무나 평범해 오히려 추하게까지 보이는 여인도, 사랑하고 사랑 받을 수 있음을 보여준다. 여성에게 평범할 수 있는 그리고 본능적일 수 있는 권리와 자유를 부여했다는 측면에서 양정웅의 돼지머리 아주미는 오태석의 근육질의 줄리엣의 연장선상에서 이해될 만하다.

2004년 이후 한국 연극계에서 여성성과 관련한 새로운 급진적 해석을 더한 새로운 셰익스피어 공연물은 눈에 띄지 않고 있다. 하지만 2005-6년에

사진 24 〈로미오와 줄리엣〉(2006). 오태석 연출. 극단 목화. 줄리엣 역
의 김문정, 로미오 역의 김병철.

연이어 공연된 오태석의 〈로미오와 줄리엣〉은 여성에 대한 오태석의 생각
은 여전히 진화하고 있음을 보여주었다. 2005-2006년의 오태석의 〈로미오와
줄리엣〉은 적어도 줄리엣이란 캐릭터의 관점에서 보면 그 이전의 오태석의
〈로미오와 줄리엣〉과 같은 작품이 아니다. 이제 더 이상 근육질의 줄리엣

사진 25 〈로미오와 줄리엣〉(2006). 오태석 연출. 극단 목화. 줄리엣 역의 김문정, 로미오 역의 김병철.

은 없었다. 2005-6년 판은 2001-2년 판과 같은 대본, 같은 공연 양식, 거의 동일한 동작선을 도입했다. 하지만 장영남이 보여준 근육질의 줄리엣 대신 김문정의 줄리엣은 그저 우리 주위에서 흔히 볼 수 있는 개구지고, 철모르고, 순수하고 열정적인 10대 소녀이다. 자신을 표현하는데 주저함이 없지만 그렇다고 구태여 자신의 여성성을 남성적인 것으로 또는 원숭이 표정 같은 추함으로 대체하려 하지 않는다. 오히려 자신의 여성적 특질을 자연스럽고 자신감 있게 내세운다. 자연스럽고 꾸밈없는 연기로 로미오에게 구애하고 달려들고 슬퍼하고, 그러면서도 장영남의 경우처럼 자신의 죽음의 고통을 사실적으로 표현한다(사진 24, 25). 아마도 오태석의 2005-6년 판 〈로미오와 줄리엣〉은 지난 10여 년간 숨 가쁘게 진화해온 한국 셰익스피어 공연물들의 여성성에 대한 비전을 총정리해주는 것이지도 모른다. 여성으로서의 자유와 권리를 내세우는데 있어, 더 이상 여성성을 의도적으로 남성화하거나 무녀화, 마녀화 하는 등의 왜곡을 필요로 하지 않는다. 가장 자유로운 셰익스피어 여성 캐릭터의 모습이 오태석의 2001-2년 판 〈로미오와 줄리엣〉에서 성취되었던 것처럼 가장 자연스런 셰익스피어 여성 캐릭터 역시 오태석의 2005-6년 판 〈로미오와 줄리엣〉에서 성취된 듯이 보인다.

자유로우면서도 자연스러운 여성 캐릭터라는 측면에서 2005년에 공연된 또 다른 〈로미오와 줄리엣〉을 소개하면서 이 글을 마치고자 한다. 2005년 7월 22일부터 8월 1일까지 국립극장 하늘극장에서 공연된 〈바퀴 퍼포먼스 로미오와 줄리엣〉(연출 김진만, 극단 앙상블)은 익스트림 스포츠와 셰익스피어의 원작을 결합한 공연이었다. 여기서 배우들은 모두 인라인 스케이트와 스케이트보드, 트라이 스키 등을 타고 시종 비티가 강한 타악 음악에 맞추어 공연 내내 달렸다. 무대에는 이러한 탈 것을 이용한 익스트림 스포츠용 플랫폼이 무대 정중앙에 하나, 무대 후면 양측에 두 개, 객석 쪽에 하나씩 설치되어 있었다. 배우들 중에는 전문 직업 배우들과 인라인 스케이트 프로 선수들이 섞여 있었다. 이들이 익스트림 스포츠 용 플랫폼을 타고 넘으며 묘기를 부리고 하늘을 날고 무대를 가른다. 드럼을 중심으로 한 강한 비트의 음악에 맞춰 사람의 발걸음보다 수십, 수백 배 빠른 인라인 스케이트의 속도가 작품 전체의 템포를 숨 가쁘리만치 빠르고 격렬하게 요동치게 한다. 이 극은 인라인 스케이트에 붙어 있는 바퀴를 포함해 무대까지 온통 바퀴로 뒤덮여 있는데 그것은 자동차로 대변되는 현대의 산업사회를 상징한다. 그 산업사회의 폐차장 같은 타이어 틈바구니에서 젊은이의 열정이 아스팔트 사이의 잡초처럼 피어오른다. 이 극에서 인라인 스케이트를 신은 줄리엣(조정민)은 수줍어하면서도 자신의 아름다움을 맘껏 뽐내고 또 거침없이 사랑한다. 로미오뿐만 아니라 다른 아이들과도 신나게 춤추고 내달린다(사진 26). 인라인스케이트를 타고 허공을 가르는 그녀는 섹시하고 자유롭

사진 26 〈바퀴 퍼포먼스 로미오와 줄리엣〉(2005) 김진만 연출. 극단 앙상블. 줄리엣 역의 조정 민, 로미오 역의 장지훈.

고 자연스럽다. 한국의 셰익스피어 공연에서 맥베스 부인이나 거투르드, 고 너릴과 리건 등처럼 주로 악학 캐릭터들만 섹시한 모습으로 나오곤 했다. 허공을 가르는 섹시한 줄리엣! 그것은 한국 셰익스피어가 보여주는 여성성 에 대한 또 하나의 성취일 것이다.

6. 결론

지금까지 1990년 이후 2006년까지 평단과 관객의 호응을 주도했다고 여 겨지는 셰익스피어 공연물 속에서 여성주의적 경향의 발전 내지 전개 과정 을 개괄적으로 살펴보았다. 이상 논의된 공연들이 서로 영향을 직간접적으 로 주고받았을 수도 있고, 또는 전체적인 사회·문화적인 변화의 틈 속에서 결과론적으로 일정한 변증법적 변화의 양태를 취한 것처럼 보이는 것일 수 도 있다. 물론 위의 두 가지 모두 복합적으로 작용했을 공산이 가장 클 것 이다. 하지만 어쨌든 부인할 수 없는 분명한 흐름은, 셰익스피어를 통한 여 성성에 대한 담론이 끊임없이 발전하고 지속되고 있다는 것과, 여성성의 모 신성에 집착하며 여성성의 신비화 과정으로 시작된 셰익스피어 속의 여성 주의적 터치가 탈신비화의 과정을 거치면서 점차로 지나치게 남성적이지만 도 않고 무조건 여성적이지만도 않은 '편견을 배제한 자유로우면서도 자연 스러운 여성성'을 무대 위에서 구체화하는 과정으로 이행되어 왔다는 점이 다.

한국 사회가 민주화, 세계화하기 시작하면서 도래한 셰익스피어 붐 속 에서 한국의 대표적인 연출가들은 왜 유독 여성 문제에 집중하는 공통점을 보여 주었던 것일까? 그것은 아마도 정치적으로는 한국 사회가 독재 권력 으로부터 해방되고 민주화 되었을지 몰라도, 지난 수백 년 동안 가부장적 유교문화권 속에서 살아온 한국 사회에서 여성이란 존재는 여전히 해방되지 못하고 주변적 존재로서 남아 있었기 때문이었는지 모른다. 최근 한국 사회에서 여성은 사회적, 제도적, 그리고 관념적으로 더 많이 평등해지고 더 많이 자유로워졌다. 그러나 한국 사회에서 여성의 문제는 예술가들에게 여전히 할 이야기가 많은 좋은 소재감이다.

제6장

한국의 정치와 셰익스피어

1. 셰익스피어의 정치적 역할

셰익스피어는 흔히 '순수한 고전 예술'의 대명사처럼 간주되곤 한다. 이러한 인식의 기저에는 셰익스피어같이 위대한 극작가 내지 위대한 극작품은 현실의 사회상황이나 정치적 이슈 같은 지엽적인 문제를 초월해 보다 더 철학적이고 형이상학적인 차원의 주제를 다루는 소위 고품격의 예술인이요 예술품일 거라는 일종의 편견이 자리하고 있는 듯하다. 하지만 셰익스피어 당사자는 오히려 연극은 현실을 반영해야 한다고 일갈한다. 〈햄릿〉에서 셰익스피어는 배우들의 존재의미에 대해 "시대의 축도요 짧은 연대기"(the abstract and the brief chronicles of the time)(2.2.524-25)라고 정의하며, 연극의 목적에 대해서는 "자연을 비추는 거울"(the mirror up to nature)라고 규정하면서 "옳은 것을 드러내고 추한 것을 경멸하며, 시대의 실체를 형상 그대로 보여주는 것"(to show virtue her feature, scorn her own image, and the very age and body of the time his form and pressure)(3.2.22-4)이라고 주장한다. 관객을 전제로 존재하는 현장 예술인 연극은 어느 예술 장르보다도 사회적 성격이 강하며, 셰익스피어는 연극의 이러한 사회적 소명을 강조한 것이다. 때문에 셰익스피어의 작품들 속에는 그의 동시대 사건들에 대한 시사적 언급들이 자주 등장하며,[17] 주제와 형식에 상관없이 때로는 직접적으로 또 때로는 비유적으로 자신의 동시대 사회를 작품 속에 담아내려 노력한다. 그렇기 때문에 셰익스피어의 극작품들은 영국의 역사와 정치를 소재로 한 사극들은 말할 것도 없이 어느 작품이건 정치적 맥락에서 이해될 여지를 내포하고 있으며, 실재로 정치적 해석이 강조된 셰익스피어 공연물들이 지속적으로 제작되어 왔다.

연극의 사회 참여적 역할이 강조된 연극을 '정치극'이라고 한다. 예술이, 연극이 정치적 목적만을 위해 이용되거나 정치적 구호의 선전 도구로 활용되는 것은 결코 바람직하지 않다. 하지만 셰익스피어가 언급했듯이, 시대의 실체에 눈 감지 않으며 그 허와 실을 온전히 드러내는 일은 동시대인을 관객으로 하는 연극의 주요한 사명 중의 하나이다. 이러한 시대적, 사회적 사명을 실천하는 데 보다 더 집중했던 정치적 셰익스피어 공연의 예들을 최근의 영국 연극계에서도 살펴볼 수 있다. 21세기 서두에 전 세계의 가장 커다란 정치적 사회적 이슈 중의 하나가 이라크 전쟁이었다. 셰익스피어의 본고장인 영국의 연극계에서는 이러한 이슈에 민감하게 반응한 중요한 공연들이 있었다. 2003년 니콜라스 하이트너(Nicholas Hytner)가 연출한 〈헨리 5세〉, 2004년 사이먼 맥버니(Simon McBurney) 연출의 〈법에는 법으로〉(Measure for Measure), 그레고리 도란(Gregory Doran) 연출의 〈오셀로〉, 영국계 쿠웨이

---

17 셰익스피어의 극작품 속에는 동시대 사건들에 대한 언급내지 암시가 자주 등장하는데, 그 중 대표적인 예로 〈맥베스〉에 암시되는 1605년의 '화약음모사건,' 〈햄릿〉에서의 1601년 '에섹스 백작 반란 사건'과 1600년을 전후한 시기의 '극장들의 전쟁'(War of the Theatres), 〈코리올레이너스〉의 창작 동기가 된 것으로 여겨지는 1607-8년의 '식량 폭동 사건' 등을 들 수 있다.

트인으로서 런던의 자움(Zaoum) 극단과 쿠웨이트의 슐레이만 알-바샴(The Sulayman Al-Bassam) 극단을 동시에 운영하고 있는 슐레이만 알 바샴이 연출한 〈알 햄릿-서밋〉(Al Hamlet-Summit) 등 다수의 셰익스피어 공연들이 이라크 전쟁이라는 사회·정치적 이슈를 원작 속에 녹여내 예술적으로 크게 성공적인 무대를 만들어냈다.

이라크 전쟁이라는 사회 정치적 이슈에 반응한 셰익스피어 공연 중 우선 시선을 끄는 공연이 니콜라스 하이트너가 연출한 〈헨리 5세〉이다. 이 작품은 2003년 5월부터 8월까지 약 4개월 동안 영국의 국립극장인 로열 내셔널 씨어터의 올리비에 극장에서 공연되었다. 〈헨리 5세〉는 프랑스에 대승을 거둔 헨리 5세를 주인공으로 하는 역사극이기에 전통적으로 영국이 전쟁을 치를 때마다 애국심을 고취하는 데 기여해 왔던 작품이다. 이 〈헨리 5세〉라는 셰익스피어 극이 이라크 전쟁의 개전과 더불어 그것도 영국의 국립극단에 의해 공연되었던 만큼, 이 공연은 공연 전부터 세간의 커다란 관심을 끌었다. 특히, 세계적 명성을 갖고 있는 진보적 셰익스피어 학자인 게리 테일러(Gary Taylor)의 이 공연에 대한 사전 언급은 주목할 만하다. 게리 테일러는 2003년 4월 5일자 『가디언』(The Guardian) 지에 발표한 기고문 "파괴를 부르짖다"(Cry havoc)에서 프랑스를 상대로 벌인 영국의 잔혹한 전쟁과 승리를 악에 대한 선의 승리로 미화한 셰익스피어의 〈헨리 5세〉는 이후의 전쟁에 대한 영국인들의, 나아가 영어권 세계 전체의 전쟁에 대한 생각을 왜곡시켰다고 주장한다. 게리 테일러는 특히 "신께서 우리를 위해 싸우셨다"(God fought for us)라는 헨리 5세의 대사에 주목하면서, 이 대사는 전쟁에 대한 셰익스피어의 생각을 잘 드러내는 것으로 이러한 인식이 결국은 영국은 선이고 적군은 악의 축이라는 이분적 고정관념을 야기해 왔다고 비판한다.

신은 우리를 위해 싸웠었다. 신은 여전히 우리를 위해 싸운다. 우리는 선이
고 우리의 적들은 악의 축이기 때문이다.

God fought for us. God fights for us because we are good, and our enemies
are an axis of evil.

게리 테일러의 주장과는 반대로 한편에서는 〈헨리 5세〉라는 작품이 표
면적으로는 영국의 위대한 승리를 찬양하지만 그 이면에서는 오히려 "애국
주의적 신화 창조에 대한 역설적 해체"(an ironic deconstruction of the patriotic
mythmaking)의 주제가 노정되어 있다고 믿는다(Rackin 205). 하지만 게리 테일
러는 적지 않은 셰익스피어 학자들이 지적하는 〈헨리 5세〉의 주제의 이중
성마저도 부정한다.

셰익스피어는 〈헨리 5세〉에서 "양면적"이었다고 그들(셰익스피어 학자들)
은 주장한다. 하지만 "신은 우리를 위해 싸웠다"라는 말에 무슨 양면성이
있단 말인가?

They will insist Shakespeare was "ambivalent" about Henry V. But where is
the ambivalence in "God fought for us?"

실제로, 역사적 앙숙 관계에 있는 프랑스를 상대로 대 승리를 거둔 애진
코트(Agincourt) 전쟁을 소재로 한 〈헨리 5세〉는 영국이 전쟁을 치를 때면 언
제나 일정한 정치적 역할을 수행해 왔다고 할 수 있다. 1800년을 전후해 진
행되었던 나폴레옹과의 전쟁 기간엔 존 필립 켐블(John Philip Kemble)이 주연
한 〈헨리 5세〉 공연이, 그리고 1854년에 발발했던 크림전쟁(Crimean War) 직
후엔 찰즈 킨(Charles Kean)의 〈헨리 5세〉 공연이 있었다. 1900년을 전후해

영국이 남아프리카의 트란스발 공화국과 벌인 보어 전쟁(Boer War)을 벌였을 때는 프랭크 벤슨(Frank Benson)의 〈헨리 5세〉가 공연되었다. 제2차 세계대전 중이던 1944년 로렌스 올리비에(Lawrence Olivier)는 자신이 감독과 주연을 겸하면서 〈헨리 5세〉를 영화로 만들었으며, 포클랜드 전쟁 직 후인 1984년엔 로열 셰익스피어 극단의 애드리언 노블(Adrian Noble)은 제2의 로렌스 올리비에라는 평을 듣는 케네스 브라나(Kenneth Branagh)를 주연으로 다시 〈헨리 5세〉를 공연했다. 이들은 모두 영국의 승리와 영광에 초점을 맞추면서 전쟁의 소용돌이 속에서 고통 받고 있는 영국인의 애국심을 고취시키고자 했다. 게리 테일러는 영국의 전쟁과 〈헨리 5세〉에 얽힌 이러한 정황에 연결하여 영국과 미국의 포탄이 바그다드를 포격하고 있는 지금 영국의 국립극장이 〈헨리 5세〉를 준비하고 있는 것은 충분히 예측 가능한 일이라고 지적한다.

> 그리고 앵글로 족의 폭탄들이 바그다드를 폭격하고 있는 오늘 영국 국립극단은 공연을 준비하고 있다. —여러분이 이미 짐작했겠지만— 〈헨리 5세〉를 말이다.
>
> And today, as Anglo bombs are battering Baghad, the National Theatre is rehearsing—you guessed it —*Henry V.*

하지만 게리 테일러의 이러한 예상은 완전히 빗나가고 말았다. 니콜라스 하이트너가 연출한 〈헨리 5세〉는 영국이 프랑스와 치른 애진코트 전투를 현재의 이라크 전쟁과 병치시키며 철저히 반전주의적 목소리를 웅변해냈다. 하이트너는 주인공 헨리 5세 역에 흑인 배우 애드리언 레스터(Adrian Lester)를 캐스팅하는 등, 다양한 인종으로 이루어진 현재의 영국군을 만들었으며, 현대의 영국군복과 장비를 착용한 배우들이 기관총을 쏘고 지프차를 타고 무대 위를 누비도록 했고, 무대 위에 설치된 거대한 스크린을 통해 점령군으로서의 헨리 5세의 연설을 생중계하도록 했다. 하이트너는 이라크 전쟁이라는 뜨거운 사회적 이슈에 직면한 영국 관객들이 쉽게 〈헨리 5세〉의 영국군과 이라크에 가 있는 현재의 영국군을 연결 짓도록 한 것이다. 연극 평론가 수사나 클랩(Susannah Clapp)은 〈옵저버〉 지의 2003년 5월 18일자 〈헨리 5세〉 공연평의 제목을 "바스라로 옮겨진 애진코트"(Agincourt, near Basra)라고 붙였는데, 이것은 하이트너의 〈헨리 5세〉에 설정된 이라크 전쟁과의 연관성을 지적한 단적인 예라고 할 수 있다. 바스라는 영국군의 이라크 내 주요 전투 지역이었다.

하이트너의 이라크 전쟁에 대한 반전의식은 텔레비전, 비디오, 스크린 등의 미디어의 이용에 의해서 한층 더 명료하게 표현된다. 승리한 헨리 5세가 프랑스 국민들에게 항복과 복종을 명령하는 연설이 텔레비전 카메라에 의해 촬영되고 무대 위의 거대한 스크린을 통해 중계되는데, 비비씨(BBC) 인터넷 판 뉴스의 마이클 허바드(Michael Hubbard)는 이때의 헨리 5세의 연설이 "조지 부시 미 대통령과 토니 블레어 영국 총리가 이라크 국민들을 향해 행했던 연설을 연상시킨다"(recalls addresses given to the Iraqi people by George W Bush and Tony Blair during the recent war)고 지적한다. 하이트너의 미디어 활용은 씨앤앤(CNN), 비비씨 등 각종 서방 언론뿐만 아니라 알자지라 등의 아랍권 방송까지 총 동원되었던 이라크 전쟁을 연상시키면서, 오늘날의 전쟁이 얼마나 미디어 이벤트화 되어 있는가를 비판한다.

하이트너가 그리는 영국 군인들은 용감무쌍한 용사들의 모습이 아니라 총알과 포탄 세례 속에서 겁에 질린 채 이리저리 도망치다가 지프차 뒤에 숨기 바쁜 현실 속의 신출내기 병사들뿐이다. 이들은 죄수들을 사살하라는 헨리 5세의 명령 앞에서도 일사불란하기보다는 전쟁의 참혹함과 비인간성에 몸서리치며 주저한다. 프랑스 공주 캐더린이 헨리 5세로부터 영어를 배우는 것 역시 낭만적 사랑이라기보다는 피지배자와 지배자 사이의 힘의 논리에 의해 강요된 생존 전략으로 묘사된다. 또한 관찰자로서 극 상황의 전개과정 속에 시종일관 개입하게 되는 코러스 역을 여성인 페니 다우니 (Penny Downie)가 연기함으로써, 영국군이 이라크 전쟁에서 행사하고 있는 폭력의 잔혹성과 부당성은 더욱 부각된다. 남성들의 폭력과는 무관한 듯이 보이는 여성의 시각에 의해 극 상황이 포착됨으로써, 그 폭력의 의미가 더욱 날카롭게 표출된다.

알려진 바대로, 영국은 미국에 이어 두 번째로 많은 병사를 이라크에 파병한 제2의 참전국이었지만, 토니 블레어가 이끄는 영국 내각의 참전 결정 과정에서부터 많은 의혹이 이는 등 그 어느 때보다 영국 사회 전반의 반전의 목소리가 높았다. 하이트너의 〈헨리 5세〉는 영국 국립극단에 의해 제작된 작품임에도 불구하고, 영국 정부의 정책에 반하여 이라크 전쟁에 반대하는 반전적 메시지를, 그것도 이라크 전쟁이 발발하자마자 가장 선두에 서서 주창했다. 원작 텍스트를 가감 없이 그대로 반영하며 예술적 완성도에 있어서도 큰 호응을 얻었던 하이트너의 〈헨리 5세〉는 셰익스피어가 말한 "시대의 실체를 그대로 보여주는" 연극의 본령에 충실했던 공연이라고 할 만하다.

하이트너의 〈헨리 5세〉가 직접적으로 이라크 전쟁이라는 사회 정치적 이슈를 다루었다면, 비슷한 시기에 제작된 사이먼 맥버니의 〈법에는 법으로〉와 그레고리 도란의 〈오셀로〉는 간접적으로 이라크 전쟁 이슈를 작품 속에 반영해 넣은 경우이다.

〈법에는 법으로〉 원작은 부패한 비엔나를 배경으로 자신만의 절대 선을 믿는 안젤로의 위선적 정의를 희극적으로 심판하는 희비극이다. 사이먼 맥버니의 〈법에는 법으로〉에서는 극의 서두에서부터 무대 위에 설치된 여러 대의 텔레비전 모니터를 통해 조지 부시 전 미국 대통령을 등장시켜 그를 도둑질하지 말라는 십계명을 어기고 바다로 간 "신앙심 깊은 해적"(the sanctimonious pirate)(1.2.7-8)에 비유하며, 안젤로의 위선적 정의와 부시의 정의를 겹쳐놓는다. 또한 사이먼 맥버니는 비엔나의 감옥과 이라크 포로들을 수용하던 악명 높은 관타나모 수용소를 대입시킴으로써 이라크 전쟁 이슈를 작품 속에 끌어들이는데, 안젤로가 운영하는 비엔나 감옥은 관타나모 수용소에서처럼 폭력과 고문이 난무하고 클로디오를 비롯한 죄수들은 관타나모 수용소의 죄수들처럼 주홍색 전신 죄수복을 입고 있다. 비평가 데이빗 니콜(David Nicol)이 지적하듯, 이러한 관타나모적 이미지의 설정을 통해 연출가인 "맥버니가 안젤로의 감옥의 공포를 강조했다"(McBurney emphasized its horrors)고도 할 수 있으나, 동시에 안젤로의 감옥의 연장선상에서 이라크 전쟁의 공포와 위선을 비판한 것이라고 확장해 생각볼 수 있다.

영국의 연극계에서는 이밖에도 그레고리 도란의 〈오셀로〉, 런던과 쿠웨이트에서 동시에 활동하고 있는 슐레이만 알 바삼이 연출한 〈알 햄릿-서밋〉(Al Hamlet-Summit) 등이 이라크 전쟁이라는 이슈에 즉각적으로 반응하며 동시대의 시대 상황을 셰익스피어 작품 속에 담아냈다. 셰익스피어 원작의 가치를 고스란히 무대 위에 구현하기 위한 노력의 중요성은 아무리 강조해도 지나치지 않다. 하지만 동시에 공연이 이루어지는 현재의 시대적 양상과 실체를 드러내는 일 또한 게을리 할 수 없는 연극의 사명임을 셰익스피어는 일깨워 준다. 영국 연극계에서는 셰익스피어 극뿐만 아니라 수많은 고전과 현대 극작품들이 이라크 전쟁 발발과 동시에 제작되어 이라크 전쟁에 대한 나름의 크고 작은 목소리를 내었다. 우리나라는 영국 다음으로 가장 많은 군인을 이라크에 파병한 제3 파병국이었지만, 셰익스피어 극뿐만 아니라 현대적 작품과 창작극을 망라해 이라크 전쟁이라는 이슈를 무대화한 공연은 거의 없었다. 이는 영국과 달리 우리나라 군대의 이라크 내에서의 피해가 미미했던 탓도 있겠지만, 기본적으로 우리나라 연극계가 사회적 정치적 이슈로서는 주로 군사 독재, 민주화, 경제문제 등 지극히 한국 내부적 문제에 집중해온 데서 더 큰 이유를 찾을 수 있을 것이다. 그런 만큼 한국 사회의 민주화가 크게 진일보한 1990년 이후에는 한국의 정치적 셰익스피어는 상대적으로 그 수가 매우 적은 편이다. 다만, 민주화의 과정이 한창 뜨겁게 진행되던 1990년대 초반에는 1980년대의 저항적 기류를 이어받아 기국서의 〈햄릿〉 시리즈와 이윤택의 〈맥베스〉, 〈우리 시대의 리어왕〉 등이 우리나라의 정치 상황을 신랄하게 비판하며 정치적 셰익스피어의 면모를 보여주었다.

2. 기국서의 〈햄릿〉 시리즈

'한국 연극계의 이단아'로 불리며 실험적이고 해체적인 작품을 주로 연출해왔던 기국서는 1981년 〈기국서의 햄릿〉을 발표한 이래, 1982년 〈햄릿 2〉, 1984년 〈햄릿과 오레스테스〉, 1990년 〈햄릿 4〉와 〈햄릿 5〉, 그리고 2012년 〈햄릿 6, 삼양동 국화 옆에서〉 등 여섯 편의 〈햄릿〉을 발표했다. 한상철은 기국서의 〈햄릿〉 시리즈에 대해 "정치극화 된 셰익스피어의 대표적 사례"(『현대극』 361)라고 정의하고 있는데, 실재로 〈햄릿 1-3〉는 10·26사태와 5·18 광주민주화항쟁을 모티브로 하면서 당시의 한국사회의 폭력적이고 부조리한 상황을 〈햄릿〉의 뼈대에 대입하며, 〈햄릿 4-5〉는 5·18이 일어난 지 10년이 지났음에도 충분히 개선되지 못하고 있는 한국사회를 비판하고 있다. 〈햄릿 5〉 이후 10여년 만에 내놓은 〈햄릿 6〉는 민주주의가 다시 후퇴

한 듯이 보이는 2010년대의 한국 사회에 다시 날카로운 비판의 잣대를 들이 댄다. 기국서의 〈햄릿〉 시리즈는 그 파격적인 실험성 때문에 공연 때 마다 많은 화재를 불러일으켰지만, 그 예술적 완성도에 대해서는 후한 평가를 얻지 못했다. 그러나 한국의 정치적 셰익스피어를 논함에 있어서는 그의 〈햄릿〉 시리즈를 빼놓고 얘기할 수 없을 것이다.

(1) 〈햄릿 1-3〉

1979년의 10·26사태와 1980년의 5·18 광주민주화항쟁 직후인 1981년에 제작된 기국서 연출의 〈햄릿 1〉(원제 〈기국서의 햄릿〉)은 동국대, 서강대, 연세대의 연극반 학생들 70명을 청바지 차림으로 무대 위에 등장시키는 등 갖가지 파격적인 실험적 기법을 동원해 원작 〈햄릿〉에 10·26사태 이후의 한국 사회를 담아냈다. 당시 이 공연에 대한 공연평을 1981년 4월 15일자 『조선일보』에 실었던 정중헌은 〈햄릿 1〉의 실험적 기법들을 다음과 같이 묘사했다.

이번 공연의 또 다른 특징은 극 속에 또 다른 극을 삽입시켜 즉흥성과 현장성을 할리고, 20여개의 실물크기의 인형과, 50여명의 비닐 옷을 입은 유령을 등장시켜 변화무쌍한 진행을 한다는 점이다. 무대 장치도 따로 없다. 무대 배경 막을 걷어 올려, 소품창고와 분장실이 그대로 무대 객석과 이어지고, 장면전환은 슬라이드 자막으로 처리한다.

기국서의 이러한 실험적 기법들은 당시의 관객들이나 평단 모두에 상당한 충격을 안겨주었는데, 정중헌의 공연평 기사에서 부제목이 "장엄해야 할 무대가 폭죽과 총성으로 / 인형과 유령들이 춤추는 괴이한 연출"라고 뽑힌 데서도 그 충격의 강도를 짐작할 수 있겠다. 기국서는 이러한 파격적인 실험적 기법들을 동원한 이유를 정중헌과의 인터뷰에서 이렇게 밝힌 바 있다.

그 옛날 덴마크 왕가의 피로 물든 비극적 역사, 무서운 음모의 역사를 그린 원작의 재현이 아니라, 역사 곁을 무감각하게 맴도는 방관자들에게 초점을 맞춰 보았습니다. 커다란 역사가 바로 자기들 곁에서 바뀌어도 이기적인 모습으로 되어버리는 어리석은 인간들의 모습, 그들에 대한 분노와 비웃음을 셰익스피어의 〈햄릿〉을 통해 고발해보자는 것이지요. . . . 70여명의 연기자와 인형, 탈, 그리고 셰익스피어와 청바지, 총성이 어울리는 무대는 자칫 장난처럼 보이겠지만, 극이 끝나면 오늘의 우리 모습을 뼈저리게 느낄 수가 있을 겁니다.

〈햄릿 1〉에서 70여명의 대학생 연기자들이 청바지를 입고 무대를 누비며, 인형과 탈이 동원되고, 칼 대신 총이 설정된 까닭은 햄릿의 세계를 1980년대의 한국 사회와 연결 짓고, 결국은 당시의 한국 관객들이 〈햄릿〉을 통해 한국의 역사적 문제를 보다 더 예리하고 절실하게 깨닫게 하기 위함인 것이다. 김옥란은 기국서가 〈햄릿〉과 연결 짓고자 한 한국의 역사적 문제를 보다 구체적으로 언술한다.

〈햄릿 1〉이 공연된 1981년 4월은, 1980년 5월 광주민주화항쟁 직후이자 5 · 18이 여전히 현재 사건으로 실감되던 '살벌한' 때였다. 따라서 〈햄릿〉의 선왕의 암살을 10 · 26과, 억울함을 호소하는 유령의 존재를 5 · 18 학살 희생자들과, 햄릿을 '숨겨진 악행을 바로잡을 운명을 지니고 태어난 자'이자 무력한 방관자일 뿐인 동시대인과 연결시킨 것은 당시 관객들, 특히 지식인과 대학생 관객들에게 충격적으로 받아들였다. (240-1)

즉, 기국서의 〈햄릿 1〉에서 선왕의 암살은 박정희 전 대통령이 중앙정보부장이던 김재규에 의해 시해당한 10 · 26사건을 연상시키며, 청바지를 입은 70여 명의 대학생들에 연출된 데모 장면은 5 · 18항쟁을 비롯한 당시 줄기차게 일어나던 대학생들의 실제 데모 장면을 떠올리게 하고, 억울한 죽음을 호소하는 선왕의 유령 역은 데모 장면을 연출하던 대학생 배우들에 의해 확장적으로 표현됨으로써, 5·18항쟁에서 무참하게 학살된 대학생들과 시민들의 억울한 죽음을 기억하게 하고, 복수의 책무 앞에서 고뇌할 뿐 제때에 행동하지 못하는 햄릿을 통해서는 불의의 역사 앞에서 바라만 볼 뿐 행동하지 못하고 있는 당시 한국 사회의 대다수 보통 사람들의 모습과 겹쳐보이게 함으로써 햄릿의 비극을 80년대 한국의 비극으로 제시하고자 했던 것이다.

〈햄릿 2〉는 1982년 "광기와 테러의 역사"라는 부제가 붙어 공연되었는데, 신정옥에 따르면 "시대의 배경은 현대이며, 정치현실은 우리나라이다. 형을 죽이고 왕이 된 햄릿의 숙부와 왕의 하수인 로젠크란츠와 길덴스턴을 극중에서 마약중독자, 동성연애자로 설정, 부도덕한 지도층의 정신적 퇴폐성을 묘사하고 있다"(「셰익스피어」 23). 그리고 부제에서도 알 수 있듯이 이 공연의 초점은 햄릿의 광기에 맞춰져 있었는데, 햄릿은 시대의 부조리에 분노해 광기에 차 언제 터져버릴지 모르는 위험천만한 청년으로 등장한다. 〈햄릿 2〉에서 기국서는 타락한 정치권과 지도층에 대해 팽배해 있던 시민들의 분노에 더 초점을 맞추었다고 하겠다. 당시 이 공연을 관객의 입장에서 관극했던 연출가 이성열과 당시 햄릿을 연기했던 정재진의 진술 내용을 들어보면 동시대 한국 사회의 부조리에 분노하던 젊은 대학생 같은 햄릿의 모습이 더욱 선명하게 그려진다.

이성열 그 때 〈햄릿 2〉의 모토는 '광기'였어요. 전단에도 '광기의 시대' 어쩌고 했고. 광기의 시대에 햄릿이 그 광기에 어떻게 대적할 것이냐. 햄릿도 거의 광기에 차있었어요. 내가 봤을 때, 제정신이 아니야. 거의 노브레인이야. 좌충우돌로 치고받고.

정재진 우리끼리 하는 얘기가 '양아치 햄릿'이었어요.

이성열 수틀리면 쏴버릴 것만 같은. 클로디어스 입장에서 봤을 때 정말 쟤는 제거해야 될 위험분자. 사회에서 봤을 때, 제도에 순응하지 않던, 데모하던 문제적 인간들. 위험하잖아. 제거해야 될 위험분자들 같은. 햄릿이 그런 위험분자로 나왔지. 행동하는 인물이지. 충동적으로. 무슨 뭐 지적이고 그런 모습이 아니라, 말 그대로 이리 가서 박고, 저리 가서 박고. (김옥란 245-6 재인용)

기국서는 〈햄릿 2〉에 대해 "우선 정통의 〈햄릿〉을 줄거리로 하되, 오늘의 우리 현실과 연결시켜 혼란된 한 국가의 정치적 몰락이 아편처럼 광기와 테러로 번져 피멸되어가는 과정으로 극 흐름을 처리했다"(신정옥 「셰익스피어」 23 재인용)고 자신의 연출의도에 대해 설명한 바 있다. 1980년대 초 10·26, 12·12, 5·18로 대변되는 군사적 폭력과 광기의 한국 사회의 암울한 현실을 〈햄릿〉에 녹여내고 햄릿으로 하여금 한국 민중들의 분노를 대신 표현케 했다고 할 수 있겠다.

기국서가 1984년 발표한 〈햄릿과 오레스테스〉를 통상 〈햄릿 3〉라고 부른다. 지금의 아르코 예술극장 대극장인 구 문예회관 대극장에서 공연된 〈햄릿 3〉는 원래 셰익스피어의 〈햄릿〉과 사르트르의 〈파리떼〉를 결합한 작품으로, 극장 무대에서는 〈햄릿〉 부분이, 극장 로비에서는 〈파리떼〉 부분이 공연되었던 것인데, 정부의 공연 금지 조처로 단 하루만 원래의 의도대로 공연되고, 이후에는 〈햄릿〉 부분만 공연되었다. 신정옥의 증언에 따르면, "공연 때 500여명의 경찰이 문예회관 대극장을 가득 메우는 등의 사태"(「셰익스피어」, 24)가 있었다고 한다. 이러한 상황은 필자 개인의 경험을 떠올리게도 하는데, 1983년 5월 필자가 속해 있던 고려대학교 극예술 연구회에서 〈줄리어스 시이저〉를 교내의 서관 농구장이라는 야외에서 공연하려고 했는데 공연장을 완전히 에워싼 사복 경찰들에 의해 공연이 10여 분만에 중단되었던 일이 있었다. 정부의 집회 금지령이 내려진 탓도 있었고, 로마 군중들을 해산시키는 〈줄리어스 시이저〉의 첫 장면이 데모를 연상시킨 탓도 있었을 것이다. 무대 의상이 아닌 평상복 차림의 대학생들이 하는 연기라 더욱 현실의 데모 진압 장면을 닮았던 것 같다. 80년대의 한국사회는 예술의 정치적 역할을 요구하던 시대였다.

김옥란은 〈햄릿 3〉의 첫 장면을 다음과 같이 묘사한다.

멀리 총성과 어지러운 발자국 소리가 들리고 조명이 들어오면 무대 위에는 인형으로 된 시체들이 널려있다. 라디오에서는 우울한 조곡이 흘러나오고, 텔레비전에서는 선글라스에 얼룩무늬 공수 부대 복을 입은 클로디어스가 대관연설을 하고 있다. (243)

〈햄릿 3〉도 기본 골격에 있어서는 이전의 〈햄릿 1〉이나 〈햄릿 2〉와 마찬가지여서 5·18 광주민주화항쟁 및 그 후의 군부통치를 모티브로 하고 있다. 억울하게 학살된 시민들의 주검이 무대 위에 펼쳐지고, 공수부대를 통해 이러한 살육을 자행한 군부 수장의 이미지가 클로디어스와 겹쳐진다. 기국서는 김창기와의 인터뷰에서 "80년 광주사태 직후 문득 햄릿이 떠올랐다"며, "학살을 통한 정권 수립 과정이 햄릿의 숙부가 햄릿의 아버지를 시역하고 왕이 되는 과정과 너무 흡사하다"고 〈햄릿 1-3〉의 제작 동기에 대해 언급한 바 있다. 〈햄릿 1-3〉는 그렇게 80년대의 한국 사회를 뒤덮은 정치사를 정면으로 다루며 한국에서의 정치적 셰익스피어의 탄생을 신고한 공연이라고 하겠다.

(2) 〈햄릿 4-6〉

기국서의 〈햄릿〉은 군사 독재가 종식되고 민주정부가 들어선 1990년대에 들어서도 계속되었다. 1990년에 〈햄릿 4〉와 〈햄릿 5〉가 연이어 발표되었고, 이후 10여년 뒤인 2012년에 〈햄릿 6〉가 제작되었다. 〈햄릿 4〉는 원작 〈햄릿〉에서 이야기 구조는 대부분 그대로 가져왔던 전작들과는 달리 기국서의 새로운 창작극이라고 할 만큼 완전히 다른 극 구성을 갖는 작품이다. 그리고 〈햄릿 5〉와 〈햄릿 6〉는 다소간의 차이점은 있으나 기본적으로는 모두 〈햄릿 4〉의 대본을 근간으로 한다. 기국서의 〈햄릿〉 시리즈가 예술적 측면에서보다 호의적인 평가를 받기 시작하는 것은 〈햄릿 4〉부터라고 할 수 있겠다.[18]

김성희는 〈햄릿 4〉의 구성 방식에 대해 "전체적인 극의 틀은 배우들이 〈햄릿〉을 연습하면서 느끼는 단상들이 에피소드식으로 나열된 형식으로 되어 있다"(275)고 언급하고 있는데, 그 〈햄릿〉 단상들을 채우고 있는 것은 김창기의 공연 리뷰를 통해 조금은 더 구체적인 정보를 얻을 수 있다.

> 원작의 골격에 마약, 고문, 인신매매 등 사회문제를 가미해 모자이크 식으로 재구성, 일목요한 줄거리는 없다. 신시사이저를 이용한 음악효과, CM송이 흘러나오며 가면, 인형 등이 연기자와 어우러지는 새로운 연극형태를 선보인다. 주인공 햄릿도 중세유럽의 왕자차림이 아닌, 청바지를 입고 코카콜라를 마시는 현대의 흔한 젊은이. 자신이 처한 어두운 상황에서 탈피하기 위해 끝없이 회의하고 방황하는 것이 공통점이다. 햄릿이 꿈을 통해 억울하게 죽은 유령들의 하소연을 듣는 장면에서 시작되는 이 연극은 2시간 10분 후 고문전문가들이 햄릿을 물 고문해 죽이는 장면으로 끝난다.

---

18 심정순은 〈햄릿 1-3〉와 〈햄릿 4〉의 작품성의 차이를 다음과 같이 언급한다.

이러한 사회·정치극들이 대체로 연극적 표현방식을 소홀히 한 채 메시지 전달에만 급급했던 관계로 결국 식상한 관객들에게 외면을 당할 수밖에 없었다고 이야기 할 수 있다면, 이번 〈햄릿 4〉의 공연은 작가의 정치·사회적 시각을 반영하면서도 이미 연극전통으로서 확립되어 있는 〈햄릿〉이라는 연극적 구조를 사용하여 적절히 예술화시키고 있다는 데 의미가 있다 하겠다. (『글로벌』 266)

〈햄릿 4〉는 극의 골격을 형성하는 극 구성 방식에 있어서는 이전의 〈햄릿 1-3〉와 많은 차이를 보이나 그 구성을 채우는 기법이나 정치적 성향에 있어서는 큰 차이가 없음을 알 수 있다. 신정옥은 〈햄릿 4〉에 대해 "이극은 사회고발극의 형식을 띄고 1980년대라는 현대, 상황, 가진 자와 못가진 자의 대립, 정치권력의 횡포, 성도덕의 문란, 청소년 문제 등 우리 사회의 어두운 현실들은 젊은 지성인들이 당하는 고뇌의 표현이다"(「셰익스피어」 26)라고 언급하며, 기국서의 이전 〈햄릿〉 시리즈들에 비해 확장된 사회적 시각의 스펙트럼을 설명한다. 하지만 그 역시 "아버지와 여러 유령들(광주사태를 연상시키는 억울하게 죽은 영혼)과 욕조에 얼굴을 묻고 죽어가는 햄릿의 모습에서 그 시대의 정치권력을 비판하는 목소리를 높였다"(26)라고 단서를 붙였을 만큼 여전히 기국서의 〈햄릿〉 시리즈는 광주민주화항쟁을 필두로 한 80년대의 역사적 사건들에 깊은 뿌리를 두고 있다.

〈햄릿 4〉에 이어 몇 달 뒤 1990년 제14회 서울연극제에 출품작으로 제작된 〈햄릿 5〉는 〈햄릿 4〉의 제1부의 리허설 장면을 생략함으로써 "햄릿이 바라보는 악몽 같은 현실이 더 강화되고 있다"(김옥란 254)는 것 외에는 거의 동일한 작품이다. 따라서 〈햄릿 4〉와 〈햄릿 5〉는 한데 묶어서 언급할 만한데, 두 작품 모두 햄릿과 선왕의 조우 장면은 기국서의 〈햄릿〉에 깊숙이 내밀화되어 있는 광주 항쟁의 트라우마를 증명해 보여준다. 햄릿은 선왕뿐만 아니라 여러 명의 다른 유령들을 함께 만나는데 그 유령들은 전작 〈햄릿〉들에서와 마찬가지로 광주 항쟁에서 군홧발과 진압봉, 심지어 총기 등 온갖 폭력에 의해 희생당한 원혼들을 연상시키고, 햄릿이 말하는 죄의식은 아버지의 죽음뿐만 아니라 그들 모두의 희생에 대한 것으로 확장되어 있다.

햄릿 저것 봐, 아버지가 살아계셔. 나는 죄의식에서 벗어나도 된 것일까?
호레이쇼 어떤 죄의식?

햄릿 어떤 죄의식? 무엇인지 모르게 지금까지 나를 가렵게 해주던 죄의식. 넘어서려다 넘지 못한 벽. 그 이후로 끊임없이 다가오는 벽.

. . . . . .

망령들이 나타난다. 그들은 죽을 때 당시의 몰골이다. 제 명에 못살고 죽임을 당한 것들. 그들은 각기 자기 나름의 하소연을 갖고 있다.

소리 1 아, 아프, 숨 막혀, 아프, 숨 막혀, 새벽에, 숨 막혀, 코로, 입으로 몸 속으로, 아, 아프다, 숨 막혀, 쳐박혀, 쳐들어, 내 숨이, 내 코가. . . .

소리 2 아뜨, 아뜨뜨, 가슴으로, 겨드랑이, 너리털, 아뜨, 떨어셔, 태우는구나, 아뜨, 항문 밑에서, 사타구니가, 머리털, . . .

소리 3 . . . 귀가 터져. 귀가 터지네. 찢어져, 우우웅, 끼이, 머리, 귀, . . .

소리 4 가슴이 섬뜩했지, 서늘하게 내 몸 속으로 강철이 들어왔어. 나는 그놈의 눈을 후벼팠지. 내 눈이 후벼졌어. . . .

소리 5 내 목뼈가 부러졌다.
내 다리가 부서졌다.
내 허리가 튕기는구나.

. . . . . .

소리 6 . . .
뜨겁게 달군 쇠뭉치.
가랑이로부터 배 속으로 머리 끝까지.
나는 산산히 부서져 버린다.

. . . . . .

유령 들어라, 내 아들아, 나는 이 허깨비들하고 같이 있다. 이것들은 나 때문에, 나와 더불어 죽은 귀신들이다. 이것들은 나를 괴롭힌다. (〈햄릿 5〉 604-606)

그러나 두 작품 모두에서 햄릿은, 전작들과는 전혀 달리, 죄의식에 파묻혀 고뇌하다가 결코 행동하지 못하고 끝내는 물고문으로 죽은 뒤 유령으로 되살아나는 인물로 그려진다.

로젠, 길덴이 햄릿을 들고 들어와 구타를 한다. 욕조로 끌고 가 머리를 물에 넣는다.

로젠 이런 자식은 죽여야 돼.
길덴 내가 죽일 거야.
로젠 아냐. 나야.

· · · · · ·

햄릿 살려다오.
로젠 이 자식아. 이런 정도론 죽지 않아.
길덴 엄살이 심해. 이 자식이.

· · · · · ·

로젠 죽은 것 같은데.
　　　움직이질 않아.
길덴 (손을 더듬어 본다.)
　　　죽었어.

· · · · · ·

햄릿 (일어나서 걸으며)
　　　여기는 어딘가?

(더듬듯)

여기는 어딘가?

무슨 일이 분명히 있었는데.

그 일이 무얼까? (〈햄릿 5〉 646-647)

기국서는 〈햄릿 4〉를 만들면서 "얼마 전까지 사회적 논란이 되었던 의문사에서 영감을 얻었다"(김창기)라고 밝힌 바 있는데, 이는 햄릿의 물고문으로 인한 죽음이 87년 물고문에 의해 야기되었던 '박종철 군 고문치사 사건'에 영향 받았음을 의미하는 것임에 틀림없을 것이다. 그런데 문제는 이러한 거대한 사회적 이슈 앞에서 햄릿은 죽어 유령이 될지언정 전혀 행동하지 못한다는 것이다. 이러한 햄릿의 모습에 대해 김성희는 "우리의 현실을 폐허로 인식하는, 방관자로서의 햄릿"(188)이라고 규정하고 있으며, 김옥란은 보다 상술하여 "〈햄릿 4 · 5〉에서 햄릿은 행동뿐만 아니라 존재 자체가 지워 진 유령으로, 모든 것을 빨아들이는 텅 빈 구멍으로 등장하고 있다. 지난 시대의 문제는 여전히 해결되지 못한 채 햄릿은 역사적 실체로서의 주체의 힘을 거세당하고 유령이 되어 배회하고 있다"(254-255)고 설명한다. 햄릿이 무력화 되었다면, 반면 왕에 의해 상징되는 군부 세력은 더욱 질긴 생명력을 가진 모습으로 묘사된다. 햄릿이 아닌 호레이쇼의 총에 의해 저격당한 왕은 햄릿이 물고문을 당하는 사이 끝없이 되살아난다.

   호레이쇼, 경주용 총으로 왕을 저격한다. 왕, 쓰러지며 긴다.

               · · · · · · ·

   왕, 꿈틀거리며 일어난다.

   왕 군부독재의 망령은 언제나 되살아나지.

호레이쇼, 한번 더 저격한다.
쓰러진다. 또 긴다.

　　　・・・・・・

왕 파쇼는 죽지 않는다. 다만 사라져 갈 뿐이다.

호레이쇼, 공중에 저격한다. 왕, 쓰러진다. 긴다. (646)

　끊임없이 되살아나는 클로디어스의 모습은 민주 정부가 들어선 90년대에도 여전히 청산되고 있지 못한 과거의 군부 및 그 친위 세력들의 집권을 암시하는 것일 것이다. 행동력을 잃고 방관자처럼 무기력해진 햄릿은, 민주 정부를 쟁취했음에도 과거 군사 정권의 그림자들이 온전히 청산되지 못하고 진정한 변화를 성취하지는 못한 데서 오는 기국서 자신의 저항정신의 피로감에서 오는 것일 수도 있고, 그러한 시대상에 대한 기국서의 연극적 반영일 수도 있겠다. 그리고 더 나아가 기국서의 공연 기법에서 뚜렷이 드러나는 포스트모더니즘적 성향의 일 단면이라고도 할 수 있겠다. 김방옥은 〈햄릿 5〉의 "「폐허」라고 명명된 오늘날의 정치상황과 황폐해진 인간심성을 그린 부분"에 대해 공감한다며, "이 연극의 양식 자체가 자포자기적 폐허라 할 수 있다. 논리와 이미지의 파편화, 연극 행위라는 자의식의 노출, 통속예술과의 결합 등이 그것이다"라고 이 극의 '폐허'라는 주제를 뒷받침하는 폐허적 극 구성을 언급했는데, 이는 이 극의 포스트모더니즘 적 특성을 지적한 것과 다르지 않다. 기국서의 〈햄릿〉 시리즈는 마치 하나의 작품처럼 많은 공유항을 지니고 있지만, 당시의 시대 상황에 맞춰 조금씩 그러나 지속적으로 진화해 왔다고 할 수 있겠다.

　1990년 〈햄릿 5〉 이후 한동안 침묵하고 있던 기국서는 10여년이 지난 2012년 다시 〈햄릿 6〉를 내놓았다. 기국서가 이 시점에 다시 〈햄릿〉을 들고 나온 것은 김대중, 노무현 정부 이후 과거 군사정권 시절에 뿌리를 둔 정치 세력이 다시 집권하던 당시의 정치 상황과 연관되어 있을 것이라는 추측이 가능하다. 실제로 2012년에는 4월 11일 총선과 12월 19일의 대통령 선거로 인해, 과거 군사 독재와 유신, 이명박 정부의 여러 실정 등을 풍자하는 이우천 연출의 〈권력유감〉, 방은미 연출의 〈대한민국 김철식〉, 이기쁨 연출의 〈성은이 망극하옵니다〉, 윤한솔의 〈꿀꺽꿀꺽 낄낄낄 ─ 유신의 소리〉, 박근형의 〈전명출평전〉, 부새롬의 〈뻘〉과 〈로풍찬 유랑극장〉많은 공연이 이루어졌는데, 한겨레 신문의 정상영은 "부조리한 현실 고발한 사회풍자극 넘쳤다"라는 기사에서 기국서의 〈햄릿 6 ─ 삼양동 국화 옆에서〉도 그중의 하나로 소개하였다.

〈햄릿 6〉는 그 전체적인 구성과 내용에 있어서는 〈햄릿 4-5〉와 크게 달라지지 않았다. 다만 햄릿은 청바지를 입은 운동권 학생의 모습이 아니라, 공장 파업 후 해고 당해 외상후 스트레스성 장애를 앓고 있는 노동자로 등장한다. 그의 환각 속에 등장하는 망령들은 용산 참사의 희생자들, 성폭행 피해자들, 쌍용자동차 파업의 자살자들이다. 연극의 주된 배경은 삼양동에 위치한 '국화'라는 낡은 카페이고, 그 뒤로 낭떠러지와 무덤 등이 설정되어 있다. 시대는 2012년이지만, 무대 위의 시간은 〈햄릿 1〉이 처음 세상에 나오던 순간에 멈춘 듯이 보인다. 20여 년 전처럼 낡고 위태로워 보인다. 2012년의 현실이 사이사이 삽입되고 있지만, 기본적으론 "기국서는 전작들에서와 마찬가지로 이 모든 불행들의 원인을 여전히 해결되지 않은 역사, 특히 유신과 독재, 그리고 그 망령을 깨끗이 근절시키지 못한 우리의 죄의식에서 찾고 있다"(이경미)는 점에서 이러한 무대 위의 낡음과 위태로움은 적절한 설정으로 보인다.

사진 27 〈햄릿 6 - 삼양동 국화 옆에서〉(2012). 기국서 연출.
극단 76. 공장 노동자로 나오는 햄릿(윤상화 분).

〈햄릿 6〉의 햄릿도 〈햄릿 4-5〉에서와 마찬가지로 행동하지 못한다. 뒤틀린 현실에 대해서도, 억울한 망령들의 하소연에도 분노하지 못하는 그는 행동은커녕 외상 후 스트레스 증후군을 앓고 있는 무기력한 환자이다. 이러한 무기력하고 병적인 햄릿의 현재적 당위성에 대해 이영경은 다음과 같이 설명한다.

햄릿은 거대한 사회 모순을 단지 바라 볼 뿐 나아가지도, 물러나지도, 그렇다고 가만히 머물지도 못한 채 그저 괴로워한다. 피해자든, 가해자든 죄를 숨길 구석은 많지만 죄의식으로부터 도망칠 구석 없는 세계에서 행동은 취약할 수밖에 없는 햄릿은 그러므로 2012년에도 무대에 설 수 있는 당위성을 얻는다. 개인의 복수와 동시에 사회 정의도 실현해야 하는 햄릿은 더 이상 존재할 수 없다.

그렇다고 기국서가 2012년의 한국 사회 앞에서 주저앉은 이 무기력한 햄릿의 절망만을 제시하고 있는 것은 아니다. 카페에서 연극 연습을 하는 장면에서, 극중극 배우들에게 셰익스피어가 햄릿의 입을 빌려 "시대의 실체를 형상 그대로 보여주라"고 요구하듯이, 기국서 역시 햄릿의 입을 빌어 연극이 현실과 대면할 것을 주장한다. 이경미는 이러한 기국서의 태도에 대해 "음악이나 일상 따위는 던져버리고 '소리치고 싸우고 미쳐가면서' 이 시대 가난한 민중들의 이야기를 가감 없이 그대로 내지르라고 요구하는 이 햄릿의 모습에서는 한평생 왜곡된 현대사에 대해 뜨겁게 저항했던 원로 연극인의 준엄한 충고가 배어나온다"고 평가한다. 이어 이경미는 이 극의 마지막 에필로그에서 다시 한 번 기국서의 연극의 역할에 대한 엄중한 목소리를 듣는다.

맨 마지막 에필로그에서 거투르드와 그의 정부, 길덴과 로젠을 향해 마지막 총을 겨누는 사람은 다름 아닌 연출가이다. 결국 이 시대의 무기력과 우울로부터 역사를 건져내고 미래를 세울 수 있는 것은 예술, 연극이라는 것인가. 자못 낭만적일 수도 있고, 도취적이라고 할 수도 있지만, 한편으로 오랜 기간의 침묵을 깨고 돌아온 한 원로의 무겁고도 진지한 전언인 듯하여 다시 한 번 가슴이 먹먹해 진다.

20여 년 전부터 진행되어온 기국서의 〈햄릿〉 시리즈는 각각 당대의 정치적 사건과 상황에 따라 원작을 해체, 재구성해왔다. 때문에 이영경은 "어쩌면 사라져야 마땅할 기국서의 햄릿이 20여년 만에 다시 무대에 서 있다는 것은 과거와 비교해 대한민국이 크게 달라지지 않았음을 의미한다"고 〈햄릿 6〉의 의의를 진일보하지 못한 한국 사회에서 찾았다.

〈햄릿 6〉의 마지막 에필로그 장면에서도 햄릿은 물고문을 받고 죽었다가 다시 일어난다. 그리곤 "이곳은 대체 어디인가?" 하고 묻는다. 김주연은 이 질문을 "이 연극을 보고 있는 우리 모두에게 던지는 기국서의 날카로운 질문"으로 이해하며, "그 질문은 여전히, 생생하고 유효하다"고 주장한다. 연극은 자신의 시대를 예리한 눈으로 주시해야 한다. 그리고 그 시선을 관객과 공유할 책무가 있다. 기국서의 〈햄릿〉 시리즈는 예술적 측면에서는 많은 논란을 일으키며 부정적 평가도 자주 받아온 것이 사실이나 연극의 사회적 소명에 끈질기게 분투해온 점만으로도 한국 셰익스피어 공연사에서 충분히 평가받아야 할 것이다.

3. 이윤택의 〈맥베스〉와 〈우리 시대의 리어왕〉

(1) 이윤택의 〈맥베스〉

'문화 게릴라'라는 별칭을 갖고 있는 이윤택은 극작가이자 연출가로서 한국 문화의 특성을 번뜩이는 감각으로 차용하고 뒤집으면서 동시에 한국 사회의 폐부를 예리하게 해부하는 작품들을 발표해 왔다. 이윤택은 1992년 〈맥베스〉와 1995년 〈우리 시대의 리어왕〉을 통해 기발한 아이디어로 셰익스피어의 원작을 해체, 재구성하며 한국의 정치 상황에 대한 통렬한 비판을 가했다.

    1992년 부산배우협회 창립 기념으로 공연된 이윤택의 〈맥베스〉는 '정치극, 혹은 정치판 놀이'라는 부제를 달았을 만큼 처음부터 매우 의도적으로 정치적 셰익스피어를 지향했다. 이 공연은 10 · 26 박정희 전 대통령 시해 사건을 중심으로 그 전후의 군부독재, 쿠데타, 권력암투, 대권 등 한국 사회의 최근 정치사를 〈맥베스〉에 녹여냈다.[19]

    맥베스는 특공여단의 소장이고 뱅코우는 그를 보좌하는 특공여단 대령이다. 이들이 군사 반란을 진압하기 위해 나서면서 극은 시작한다. "기관총 소리, 박격포 소리, 전차 바퀴 거칠게 구르는 소리가 뒤섞이면서"(155) 막이 오르고, 반란군 진압에 성공한 "맥베스 소장과 뱅코우 대령을 태운 오픈 카지프와 일군의 특공여단 병사들이 안개를 헤치며"(158) 등장한다. 맥베스의 반란군 진압 성공에 대해 로스는 "맥베스 특공여단이 수도 진입에 성공하고 있습니다"라고 보고를 하고, 이에 던컨이 "내가 빠져 나온 수도 서울에 왜 들어가?"(158)라고 반문하는 가운데, 극의 무대가 수백 년 전 스코틀랜드가 아니라 현재의 대한민국 수도 서울이며 이곳에서 모종의 군사정변이 진행하고 있음이 강하게 암시된다. 자신의 야망을 부추기는 마녀들에게 맥베스는 "그렇다고 야밤에 병력을 동원해서 한강 다리를 넘던 시대는 아니야"(163)라며 무대 배경과 시대가 서울이자 현 동시대임을 다시 한 번 확인시킨다.

    이윤택의 〈맥베스〉는 해체와 재구성의 과정을 거치고 있으면서도 기본

----

19 이윤택의 〈우리 시대의 리어왕〉에는 이 〈맥베스〉 공연 때 이윤택 자신이 구속되는 에피소드 및 10.26을 직접적으로 연상시키는 공연 실황에 대한 언급이 나와 흥미롭다.

연극배우 . . . 내가 처음 극장을 세우고 맥베스를 무대에 올렸을 때, 전투 경찰들이 건빵을 씹으며 극장 앞 출입구를 막았고, 저는 처음으로 감옥이란 델 가보았습니다.
독재자 당신의 맥베스에는 박홍주 대령이 돌아온 무법자처럼 총을 쏴대고, 심수봉의 노래가 흘러나오고 있었어. (34)

적으로 원작의 이야기 줄거리를 충실히 반영한다. 하지만 전혀 원작에 없는 장면이 삽입되어 있는데, '제4장 자연으로 돌아가라'라는 타이틀을 단 고문실 장면이다. 반란군을 진압한 뱅코우 대령이 맥베스 소장이 보는 앞에서 전 수도방위사령관 코더 대장을 비롯해 정치가, 재산가, 언론인, 교수, 공무원, 예술인, 연예인, 운동가로 분류된 남자들을 고문한다. 그들의 부패를 씻어 자연인으로 되돌려 놓겠다며. 영락없이 80년대 초반 군사정변이 일어난 후의 한국의 정치 상황을 빼다 박았다.

남자 3(언론인) 아니, 여기가 고문실이란 말이오?

이때 피투성이가 된 전 수도방위사령관 코더 대장이 밀려 들어와 엎어진다. 모두들 고함을 지르며 물러난다.

빙긋 웃으며 나서는 뱅코우.

뱅코우 여러분을 환영합니다. (고문 기구들을 지휘봉으로 가리키며) 여기 오신 분들 중에 이 기구들을 기억하시는 분이 계셔서 다행이군요. 그렇습니다. 여기는 전시대의 유물 전시장 같은 곳입니다. 근래 한 이십년 동안 별로 사용하지 않은 곳이라 여러분들 기억 속에서 사라진 망령의 방이죠. . . . 전 여기서 당시 정치인, 재벌, 신문사 기자, 방송국 사람들, 연예인 매니저, 조폭, 시인, 작가, 교수, 과학자, 노조운동가, 부패 공무원들 삼백 여 명을 옷 벗긴 적이 있지요.

· · · · · ·

남자 3(언론인) 지금이 어떤 세상인데 군바리들이 나와 설치는 거야, 엉?
뱅코우 지금이 어떤 세상입니까? (어조를 바꾸어) 왜 우리가 나와 설치게 했어 이 새끼들아!

남자들 웅성거리는데 뱅코우가 몽둥이를 들고 나와 사정없이 후려갈긴다.
남자들 비명을 지르며 엎드리고.

· · · · · ·

건장한 사내들 와~ 달려들어 게임하듯이 하나 둘씩 붙들고 물통에 머리를
쳐넣고, 전기의자에 앉혀 지지고, 매달린 줄에 거꾸로 매달고, 손톱을 뽑는
다. 당하는 자들은 죽을 판이지만, 보는 입장에서는 신나게 웃긴다.

· · · · · ·

맥베스 그래, 다 벗어라. 이제부터 당신들은 자연인이다. 자연으로 돌아가라.
애네들 씻겨서 내 보내. 썩은 시궁창 냄새가 난다 말이야. (169-172)

던컨 살해 장면은 박정희 전 대통령 시해 장면을 모사한 것이다. 2막이
시작되면, 위층에서는 던컨, 로스, 레녹스, 멜컴, 도널베인 등이 탤런트, 여
가수와 여흥 판을 벌이고 있고, 아래층에서는 경호원 1(대령) 경호원 2(특무
상사)가 트럼프 놀이를 하고 있다. 위층 던컨 일행이 벌이는 여흥의 모습은
10·26사태 때 궁정동 안가에서 벌어지던 일의 복사판이다. 그리고 아래층
에서 뱅코우와 경호원들 사이에서 일어나는 대화 내용과 살해 과정은
10·26사태 당시 경호원 대기실에서 국가대표 사격선수 출신의 안 모 경호
원(대령)을 포함한 두 명의 경호원을 중앙정보부 의전과장 박 모 대령이 살
해하던 모습을 그대로 연상시킨다.

뱅코우 (경호원에게) 몇 시쯤 되었나, 대령?
경호원 1 시계를 차고 다니지 않는다는 것을 모르나 뱅코우 대령.
뱅코우 그 잘난 사격 솜씨를 자랑하기 위해서인가?
경호원 1 물론이지. 자네와 난 같은 사관학교 동기지만, 내가 자네보다 총을
 더 빨리 정확하게 쏘기 때문에 난 각하의 경호원이 되었고, 자넨

한갓 야전군참모 노릇이나 하고 있잖은가.

· · · · · ·

뱅코우 (권총을 든 손이 떨린다.) 총을 뽑지 말라. 난 널 쏘고 싶지 않다! 같이 살자, 대령!

경호원 1, 권총을 뽑고 특무상사 기관단총을 집어 든다. 차갑게 울리는 서너 발의 총성.
넘어지는 대령과 특무상사, 특무상사의 기관단총 총구에서 허공을 향해 연발사격이 공허하게 울린다. 뱅코우 흐느낀다. 이때, 피 묻은 손을 들고 이층에서 계단을 내려오는 비서실장. (183-187)

비서실장 (울며) 각하가. . . . 각하가 시해되었소 각하가. . . . (183-187)

　　당시 절친한 사이였던 중앙정보부 의전과장이었던 박 모 대령이 "같이 살자"며 경호원 안 모 대령을 설득하려 했다는 것은 재판 과정에서 밝혀진 유명한 일화이다. 그리고 던컨의 시해 소식을 알리는 비서실장은 10 · 26 당시 궁정동 안가의 유일한 생존자인 김 모 대통령 비서실장의 재현일 것이다.
　　한편 이윤택은 맥베스를 대머리로 등장시키며[20] 기본적으로는 박정희 이후에 정권을 잡은 전두환과 연결 짓고 있는데, 던컨 시해 장면에서는 박정희를 총으로 쏜 김재규 당시 중앙정보부장에 대입시킨다. 던컨을 총으로 쏘기 전 맥베스는 김재규의 사건 후 진술을 반복하는 듯이 보인다.

---

　　[20] 이윤택은 맥베스를 통해 전두환을 연상시키려는 듯 의도적으로 그이 대머리를 강조한다.

　　맥베스 임마, 내 머리가 심심풀이로 벗을 머리냐 이게(하면서 모자를 벗는다. 번쩍이는 대머리) (163)

맥베스 . . . . . .

　　오, 일격의 총알이 한 시대의 불안을 잠재울 수 있다면, 나는 내 목
숨을 걸고 도박을 하겠다. (184)

　　그러나 이윤택의 〈맥베스〉에 정의란 없다. 앞에서 보았듯이 뱅코우는
맥베스와 더불어 던컨을 살해하는 암살 공모자로 등장한다. 던컨도 결코 덕
망 있고 정의로운 군주는 아니다. 던컨은 권태로운 현재의 세상을 뒤집고
다시 예전의 억압적 세계로 되돌리기 위해 반혁명을 모의한 어처구니없는
통치자이다. 있지도 않은 반란군을 내세워 맥베스에게 수도 진입을 명령한
것이다. 그러한 던컨을 살해하고 새로운 국가 원수가 된 맥베스는 물론 살
육을 주저 않는 폭군이다. 자신의 정권을 쟁취하고 유지하기 위해 던컨뿐만
아니라 많은 이들의 목숨을 빼앗는다. 맥베스를 물리치고 대권을 이어 받는
맥더프는 "뚱뚱한 몸집과 흰 얼굴에 붉은 볼을 한 광대 같은 모습으로 강인
한 장수의 모습이 아닌 겁쟁이에 불구하다. 맥베스에서 맥더프로 넘어간 대
권은 맥베스 때보다 더 악화되어 있다"(신정옥, 『셰익스피어 한국』 244). 맥베
스와 맥더프가 싸울 때 정작 맥베스를 총으로 쏴 쓰러뜨린 것은 맥베스의
비서실장인 로스이다. 그는 맥더프를 허수아비로 만들고 실질적인 권좌에
오른다. 주유미는 "해직 기자를 주인공으로 현실에 대한 좌절을 그린 〈시민
K〉와 혁명의 좌절을 그린 〈청부〉 등 지식인 연극에 관심을 가져온 이윤택
이 〈맥베스〉에 와서야 지식인에게 권좌를 마련해 주었다"고 말하면서도 "지
식인 비서실장의 등극 또한 그리 낙관적으로 보이지 않는다"고 단서를 단다
(244). 이러한 주유미의 판단은 옳다. 던컨 역시 권좌에 오르기 전에는 "학생
들에게 존경받는 역사학자"(174), 즉 지식인이었기 때문이다. 던컨은 새로운
통치자 로스의 그림자인 셈이다.

　　이윤택의 이러한 설정은 얀 코트(Jan Kott)가 『셰익스피어, 우리의 동시대

인』(*Shakespeare Our Contemporary*)(1964)에서 제시한 '역사의 거대한 기계구조'(The Grand Mechanism of History) 이론을 떠올린다. 역사는 반복될 뿐 진화하지 않는다는 비관적이고 결정론적 세계관이다. 새로운 정권이 만들어지고 새로운 권력자가 들어선다고 해도 세상은 더 좋아지지 않는다. 이미 정해져 있는 거대한 기계구조 같은 역사의 쳇바퀴 속에서 죽어라 내달리지만 항상 제자리이다. 인간들은 그러한 역사의 기계구조의 정해진 틀 속에서 무의미하게 몸부림치는 어리석고 안타깝고 때로는 우스꽝스럽기까지 한 어릿광대요 꼭두각시 같은 존재들이다. 폴란드 출신의 정치 운동가이자 셰익스피어 학자인 얀 코트(Jan Kott)의 이러한 이론은 피터 브룩(Peter Brook)의 〈리어왕〉(영화)(1971), 로만 폴란스키(Roman Polanski)의 〈맥베스〉(영화)(1971), 마이클 보그다노프(Michael Bogdanov)가 셰익스피어 사극 7개를 묶어 연출한 〈장미의 전쟁〉(*Wars of the Roses*)(1987) 등을 비롯해 이후의 수많은 공연에 영향을 미쳤다. 하지만 얀 코트가 셰익스피어를 바라보는 전혀 새로운 시각을 창조해냈다기보다는 셰익스피어 속에 내재해 있는 한 특성을 극대화해 제시했다고 보는 것이 맞을 것이다. 〈맥베스〉만 하더라도 기실 이극은 맥베스에 의해 성벽에 매달린 맥돈월드의 모가지로 시작해서 맥더프에 의해 창끝에 매달린 맥베스의 모가지로 끝난다고도 말할 수 있기 때문이다. 이러한 반복 구조는 맥베스와 맥더프를 동일선상에서 바라보게 한다. 이윤택은 원작의 이러한 특성을 예리하게 읽어내고, 그것을 한국의 정치 현실과 연결 짓고 있다 할 수 있겠다.

이윤택은 한국의 정치 현실을 '개판'이라고 규정하고 그 아귀다툼의 상황을 실재 개싸움으로 희화화한다. 맥베스와 맥더프의 최후의 일전이 우스꽝스런 개싸움으로 연출되었는데, 당시 공연을 본 주유미는 그것을 다음과 같이 묘사한다.

이 개 싸움 장면에서 관객들은 당황스러워진다. 깽깽소리를 내며 물고 뜯는 군인들을 보고 웃어야 할지 울어야 할지. 맥베스의 병사들이 진격해오는 맥더프의 병사들에게 밀가루를 뿌리는 장면에서 이 개판은 극에 달한다. 밀가루를 뒤집어 쓴 맥더프의 꼴은 정말 볼 만하다. 이성과 상식이라고는 찾아볼 수 없는 용모에 희극적인 얼굴. 밀가루까지 뒤집어 쓴 꼴은 튀김옷을 뒤집어 쓴 생선 같다. "기름에 넣기만 하면 되겠군." 뒤에 앉은 관객이 아주 즉각적인 반응을 보였다. (245)

관객들은 이윤택의 이 낯선 〈맥베스〉를 어떻게 받아들였을까? 주유미의 현장 리뷰에 따르면, "관객들은 이윤택의 '맥베스'를 그리 낯설어 하지 않는 것 같았다. 아니 오히려 아주 즉각적인 반응들로 공감을 표시했다"(245)고 한다. 왜일까? 낯선 〈맥베스〉였지만, 그 안의 내용물은 우리의 현실과 너무 닮아 아마도 그만큼 다가서기 쉬웠을 것이다. 결론적으로 주유미는 이윤택의 〈맥베스〉를 "정치의 달에 확실히 성공한 정치극"(245)으로 규정한다. 신정옥 역시 "한국에서 셰익스피어의 희곡을 해체한 어느 작품들보다 공연적 측면에서든 희곡의 기량에 있어서든 가장 참신한 멋을 준다"(『셰익스피어 한국』 243)고 이윤택의 〈맥베스〉의 연극사적 의의를 설명한다.

(2) 이윤택의 〈우리 시대의 리어왕〉

이윤택의 〈맥베스〉가 부산에서 공연된 까닭에 그 작품의 정치적 셰익스피어로서의 연극사적 의의나 예술적 우수성에도 불구하고 많은 주목을 받거나 화제를 뿌리지 못했던 반면, 이윤택이 각본을 쓰고 유재철이 연출한 〈우리 시대의 리어왕〉은 대학로 '왕과 시' 소극장에서 1995년 4월 1일부터 5월 31일까지 비교적 장기 공연되면서 큰 반향을 불러 일으켰다.

〈우리 시대의 리어왕〉은 가스통 살바토레의 〈스탈린〉을 우리 시대 상황에 맞게 이윤택이 다시 재구성한 것이다. 이 재구성 작업을 하면서 이윤택은 이 극을 "우리 시대의 정치극"(이윤택 「우리」 3)으로 만들고자 했음을 분명히 밝히며, 재구성 대본을 쓰는 데 결정적 단서가 된 부분은 "불행한 시대에 무거운 짐은 우리가 짊어지고 갑시다. 이제 느낀 것을 있는 그대로 말하기로 합시다"(이윤택 「우리」 4)라는 셰익스피어의 〈리어왕〉 마지막 대사였노라고 말한다. 그래서 이윤택은 살바토레의 〈스탈린〉에서 독재자와 연극배우가 셰익스피어의 〈리어왕〉을 연습한다는 극의 골격은 그대로 가져오지만, 그 세부적인 내용은 군부독재 및 광주민주화항쟁 등 우리의 불행한 시대의 무거운 짐들에 대한 것으로 채운다.

극은 문민정부 들어 실각당해 유배 생활을 하고 있는 독재자가 문고판 〈리어왕〉을 읽고 있는 모습에서부터 시작한다. 독재자는 자신이 재임 중에 보았던 〈리어왕〉에서 명연기를 보여주었던 리어왕 역의 연극배우를 불러들여 그와 함께 〈리어왕〉을 공연해 보고 싶어 한다. 독재자는 〈리어왕〉이 바로 정치에 대한 이야기이며 자기 자신에 대한 이야기라고 여긴 탓이다.

> **독재자** 난 필요한 것에만 관심을 가지지요. 가벼운 볼거리를 찾아 극장을 찾는 관객들에겐 리어왕이 하루 저녁 시간 때우기 식의 연극일지 몰라도 난 그렇게 안 봤어요. 그건 정치요. 그건 내 이야기였소! (24)

> **독재자** 내가 걸은 길은 리어와 똑 같아. 이건 비유가 필요 없을 지경이지. 내가 당한 배신과 모욕은 리어의 대사들 속에 모조리 들어 있단 말이오. 나는 오늘 밤 이 장면들을 당신과 연기해 보고 싶소. (27)

배신에 몸서리치는 독재자가 가장 공감하는 〈리어왕〉의 장면은 리어왕이 배신한 딸들을 심판하는 장면이다. 독재자는 연극배우에게 그 장면을 보여 달라고 청한다. 연극배우는 첫째 딸 고너릴과 둘째 딸 리건에게 알몸으로 황야 속으로 쫓겨난 리어왕이 광기에 빠진 채 딸들을 재판하는 장면을 재현한다. 그런데 그의 〈리어왕〉은 독재자의 묘사대로 "상당히 풍자적"(26)인 것이어서, 5·18 광주민주화항쟁의 관련자로 보이는 공수여단장도 증인으로 소환되고 딸들은 그 때 우리의 아버지와 아들들을 짓밟은 자들로서 고발된다.

> **연극배우** (리어로서 관객들을 대상으로) 먼저 심문! 증인들을 불러와라! 당시 35사단장 제1 공수여단장님 여기 앉으시죠. 그리고 (간병인을 가리키며) 당신도 옆에 앉아서 역사를 증거하라. 죄송하옵니다만, 각하. 각하도 여기 앉으시죠. 이하 모든 분들께 맹세하는데, 이 사람들이 바로 제 아버지 아들딸들을 짓밟은 사람들입니다.
>
> **독재자** (고통스럽게) 아냐!
>
> **연극배우** 아마 내 말을 부인하지 못할 걸. 그리고 여기 또 한 년! 저 흘겨보는 눈초리 좀 봐. 저 눈초리가 바로 못된 심보를 증명하고 있지. 암탉이 울면 집안 망한다는 소리도 못 들었어? 재판관! 왜 저년을 놓아주는 거야? 스피츠, 발바리, 똥개, 모두 똥개들이야. 재판은 다시 열려야 한다. 재판은 다시 열려야 한다! (27)

독재자는 광주 항쟁이 암시되는 부분에서는 몹시 괴로워하면서도 리어가 딸들에 의해 모든 것을 빼앗기고 배신당했으며, 지금 그들을 심판하려 한다는 점에서 연극배우가 실연해 보여주는 〈리어왕〉에 점점 더 빠져들고 리어에게서 자기 자신을 본다. 1막의 마지막은 리어왕과 자신의 동질성을 확인한 독재자가 우리 시대의 살아 있는 리어왕을 연기해 보여주겠다고 호언장담하면서 끝맺는다.

독재자 . . . . 내 오늘 우리 시대의 살아 있는 리어왕의 연기를 보여주마.
(가운을 벗어던지고 팔을 벌린다) 자, 내게 네 의상을 입혀라. 넌 사실
리어왕을 연기하기엔 역부족이었어. 지나치게 작고 볼품이 없잖아. 왜
관객이 줄어들고 있는가를 정작 깨달았어야지. 그건 너 때문이야. 너
같이 못생긴 리어를 누가 보러와.

연극배우, 독재자에게 의상을 입혀준다.

독재자 넌 네 본분인 광대로 돌아가라. 모든 배우는 말년에 리어를 연기해
보고 싶어 한다지. 좋아, 나야말로 말년이다. 내 생애 마지막 불꽃을 태
우리라. 황야에서 만나세. 바보 광대여— (36)

2막은 리어의 옷을 입고 왕관을 쓴 독재자와 벌거벗은 광대(연극배우)
의 마당극 식 놀이극으로 진행된다. 그런데 본격적인 그들만의 〈리어왕〉
공연이 시작하기 전 연극배우가 오강에서 볼일을 보며 신문을 읽어댄다. 탈
춤의 도입부 사설을 연상시키는 그런 느슨한 장광설에서 슬쩍 90년대 공연
당시의 정치 상황을 비꼰다.

광대 . . . (벽난로 위에 앉아 신문을 꺼내 읽는다) 민자당 개혁은 뒷걸음질
이오—. (빠르게 읽는다) 세계화 구호 뒤에 남은 건 김대표 사퇴뿐. 민
정공화계 반발 당직 경선제 대부분 연기 축소. 김종필 씨 왈—다 모여
다시 한 번 해보는 거여 씨부럴 이판사판이여—. (신문을 넘긴다) 이쪽
도 난리다 난리여. 동교동계 케이티 끌어안기냐 정대철 카드냐 이것이
문제로다. (신문을 내리며) 와—올해 선거 재밌겠는데. 이러다가 나라
가 또 네 개로 쪼개지는 것 아닌지 모르겠네 이거. 흥, 내가 나서면 다
섯 개로 쪼개진다. 사분오열! 그리고, 그리고 다시 헤쳐 모이는 거지,
흐흐. (39)

이러한 설정은 독재자의 현 상태마저도 현재의 정치 상황과 무관치 않다는 배경막일 것이다. 리어로 분장한 독재자는 시를 읊으며 등장하는데, "절 밖에 무심한 바람" 운운하며 자신의 신세를 한탄하는데 현재 자신이 절에 유폐되어 있음을 암시한다. 이상란은 이때의 독재자를 "백담사에서 회한을 씹고 있는 전두환"(129)이라고 묘사하는데, 누가 봐도 이 절은 당시 전두환이 유배되어 있던 백담사이며, 독재자는 바로 그 전두환의 연극적 환생이다.

그런데 이 독재자에게 주어지는 대사는 그의 잘못에 대한 회한이나 반성이 아니라, 자기변명이며, 원망이다. 독재자는 자기를 유폐시킨 6.29 선언과 삼당합당 정치 세력을 파충류라고 지칭하며 현재의 한국 역사를 파충류의 역사로 규정한다. 그는 이러한 파충류의 역사가 5.16 군사 쿠데타에서 시작되었다고 주장할 뿐만 아니라, 정주영, 이병철, 김우중, 조중훈 등 우리나라의 대표적인 재벌들도 싸잡아, 자기에게 특혜를 받아 부를 축적했다가 자신이 실각한 뒤에는 딸들처럼 자신을 배신하고 외면한 파충류 같은 존재라고 힐난한다.

독재자 (종이를 꺼내 읽는다) 친애하는 파충류 제군! 자네들은 이번 6.29 선언과 삼당통합에서 탁월한 지모를 유감없이 발휘하여 참 잘도 제 밥그릇을 챙겼네. 축하! 축하! (박수를 친다) 누가 이를 비난한다면 그놈이 참 못난 놈이지 뭐. 내 입장에서 보더라도 자네 파충류들은 앞으로 영원토록 이 나라에서 입신양명할 족속들임을 내가 보증하겠네. 장하도다 내 딸년들아— 도마뱀과에서 버러지과에 이르기까지 추한 목숨을 연연히 이어온 한국 현대 파충류의 변천사를 일러줄 테니. . . . 서기 일천구백육십일 년 어느 봄날 한 무리의 청년 장교들이 오척 단구의 깡마른 육군 소장을 앞세워 한강을 넘으면서 우리의 파충류사는 시작되었도다. 반공을 국시의 제일로 삼고, 도탄에 빠진 민생고를 시급히 해결하기 위해 경제개발오개년 계획을 세우고, 옛날 이민우 할머니 밑에서 정미소 쌀가마니 지던 장골에게 한강 철교 공사를 맡겼으니, 그 이름 정주영. . . . 요즘 성수대교가 무너지고 육교가 내려앉고 개판이 되었지만 말이야. . . . 김우중. . . . 이병철. . . . 조중훈. 다 누구 덕이었느냐 이 말이야. 목숨 걸고 한강철교 넘던 우리 아버지 덕분 아니었어? 응? 내가 우리 아버지 가업을 잇는다고 나도 육군 소장 별 달고 애 많이 썼어. . . . 어찌 일 년이 지나고 이 년이 지나도록 눈을 씻고 목탁을 치면서 앉아 있어도 찾아주는 놈이 없냐. (43-43)

홍창수는 "독재자가 권력과 부와 명예 등 모든 것을 상실한 고통과 비애는 리어왕의 그것들과 닮은 점이 있다"며 "리어왕은 독재자의 거울 속 모습, 또 다른 자아의 얼굴이다. 리어왕은 연극 속의 허구적인 인물이지만 독재자에게는 동일시의 대상이다"(「소돔」, 235)라고 지적한다. 독재자는 점점 더 딸들에게 모든 것을 박탈당한 리어왕의 역할에 몰입하다가 마침내 딸 역할을 하던 간병인을 총으로 쏴 죽인다. 독재자는 경호원에게 간병인의 시신을 끌고 나가 적당한 곳에 그냥 묻으라고 명령한다. 독재자의 이런 후안무치한 행동에 연극배우는 울부짖으며 광주항쟁 때 살해당한 자신의 아들에 대한 비통한 심정을 토로한다.

내 아들이 너희들 총기 앞에 무릎을 꿇고 살려 달라 애원하는 눈길에 대검을 박았어! 개 잡듯이 인간을 잡았어! 차라리 인육을 처먹어라 개새끼들아―. (56)

독재자는 광주학살에 대해 변명한다. 정부를 지키기 위해서는 어쩔 수 없었다고.

위태로운 5월이었지. 그건 부인하지 마시오. 난 돌이킬 수가 없었소. 계속 밀어붙일 수밖에 없었지. 그렇지 않고선 나와 함께 정부는 끝장이 났을 테

니까. (58)

　심지어 독재자는 광주 항쟁 진압으로 인해 희생은 있었으나 민주주의의
싹이 트게 되었다고 강변한다.

　　(일어서서 관객들에게) 난 세상 앞에 떳떳이 서서 말할 수 있다. 지금도! 폭
　　동 진압은 성공적이었다. 작가와 학자들에게도 이 일에 찬사를 보낼 글을
　　쓰라고 명령했지. 희생자의 수는 컸지만 이 위기를 넘김으로써 이 땅에 민
　　주주의의 싹이 트기 시작했던 거야. (60)

　김순덕은 『동아일보』의 공연평에서 "셰익스피어의 〈리어왕〉은 시련을
거치는 동안 현실을 인정하고 반성의 태도를 보이지만 이 연극에서는 결코
현실을 받아들이지 않는다. 오히려 '보수 대연합' '0공 신당' '정계 복귀'를 노
린다는 것이 극작가의 시각이다"라고 리어와 독재자 사이의 본질적 차이를
지적한다. 독재자는 리어와는 달리 자신의 지난 삶에 대한 깨달음이 없다.
심지어 광주 학살에 대해서도 민주주의를 위한 어쩔 수 없는 선택이었다는
변명으로 일관한다.
　이 극의 마지막은 글로스터 자살 장면으로 마무리 된다. 연극배우는 글
로스터가 절벽에서 뛰어내리는 자살시도 대신 권총으로 자신의 관자놀이를
쏴 자살하는 장면을 연기한다. 물론 이 자살은 성공하지 못한다. 원작에서
부터 이는 에드가가 아버지 글로스터를 살리기 위해 꾸민 거짓 상황이기
때문이다. 연극배우는 "오만한 인생을 더욱 아름답고 깨끗하게 청산하려 했
는데"(62)라고 말하며 자신의 자살이 성공하지 못한 아쉬움을 토로한다. 그
런데 독재자는 연극배우의 이 말을 실제로 실천해 버린다.

독재자 (새삼 슬퍼지며) 그래. 오만한 인생 더욱 아름답게 끝장내고 싶었어. 날 오욕의 시궁창에 처박은 인간들의 가슴에 못을 박으면서 잘 있거라, 애들아, 잘 있거라. 손 흔들며 이 세상 청산하는 것도 멋있지. 힛히. (권총을 빼어 들고) 어디 나도 한 번 해보자. (누워있는 광대를 밀쳐낸다) 일어서, 비키라구. 내가 멋진 연기를 보여주지. (권총을 관자놀이에 대고 대사를 읊는다) 울어라. 울어라 새여! 내가 만일 아직 힘을 가지고 있었다면 내 분노가 세상을 찌르고, 쥐쌔끼 같은 놈들 그냥 두지 않고 손 좀 봐 줬으리라! 대오각성해라, 이 연놈들아! 절이 싫으면 중이 떠나야지. 좋다. 내 지지리도 못난 인생 여기서 마감하자. 옛날 옛날 한 옛날 해동 조선 동해안에 웬 촌놈이 태어났었노라. 그리하여 내 좆 꼴리는 대로 살았노라. 살면서 한세상 제패했노라. 나는 세상을 웃겼노라. 그리고 세상을 울렸노라. 그리고 모든 걸 잃었노라. 몸은 누항에 누웠으나 마음은 아직 내 고향 똥뚜간에 앉았으니, 오메요오 오메요오ㅡ.

독재자, 방아쇠를 당긴다.
뒷머리께서 튀어 나오는 피!
풀썩 쓰러지는 독재자.

광대 각하!

광대, 피 흘리는 독재자를 안아 일으킨다.

광대 각하 괜찮으십니까?
독재자 음. 난 괜찮아. (무어라 말을 하려 입을 종긋거린다. 광대 귀에 바짝 댄다) 내 . . . 연기 . . . 좋 . . . 았 . . . 어?
광대 (고개를 끄덕이며) 감동적이십니다. 각하. (62-63)

독재자의 자기변명을 미화하는 듯 보이기도 하는 이러한 자살 장면 설정은 결과적으로 이윤택의 역사의식 자체를 의문시하며 평론가들 사이에서 많은 논란을 일으켰다. 동아일보의 김순덕은 이 작품에 대한 논란을 다룬 "이윤택 연극 엇갈리는 평가"라는 기사에서, 연극평론가 협회의 정기 평론 모임에서 〈우리 시대의 리어왕〉을 집중적으로 논의했다며, "평론가들이 이 연극의 가장 큰 문제점으로 지적하는 것은 주인공인 독재자가 끝까지 자신의 독재를 정당화, 결과적으로 지난 80년대를 합리화해 준다는 점이다"라고 지적한다. 김순덕에 따르면, 특히 김윤철은 "'사회극을 표방한 작품이라면 작가가 책임질 수 있는 이야기를 해야 한다'며 이 씨(이윤택)에게 과연 역사에 대한 통찰력이 있는지 걱정스럽다고 말했다"고 한다. 이밖에도 이상란은 자신의 논문 "권력과 연극적 담론—가스통 살바토레의 〈스탈린〉과 이윤택의 〈우리 시대의 리어왕〉의 대비 고찰—"에서 이 자살 장면을 특별히 언급하며 자살은 독재자를 비극의 주인공으로 만들었고, 이는 이윤택이 이 연극을 통해 의도한 과거 군부 세력의 만행에 대한 비판과 대립한다며 강하게 비판한다.

> 광주학살을 저지른 권력의 잔재와 결코 화해하지 말자는 이 연극의 외침과 갑작스런 광주 책임자의 무대 위에서의 죽음은 상당한 모순을 일으킨다. 연극 속에서 죽음을 맞이하는 인물은 비극의 주인공이고 관객은 대부분 그 비극적 주인공에게 감정이입을 하게 마련이기 때문이다. . . . 그렇다면 어찌하여 전두환을 상징하고 있는 독재자가 비극의 주인공이 될 수 있단 말인가. 그는 무대 위에서 죽어서 관객의 동정심을 자극해서는 안 된다. 무대 위에서 철저히 회화화 되거나 냉철한 음험함이 번뜩이게 형상화되어야 할 인물이다. (130)

그러나 김성희는 이 자살 장면에 대해 "자살까지도 독점하려는 권력욕에 대한 신랄한 풍자로 읽혀진다"(337)고 주장하며 긍정적인 평가를 내린다. 필자는 개인적으로 전두환과 동일시 될 수 있는 독재자가 비극적 주인공으로 설정되어서는 안 된다는 견해에 동의하지 않는다. 영국 역사 속에서는 사악한 폭군으로 기록되는 맥베스도 비극의 주인공이 될 수 있는 것이 연극이기 때문이다. 그리고 독재자가 자살했다고 해서 바로 비극적 주인공이 될 수 있는지에 대해서도 논란의 여지가 있다. 그의 자살이 순간적으로 그의 인간적 존재에 대해 객석의 공감과 동정을 살 수는 있겠으나, 그것만으로 이 극이 비극이 되고 독재자가 비극적 주인공이 되기에 충분한 것인지 의문이기 때문이다. 앞서 지적했듯이, 독재자는 리어왕과는 달리 자신의 삶과 과오에 대한 각성이 없기에 결코 리어왕과 같은 비극적 주인공이 될 수 없다. 이것은 단지 아리스토텔레스가 주장한 비극적 주인공의 조건을 충족시키지 못하기 때문이 아니라, 주인공의 각성이 결핍되어 있다는 것은 그만큼 관객과의 공감을 형성할 여지가 충분치 않다는 것을 의미하기 때문이다. 독재자가 자살을 하면서 그 순간 관객의 동정을 살 수 있다하더라도 그것이 그의 악행과 과오 자체를 미화하는 것이라고 할 수는 없을 것이다. 독재에 대한 미화 여부의 논란은 아마도 전두환이란 존재를 연극적 거리감을 갖고 객관화 시켜 무대 위에 올리기에는 95년이란 시점은 너무 이른 감이 있었던 탓이 아닐까 싶다. 평단의 논란과는 달리 관객들의 반응은 뜨거웠다. "관객 이정석씨는 '〈우리 시대의 리어왕〉을 보고 80년대 상황과 전직 대통령에 대한 따끔한 풍자에 속이 다 시원했다'고 소감을 말했다"(김순덕). 〈우리 시대의 리어왕〉은 1995년 4월과 5월 두 달 공연되는 내내 "연일 만원 사례를 기록"(김순덕)하며 관객의 열띤 호응을 얻어냈다.

〈우리 시대의 리어왕〉은 연극배우가 말하는 〈리어왕〉의 마지막 대사로 이 극을 끝맺는다.

> 불행한 시대의 어두운 짐은 우리가 짊어지고 갑시다. 이제 있는 그대로 말하는 세상이 와야 합니다. (63)

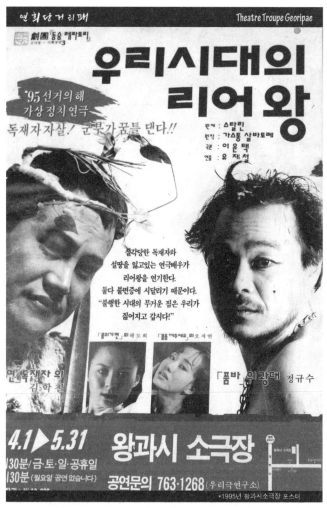

사진 28 〈우리 시대의 리어왕〉(1995). 이윤택 극본. 유재철 연출. 극단 동
숭레퍼토리 컴퍼니. 포스터에 정치적 구호가 가득하다. 독재자 역
의 김학철. 광대 역의 정규수.

이윤택은 이 대사가 자신이 〈우리 시대의 리어왕〉이라는 재구성 대본을
쓰게 된 결정적 단초가 된 부분이라고 말한다(『우리 시대』 4). 시대의 불행을

정면으로 응시하고 그것을 직설적으로 다루어 보고자 하는 이윤택의 각오
가 담긴 말이자, 그의 연극관을 피력하는 말일 것이다. 그런데 이윤택은 여
기서 한발 더 나아가 연극배우의 입을 빌려 "연극 그 자체는 본질적으로 정
치적입니다"(『우리 시대』 33)라고 자신의 연극의 색채를 좀 더 분명히 드러낸
다. 어떤 질료를 가지고 어떤 그릇에 담든지 그가 현존하는 사회의 양상을
그 안에 녹여내려고 하는 이윤택의 많은 작품은 강한 정치성을 내포한다.
그가 〈맥베스〉나 〈리어왕〉을 만나는 방식도 다르지 않았다. 정치성이 강할
수록 예술성은 의문시되기 쉽다. 〈우리 시대의 리어왕〉은 평단의 많은 관
심을 받음과 동시에 많은 논란을 일으켰다. 그런데 그 논란이 정치극으로서
의 〈우리 시대의 리어왕〉을 평가하는 것이어야지 원작 〈리어왕〉과 비교하
는 것이어서는 안 될 것이다. 한 마디로 그것은 불공정한 것이며 논의의 초
점이 빗나간 것이다. 〈우리 시대의 리어왕〉은 원작을 재현하려는 것이 아
니라 〈리어왕〉을 빌려와 현실 정치를 비판하려는 것이기 때문이다. "하여간
이윤택은 지루하지 않게 〈우리 시대의 리어왕〉을 구성하여 독재자와 인간
문제를 통렬히 풍자하여 희화하였다"(『셰익스피어 한국』 263)는 신정옥의 평
가 정도가 아마도 이 작품에 대한 공정한 시선이 될 것이다.

그런데 바로 이 지점에서 〈우리 시대의 리어왕〉이 갖는 한계점이 발견
된다. 현 시점의 한국 사회를 묘사하고자 하면서도, 정작 풍자와 공격의 대
상이 현재보다는 과거의 한국 사회에 더 집중되어 있다는 것이다. 이 극은
90년대 문민정부 체재 하에서 백담사에 유폐되어 있는 전두환을 모델로 하
여 과거 7, 80년대의 군사 정권의 잔재를 완전히 청산하지 못하는 현 문민
정부의 한계를 극화하고 있다고 할 수 있지만, 그럼에도 불구하고, 이영미
가 지적하듯 "독재체재를 그리고자 하는 그(이윤택)의 펜은 자꾸 문민시대
이 전으로 기울고, 90년대에 대한 그의 문제제기는 미궁에 빠진 채 작품은

군부정권 시절의 이야기만을 하고 있다." 사실 이 문제는 90년대 이래의 기국서의 〈햄릿〉 시리즈를 비롯해 이윤택의 〈맥베스〉에도 해당되는 사항이며, 나아가 셰익스피어 르네상스라 할 수 있는 최근 20여 년 동안의 우리나라 셰익스피어 공연 전체의 문제이기도 하다. 앞서 누차 언급했듯이, 이 기간 동안에 400편 가까운 한국 셰익스피어가 제작되었지만, 90년대뿐만 아니라 2000년 당대의 한국 사회 현실을 반영하고 비판하는 셰익스피어 공연은 거의 없었다. 셰익스피어 원작에 대한 집착이 강한 영국 연극계에서조차 이라크 전쟁이라는 대 사회적 이슈에 대해 적극적으로 반응하는 셰익스피어 공연물들을 내놓았던 것처럼 한국연극계도 군사독재 시절의 트라우마의 한계를 넘어서 현재의 우리 사회 양상을 담아내기 위해 좀 더 노력해야 할 것이다.[21] 셰익스피어라는 위대한 고전을 통해 현재의 우리를 만나는 일도 분명 의미 있고 가치 있는 일이다.

---

[21] 한국 연극계의 '정치극'의 연력에 대해 살펴본 이미원은 정치극 본연의 역할을 할 수 있는 사회적 여건이 조성되어 있음에도 정치극이 거의 제작되지 않는 현재의 대학로 연극의 분발을 촉구한다.

오늘날 다양한 대학로의 연극을 생각할 때 진정한 정치극의 부재를 한번 심각하게 고민해야 할 것이다. 이제 정치극이 불가능하거나 당국의 선전에만 매달려야 했던 시기는 끝났는데, 여전히 그 많은 대학로 공연에서 정치극을 찾기 힘들다는 것은 연극인의 사회에 대한 책무의 유기일 수도 있다. (22)

제7장

한국의 소리와 셰익스피어[22]

셰익스피어 극은 보는 것만큼이나 듣는 것도 중요하다. 그래서 〈한여름 밤의 꿈〉의 아테네 공작 씨시어스는 직공들이 준비한 공연에 대해 "나는 그 연극을 듣겠다"(I will hear that play)(5.1.81)라고 말한다. 셰익스피어의 극작품에는 이외에도 '연극을 듣겠다'는 표현이 수차례 더 등장한다. 셰익스피어 극은 배우의 연기만큼 소리도 중요하며, 따라서 셰익스피어의 소리를 우리의 소리로 전환시켜 독자나 관객에게 전달하는 일의 중요성도 아무리 강조해도 지나치지 않다. 그리고 셰익스피어의 소리를 우리의 소리로 전환하는 작업의 첫 번째 관문은 역시 번역이다.

셰익스피어 극은 각 작품별로 차이는 있으나 대체로 70% 정도의 운문과 30% 정도의 산문으로 되어 있다. 그런 만큼 셰익스피어 극은 기본적으

---

[22] 본 장의 1.은 필자의 2002년 논문 「셰익스피어 운문 번역에 대한 한 제언」, 『연극의 이론과 비평』 3호(2002)를 일부 수정을 가하며 옮긴 것이다. 또한, 나머지 부분은 필자의 2015년 논문 「셰익스피어의 극 언어, 어떻게 한국화 할 것인가?」, *Shakespeare Review* 51.1 (2015)로 발표되었다.

로 시극이라고 할 수 있으며, 셰익스피어 극을 논함에 있어 셰익스피어 시어의 기기묘묘한 활약을 빼놓고 이야기할 수 없다. 뿐만 아니라 운문과 산문의 교차적 사용에도 절묘한 극적 전략이 담겨져 있다. 그 외에도 동음이의어를 활용한 말장난인 소위 '펀'(pun)의 사용이나 중요한 장면에서 마지막 두 행의 각운을 맞춰 끝내는 '이행연구'(couplet)의 활용 등 셰익스피어 극에서 언어가 차지하는 비중은 절대적이다. 그런데 셰익스피어 극을 우리말로 공연 할 때 셰익스피어 언어의 이러한 특성들이 거의 모두 소멸된 채 공연되곤 한다. 이러한 현실은 셰익스피어 극 원문의 의미나 스토리 전달에만 초점을 맞춘 산문 번역본에 크게 기인한다. 셰익스피어 텍스트를 번역함에 있어, 영어와 우리말의 언어적, 운율적 구조가 다르고 특히 동음이의어를 활용한 말장난의 경우 번역하기가 상당히 어렵기 때문이다.

물론 셰익스피어 극에는 언어적 요소 외에도 이야기의 재미와 주제의 보편성, 사상의 깊이와 위대함, 등장인물에 대한 탁월한 묘사와 심리적 탐구 등 보석과 같은 구성 요소들이 가득하다. 이러한 부분만 잘 살려도 훌륭한 공연을 완성해낼 수 있다. 하지만 셰익스피어 극의 절대적 가치를 차지하고 있는 언어적 부분을 처음부터 포기한다는 것은 여간 아쉬운 일이 아니다. 비록 셰익스피어 언어의 여러 특성을 반영하며 우리말로 바꾸는 작업이 결코 쉬운 일이 아닐지라도, 그러한 시도는 한국의 셰익스피어 공연을 더욱 풍요롭게 해줄 것임에 분명하다. 어렵다고 결코 포기하고 넘어갈 일이 아니다.

다행히 1990년대부터 셰익스피어 극의 운문적 특성을 우리말의 시적 리듬에 실어 번역해 보려는 시도가 있어 왔고, 더욱이 이미 성공적으로 공연까지 실행한 예들이 있어왔다. 최종철은 1993년 〈맥베스〉를 필두로 〈햄릿〉, 〈오셀로〉, 〈리어왕〉, 그리고 〈로미오와 줄리엣〉에 이르기까지 셰익스피어의 주요 비극들을 우리말의 3.4/4.4조 리듬에 맞춰 번역하였으며, 오태석은 그의 다른 극작품에서와 마찬가지로 역시 3.4/4.4조의 시적 리듬에 의한 우리말 번역을 이루어내고 이에 기반한 〈로미오와 줄리엣〉, 〈맥베스〉, 〈템페스트〉를 성공적으로 공연한 바 있다. 또한 국립창극단의 박성환 연출은 〈창극 로미오와 줄리엣〉을 통해 원작의 화려한 시어의 향연을 우리 소리로 다채롭게 변형시켜 놓았다. 한편 필자 역시 2007년에 〈제1사절판 햄릿〉의 번역서를 출간하면서 우리말의 3.4/4.4조를 기반으로 한 운문 번역과 그 밖의 다양한 셰익스피어 언어의 특성을 반영한 번역의 예를 선보인 바 있다.

이에 기존의 대부분의 산문식 번역본과는 달리 셰익스피어 극의 시적 특성을 반영해서 번역해 보려는 최근의 노력들을 소개함과 동시에 그 장단점을 살펴보며 하나의 대안 제시를 시도했던 필자의 글을 소개한다. 이어 운문 활용으로 이미 성공적인 공연까지 마친 오태석의 〈로미오와 줄리엣〉, 〈템페스트〉, 그리고 박성환의 〈창극 로미오와 줄리엣〉의 시적 번역의 예를 분석한다. 또한 필자의 번역서『햄릿 제1사절판본(1603)』의 경우를 예로 들며 보다 구체적으로 셰익스피어 텍스트의 언어적 특성을 반영한 우리말 번역의 방법론을 제시해 봄으로써, 셰익스피어의 소리가 한국의 소리와 어떻게 접목될 수 있는지 그 가능성을 모색해 보고자 한다.

1. 셰익스피어 운문 번역에 대한 한 제언

(1)

필자가 1994년에 '세계 셰익스피어 학회'가 영국 스트렛포드-어폰-에이븐에서 개최한 한 세미나에 참석했을 때의 일이다. 그 세미나는 일주일 동안의 일정의 일환으로, 매일 저녁 '로열 셰익스피어 컴퍼니'의 공연을 보고 다음날 오전에 세계 여러 나라 출신의 학자들이 각자의 문화적 관점을 가지고 그 작품에 대해 토론하는 형식의 '셰익스피어 공연비평 워크숍'을 진행했었는데, 하루는 열띤 토론이 오가던 중에 남아프리카 공화국 출신의 한 백인 학자가, "셰익스피어에게 있어서는 언어가 절대적 비중을 차지하는데, 그 언어에 익숙하지 않은 다른 문화권에서 과연 셰익스피어가 제대로 이해될 수 있는지, 또 제대로 공연될 수 있는지"에 대해 강력한 이의를 제기했다. 그래서 갑자기 토론의 주제가 본궤도를 훌쩍 지나가 '비영어권에서의 셰익스피어, 셰익스피어 언어의 문제'로 뒤바뀌면서 학자들이 서로 목소리를 높였던 기억이 있다. 사실 셰익스피어를 전문적으로 연구하는 입장에서는 셰익스피어 극문학에 있어서 그의 시적 언어가 차지하는 비중은 실로 막대하여 그의 언어가 손상될 수밖에 없는 '번역이란 배반의 채'로 걸러진 셰익스피어 공연에는 늘 진한 아쉬움을 갖지 않을 수 없다. 하지만, 셰익스피어에게는 단지 셰익스피어 본래의 언어 이외에도 그것을 보상할 수 있는 수많은 미덕들이 내재해 있는 터라, 비영어권 셰익스피어 공연을 외면한다는 거나, 셰익스피어가 아니라고 주장하는 것은 실로 편협하고 어리석은 일일 것이다.

그러나 반대로 셰익스피어의 극 세계 속에서 언어가 그토록 절대적 비중[23]을 차지함에도 불구하고, '외국의 400년 전 고전', '번역의 한계', '현대화' 등을 이유로 계속 그 언어의 문제에 좀 더 가까이 다가가 보려는 노력을 기

---

23 독일 연극계의 거장 피터 쉬타인은 『오늘의 연극』(*Theatre Heute*) 지에서 마련한 셰익스피어 연출의 대가 피터 브룩과의 대담에서, 셰익스피어 예술에서 그 언어의 절대적 중요성을 다음과 같이 언급한 바 있다.

당신은 영국인이기 때문에 원어를 사용하는 것이 여간 부럽지 않습니다. 번역을 하면 작품의 85%는 상실하고 말거든요. (『객석』 1991, 5, 189-90 재인용)

울이지 않으면서, 여전히 스토리와 의미 전달에만 안주한다면, 그 또한 또다른 편협함이고 안이함일 것이다. 우리나라 연극계에서는 지난 90년대 이후 뜨거운 셰익스피어 붐을 일으키면서 수많은 셰익스피어 공연이 이루어지고 있다. 셰익스피어가 이제는 한국관객들에게도 많이 대중화되고 보편화된 듯한 느낌이다. 심지어 셰익스피어는 이제 여러 가지 종류의 동화, 만화책의 형태로 우리 어린이들에게도 바짝 다가서고 있다. 셰익스피어에 관한한 1990년대 이후로 많은 진전과 업적의 축적이 이루어졌다고 하겠다. 그래서 필자는 이제야말로 우리나라의 셰익스피어가 한 단계 업그레이드 할 단계가 되었다고 생각한다. 이제야말로 셰익스피어의 외형적 스토리뿐만 아니라, 셰익스피어 예술의 근원인 언어마저도 우리 것으로 소화하고자 시도할 수 있는 기반이 마련되었다고 믿는다. 언어야말로 가장 중요한 문화유산이자 문화적 무기이고 도구일 수 있다. 셰익스피어에 대한 보다 정밀한 시적 번역은 궁극적으로는 시극이 거의 전무한 우리 연극의 발전에도 크게 기여할 수 있을 것이다.

이에 필자는 셰익스피어 언어의 특성을 간단히 소개하고 또 셰익스피어의 우리말 번역의 실상을 진단하며, 궁극적으로는 셰익스피어 운문 번역에 대한 가능성 및 적절한 방향성을 타진해 보고자 한다.

(2)

셰익스피어는 잘 알려진 바대로 대부분 운문으로 극을 썼다. 물론 산문을 섞어서 쓰기는 했지만, 〈존 왕〉과 〈리차드 2세〉를 비롯한 몇몇 초기의 작품들은 완전히 운문으로만 썼고, 그 밖의 극들도 지극히 일상적으로 주고받는 말 외에는 대부분 운문으로 구성되어 있다. 〈윈저의 즐거운 아낙네들〉처럼 예외적으로 산문이 주로 사용된 경우에도 몇몇 중요한 부분은 여전히 운문으로 쓰였다.

그러니까 셰익스피어극은 일종의 장편시라고 해도 과언이 아니다. 그리고 셰익스피어가 주로 사용한 운율 형식은 소위 "약강오보격의 무운시" (unrhymed iambic pentameter)라는 것이다. 우리 시는 음절수의 길고 짧음으로 박자를 맞추는 장단시이지만, 영시의 경우는 강세가 주어지는 음절의 위치나 반복의 정도로 시의 리듬을 만들어내고, 또 각운이라고 해서 각 시행의 마지막 음절이 유사한 소리로 끝맺는 양상을 통해 리듬을 표현하는 것이 기본 시형이다.

강세를 받지 않는 음절 바로 다음에 연이어 강세를 받는 음절이 뒤따라 오는 것을 하나의 단위로 묶어 약강 일보라고 하는데, 약강오보격이라는 것은 다음과 같이 시의 한 행이 이러한 약강 일보 다섯 개로 이루어진 것을 말한다.

/ ˊ /ˊ /ˊ /ˊ /ˊ /ˊ /

이러한 시 운율 형식을 염두에 두고 우리가 익히 알고 있는 "사느냐 죽느냐 그것이 문제다"라는 대목을 원문대로 읽어보면 셰익스피어 운율의 음악적 특성을 쉽게 경험해볼 수 있다(아래 예문의 굵은 대문자로 된 부분의 모음에 강세를 주어서 읽어보자).

/To BE / or NOT / to BE, that IS / the QUESTION/.

비록 위의 예문은 전형적인 오보격에서 강세를 받지 않는 한 음절이 추가되긴 했지만 약강격 오보격이란 셰익스피어 언어의 특징을 확인하는 데는 충분하다. 우리말의 여러 시형처럼 셰익스피어의 경우도 약강격 오보격을 기본으로 하되, 한두 음절이 부족하거나 추가되는 등 다양한 변주가 일어나는 것이다. 한편, 셰익스피어는 각운에는 얽매이지 않음으로써 일반적인 영시의 경우보다 훨씬 자유롭게 대사를 운용할 수 있었지만, 연인들 간의 사랑의 대화라든지, 요정의 대사, 노래 등에는 각운을 맞춘 완벽한 언어의 화음을 만들어내기도 했다. 그리고 이러한 각운의 화음은 한 사람의 대사 속에서만 이루어지는 것이 아니라, 때로는 두 사람의 주고받는 대사가한데 아우러져 절묘한 이중창을 연출하기도 한다. 로미오와 줄리엣이 처음 가면무도회장에서 만나 첫 입맞춤을 하게 되는 장면을 예로 들어보자. 대문자로 된 음절은 강세를 받는 부분이며, 각 행 끝의 abab 등은 각운 형식을 표시한 것이다.

Romeo Have NOT / saints LIPS/, and HO/ly PA/lmers TOO/? - a

Juliet Ay, PIL/grim, LIPS / that THEY / must USE / in PRAY'R/. - b

Romeo O, THEN/, dear SAINT/, let LIPS / do WHAT / hands DO/! - a

　　　They PRAY/; grant THOU/, lest FAITH / turn TO / desPAIR/. - b

Juliet Saints DO / not MOVE/, though GRANT / for PRAY/er's SAKE/. - c

Romeo Then MOVE / not WHILE / my PRAY/er's efFECT / I TAKE/. - c

　　　Thus FROM / my LIPS / by THINE / my SIN / is PURG'D/. - d
　　　　　　　　　　　　　　　　　　　　　　　[kissing her]

Juliet Then HAVE / my LIPS / the SIN / that THEY / have TOOK/. - e

Romeo Sin FROM / my LIPS/? O TRESS/pass SWEET/ly URG'D/! - d

     Give ME / my SIN / aGAIN/.   [kissing her]

Juliet   You KISS / by th' BOOK/. - e

    위의 대사를 살펴보면, 로미오와 줄리엣의 서로 주고받는 대사는 각자의 대사로만 끝나는 것이 아니라, 마치 한 편의 완전한 시처럼 모든 행들이 완벽한 약강오보격의 운율을 타고, 각 행의 마지막 음절은 서로 화답하며 a-b-a-b 형식의 각운을 형성하는 것을 알 수 있다. 특히, 마지막 두 행은 로미오와 줄리엣의 두 대사가 합쳐져 온전한 약강오보격의 한 시행을 완성하고 있음을 목격할 수 있다.

    지금 필자가 제시한 예들은 단지 셰익스피어 언어의 음악적 특성을 나열해본 것에 지나지 않는다. 당연한 말이지만, 셰익스피어 언어의 음악적 구조, 그 약강오보격의 무운시 대사들은 셰익스피어 극의 무대화에 훨씬 더 결정적인 역할을 한다. 셰익스피어의 시적 언어야말로 셰익스피어 극의 에너지원이기 때문이다. 시란 함축이다. 산문과 달리 많은 의미와 이미지가 짧은 음절 속에 다양한 의미와 색깔로 응축되고 함축되어 있다. 그래서 셰익스피어의 시적 언어들은 다량의 농축 에너지원들이며, 이 에너지 덩어리들이 셰익스피어에 의해 절묘하게 통제되어 배우의 호흡과 연기, 그리고 작품 전체의 구조와 템포 등 외부의 밸브와 섬세하게 결합되어 있다. 그래서 짧은 음절 속에 농축된 이 에너지가 음악적으로, 극적으로 결합하면서, 결국 배우들의 움직임을 지배하고, 무대 전체의 에너지를 결정하며, 생생한 삶을 모방하면서도 깊이 있는 다양한 의미를 생산한다.

그런데 아쉽게도 우리가 가지고 있는 거의 모든 셰익스피어 번역본들이 셰익스피어 극의 이러한 시적 언어의 특성을 반영하고 있지 않다. 셰익스피어가 우리 학자들에 의해서 본격적으로 번역되기 시작한지 반세기 가까운 세월이 흘렀지만, 셰익스피어가 그동안 거의 대부분 산문으로 번역된 것은, 첫째는 셰익스피어 극들의 내용을 파악하고 전달하는데 급급했기 때문일 것이고, 둘째는 영어와 우리말의 음운체계의 상이함 때문에 셰익스피어 언어의 음악성을 한국어적 음악성으로 변환하는 것이 용이하지 않기 때문일 것이다. 그리고 셋째는 번역하는 사람이나 또 그들의 번역을 무대 위에 올리는 사람이나 모두 셰익스피어 언어의 시적 특성을 고전극의 관습적 특성 정도로 치부하고, 그것을 우리말로 변환시켜보려는 노력을 간과해온 점 또한 무시할 수 없을 것이다.

최근 셰익스피어 극의 시적 번역을 강조하며 〈맥베스〉, 〈햄릿〉 등의 번역본을 내놓은 최종철 교수는 셰익스피어 극의 산문 번역에서 비롯하는 결함을 다음과 같이 지적한다.

> 이런 운문으로 쓰여진 연극 대사를 산문으로 옮길 경우 시가 가지는 함축성과 상징성이 현저히 줄어들고, 수많은 비유로 파생되는 상상력의 자극이 둔화되며, 이 모든 시어의 의미와 특성을 보다 더 정확하고 아름답게, 매끄럽고 효율적으로 전달하는 도구인 음악성이 거의 사라지게 된다. (8)

그런데 더욱 안타까운 것은 셰익스피어 극의 산문 번역의 폐해는 단순히 셰익스피어 언어의 음악성이 훼손되는 데만 그치지 않는다는 점이다. 운문에 대한 내용 전달 위주의 산문적 번역은 불가피하게 희곡의 길이를 대폭 연장시키게 되는데, 이에 따라 원작자에 의해 섬세하게 계산된 대사의 호흡, 작품 전체의 리듬감, 극적 움직임의 템포 등에 심각한 변형과 타격을 가하게 되고, 결과적으로는 독자나 관객으로 하여금 셰익스피어 작품들이 명성과는 달리 대단히 지루하고 느슨한 작품으로 와 닿게 하곤 한다. 셰익스피어 번역본의 지나치게 긴 길이 문제를 해결하기 위해 셰익스피어에 도전하는 우리나라의 많은 연출가들은 주로 셰익스피어 텍스트의 많은 행들을 과감하게 잘라내는 방식을 동원하곤 하는데, 이 또한 원작의 맛과 깊이를 손상케 하는 한 원인이 되고 있다.

(3)

제1장의 〈표 2〉를 통해 살펴보았듯이 1990년부터 2011년까지 연극으로 무대 위에 올려진 셰익스피어 공연물들 중에서 원작에 충실한 셰익스피어 공연은 불과 45편으로 전체 셰익스피어 공연의 12%뿐이고 나머지 88%는 어떤 방식으로든 원작에 변형이 가해진 작품들이다. 이렇게 압도적으로 실험적으로 재구성된 셰익스피어 공연이 많은 데는 여러 가지 원인이 있겠지만, 그 중 셰익스피어 번역본과의 관련성 역시 무시할 수 없을 것이다. 잔뜩 늘어진 대부분의 셰익스피어 번역본과 마주한 연출가들은 그 상태로는 처음부터 승산이 없다고 느끼고 원작을 이리저리 오리고 재조립해보는 작업에 또 하나의 결정적인 명분과 이유를 얻고 있는 듯이 보인다.

필자가 「셰익스피어, 셰익스피어, 셰익스피어 −90년대 셰익스피어 공연 결산」, 「할리우드 셰익스피어 붐과 한국 연극계의 셰익스피어 붐」 등의 글 속에서 이미 언급했듯이, 1990년 이후의 셰익스피어 공연들의 성적표를 살펴보면, 대체적으로 어떤 방식으로든 한국화의 변용과정을 겪은 셰익스피어 공연물들 중에 성공작들이 많았고, 모호한 현대적, 포스트모던적 성향의 과도한 실험들은 대부분 좋은 반응을 얻지 못했다. 그런데 흥미로운 것은 과도한 실험적 셰익스피어 공연들 못지않게, 상대적으로 원작에 매우 충실했던 공연들 역시 실패한 경우가 많았다는 사실이다.

왜 셰익스피어 텍스트에 충실하면 할수록 실패할 확률이 높은 것일까? 이것은 원작에 충실한 공연일수록—일정한 대본정리 작업을 통해 공연시간을 어느 정도 줄여놓는다 하더라도—안이한 산문번역으로 인한 대본상의 원천적 손실을 보완할 대안적 장치들을 마련하기가 그만큼 더 어렵기 때문이 아닌가 싶다. 더욱이 셰익스피어 원작에 충실한 공연을 할 때는 영화처럼 잦은 장면 전환이 전제된 셰익스피어 극을 보다 효율적으로 운영하기 위한 셰익스피어 극 특유의 공연문법이 적용되어야 하는데, 대개의 경우 이런 셰익스피어 공연문법은 무시된 채, 느슨한 산문번역본만이 무대 위의 유일한 지침으로 군림함으로써 상황은 더욱 악화되곤 한다. 이러한 가장 대표적인 예가 아마도 지난 2001년 가을에 있었던 국립극단의 〈햄릿〉일 것이다. 이 공연은 소위 "교과서대로"를 모토로 내걸었다고 할 수 있었던 공연인데, 엄청난 관객 동원과는 별도로 공연 자체에 대해서는 결코 호의적인 반응을 얻지 못했다. 공연 실패 원인은 여러 군데에서 찾을 수 있겠지만, 셰익스피어 언어의 시적인 힘이 적절히 반영되지 못한 번역과 셰익스피어 공연문법의 부재는, 이 공연이 비상하지 못하도록 처음부터 단단히 발목을 붙잡은 결정적 장애요인으로 작용했다고 할 수 있다.

이번 국립극단 〈햄릿〉의 결함은 한 마디로 '너무나 완만하고 느슨한 극 전개와 에너지가 결핍된 인물창조'라고 요약할 수 있겠다.[24] 그리고 연출과

---

24 국립극단 〈햄릿〉에 대해 연극평론과 셰익스피어 연구를 병행하고 있는 김동욱 교수는 다음과 같이 평한다.

우리 관객을 위해 2시간 30분으로 축약하는 과정에서 인지, 또는 젊은 층의 인기를 구가하고 있는 배우 김석훈에게 타이틀 롤을 맡긴 공연이라서 인지, 주인공 이외의 등장인물들은 모두 역량 있는 중견 배우급 이상의 호화 캐스트들임에도 불구하고, . . . '정통' 공연을 추구한다는 명제에 눌려서인지, . . . 송관우의 육중하고 장엄한 무대장치에 주눅이 들어서인지, 마음껏 기를 펴지 못한 채로 스토리에 끌려간 듯한 인상을 남긴다. (23)

번역을 동시에 감당했던 정진수 교수가 공연 프로그램에서 밝히고 있는 연출의도에 대한 설명은, '현재 우리 관객들과의 보다 원활한 의사소통에 대한 강한 소망에서 비롯하는 평이한 산문적 번역, 그로 인해 엄청나게 늘어나는 공연시간을 줄이기 위한 대사 삭제'라는 이전의 문제를 그대로 반복하는 듯이 보인다.

> 그래서 난 셰익스피어가 만약에 이 시간에 서울에 살면서 '햄릿'이라는 작품을 쓰기로 작정하였다면 어떻게 썼을까 하는 가정 하에서 이 작품을 만든다는 생각으로 임했다. 우선 번역 작업에서부터 이같은 생각을 적용했다. 소위 원작의 대사 한 마디 한마디에 충실한 번역이 아니라 우리 관객에게 작가의 의도와 표현 방식이 잘 전달될 수 있기 위한 번역에 힘썼다. 따라서 pun(동음이의), alliteration(두운)이나 topical allusion(시사적 비유) 등과 같은 원작의 언어적 표현은 희생될 수밖에 없었으며 당시의 관행이랄 수 있는 장광설은 축약되었다. 무엇보다도 극적 타당성과 함께 관객이 들어서 알아들을 수 있는 말로 옮기기에 힘썼다.
> 원작대로 상연하면 6시간 남짓 된다는 이 작품을 우리 관객들을 위해서는 2시간 30분 정도로 줄여야 한다는 생각으로 군데군데 삭제를 하였으나 아마도 최근에 이 작품을 정독하지 않은 사람이라면 어디를 줄였는지 눈치채기 힘들 것이다. (『〈햄릿〉 프로그램』, 「연출의 말」)

운문 희곡의 산문적 번역본의 공연상의 일반적 문제를 언급한 오세곤 교수의 다음과 같은 지적이 국립극단 〈햄릿〉 공연의 결과와 상당부분 일치하는 것은 우연이 아닐 것이다.

> 늘어진 번역본을 사용하면서 공연시간의 문제를 해결하기 위해 일정 부분을 삭제하고, 그래서 뼈만 앙상한, 즉 줄거리 전달만 남게 된다면, 그것은 단순히 원작의 훼손일 뿐만 아니라, 원작 희곡 극작술의 진수를 놓치는 결

과가 될 수도 있으며, 내용 설명을 위해 길어진 대사들을 부분적이나마 그대로 무대화한다면, 원작이 지니는 압축미와 그에 따르는 힘의 손상을 감수해야 한다. (8)

(4)

이제 본론으로 들어가 보자. 도대체 셰익스피어의 극작품에 대해 어떤 방식의 운문 번역이 가능하단 말인가? 최근 기존의 기다랗게 늘어지는 번역의 문제를 크게 개선한 〈하녀들〉, 〈줄리 아씨〉, 〈청중들〉 등 일련의 희곡 번역물들을 내놓고 있는 오세곤 교수의 〈한여름 밤의 꿈〉 번역본이 우선 셰익스피어 운문 번역의 한 모델로 제시될 수 있겠다. 오세곤 교수는 자신의 셰익스피어 번역에 대해 다음과 같이 언급한다.

> 비록 원문의 각운까지는 해결하지 못하더라도, 각행의 음절수와 전체 행수만은 원문에 충실하도록 해보았다. 물론 여기에는 많은 무리가 따르며, 경우에 따라서는 여러 행을 모아서 재구성하기도 했다. 그러나 거기에 수반되는 어려움도 노력과 시간 여하에 따라 해결 가능한 것이라는 사실을 확인했으며, 더욱이 창작시 원작자의 고통과 비교한다면 한낱 기술적인 어려움일 뿐이라는 사실도 깨달았다. (8-9)

실제로 오세곤 교수는 자신의 이러한 번역 전략을 매우 충실하게 실천하고 있는데, 그의 번역의 특성을 원문 및 다른 우리말 번역본들과의 비교를 통해 보다 구체적으로 살펴보자. 원문 일부에 약강오보격의 이해를 돕기 위해 " / /"를 이용, 보격 표시를 했다.

Helena Have you / not set / Lysan/der, as / in scorn/,
　　　To fol/low me/, and praise / my eyes / and face/?

And made / your oth/er love/, Deme/trius/,

Who even / but now / did spurn / me with / his foot/,

To call / me god/dess, nymph/, divine / and rare/,

Precious/, celes/tial? Where/fore speaks /he this/

To her / he hates/? And where/fore doth / Lysander/

Deny / your love/, so rich / within / his soul/,

And ten/der me/, forsooth/, affec/tion,

But by / your set/ting on/, by your / consent/?

What though I be not so in grace as you,

So hung upon with love, so fortunate,

But miserable most, to love unloved:

This you should pity rather than despise.

오세곤 번역:

헬레나 네 짓이 아냐? 리산데르가

　　　내 눈과 얼굴을 칭찬하며

　　　쫓아다니고, 너만 좋다던

　　　데메트리우스마저 내게

　　　별 찬사를 다 늘어놓는데?

　　　네 사주와 동의가 없다면,

　　　어떻게 저이가 싫어하는

　　　나한테 그런 얘기를 하고,

　　　너 밖에 모르던 네 애인이

　　　나한테 애정을 표시하지?

　　　난 너처럼 사랑받기는커녕,

　　　오히려 사랑을 구걸하는,

　　　비참한 처지야. 그런 나를

　　　동정은 못할망정 경멸해?

김우탁 번역:

헬레나 네가 라이센더를 부추켜, 마치 조롱하듯이,
　　　　내 뒤를 쫓아다니며 내 눈과 얼굴을 칭찬하게 하지 않았어?
　　　　그리고 네 또 하나의 애인인, 디미트리어스에게도,
　　　　조금 전까지만 해도 날 발길로 차내었던 그 사람인데,
　　　　날 여신이니, 요정이니 부르게 하고, 거룩하고 귀하다느니,
　　　　소중하고, 선녀같다고 말하게 했잖아? 그이가 왜 자기가
　　　　미워하는 여인에게 이런 말을 하느냐 말이야? 또 라이센더는 왜 그의
　　　　가슴 속에 그렇게도 가득히 차 있는, 너에 대한 사랑을 부인하고, 어처
　　　　구니없게도 나에게 애정을 쏟느냐 말이야?
　　　　만일 네가 동조하고, 부추긴 게 아니라면 말이야?
　　　　내 비록 너처럼 총애를 받지도 못하고,
　　　　너처럼 꽁무니에 애인도 따라다니지 않고, 너처럼 운이 좋지도 못하고,
　　　　다만 짝사랑하느라고, 처참하기 이를 데 없긴 하지만, 그게 어쨌다는
　　　　거냐? 그걸 동정은 못할망정 경멸할 건 없잖아?

신정옥 번역:

헬레나 네가 라이샌더에게 날 따라다니며 내 눈과 얼굴을 칭찬하게 들쑤셨
　　　　잖니? 조금 전 까지만 해도 그렇게도 날 떼어버리려고 바둥댔던 디미
　　　　트리어스가 날 여신이니 숲의 요정이니 성스럽다느니 귀하다느니 보
　　　　석이라느니 천사라는 등 칭찬하게 한 것도 바로 너지? 안 그렇다면 미
　　　　워하는 여자한테 그이가 그런 알랑수를 부릴 게 뭐야? 널 진정으로 사
　　　　랑하는 라이샌더가 네 사랑을 뭉게 버리고 감히 날 사랑한다는 말이
　　　　나오겠니! 네가 들먹이구 맞장굴 쳤으니 그러는 거지? 난 너처럼 남자
　　　　들의 사랑을 받지도 못하고 연인이 매달리지도 않으며 또 행복한 여자
　　　　도 아냐. 그러나 비참하게 짝사랑이나 한다고 해서 그래 어쨌다는 거
　　　　냐? 그런 걸 안다면 날 능멸할 것이 아니라 오히려 동정을 해야지 그
　　　　게 뭐냐 말이야.

오세곤 교수의 번역은 원작의 각행의 음절수를 10음절로 계산해, 우리 말 역시 각행 10음절로 번역한 것이고, 김우탁 교수의 번역은 주로 행수를 맞춘 번역이며, 신정옥 교수의 번역은 음절이나 행수에 상관없이 비교적 용 이하게 의미와 소리가 전달되는 데 주안점을 둔 전형적인 산문 번역이다. 이러한 번역문들을 비교해 보면 오세곤 교수의 번역이 갖는 장점이 우선 눈에 띄는데, 그것은 다른 번역문들에 비해 일단 대단히 짧고 간단명료하다 는 것이다. 원문의 경우는 140음절에 대략 410개 정도의 자모가 사용되었는 데, 번역의 경우는, 오세곤 교수가 140음절에 323개 자모, 신정옥 교수의 경 우가 276음절 620개 자모, 김우탁 교수의 경우는 305음절 653개 자모가 이 용되었다.[25]

원문보다도 오히려 자모 수를 대폭 줄인 오세곤 교수의 번역은 기존 번 역의 길게 늘어지는 문제점을 획기적으로 개선하고 있는 것임에 분명하다. 하지만 번역된 대사의 내용을 원문 및 다른 번역들과 비교해보면, 원문 내 용이 적지 않게 생략되어 있음을 발견하게 된다. 이 부분은 오세곤 교수 번 역의 공연상의 많은 유리한 점에도 불구하고 아쉬운 점이라고 하지 않을 수 없다. 오세곤 교수가 원문의 내용을 적잖이 뺐어야 했던 것은 원문 한 행의 10음절을 우리말로 옮겨 계산할 때도 그대로 적용한데서 비롯한 공간 적 제약 때문이지 않았나 싶다. 영어의 경우 now(나우), speaks(스픽스), nymph(님프), scrounge(스크라운쥐) 등도 1음절이 되는 데서도 알 수 있듯

---

[25] 대사 속에 내재된 공연상의 길이 및 속도는 음절수보다도 각각의 음절을 형성하는 자 모 글자 수에 의해 보다 세밀하게 추정될 수 있다. 예를 들어 〈리어왕〉에 나오는 "the division of the kingdom"이란 대사를 우리말로 번역할 때, "왕국을 분할하는"이나 "나라를 나누는" 등으 로 번역해 볼 수 있는데, 이들을 직접 소리내어보면, 자음이 받침으로 들어간 음절은 소리가 일단 닫히기 때문에 연속해서 소리를 낼 때에는 받침이 없는 음절들을 소리 낼 때보다 훨씬 힘이 들고 시간이 조금이라도 더 소요된다는 것을 경험할 수 있다. 따라서 이 두 번역은 음절 수에 있어서는 1음절 차이지만, 5개의 차이가 나는 자모 글자 수의 비교에 의해 발화상의 특 성을 보다 명확히 차별화할 수 있다.

이 영어의 음절구조는 우리말 음절구조와 차이가 있다. 따라서 아래에서 목격할 수 있듯이, 셰익스피어의 약강오보격 한 시행은 보통 우리말 14음절 정도가 되고, 자모 글자 수로는 영어의 경우 한 음절이 보통 2-5개의 자모로, 우리말의 경우는 대개 2-3개의 자모로 구성되므로, 대개의 경우 양자 모두 30개 안팎이 된다.

Who even / but now / did spurn / me with / his foot/,
To call / me god/dess, nymph/, divine / and rare/,
후 이븐/밭 나우/딛 스펀/미 /히즈 /
투 콜/미 가/디스 님프 / 디바인 / 앤 레어/

오세곤 교수 번역이 한 행 당 우리말 4음절씩의 공간을 더 확보했더라면 보다 정밀한 내용을 담을 수 있었을 텐데 하는 아쉬움이 있다.

그런데 셰익스피어 약강오보격 한 시행의 음절수가 대략 우리말 14음절에 해당하고, 자모 글자 수는 셰익스피어 언어나 우리말 모두 30개 정도가 된다는 사실은 셰익스피어에 대한 우리말 운문 번역에 중요한 단서를 제공한다. 그것은 바로 우리 시의 기본 운율이라고 할 수 있는 3.4.3.4조의 음절수가—당연히—14음절이고, 따라서 자모 글자 수 역시 대략 30개 가량 된다는 점이다. 여기서 우리는 우리 시의 기본 운율 3.4.3.4조가 셰익스피어 운문 번역에 훌륭한 대안이 될 수 있음을 확인할 수 있다.

우리 시의 3.4.3.4조 운율을 이용한 셰익스피어 번역은 이미 1993년과 94년에 최종철 교수가 내놓은 〈맥베스〉, 〈햄릿〉 번역본에서 시도되었는데, 그는 자신의 3.4조에 기본을 둔 셰익스피어 운문 번역에 대해 다음과 같이 밝히고 있다.

셰익스피어가 영시에 흔한 각운을 극작품에는 규칙적으로 쓰지 않았기 때문에 〈약강 오보〉의 길이와 3.4.3.4 열네자의 길이를 맞추기만 하면 되었다. 그런데 신기하게(아니면 당연하게도) 셰익스피어의 〈오보〉에 해당되는 단어들의 자모 숫자와 우리말의 3.4.3.4, 열네자에 들어가는 자모 숫자의 평균치가 거의 비슷하였다. 사람이 한 번 호흡으로 한 줄의 시에서 가장 편하게 전달할 수 있는 음과 의미의 전달량은 영어와 한국어가 별로 차이가 없다는 점을 발견한 셈이다. 이는 또한 셰익스피어 극작품의 시행 한줄 한 줄이 시로서만 가치를 가지는 것이 아니라, 처음부터 배우들이 말하는 연극대사로서의 기능을 염두에 두고 씌여졌다는 사실을 고려해 볼 때 더욱 자연스러운 발견이었다(9).

이러한 최종철 교수의 셰익스피어 운문 번역의 특성 및 그 장단점은 "To be or not to be" 독백 부분에 대한 그의 번역 속에 집약되어 있다고 할 수 있다.

To be or not to be; that is the question:
Whether 'tis nobler in the mind to suffer
The slings and arrows of outrageous fortune,
Or to take arms against a sea of troubles,
And, by opposing, end them. To die, to sleep —
No more, and by a sleep to say we end
The heartache and the thousand natural shocks
That flesh is heir to — 'tis a consummation
Devoutly to be wished. To die, to sleep.
To sleep, perchance to dream. Ay, there's the rub,

있음이냐 없음이냐 그것이 문제로다.

어느게 더 고귀한가. 난폭한 운명의
돌팔매와 화살을 맞는 건가, 아니면
무기를 들고 고해와 대항하여 싸우다가
끝장을 내는 건가. 죽는 건─자는 것뿐일지니,
잠 한 번에 육신이 물려받은 가슴앓이와
수천가지 타고난 갈등이 끝난다 말하면,
그건 간절히 바라야 할 결말이다.
죽는 건, 자는 것. 자는 건
꿈꾸는 것일지도─아 그게 걸림돌이다.

　　최종철 교수의 위 번역은 결코 원문에 비해 늘어지거나 하는 바가 없을
뿐만 아니라, 3.4조 및 4.4조 그리고 그에 약간씩의 변형을 가한 우리 시의
기본 운율을 충실히 유지하고 있다. 음절의 경제적 측면만을 우선 고려해본
다면, 위 예문의 첫 행의 경우만 하더라도, 이덕수의 "과연 인생이란 살 가
치가 있느냐 없느냐, 그것이 문제로구나," 최재서의 "살아 부지할 것인가,
죽어 없어질 것인가, 그것이 문제다," 이경식의 "살 것이냐 죽을 것이냐 이
것이 문제로다" 등 보다 훨씬 경제적이며, 이러한 음절의 시공간적 경제성
의 차이는 행을 이어갈수록 더욱 더 커진다. 한 편, 많은 번역자들이 "사느
냐 죽느냐 그것이 문제로다"(신정옥), "사느냐 죽느냐, 이게 문제로군"(여석
기), "삶이냐 죽음이냐 이것이 문제다"(김재남) 등으로 번역하면서 자연스럽
게 3.4조의 운을 맞추고 있는데, 이는 우연한 결과일 뿐, 이들은 모두 다음
구절부터는 산문적 틀로 전환한다.
　　최종철 교수는 적어도 셰익스피어 번역의 운율적 측면에서 만큼은 독보
적인 공헌을 하고 있다고 할 수 있겠다. 그런데 문제는 그의 "있음이냐 없
음이냐 그것이 문제로다"라는 번역에서도 엿보이듯이 때때로 그의 번역은
운율적 측면에서는 철저하지만, 내용적 측면에서는 "공연"이라는 절대전제

에 적합하지 않은 듯이 보이는 경우가 있다는 점이다. 만일 햄릿으로 분한 어떤 배우가 심각한 표정으로 계단을 내려서면서 "있음이냐 없음이냐—"라고 말한다면 어떤 관객들은 어리둥절해 하거나 몇몇은 웃음을 터뜨릴 런지도 모른다. 물론 최종철 교수의 "있음"과 "없음"이라는 번역에는 "to be"와 "not to be"에 내재된 심오한 철학적 내용을 담으려는 절실한 노력이 배어있다. 그러나 한순간에 객석을 스쳐지나가며 관객을 설득해야 하는 '연극대사'의 숙명을 생각한다면, 아무래도 "있음이냐 없음이냐"는 무리한 번역이라고 하지 않을 수 없다.

희곡 번역의 대전제는 언제나 공연이다. 최종철 교수의 다음의 번역에서도 운율과 내용 사이의 간극을 목격할 수 있다.

> 헤쿠바 때문에!
> 그에게 헤쿠바, 그녀에게 그가 뭐길래
> 그녀 때문에 그가 울어? 그는 어떡할까,
> 그가 만일 내가 지닌 격정의 동기와
> 계기를 지녔다면? 그는 무대를
> 눈물로 채우고, 끔찍한 대사로 관객들의
> 귀를 찢어놓으며, 죄인은 미치게 무죄인은
> 섬뜩하게 만들고, 무식꾼을 혼동시키며
> 눈과 귀의 기능을 정말 혼란시키리라. (《햄릿》 2막 2장 독백 중에서)

운율은 비교적 충실하게 유지되고 있지만, 음절수를 줄이기 위해 반복된 '그'와 '그녀'는 관객에게 '그'와 '그녀'가 누군지 명확하게 그리고 곧바로 인식시키는데 어려움이 있다. 또한 마지막 행의 경우, '기능을'이란 표현은 비록 원문에 "faculties"를 번역한 것이지만, 3음절의 운율을 맞추고 있는 것 외에 의미적 측면에서 보면 사족일 뿐만 아니라, 뒤이어 나오는 "정말 혼란시키리라"는 구절과 어울려서는 인위적인 번역상의 표현이라는 느낌이 강하다. 같은 대목을 신정옥 교수는 이렇게 번역하고 있다.

헤큐바 때문에! 헤큐바와 그 배우는 아니 그와 헤큐바 사이에는 울고 엉켜야 할 무슨 이유가 있다고? 만약 나 만큼의 정열을 쏟아야 할 고민의 씨앗을 가지고 있다면 저 배우는 어떻게 표현할까? 그만 무대를 눈물로써 홍건히 적셔놓고 핏발 서린 대사로써 관객들의 귀청을 찢으며 죄지은 자는 가책에 미치게 하고 죄 없는 자는 두려움에 무지한 자는 놀라움에 넋을 잃고 눈과 귀를 멀게 할 것이 아닌가.

최종철 번역에 비해 30여 음절이 많지만 아무래도 의미는 신정옥 번역이 명확하다. 그리고 무엇보다 중요한 것은 관객한테 전달되어야할 극적 이미지가 후자의 것이 뚜렷하다는 것이다. 이 부분은 배우가 연기할 때에도 매우 중요한 부분인데, 이미 주석 인용문에서 언급했듯이 "the division of the kingdom"이란 표현을 "왕국을 분할하는"과 "나라를 나누는"으로 각각 번역했을 때, 전자에 비해 후자는 음절수도 적고, 받침도 거의 없으며 대부분 유성음으로 구성되어 발음하기도 매끄러우나, "왕국"이나 "분할"보다는 소리의 분절성이나 〈리어왕〉의 극적 상황에 어울리는 이미지의 구체성이 강하지 않아, 대사 내용의 이미지를 산만한 관객들의 청각을 고정시키고 명확하게 인지시키는 데 불리하다. 비슷한 맥락에서 "무대를 눈물로 채우고"보다는 "무대를 눈물로써 홍건이 적시고"가, "끔찍한 대사로 관객들의 귀를 찢어놓으며"보다는 "핏발 서린 대사로써 관객들의 귀청을 찢으며"가 내용에 대한 구체적인 그림을 제시한다. 언어의 구체적 이미지는 배우의 감정을 구체화하고 연기를 구체화하는데 대단히 중요한 역할을 한다.

이제 우리는 셰익스피어의 운문 번역을 한 단계 전진시킬 수 있는 중요한 접점을 발견한 셈이다. 즉 보다 효과적인 운문 번역을 위해서는 시적 운율의 틀을 유지하면서, 그 틀 안에서도 구체적 이미지를 재현할 수 있는 여유 공간을 확보해야 한다는 것이다. 제한된 시적 틀 안에서 이 여유 공간을 확보하는 가장 단순하고 확실한 방법은 '없어도 될 말은 없애는 것'이다.

영어를 우리말로 번역할 때 자동적으로 음절수를 자꾸 증가시키는 가장 주된 기계적 원인은, 영어는 어순에 의해 그 기능을 다할 수 있는 반면에 우리말은 주어 목적어 등에 통상 조사가 동반되어야 한다는 것이다. 즉, "I want to read that book."을 우리말로 옮기면 "나는 그 책을 읽고 싶다."가 된다. 그러니까 '는', '을' 따위의 조사가 일상적으로 뒤따르면서 자동적으로 행의 길이를 늘인다. 그런 만큼 가능하면 조사의 사용을 줄이는 것이 일차적인 숙제이다. 위의 문장은 "[나] 그 책 읽고 싶어"로 줄여볼 수 있다.

그럼 이제 간단한 실험을 해보자. 위의 신정옥 번역에서 가급적 조사만을 덜어내 보는 거다.

> 헤큐바 때문에! 헤큐바와 그 배우[는] 아니 그와 헤큐바 [사이에는] 울고 엉켜야 할 무슨 이유[개] 있다고? 만약 나 만큼[의] 정열[을] 쏟아야 할 고민의 씨앗[을] 가지고 있다면 저 배우[는] 어떻게 표현할까? 그만 무대[를] 눈물로 [써] 흥건히 적셔놓고 핏발 서린 대사로[써] 관객들[의] 귀청[을] 찢으며, 죄지은 재[는] 가책에 미치게 하고 죄없는 재[는] 두려움에 무지한 재[는] 놀라움에 넋[을] 잃고, 눈[과] 귀[를] 멀게 할 것[이] 아닌가.

생략 가능한 조사만 줄여도 22음절을 줄일 수 있다. 이제 여기에서 원문에 맞추어 시행을 조정하면서 간단히 몇 개의 표현만을 수정해, 원래의 산문 번역이 소유한 구체적 이미지들을 고스란히 유지하면서도 기본 3.4. 또는 4.4조의 번역이 되도록 해보자.

For Hecuba!

헤큐바 때문에!

What's Hecuba to him, or he to Hecuba,

헤큐바와 그 배우, 아니 그와 헤큐바,

That he should weep for her? What would he do

대체 왜 울며 엉켜? 저 배우 어찌 할까?

Had he the motive and the cue for passion

나 만큼 정열 쏟을 고뇌, 번민 있다면!

That I have? He would drown the stage with tears,

무대를 눈물로 홍건히 적시고,

And cleave the general ear with horrid speech,

핏발 서린 대사로 관객들 귀청 찢으며,

Make mad the quilty and appal the free,

죄지은 자 가책에 미치고, 죄없는 자

Confound the ignorant, and amaze indeed

두려움에, 무지한 자 놀라움에 넋 잃고,

The very faculties of eyes and ears.

눈, 귀, 멀게 할 것 아닌가.

이러한 실험은 기존의 산문 번역을 근간으로 하면서, 의미를 전달하는데 꼭 필요하거나 운율을 맞추는데 필요한 것 외의 부차적 조사들을 생략하고, 단지 몇 개의 표현을 수정하는 것만으로도, 원문에 비해 결코 음절이나 행수가 늘어나지 않으며 3.4조 내지 4.4조의 기본 시형을 유지하는 번역이 얼마든지 가능하다는 사실을 보여준다.

한편 기존의 운문 번역에서 시도하고 있지 않는 셰익스피어 언어의 각운도 얼마든지 우리말의 흐름 속에 재현해 볼 수 있다. 다음은 이 글의 서두에 인용했던 〈로미오와 줄리엣〉의 원문 부분을 각운을 살려 번역한 것이다.

로미오 만일 이 천한 손, 이 성스런 제단

　　　더럽히는 거라면, 나 보상해 주고 싶어:

　　　내 입술, 얼굴 빨개진 순례자 되선

　　　부드런 입맞춤으로 내 죄 씻고 싶어.

줄리엣 착한 순례자님, 손이 무슨 죄가 있다고.

　　　이렇게 얌전히 예절만 바른데.

　　　순례자는 성자의 손 붙잡기 마련이고,

　　　손과 손 맞닿는 게 순례자의 입맞춤이라던데.

로미오 성자나 순례자도 입술이 있잖아?

줄리엣 그 입술은 기도하기 위한 거잖아?

로미오 우리 손잡고 있듯, 우리 입술 그렇게 해.

　　　내 입술이 기도해. 허락해. 나 절망해?

줄리엣 성자는 꼼짝 않아. 기도는 들어줄께.

로미오 좋아, 꼼짝 마, 기도 응답, 가져갈께. (키스한다)

　　　이렇게 내 입술의 죄, 네 입술이 씻어주네.

줄리엣 그럼 네 입술의 죄, 내 입술이 짊어지네.

로미오 내 입술에서 죄를? 꾸짖는 것도 이쁜 거 같애!

　　　내 죄 다시 돌려줘. (키스한다)

줄리엣　　　　　　입맞춤이 꼭 시 같애!

우리말의 경우도 각운이 주는 묘미가 적지 않다. 낱개로 떨어져 나온 각운은 별 느낌을 주지 않지만, 여러 번 반복되는 각운은 언어의 음악적, 놀이(말장난)적 느낌을 창출하는데 이는 우리말의 경우도 마찬가지다.

(5)

지금까지 필자는 셰익스피어 시어의 주된 특징이랄 수 있는 '약강오보격'과 '각운'에 대해서만 언급했다. 이밖에 '편'이라는 동음이의어를 활용하는 말장난, 자음을 이용해 만들어내는 극적인 음색, 갑작스런 시적 운율의 파격 등 셰익스피어 시어 속에 자리 잡고 있는 세밀하고 빈도수가 상대적으로는 적은 사항들은 일단 논의를 유보했다. 그러한 세부적 사항들 역시 매우 셰익스피어적인 것이기는 하지만 워낙 다양한 경우의 수로 존재하고 작품 전체에서 차지하는 비중이나 빈도수가 작은 것이기 때문에 실재 번역 작업 속에서 자연스럽게 고려될 것을 주문하는 선에서 물러나야 할 것 같다.

최근 우리나라 연극계에서 이루어진 수많은 셰익스피어 공연 중에서, 필자가 각별히 애정을 갖는 공연 중의 하나가 오태석 연출의 〈로미오와 줄리엣〉(2001)이다. 왜냐하면 그 작품은 가장 한국적이면서도 가장 셰익스피어적인 공연이기 때문이다. 한국적 등장인물, 한국적 의상, 한국적 배경 등등, 외형적인 모든 것들이 한국화 된 공연이었지만, 원작의 골격을 비교적 충실히 유지하고 있는 스토리, 셰익스피어 극의 신속하고 원활한 진행에 필수적인 빈 무대와 무대 후면의 이층 구조물,[26] 그리고 그러한 무대 구조를 활용하며 끊어짐이 없이 이어가는 장면전환, 또한 무엇보다도—매우 자유로운 형태이기는 했으나—기본적으로 3.4조에 근거한 운문식 대사 처리 및 에너지가 응축된 시적 언어에서 터져 나오는 에너지가 충만한 연기 등은 그야말로 셰익스피어적인 것이라고 할 수 있다.

오태석의 〈로미오와 줄리엣〉은 셰익스피어 공연에 있어서 운문 번역의 역할과 가치를 웅변적으로 입증해 주는 힘 있는 증언이라고 할 수 있겠다. 물론 그렇다고 해서 기존의 셰익스피어 산문 번역이 유익하지 않다거나, 모든 셰익스피어 공연이 운문으로 해야 한다는 말은 결코 아니다. 다만 본래

---

[26] 객석까지 깊숙이 돌출해 있는 빈 무대와 무대 후면의 2층 구조물은 셰익스피어 극작품의 산실이라고 할 수 있는 '글로브극장'(The Globe Theatre)의 가장 특징적 사항이며, 이러한 극장 구조는 영화 같이 잦은 장면 전환을 신속히 해치워야 하는 셰익스피어 극 공연에 절대적인 역할을 했다. 오태석의 〈로미오와 줄리엣〉의 경우 1995년 공연에서는 빈 무대와 실제 2층 구조물, 2001년 공연에서는 빈 무대 및 무대 바닥과 높이에 차이를 둔 계단식 단을 활용했다.

셰익스피어 극이란 운문적인 것이므로, 제대로 된 운문 번역을 활용하면 그만큼 셰익스피어의 본질적 가치에 다가가기가 유리할 수 있다는 것이다.

우리나라의 경우 셰익스피어 번역이든, 공연이든 운문적 시도는 이제 시작단계이다. 번역도 그다지 많이 시도되지 않았으며, 공연의 경우는 이보다 더 적다. 번역이 안 되었으니 이는 당연한 결과다. 보다 완성도 있는 셰익스피어 공연을 위해서는 보다 완성도 있는 셰익스피어 번역본이 많이 나와야 한다. 우리나라에는 황지우의 〈오월의 신부〉 외에는 눈에 띄는 시극이 없다. 셰익스피어 극의 운문 번역은 궁극적으로는 우리나라의 희곡의 장르를 다양화하고, 창작도구로서의 '언어'에 대한 인식을 재고시킬 수도 있을 것이다. 2001년 여름 캠브리지 대학에서 개최한 한 셰익스피어 세미나에서 '19세기 독일어'로 번역된 독일의 포스트모던적 〈로미오와 줄리엣〉 공연 필름을 본 적이 있다. 우리나라에서도 보다 다양한 언어적 실험이 가미된 셰익스피어 번역을 기대해 본다. 셰익스피어를 업으로 삼고 있는 이 땅의 많은 셰익스피어리언들의 책무는 여전히 무겁다. 물론 필자도 예외가 아니다.

2. 3.4/4.4조의 운율과 오태석의 셰익스피어
〈로미오와 줄리엣〉과 〈템페스트〉

한국의 대표적인 극작가이자 연출가 오태석의 수많은 업적 중 가장 의미심장한 것 중의 하나는 지속적으로 3.4/4.4조의 운율을 기본으로 우리말의 토속성과 음악성을 자신의 극작품 속에 접목시켜왔다는 점이다. 오태석의 극작품만큼 탁월하게 우리말 그 자체가 뛰어난 연극적 도구가 될 수 있음을 입증한 예가 없으며, 우리말에 대한 오태석의 지속적인 연극적 실험과 시도는 우리 연극의 발전뿐만 아니라, 시적 특성을 점차 상실해 온 우리말 자체의 발전에도 기여하고 있다고 할 것이다. 오태석의 우리말의 시적 특성에 대한 무대화 작업은 셰익스피어를 만나서도 멈추지 않는다.

오태석의 〈로미오와 줄리엣〉과 〈템페스트〉는 원작의 모든 행을 우리말로 번역한 것이 아니라, 원작의 큰 틀을 따라가면서 극적 상황과 등장인물을 한국화한 일종의 번안 작품이다. 하지만 그럼에도 불구하고 원작의 중요한 장면이나 대사들이 상당부분 그대로 재현되고 있으며 특히 〈템페스트〉의 경우는 원작의 대사들이 더욱 충실히 우리말로 옮겨지고 있다. 그런 만큼 오태석의 〈로미오와 줄리엣〉과 〈템페스트〉는 셰익스피어의 극작품을 어떻게 우리말로 번역할 것인지, 특히 셰익스피어 언어의 시적 특성을 어떻게 우리말의 시적 특성에 맞춰 화학적 변화를 일으킬 것인지 하는 문제와 관련하여 많은 시사점을 제시해 준다.

오태석이 생각하는 이상적인 무대 언어는 자신의 창작극이나 셰익스피어 번안극을 막론하고 기본적으로 3.4/4.4조의 시적 운율을 갖는 우리말이다. 오태석은 서연호와의 대담에서 오태석 본인이 생각하는 "바람직한 무대 언어라는 것은 무엇인가?"(『오태석』 257)라는 질문에 대해 3.4/4.4조의 우리말임을 밝히면서 그 이유를 상세히 설명한 바 있는데, 오태석이 3.4/4.4조의 대사법을 주장하는 첫 번째 이유는 언어의 음악성 때문이다.

'가시리 가시리잇고 바리고 가시리잇고 날러는 엇지 살라고오 바리고 가시릿고' 뭐 이래버리면 슬슬 읽으면서도 노래가 되버려. '서방님 오는 소리 짚세기 끄는 소리 그거 다 듣고서야 등잔불을 끄겠네만' 뭐 이런 식으로 내려온다고. 이런 가락이 어제 얘기한 정철 선생 가사로 이어지고 그 다음엔 김소월의 '엄마야 누나야 강변 살자'까지 오지요. 그런 3.4조 4.4조에다 집어넣어서 말을 만들 때 객석으로 쉽게 가요. 시어가 그런 구조를 유지하면서 울림을 갖고 계속 이어져 내려왔으니까. (『오태석』 257-8)

3.4조 4.4조의 시적 운율이 마치 음악이 노랫말을 실어 나르듯 대사의

내용을 관객들에게보다 용이하게 전달할 수 있다는 것이다. 이와 더불어 오태석이 3.4조 4.4조 대사법을 선호하는 보다 근본적이고 중요한 이유는 3.4조 4.4조의 대사가 배우들의 호흡 방식과 자연스럽게 맞아 떨어진다는 점이다. 즉 3음절 내지 4음절씩 대사를 내뱉는 방식은 배우가 숨을 들이쉬고 내쉬는 방식과 자연스럽게 일치한다는 것이다.

> 3.4조, 4.4조로 가면 숨이 벅차도 말이 되고 아무리 격렬해도 말이 돼요. 판소리를 봐도 그래요. 여덟 시간을 쉬지 않고 공연하잖아요. 창자(唱者)가 여덟 시간을 노래하려면 고수가 셋씩이나 바꿔요. 고수는 셋씩이나 바뀌는데 안숙선처럼 일미터 오십센티 밖에 안 되는 여자가 어떻게 내내 소리를 하느냐, 숨 쉬는 대로 슬쩍슬쩍 얹히니까 가능한 거죠. 특히나 아니리에 가서는 쓱 넘어서면서 쉬고 쉬고 해요. 이게 다 3.4조, 4.4조라 가능한 겁니다. 이 리듬은 숨쉬기를 거스르지를 않고 아무리 숨차도 말이 되게 만들어요. . . . 3음보나 4음보로 대사를 만드는 것이 중요해요. 배우도 대사를 뱉기가 쉽고 관객도 또 듣기가 편안하고. (『오태석』 258-9)

오태석의 이러한 지적은 셰익스피어의 전형적 시형인 약강오보격[27]의 특성을 이해하는 데도 매우 중요한 단서를 제공한다. 앞서 최종철도 지적하였듯이, 셰익스피어 극의 한 행 오보격의 자모 수와 우리말 3.4.3.4조 열네 음절의 자모 수가 엇비슷하게 일치하는데 이는 배우가 한 호흡에 자연스럽게 내뱉을 수 있는 말의 길이가 영어나 우리말이나 다르지 않다는 것이다 (9). '꺼진 불도 다시 보자 / 꺼진 불도 다시 보자' 내지 '죽느냐 사느냐 그것이 문제다'라고 14음절 내지 12음절 정도를 말하면 보통은 남은 숨이 부족함을 느끼고 자연스레 숨을 들여 마시게 된다. 이는 영어로 'to be or not to be / That is the question'이라고 말하는 경우에도 마찬가지이다. 약강오보격

---

27 셰익스피어의 약강오보격 시형에 대한 자세한 설명은 250쪽을 보시오.

의 한 행을 다 말하고 나면 자연스레 다음 숨을 들이키게 되는 것이다. 한편 우리말 3.4.3.4조나 셰익스피어의 약강오보격이 한 행 전체의 음절수로 한 번의 호흡 길이를 무조건 강제하는 것은 아니다. 표현되는 소리가 3음절 내지 4음절로 나뉘고, 약강격의 1개의 보로 구분되는 규칙성을 가짐으로써, 각각의 소리 단위에 맞춰 자연스러운 잔 호흡도 가능하고 또 때로는 우리 말 14음절, 또는 영어 5보격 이후의 지연된 호흡도 가능하다. 결론적으로 말해, 셰익스피어의 경우나 오태석의 경우나 모두 배우들이 숨을 내쉬고 들여 마시는 호흡의 메커니즘에 대사를 얹은 것이라고 할 수 있겠다.

이제 오태석이 3.4/4.4조의 운율을 타면서 어떻게 셰익스피어 대사들을 우리 소리로 변화시키고 있는지 그의 〈로미오와 줄리엣〉, 〈템페스트〉를 통해 구체적으로 살펴보자.

우리말의 3.4/4.4조는 음절수와 더불어 그 음절수만큼의 호흡 길이 단위를 기본으로 한다. 즉 음절수가 딱 3음절 4음절로 떨어지는 경우도 있고, 때로는 음절수가 3음절, 4음절보다 적거나 많을 수도 있는데, 이 경우 해당 음절을 말하는 호흡의 길이를 3음절이나 4음절만큼 늘이거나 줄이면서 전체적으로 3.4/4.4조의 운율을 만들어가는 것이다. 또 한편으론 의도적으로 3.4/4.4조의 율격에 순간적으로 파격을 가해 여러 가지 극적 상황이나 등장인물의 내면을 표현하기도 한다. 우선 오태석의 〈로미오와 줄리엣〉과 〈템페스트〉에서 음절수가 3음절 4음절에 딱 맞아떨어지는 경우부터 예시해 본다.

구영남 퍼줄게. 퍼주고 퍼주고 다 가져가.
　　　퍼가―내 사랑 바다 만해. 퍼내면 더 많아져.

위의 예시는 유명한 발코니 장면에서 줄리엣이 자신의 사랑을 고백하는 대사인데, 논의의 편의를 위해 해당 원문과 더불어 대부분의 번역본처럼 산문 번역을 한 정인섭의 번역과 이에 반해 운문 번역을 시도한 최종철의 것과 북한의 김해균의 것을 함께 나열한다.

Juliet My bounty is as boundless as the sea,
　　　My love as deep; the more I give to thee,
　　　The more I have, for both are infinite. (2.2. 133-135)

정인섭 역:
쥬울리어트 제 선물은 바다와 같이 끝이 없고, 저의 사랑은 깊어서, 제가 가
　　　지면 가질수록, 그만큼 더 많이 드리고 싶어요. (87)

최종철 역:
줄리엣 아낌없는 내 마음은 바다처럼 끝이 없고
　　　사랑 또한 같이 깊어 더 많이 줄수록
　　　더 많이 생겨나요. 둘 다 무한하니까. (2.2. 133-135)

김해균 역:
줄리에트 제가 드리는 마음 바다처럼 끝없고
　　　저의 사랑 또한 바다처럼 깊으오니 드리면 드릴수록
　　　마음속에 간직한 사랑 커가기만 합니다.
　　　울리는 마음, 간직한 마음, 모두 한이 없나니. (54)

　　정인섭의 번역은 1964년에 출간된 정음사 발행의 『셰익스피어 전집』에 들어가 있는 것인데, "제 선물은 바다와 같이 끝이 없고, 저의 사랑은 깊어서"라는 부분은 원문의 내용과 다소 차이가 있고, 또 이후의 일부 내용은 아예 번역이 안 되어 있다. 최종철의 번역은 3.4 내지 4.4조에 철저히 맞추고 있지만, 이러한 운율을 지나치게 음절수에 한정해서 지키고자 하면서

'아낌없는' '같이' 등은 단어가 사족처럼 첨가되어 오히려 문장의 의미가 명료하게 전달되는 것을 방해하는 듯하다. 전체적으로는 더 많이 주고 더 많이 생겨나는 것이 '마음'인지 '사랑'인지가 불분명하며, 무한한 둘의 주체도 마음과 사랑인지, 바다와 사랑인지 쉽게 파악되지 않는다. 무대 언어는 순식간에 관객들의 귓가를 스쳐 지나가는 것이므로 가급적 문장의 서술관계가 명료한 것이 바람직하다. 북한에서 1991년에 출간된 『쉑스피어 희곡선』에 포함되어 있는 김해균의 번역도 산문은 산문대로 운문은 운문대로 번역하려고 노력한 것인데, 3.4조 등의 정형률보다는 자유로운 내재율을 사용하였다. 위의 김해균의 번역은 시적 리듬감이 부드럽고 의미도 명료하나 나름의 운율을 살리려다 보니, '마음 속에 간직한' '울리는 마음' '간직한 마음' 등 원문에 없는 표현들이 추가되면서 음절수가 지나치게 많아졌다. 반면, 오태석의 경우는 원문의 세세한 부분은 번역하고 있지 않지만, 원문에서 전달하고자 하는 의미가 명료하고 리듬감이 탁월하다. 운율 밖에서 첨언되는 '퍼가'를 제외하곤, 철저하게 3.4조의 운율을 준수한다. 그리고 무엇보다 '퍼줄게-퍼주고-퍼주고-퍼가-퍼내면'이라고 담겨져 있는 무언가를 떠낸다는 의미의 단어인 '푸다'의 다양한 파생어들을 반복함으로써, 사랑과 바다의 비유를 자연스럽게 연결 지을 뿐만 아니라, 아무리 퍼주고 퍼가도 한정이 없는 그 바다 같은 무한성을 강조한다. 오태석의 이러한 번역은 운율의 음악성을 살리면서도 의도한 의미를 관객에게 강렬하게 인상지우는 매우 적절한 무대 언어로서 기능한다고 할 수 있겠다.

한편 셰익스피어 극작품을 우리말 운율에 맞춰 번역할 때 유의해야 할 점이 있다. 앞서 언급했듯이 3.4조나 7.5조 등 우리의 운율은 단순히 우리말의 음절수만으로 구성되는 것이 아니라는 것이다. 물론 음절수의 준수를 기본으로 하지만, 때로는 음절을 말하는 호흡의 길이가 음절의 수를 대체하기도 한다. 때문에 같은 3.4조/4.4조라고 할지라도 다양한 변주가 가능하다. 우리말 운율에 능수능란한 오태석에게서도 이러한 예를 흔히 볼 수 있다.

신부 . . .
  느이 두 집안이 다정한 이웃이야.
  외나무다리서 만났다하믄 눈 까뒤집고 으르렁거리고
  이러구 삼백년이 넘어 이러구.
  이러는 처지에 기가 막혀 말도 안나오네.
문희순 나말이요 죽기 살기로 부탁하는 거예요.
신부 이놈아 삼백년 동안 이러구 -
문희순 이거 막으면 담박에 심장이 멎죠.
신부 삼백년 원한을 하루아침에 나보고 어째 - 못해, 난 안돼.
문희순 구년 장마도 멎을 날 있죠.
신부 아 이놈의 고집이 -
문희순 (덥석 약초를 문다)
신부 아서, 아서 - 알았어 알았다.
  (약초 가지 잡고)
  달리 생각이 있으니 해보자.
문희순 감사합니다. 신부님. 오늘 아침에 축복 있으시라.
신부 삼백년 반목하던 두 집안이 사돈이 된다.

위의 대사를 보면 각 행의 음절수가 3.4/4.4에 딱 맞아 떨어지지는 않지만, 한 호흡 한 묶음으로 발화해야 할 음보의 단위가 대략 1행 4개 정도로 나눠지면서 일정한 리듬을 형성하는 것을 알 수 있다. 이를 좀 더 알기 쉽도록 음보를 구분하는 빗금 표시와 음절의 길이를 늘이는 물결 표시, 음절과 음절을 한 묶음으로 잇는 붙임표 표시를 덧붙여 위 인용문을 재구성해 본다.

신부 . . .

> 느이~ / 두 집안이 / 다정한 / 이웃이야/.

> 외나무다리서 / 만났다하믄 / 눈 까뒤집고 / 으르렁거리고/

> 이러구 / 삼백년이 / 넘어~ / 이러구/.

> 이러는 / 처지에 / 기가 막혀 / 말도-안나오네/.

문희순 나 말이요 / 죽기~/살기로 / 부탁하는-거예요/.

신부 이놈아 / 삼백년 / 동안~ / 이러구−

문희순 이거-막으면 / 담박에 / 심장이/멎죠~/.

신부 삼백년 / 원한을 / 하루아침에 / 나보고-어째 / − 못해, 난 안돼/.

문희순 구년~ / 장마도 / 멎을 날 / 있죠~/.

신부 아 이놈의 / 고집이−

문희순 (덥석 약초를 문다)

신부 아서~, / 아서~ / − 알았어 / 알았다./

> (약초 가지 잡고)

> 달리~ / 생각이 / 있으니 / 해보자./

문희순 감사합니다. / 신부님. / 오늘-아침에 / 축복-있으시라./

신부 삼백년 / 반목하던 / 두 집안이 / 사돈이-된다./

오태석의 언어적 음악성이 가장 완성된 형태로 구현된 것은 〈템페스트〉
에서다. 오태석의 〈템페스트〉는 오태석의 셰익스피어 작품들 중에서도 가
장 한국적이면서도 원작의 내용을 가장 충실하게 따르고 있는 작품이라고
할 수 있는데, 언어적 측면에서도 셰익스피어 언어의 시적, 음악적 특성을
우리말화하기 위해 더 없이 노력한 작품이다. 오태석의 〈템페스트〉는 작품
전체가 더욱 완벽한 3.4/4.4조의 운율을 타고 있으며, 무엇보다 이를 무대
위에서 실현하기 위해 특별히 더욱 노력한 작품이다. 2010년에 초연된 〈템
페스트〉는 그때 이미 2011년 영국 에딘버러 인터내셔널 페스티벌에 공식
초청된 작품으로서, 처음부터 영국 공연을 염두에 두고 제작되었다. 2006년

〈로미오와 줄리엣〉의 런던 바비칸 센터 공연에서 셰익스피어 언어의 시적 가치의 손상에 대해 지적 받기도 했던 터라,[28] 오태석은 이번 〈템페스트〉의 영국 공연에서는 더욱 우리말 번역의 시적 가치를 인정받기 위해 노력하였다. 결과적으로 오태석의 이러한 시도는 매우 성공적이었는데, 오태석 자신도 권재현과의 인터뷰에서 "특히 그는 이번 공연에서 셰익스피어의 유장한 대사를 우리말이 지닌 생략과 압축의 미학으로 담아냈는데 관객들이 이를 알아봐 준 것이 가장 흡족하다"고 말했다.

오태석이 〈템페스트〉에서 보여주고 있는 3.4/4.4조의 감칠맛 나는 대사들의 실례를 살펴보자.

> **아지** 저 바다 날뛰는데 여기는 고요하고
> 저기는 밤바단데 여기는 해맑으니
> 아버지에 도술이지 이거. (8)

위 문장은 완벽하게 3.4/4.4조의 운을 맞추고 있을 뿐만 아니라, '저 바다 날뛰는데'와 '저기는 밤바단데'가, 그리고 '여기는 고요하고'와 '여기는 해

---

[28] 오태석의 〈로미오와 줄리엣〉의 2006년 바비칸 센터 공연은 영국의 많은 평론가들로부터 상당히 긍정적인 평가를 이끌어내는 등 성공적인 공연을 했으나, 유독 『타임즈』(*The Times*)의 샘 말로우(Sam Marlowe)만은 혹평을 가했다. 특히 그는 오태석 〈로미오와 줄리엣〉 공연의 많은 문제점이 원작의 가치를 담보하지 못한 오태석의 번역에 있다고 보고 다음과 같이 비판하였다.

But while these star-crossed lovers may make you smile, the passion and the power of the story have somehow been lost in translation.

하지만 샘 말로우의 이러한 비판은 오태석의 번역이 아닌 바비칸 공연에 사용되었던 자막에 근거한 것이다. 이때 사용된 영문 자막은 오태석의 감칠맛 나는 3.4/4.4조의 우리말 번역을 셰익스피어의 언어가 아닌 단순한 의미 전달 위주의 산문식 영어로 제작되면서, 결과적으로 오태석의 〈로미오와 줄리엣〉을 원작으로부터 더욱 멀어지게 만드는 오류를 범하였다.

맑으니'가 낱말과 구절의 구조에서 대구를 형성하여 전체적으로 문장의 구조와 의미가 명료해짐으로써, 독자나 관객이 위 문장을 쉽게 이해할 수 있다.

실제 셰익스피어의 극작품들은 원어로 읽기에 쉬운 것은 결코 아니나, 그래도 다른 셰익스피어 동시대 극작가들의 작품에 비해서는 의미가 명료하고 상대적으로 읽기에 용이한 이유 중의 하나는 아래의 예문처럼 셰익스피어의 문장들이 낱말이나 구 또는 절들의 대칭구조를 이루는 소위 대구법을 자주 활용하기 때문이다.

> Richard . . . . . .
>> And therefore, since I cannot prove a lover
>> To entertain these fair well-spoken days,
>> I am determined to prove a villain
>> And hate the idle pleasures of these days.
>>
>> 그래서 이 잘나빠진 시대를 즐겨 줄
>> 연인 노릇도 해먹질 못하니까,
>> 지금 이 부질없는 쾌락들을 저주해 줄
>> 악당이 되어 주는 거다. (〈리차드 3세〉 1.1.28-31)

"I cannot prove a lover"와 "I am determined to prove a villain"이 대구를 이루고, "To entertain these fair well-spoken days"와 "hate the idle pleasures of these days"가 대구를 이룸으로써, 전체적인 문장 구조가 쉽게 드러나고, 그만큼 의미가 관객에게 상대적으로 용이하게 전달된다. 오태석도 이 같은 대구법을 자주 활용하는 것인데, 운율과 대구법이 결합하면 음악적 효과가 증대되기도 한다. 원작의 캘리반 격인 쌍두아(머리가 위 아래로 둘이고 샴쌍둥이 같이 몸이 붙어 있는 인물)의 윗머리가 질지왕(프로스페로)의 머리에 온갖 종류의 독가스가 퍼부어지라고 저주하는 대사를 보자.

> **윗머리** 그래 너라도 쏟아져라.
> 영감탱이 그날강도 정수리에 대구 퍼부어.
> 시궁창에 독가스 미나리 밭에 독가스-
> 똥치간에 독가스 금두꺼비에 독가스- (37)

"시궁창에 독가스 / 미나리 밭에 독가스 / 똥치간에 독가스 / 금두꺼비에 독가스"가 "어디어디에 독가스"란 동일한 구조로 구문이 형성되어 있어, 귀에 쉽게 들어올 뿐만 아니라 4.4조를 약간 변형한 4.3/5.3/4.3/5.3의 운율을 규칙화하고, 특히 "독가스"를 각운처럼 반복함으로써 음악적 효과를 한층 높이고 있다.

오태석의 3.4/4.4조의 무대 언어를 더욱 한국적이며 감칠맛 나게 만들어 주는 것은 적절한 방언의 사용이다. 오태석은 〈템페스트〉는 물론이고 〈로미오와 줄리엣〉에서도 방언을 자주 사용하고 있는데, 오태석은 셰익스피어를 무대화 하면서 방언을 자주 활용하는 것에 대해 "환시 환청환각, 틈새를 주는 거지요. 관객이 긴장을 안 하도록. 편하게 해주려고. '저게, 우리 동기간 아닌감? 저쪽은 우리 동네 사람 아녀?'"(장원재 264)라고 이유를 설명한다. 즉, 관객으로 하여금 셰익스피어를 보면서도 보다 더 한국적 친밀감을 느끼도록 하려는 의도인 것이다.

> **질지왕** 세 살먹은 딸애안고 쥐구녕뚫린 쪽배타봐.
> 구녕마다 바닷물 솟구치는데 한달넘게
> 시달려봐-
> 이 댓가는 톡톡히 치루게할꺼야. (16)

위의 대사에서 "구녕"이란 표현은 '구멍'에 대한 강원, 충청, 전라, 경상, 함경도 등의 지역에서 광범위하게 사용하는 낯익은 사투리이다. 구녕이라는 낯익은 사투리가 우리말 운율과 어울리면서 우리말을 한층 감칠맛 나게 실어 나른다. 귀족 집안을 배경으로 하는 〈로미오와 줄리엣〉에서는 "맨들어" "개져와" 등과 같은 서울 방언이 주로 사용되었지만, 삼한 시대 가락국과 외딴 섬을 배경으로 하는 〈템페스트〉에서는 지방 방언이 동원되고 있는 점도 우리말의 무대화를 위한 오태석의 세밀한 설계가 돋보이는 부분이다.

한편 앞서 지적했듯이 오태석은 우리말 시어의 3.4/4.4조가 단순히 음절수가 아닌 호흡 길이에 의한 것임에 기대에 능수능란하게 변화를 주며 3.4/4.4조를 다루며 때로는 자유로이 기본 율격에 파격을 가하는 것도 서슴지 않는데, 그럼에도 불구하고 그의 〈템페스트〉는 〈로미오와 줄리엣〉의 경우보다 훨씬 더 기본 율격에 충실하며 보다 더 규칙적인 언어적 음악성을 고양시킨다.

세자 세자요- 신라국에- 태풍에 배조각나고
전하께서 물로뛰어들었는데- 연로하셔서- 찾아봐야겠소. (19)

질지왕 형제가 아직살아있는거-어머님 덕분인줄알아. (85)

자비왕 이거 봐. 세자는 단념하겠네. 저아우보고 내자리 계승허라고허게-
(86)

위의 세자의 대사에서 "물로뛰어들었는데"와 "찾아봐야겠소"는 기본 율격에서 많이 벗어나 있는 듯이 보이지만, 그의 대본은 정상적인 화법대로 "물로 뛰어 들었는데"로 요구하지 않고 한데 묶어 발화하도록 "물로뛰어들었는데"로 요구하면서 "찾아봐야겠소"와 호흡 길이를 맞추며 앞뒤 문장의 리듬을 규칙화 하고 있다. 질지왕의 대사의 경우도 마찬가지이다. '아직 살아있는 거'라는 표준 어법 대신 "아직살아있는거"라고, 또 "덕분인 줄 알아" 대신 "덕분인줄알아"라고 한데 묶어 표현함으로써, "형제가 / 아직살아있는 거// 어머님 / 덕분인줄알아"라고 운율의 규칙화를 이루어내고 있다. 위 인용문 마지막, 자비왕의 대사는 얼핏 보기에는 우리말의 전통적인 3.4조 운율과는 무관하게 매우 불규칙한 산문처럼 보이기도 하지만, 이 또한 분명한 규칙적 운율을 형성해 주고 있다. 전통적인 3.4조 운율 속에는 호격이나 감탄사 추임새 등의 말들이 기본 운율 속에 자유로이 끼어들게 되는데, "이거봐"라 호격과 "저아우한테"라는 여격의 말을 대칭시키고, "세자는 단념하겠네"와 "내자리 계승허라고허게"를 대응시키며 크게 벗어남이 없이 3.4조 운율을 타고 있다.

오태석의 3.4/4.4조 운율은 한 인물의 대사 속에서만 이루어지는 것이 아니라, 등장인물들 간의 대화 속에서도 이루어진다.

> **주방장** 야 광대 앞서.
> **광대** 두고보자 두고봐.
> (두 사람 노래하며 빠져나가는데)
> **아랫머리** 야 말하고가자.
>   무는거 내 전문이야.
> **윗머리** 나도 있어 이빨.
> **아랫머리** 그게 이빨이야 톱이지.
> **윗머리** 톱- 톱가져와 더 못참아.
> **아랫머리** 가져와 쓸어.
> **윗머리** 진짜로 쓸어.
> **아랫머리** 쫙 갈라. 갈라 서.

윗머리 어 시원하다. 자유다 얼른잘러.

아랫머리 자유. 그거 내꺼야. (93-4)

위 인용문에서 주방장의 "야 광대/앞서"와 광대의 "두고보자/두고봐"가
함께 결합해 일반적인 3.4/4.4조 한행에 해당하는 운율을 이룬다. 인용문의
이후의 다른 대사에서도 그러한 예가 계속 만들어지는데, "그게 이빨이야/톱
이지/톱- 톱가져와/더 못참아" "가져와/쓸어/진짜로/쓸어"와 같은 방식이다.
이는 아래에서 볼 수 있듯이 셰익스피어의 기본 시형인 약강오보격이 한 등
장인물의 대사 한 행에서만 이루어지는 것이 아니라, 2명 또는 3명의 등장인
물들의 1, 2보격이 결합해 5보격이 이루어지는 예와 같다고 할 것이다.

Hor. Do if it will not stand.

Bar. 'Tis here!

Hor. 'Tis here! (1.1.141)

호레이쇼. 해버려, 안 선다면.

버나도. 여기다!

호레이쇼. 여기야!

셰익스피어 텍스트를 편집할 때, 복수의 등장인물의 대사가 모여 하나
의 약강오보격을 형성할 때, 이는 몇 명의 대사이든 상관없이 한 행으로 간
주한다. 그래서 위의 인용문은 세 줄로 되어 있지만 〈햄릿〉 1막 1장 141행
으로 표기되는 것이다. 이와 같이 복수의 등장인물의 대사가 함께 결합하여
약강오보격 한 행을 형성하는 것은 마치 한 등장인물의 한 행의 대사를 말
하듯 각각의 대사와 대사 사이에 불필요한 간격 없이 신속하게 대사와 대
사를 연결하라는 의미이다. 때문에 긴박한 상황을 표현하거나 등장인물 상

호간의 관계나 감정이 매우 긴밀함을 드러내려 할 때 사용하는 대사법이다. 오태석도 이러한 대사법의 활용도를 잘 알고 있는 듯하다. 주방장과 광대가 한패거리이고, 아랫머리와 윗머리는 쌍두아로서 한 몸이다. 앞의 인용문은 각각 주방장과 광대의 대사를 한데 묶고, 아랫머리와 윗머리의 대사를 한데 묶어 3.4/4.4조를 형성하면서 인물들 간의 관계를 언어로서 표현해내고 있다. 함께 질지왕의 마법의 책을 빼앗고 권좌를 찬탈하려다 들통이 나자, 다시 주방장과 광대, 아랫머리와 윗머리로 패가 나뉘는 상황을 운율의 구성을 활용해 재미있게 묘사해내고 있는 것이다.

셰익스피어의 기본 시형을 흔히 '약강오보격의 무운시'(blank verse unrhymed iambic pentameter)라고 한다. 즉 약강오보격의 운율을 사용하되 각운은 없는 시형이라는 뜻이다. 하지만 셰익스피어는 필요한 곳곳에서 여러 가지 각운을 매우 능수능란하게 사용하며 다양한 극적 효과를 유발시킨다. 그럼에도 불구하고 우리말 번역본 중에서 셰익스피어의 각운을 번역에 반영한 예는 거의 없다. 이는 기본적으로 우리 시에서는 각운을 잘 사용하지 않는데다가 셰익스피어의 각운을 우리말 각운으로 옮기는 것 또한 용이하지 않기 때문일 것이다. 하지만 우리 전통 연희 공연에서는 각운을 자주 사용해 왔으며, 최근엔 가수들의 랩에서는 매우 활발하게 이용되고 있다. 다시 말해, 셰익스피어의 각운도 번역자의 노력에 따라서는 얼마든지 번역 속에 반영할 수 있다는 것이다. 그리고 오태석의 〈로미오와 줄리엣〉과 〈템페스트〉는 그러한 가능성을 이미 실천하고 있다고 하겠다.

광장에서 놀이판을 벌이고 있던 문씨 패거리(몬태규 가문)가 구영남(줄리엣)의 유모를 놀리는 장면에서 그러한 예를 찾아 볼 수 있다.

함병춘 네 유모다.
노래 유모치마 속에 만두

팥만두나 고기만두
누가돈내 유모만두
고기만두 팍 쉰 만두
에헤에헤 유모 냄새가 팍 쉰 냄새나
맛도 좋던 만두속이
먹기전에 쉬었구나.
누가돈대 유모만두
에헤에헤 유모 냄새나 팍 쉰 냄새나
랄랄라라라- 유모만두 쉰만두.
랄랄라라라- 유모만두 쉰만두. (26)

온갖 종류의 만두가 등장하면서 만두로 빚은 각운이 활용되고 있음을 쉽게 알 수 있다. 한편, 〈템페스트〉에서 원작의 에어리얼이 이끄는 환영들의 장면을 대신하여 제웅이 만들어낸 마을 사람들과 소무의 환영이 자비왕에게 왕자의 죽음을 알려 고통을 줄 목적으로 행하는 삼신제의 노랫말은 셰익스피어에게서 흔히 목격되는 aabbcc의 각운을 보여준다.

삼신제왕님네
아들을 섬겨주던 천수관담
딸 섬겨주시던 문수관담
아버님 뼈를빌던 제왕
어머님 뼈를빌던 제왕
먹을복 입을복 많이많이타고
젖도 많이많이타고
그저 성쇄 많이 벌고
명복 많이타게
점지하여 주옵소사 비나이다.

오태석은 이러한 각운을 포함해 동일하거나 유사한 소리 값을 가지는 단어들을 반복하거나 나열하는 것을 즐겨 사용해 왔는데, 김남석은 이에 대해 다음과 같이 설명한다.

> 동 음절의 반복과 유사한 단어의 선택은, 오태석의 공연 언어에 내장된 재잠 원리를 형성한다. 공연에서 언어는 대단히 중요하다. 관객에게 가장 직접적인 수단으로 극의 내용과 작가의 메시지를 전달하는 수단이기 때문이다. 그런데 공연 언어가 많은 정보량을 책임지다보니, 때로는 윤기 없는 표현 방식으로 전락하기도 한다. 오태석은 메마른 언어에 윤활유를 치듯, 맛깔스럽게 언어를 직조하고 있다. 단어를 기발하게 선택하고, 재치 있게 조합해내는 공연 언어적 기법은, 오태석의 작품을 감칠맛 나게 만드는 중요한 이유이다. (52)

셰익스피어의 각운을 우리말로 옮겨보는 노력은 결코 포기해서는 안 될 일이다. 우리말로 실행되는 각운도 얼마든지 훌륭한 극적 효과를 성취해 낼 수 있으며, 우리말 극 언어를 발전시키는 데도 크게 기여할 수 있기 때문이다. 오태석의 셰익스피어는 셰익스피어의 원문 텍스트를 일대일로 번역한 것은 아니다. 그러나 셰익스피어 언어의 많은 특징들을 우리말화하기 위해 다양하고 실효적인 시도들을 보여주고 있다. 오태석의 우리말화 된 셰익스피어는 셰익스피어 극작품을 번역하는 이들에게 단순히 의미를 번역하는 차원에서 벗어나 셰익스피어 언어의 극적 기능마저 우리말로 옮겨보는 노력을 촉구하고 있다.

3. 박성환의 〈창극 로미오와 줄리엣〉이 보여주는 판소리 셰익스피어

창극의 특성상 일반에게 많이 알려지진 않았지만, 박성환이 연출한 국립창극단의 〈창극 로미오와 줄리엣〉은 2009년 2월에 국립극장 달오름 극장에서 초연한 이래 이후 몇 차례 앙코르 공연을 반복했으며, 공연 때마다 만석을 이루며 많은 관객을 모은 창극계의 히트작이다.

판소리는 셰익스피어의 약강오보격과 음절수를 거의 일치시키는 일행 3.4/3.4는 아니나, 행수와 무관하게 3.4조를 끊임없이 이어나간다. 박성환 역시 원문 텍스트를 그대로 번역하고 있는 것은 결코 아니나, 작품의 전체적인 한국화 속에서도 원작의 구성을 거의 그대로 따를 뿐만 아니라 주요 장면들의 경우는 원작의 대사들을 상당부분 그대로 반영하고 있다. 그런 만큼 박성환의 〈창극 로미오와 줄리엣〉은 셰익스피어 극의 언어적 음악성을 강조하며 3.4조로 번역하는 것에 대한 매우 의미 있는 모범을 제시해 준다.

> **로묘** (자진머리) 섬섬옥수 고운손 이손으로 더럽힌다면, 변명하려는 이내 입술 그대 입맞춤으로 더러움 지우고 싶어.
> **주리** 입술은 소원이나 외라고 있지.
> **로묘** 내 입술, 그대 입술에 기도하는 손처럼 합장하고파.
> **주리** 합장 기도 지극해도 돌미륵은 못 움직여.
> **로묘** 아무렴, 영험한 돌미륵 고운 우리 벽수님 꼼짝마, 기도할 때 움직이면 부정타.
> **합창** (자진머리) 에헤라 상사야 상사 상사가 났네 데헤라 상사로다 시커먼 먹구름 깊은 골짝 걸렸구야 에헤라 상사로다, 상사 상사가 났네.
> **로묘** 내 손이 범한 죄 네 입술로 씻었어.
> **주리** 그럼 그 죄 도로 내 입술로 옮긴겨?
> **로묘** 아니, 그 죄 다시 돌려줘! (36)

위의 인용문을 최종철의 번역과 비교해 보면 보다 효과적인 3.4조 번역에 대한 힌트를 얻을 수 있다.

로미오 너무나 가치 없는 이 손으로 제가 만일
　　　　이 성전을 더럽히면, 제 입술은 곧바로
　　　　얼굴 붉힌 두 순례자처럼 부드러운 키스로
　　　　거친 접촉 지우려는 고상한 죄 짓겠지요.
줄리엣 순례자님, 경건함을 이렇게 공손하게
　　　　보여주는 그 손에게 너무 잘못하십니다.
　　　　성자상도 순례자가 만져 보는 손이 있고
　　　　맞붙인 두 손은 순례자의 키스인데.
로미오 성자상도 순례자도 입술은 있잖아요?
줄리엣 예, 순례자님. 기도에 써야 하는 입술이죠.
로미오 그렇다면 성자여, 입술로 손의 일을 합시다.
　　　　기도를- 허락해요. 믿음이 절망 되지 않도록.
줄리엣 성자상은 기도는 허락하나 움직이진 못해요.
로미오 그렇다면 기도하는 동안에 움직이지 말아요. (그녀에게 키스한다.)
　　　　이렇게 내 죄는 그대의 입술로 씻겼소.
줄리엣 그렇다면 내 입술로 죄가 옮겨 왔군요.
로미오 내 입술에서요? 오, 이 달콤한 범법 재촉!
　　　　내 죄를 돌려줘요. (그녀에게 다시 키스한다.)
줄리엣　　　　　　키스를 배웠군요. (1.5.89-106)

　　최종철의 번역은 글자 수는 3.4/4.4조에 맞추고 있지만, 말이 계속 이어
지는 서술식이어서 운율을 살리기가 쉽지 않고 또 의미를 명료하게 전달하
기가 용이하지 않다. 반면, 박성환의 것은 원작의 내용을 그대로 옮기지 않
는 자유를 누리는 이점이 있기는 하지만, 글자 수를 3.4/4.4조에 맞춤과 동
시에 문장이 비교적 짧게 짧게 이루어지도록 하는데다가 대구법을 자주 사
용하여 리듬과 의미 전달이 효과적으로 실천되도록 하고 있다. 예를 들어,
최종철의 줄리엣은, "성자상은 기도는 허락하나 움직이진 못해요"라고 비교

사진 29 〈창극 로미오와 줄리엣〉(2009). 박성환 극본 / 연출. 국립창극단. 로묘(로미오/임현
빈 분)가 주리(줄리엣 / 박애리 분)에게 사랑을 고백하고 있다.

적 긴 서술형 문장으로 말하는 반면, 박성환의 줄리엣은 "합장 기도 지극해
도 돌미륵은 못 움직여"라고 "합장 기도 지극해도"와 "돌미륵은 못 움직여"
라는 짧은 두 개의 문장으로 나누어 말함으로써 의미를 더욱 명료하게 할
뿐만 아니라, 명사＋술어, 명사＋술어의 대구를 형성하면서 운율을 맞춰 읽
기 편하게 하고 있다. 이는 박성환이 원작에 없는 합장 기도, 돌미륵 등의
우리말 표현을 동원하기 때문에 가능한 일이라고 생각할 수도 있으나, 앞서
필자는 이 부분을 "성자는 꼼짝 않아. 기도는 들어줄께."라고 역시 '명사＋
술어, 명사＋술어'의 형식으로 대구를 형성하며 자수와 리듬감을 살린 번역
을 제시해 본 바 있다. 필자의 이러한 설명은 최종철 교수의 번역의 단점을
지적하려는 것이 절대 아니다. 최종철 교수의 3.4/4.4조 번역의 시도가 있었
기에 필자도 셰익스피어의 우리말 시적 번역에 눈을 뜰 수 있었음을 다시

한 번 밝히는 바이며, 다만 보다 효율적으로 우리말 리듬을 실현할 수 있는 방안을 제안해 보는 것일 뿐이다.

〈로미오와 줄리엣〉에서 가장 유명한 장면은 아마도 로미오와 줄리엣이 본격적으로 사랑의 대화를 속삭이는 발코니 장면일 것이다. 박성환의 〈창극 로미오와 줄리엣〉은 이 장면에서도 원작의 의미를 크게 벗어남이 없이 멋지게 3.4/4.4조 대사를 보여주고 있다.

주리 (빠른 자진모리) 이슬로 묘할묘 이름마저 오묘해, 로묘, 로묘, 왜 문로 묘야, 가문의 성도 버리고 네 이름도 던져버려. 그럼 너 내거야. 맹세만 해. 그럼 나도 최씨성과 이름마저 버릴게!

로묘 무슨 소리?

주리 따지고 보면, 가문의 성과 이름이 원수일 뿐이잖아? (빠른 자진모리) 문로묘라 아니 불러도 너는 너 자체일 뿐. 문씨성이 뭐야? 로묘가 뭐야? 손도 발도 얼굴도 팔 다리도 아니잖아. 꽃이라 부르기 전에도 꽃은 아름다워라. 장미를 달리 불러도 향기는 그대로. 궁께 그 묘한 이름 싹 다 버리고 대신 날 가져!

로묘 좋아! 가질게. 그리고 나 이제부터 문로묘 안할게.

주리 누구야? 도둑 괭이 같이.

로묘 야옹~ 그 지긋지긋한 내 이름은 이제 없어. 내 이름이 너의 원수라면 다 버려 버리겠어.

주리 이슬로 묘할묘, 아끼 그 로묘!

로묘 네가 싫다면 성도 이름도 그거 아니야.

주리 어떻게 왔어? 돌담이 저리 높은데.

로묘 내 사랑의 날개를 달고 사뿐 사뿐히 넘어왔네.

주리 걸리면 죽어.

로묘 깜깜한 밤, 어둠의 저고리 걸쳤는데 누가 봐? 하지만 네 사랑으로 감춰주지 않는다면 들통나겠지. 사랑없이 사느니 죽느니만 못해.

주리 너무 비장해. 나도 어둠이 얼굴을 가려줘 다행이야. 빨개진 내 얼굴 창 피했을 텐데. (휘모리) 비웃지마 나 이래뵈도 요조숙녀야. 내 말 들은 거 다 잊어. 다 취소야. 잊어줘. 정말 진심으로 잊어버려 그냥 대사 외 듯 해본 농담이... 아니야! 요조숙녀가 대수야? 안그래? 너 나 사랑해? "그럼" 그럴 거지? 아니 좋아서 말도 못하겠지? 다 알아. 그말 믿을게. 다짐해! 맹세해, 맹세! 날 사랑한다고. 오, 로묘~ 근데, 너 날 너무 식은 죽 먹기로 생각하면 죽어! 십삼년묵은 욕나가 "에이, **야! 저리 꺼져버 려!" 누천년에 단 한번 산삼 캔 심마니 뿐으로 섬기고 받들어! 아냐, 그 냥 진심으로 사랑하면 돼! 어떨떨하지? 너무 나낸다고? 아냐 가볍지 않 아! 내 가슴속 사랑은 호수처럼 깊고 태산처럼 무거워. (39-40)

위의 대사들은 원문의 내용과도 크게 다르지 않으면서도 판소리의 비교 적 빠른 자진모리장단, 그리고 가장 빠른 휘모리장단에 맞춰 노래할 수 있 도록 3.4/4.4조 리듬을 타면서도 비교적 짧은 문장의 연속으로 이루어져 있 다. 그런 점은 창극으로 하던 일반 연극으로 하던 셰익스피어의 대사를 우 리말로 옮김에 있어 반드시 참고해야만할 사항일 것인데, 특히 휘모리장단 에 맞춰 작사된 주리의 긴 대사 부분은 셰익스피어 언어를 자연스러운 우 리말의 어감을 살리면서도 좀 더 리듬감 있고 속도감 있게 번역하려고 할 때 좋은 본보기가 될 수 있다. 이를 원문 및 최종철, 신정옥의 번역과 함께 비교해 보며 좀 더 상술해 보자.

> **Jul.** Thou knowest, the mask of night is on my face,
> Else would a maiden blush bepainted my cheek
> For that which thou hast heard me speak to-night.
> Fain would I dwell on form, fain, fain deny
> What I have spoke, but farewell compliment!
> Dost thou love me? I know thou wilt say, "Ay,"

And I will take thy word; yet, if thou swear'st,

Thou mayest prove false at lover's perjuries

Then say, Jove laughs. O gentle Romeo,

If thou dost love, pronounce it faithfully:

Or if thou thinkest I am too quickly won,

I'll frown and be perverse and say thee nay,

So thou wilt woo; but else, not for the world.

In truth, fair Montague, I am too fond,

And therefore thou mayst think my behavior light:

But trust me, gentleman, I'll prove more true

Than those that have more cunning to be strange.

I should have been more strange, I must confess,

But that thou overheardst, ere I was ware,

My true love's passion therefore pardon me,

And not impute this yielding to light love,

Which the dark night hath so discovered. (2.2.85-106)

위 원문을 역시 3.4/4.4조 번역을 시도한 최종철의 번역으로 살펴보면,

알다시피 밤의 가면 내 얼굴을 덮었어요.

안 그러면 오늘 밤에 들으신 말 때문에

처녀 뺨은 수줍어 붉어졌을 거예요.

격식을 차리고 싶어요. 했던 말을 기꺼이, 기꺼이

부인하고 싶어요. 하지만 관습은 버리자!

날 사랑하세요? "네"라고 말하실 줄 알아요.

그 말을 믿을게요. 그래도 맹세를 하신다면

거짓될 수 있답니다. 연인들의 위증에

조브 신이 웃는다고 하니까. 오, 로미오,

사랑하고 있다면 성실하게 선언해요.
만약 나를 너무 빨리 얻었다고 생각하면
다시 구애하도록 심술궂게 찌푸리고
"안 돼요" 할 테지만, 아니라면 절대로 안 그래요.
참말이지 몬테규 님, 난 너무 좋아요.
그래서 내 행동을 가볍다 여길 수 있겠지만
날 믿어 주세요. 교활하게 쌀쌀맞은 여자보다
더 진실된 사람임을 입증할 테니까.
고백컨대, 그대가 나 몰래 참사랑의 감정을
엿듣지만 않았어도 그대를 더 쌀쌀맞게
대했을 거랍니다. 그러니 날 용서하고
어두운 밤중에 들켜 버린 이 허락을
가벼운 사랑의 탓으로 돌리지는 마세요. (2.2. 85-106)

동일한 인용문을 신정옥의 번역으로도 살펴보자.

내 얼굴에 밤의 가면이 씌워져 있었기 망정이지.
그렇지 않았다면 나의 볼은 빨갛게 물들고 말았을 거야.
너는 오늘밤에 내가 한 말을 엿들었으니.
나도 체면은 차리고 싶고− 정말, 정말이지 내 말을
거짓이라고 말하고 싶어, 그러나 체면치렌 안녕이야!
날 사랑해? '그렇다'고 대답할 걸 알고 있어.
그 말을 믿을 거야. 그렇지만 너의 맹세가 물거품이 될지
누가 알아. 애인끼리 맹세를 깨도 주피터 신은
웃고 만다고 해. 아, 상냥한 로미오,
나를 사랑한다면, 진심을 말해봐.
날 너무 쉽게 얻었다고 생각한다면,
얼굴을 찡그리고 토라져 싫다고 할 거야. 물론

그렇게 해도 사랑한다고 하겠지만. 그렇지 않다면 싫어.
멋진 몬태규, 난 참말이지, 너를 좋아하나봐,
그러니까 날 경박한 여자로 생각할지 몰라.
그러나 믿어줘, 교활하게 새침데기인 척하는 여자보다는
진실함이 있는 거야, 사실인즉
진정한 사랑의 고백을 나도 모르는 사이에
네가 엿듣지만 않았다면, 나도 시침을 뗐어야 했는데.
그러니까 날 용서하고 경박한 사랑이어서
이처럼 마음을 허락한 거라고 꾸짖진 말아줘.
나의 사랑이 탄로 난 것은 밤의 어둠 때문이야. (68-69)

신정옥의 번역은 박성환 것처럼 어린 십대들의 대화처럼 반말 위주로
되어 있고, 최종철의 것은 고전적 격식을 살려 존댓말 위주로 되어 있다.
그러한 차이에도 불구하고 위에 인용된 신정옥 번역과 최종철 번역 모두
원문의 내용을 원문에 비해 음절수가 크게 늘어남이 없이 잘 전달하고 있
다. 하지만 줄리엣의 격정적인 심정을 표현하는 언어상의 리듬감과 속도감
의 측면에서만 본다면 아무래도 서술적이고 평면적이란 느낌을 지울 수 없
다. 위 인용문 중 일부분만 따로 떼어 셰익스피어 원문과 이에 해당하는 최
종철, 신정옥, 박성환의 것을 나란히 나열해 비교해 보자.

I should have been more strange, I must confess,
But that thou overheardst, ere I was ware,
My true love's passion:

[최종철]
고백컨대, 그대가 나 몰래 참사랑의 감정을
엿듣지만 않았어도 그대를 더 쌀쌀맞게

대했을 거랍니다.

[신정옥]
사실인즉
진정한 사랑의 고백을 나도 모르는 사이에
네가 엿듣지만 않았다면, 나도 시침을 뗐어야 했는데.

[박성환]
아냐, 그냥 진심으로 사랑하면 돼! 어떨떨하지? 너무 나낸다고? 아냐 가볍지 않아! 내 가슴속 사랑은 호수처럼 깊고 태산처럼 무거워.

원문에서 "I must confess" "ere I was ware" 등의 삽입절이 들어가면서 쉼표가 자주 사용되고 있는 것은 감정을 일직선상으로 표현하는 대신 짧게 끊어가며 다양하고 다이내믹하게 표현하기 위함일 것인데, 최종철, 신정옥의 번역문에서는 꼭 쉼표로 문장의 구성을 조절할 필요가 없는 우리말의 구조적 특성을 감안하더라도 대사의 내용이 거의 일직선상으로 감정을 실어 나르고 있음을 알 수 있다. 반면 박성환의 것은 원문의 내용을 온전하게 그대로 옮기고 있지는 않으나, 언어의 연극성과 운율성 측면에서 많은 시사점을 준다. "아냐, 그냥 진심으로 사랑하면 돼! 어떨떨하지? 너무 나낸다고? 아냐 가볍지 않아!"는 밑바탕에 고수의 장단은 그대로 흘러가게 두면서 말로 하는 소위 도섭 부분인데, 박성환은 이를 빠른 휘모리장단에 맞춰 말할 수 있도록 "떨떨"과 같은 경음을 활용하며 짧게 짧게 끊어진 문장들을 나열하고 있다. 이렇게 함으로써, 줄리엣의 대사를 경쾌하면서도 분명하게 전달할 수 있도록 하고 있다. 또한 이 도섭 부분에 이어서 나오는 "내 가슴속 / 사랑은/호수처럼/깊고/태산처럼/무거워"는 노래 말인 창조(唱調) 부분으로서 3.4조 리듬을 준수하며 자연스럽게 운율을 탄다. 이러한 대사 구성은 셰익스피어의 원문이 약강오보격을 준수하면서 "I must confess,""ere I was ware" 등의 삽입절로 전체 문장을 분절적으로 구성시킨 것과도 닮아있다. 박성환의 이러한 판소리적 시도는 우리말로 대사를 빚어낼 때 무수한 가능성과 다양성을 암시해 주는 것으로서, 셰익스피어 극을 우리말 운율에 맞춰 번역하려고 할 때에 훌륭한 참고사항이 될 수 있음에 틀림없다.

박성환의 판소리 〈로미오와 줄리엣〉에서 원문의 내용을 크게 거스르지 않으면서도 우리말 3.4/4.4조의 리듬이 절묘하게 구현되고 있는 또 다른 부분이 줄리엣이 가사 상태에 빠지는 사랑의 묘약을 마시기 직전 고뇌하는 장면과 로미오와 줄리엣이 스스로 목숨을 끊는 마지막 장면에서의 독백이다. 셰익스피어 극작품의 우리말 시적 번역에 전범이 될 수 있는 예들이기에 여기에 소개한다.

줄리엣이 가사 상태로 빠지는 약을 먹는 장면

주리 (엇모리) 먹어야 산다지만 잘못되면 죽음뿐. 만나려 마시지만 못만날지 나도 몰라 너 내맘알어? 님이사 내 맘알까? 먹고 살아 다시 만나 둘이 서로 보고지고 보고지고. 무서워요, 두려워요 해코지로 날 죽이려나? 진실로 잠이깰까, 잠깨이면 님이올까? 널 위해 이걸 먹고 나죽으면 어떡해. 안 먹고 너 못보면 나죽기는 매한가지. 기필코 뜻대로 되야 해! 로묘! 사랑아, 내게 힘을 다오. 안 무서워. 안 무서워...(60)

로미오와 줄리엣의 최후의 장면

로묘 (중머리) 아이고, 주리야. 니가 이게 웬일이냐? 부드럽고 곱던 손결 창백한 너의 얼굴, 꼭 다문 붉은 입술 주인을 잃었어도 발그레 두 뺨위로 아미 눈썹 미소짓네. 깨어나라 다시 살어나다오. 나 죽어 네가 울디 너 죽어 내가 울다니 나는 어찌하라고? 마지막 작별의 인사야. 우리 곧 다시 만나자. 주리야! (입맞춘다. 다음 중머리 전주에 서서히 일어서며 소리한다.) (중머리) 오너라, 저승의 사자야. 오너라 지옥의 사

자야. 오너라 죽음이여. 내님 가신 걸음걸음 나도 어서 뒤따르리니, 거
센 파도, 모진 풍랑에 이리밀쳐 저리밀쳐 지치고 지친 조각배 산산이
깨뜨려라. 흔적조차 없어질 이내 육신 혼불되어 밝혀주리 내님 가신
어두운 길. (약병을 들고 마신 후 쓰러진다.) 빌어먹을 약장사, 약발
좋다. (주리에게 안기며 죽는다.) 주리. . . . (63)

. . . . . .

주리 뭐야? 이거 아냐. 일어나. 어서 일어나! 일어나~! (굿거리) 한없이 빛나
는 너의 어깨 하얗게 눈부신 너의 가슴 눈먼 벌나비 펄펄, 귀먼 새들도
지저귀네. 물소리 바람소리 기쁨에 차 노래하네. 나, 그대 품속에 깃들
어 그윽한 향기에 취하고파 그 향기 영원히 이내 품에 머물러. (64)

위에 제시된 박성환의 대본뿐만 아니라 오태석의 대본이 셰익스피어의
원문을 일대일로 그대로 번역하는 것은 아니지만, 셰익스피어의 시적 언어
를 우리말의 시적 언어로 옮겨오는 것이 상당부분 가능하다는 것을 강하게
시사해 준다고 하겠다. 셰익스피어 시어를 우리말 시어로 옮기는 작업은 새
로운 창조의 영역을 열어주는, 힘들지만 멋지고 신나는 일이다.

4. 이현우의 『햄릿 제1사절판본(1603)』
―셰익스피어 극 언어의 총체적 특성 반영하기

한국어와 영어는 그 언어적 구조가 완전히 다르다. 따라서 셰익스피어
극작품의 언어적 특성을 우리말 번역 속에서 완벽하게 되살려 내는 것은
불가능하다. 그러나 적어도 셰익스피어 번역서를 읽거나 그것을 공연하는
것을 보는 연출가와 배우, 그리고 독자와 관객들에게 적어도 셰익스피어가
무엇을 의도했었던 것인지 정도는 알려줘야 한다. 거기에는 대사의 내용뿐

만 아니라 운율, 말장난 및 각종 연극적 효과도 함께 포함되어야 한다. 필자는 이러한 의도에 따라 〈햄릿 제1사절판〉(The First Quarto of Hamlet)을 2007년 번역, 출간하였으며, 2009년엔 연출을 맡아 〈햄릿 Q1〉으로 공연한 바도 있다. 비록 부족한 부분이 여전히 많이 있지만 보다 나은 셰익스피어 번역을 위한 제언 차원에서 필자 본인이 번역한『햄릿 제1사절판본(1603)』의 예를 들어가며 셰익스피어 극 언어의 특성을 총체적으로 반영한 번역의 필요성에 대해 언급하고자 한다.

(1) 어떤 텍스트를 번역할 것인가?

엄밀히 말해 현재 우리가 접하고 있는 거의 모든 셰익스피어 텍스트는 셰익스피어 것이 아니라 편집자들의 것이다. 셰익스피어의 원 대본은 셰익스피어 생전에 출간된 사절판본(Quarto)과 셰익스피어 사후 7년만인 1623년에 기존의 사절판본 및 공연대본을 기반으로 출간된 이절판본(Folio)이 있다. 같은 작품이라고 할지라도, 어느 판본이냐에 따라 크고 작은 여러 차이점을 지닌다. 특히 〈햄릿〉 같은 경우엔 내용은 말할 것도 없고 행수에서조차 엄청난 차이를 보여주는데, 1603년에 출간된 제1사절판본은 2154행, 1604년에 출간된 제2사절판본은 3674행, 1623년에 출간된 제1이절판본은 3535행으로 각 판본 간에 현격한 차이를 보여준다. 오늘날의 셰익스피어 텍스트의 거의 대부분은 편집자들이 자신의 판단에 따라 이러한 사절판본과 이절판본을 적절히 활용하여 만든, 엄밀히 말하면 편집자 본 텍스트인 셈이다. 현재 전 세계적으로 가장 많이 활용되고 있는 대표적인 셰익스피어 텍스트인 옥스퍼드(Oxford) 판, 캠브리지(Cambridge) 판, 아든(Arden) 판도 각 텍스트에 따라 내용도 지문도 다른 부분이 적지 않다.

그만큼 셰익스피어 극작품들을 우리말로 번역할 때, 편집자들의 판단을 최대한 배제하고 직접 사절판본이나 이절판본을 번역하는 것도 고려해 볼 필요가 있다. 현대의 텍스트를 번역할 때는 각 편집자들의 의도를 이해하고 번역자가 거기에 동의하는지도 확인해 보아야 한다. 번역서의 서문에서 어느 영문 셰익스피어 텍스트를 번역한 것인지를 밝힘과 동시에 그 텍스트의 편집자가 선택한 셰익스피어 판본은 어떤 것인지 또 어떤 전략으로 그러한 셰익스피어 판본들을 편집했는지를 구체적으로 밝힐 필요가 있다고 본다. 그에 맞춰 셰익스피어 텍스트에 우리말을 대입할 역자의 전략도 많이 달라질 수 있기 때문이다.

필자가 번역한『햄릿 제1사절판본(1603)』은 〈햄릿〉 텍스트 중 1603년에 출간된 제1사절판본을 번역한 것이다. 이것은 다른 판본에 비해 그 길이가 거의 절반 밖에 되지 않고 상대적으로 오자도 많은 편이어서 흔히 저질 판본 또는 '악사절판'으로 불리기도 하지만, 최근에 공연본으로서의 가치가 재조명되고 있는 텍스트이다. 〈햄릿 제1사절판〉엔 다른 판본보다 더 구체적인 지문이 많고 더 극적인 말장난(pun)이 설정되어 있으며, 완전히 또는 부분적으로 오직 제1사절판본에만 존재하는 이행연구(couplet)가 29개나 된다. 이행연구란 연속하는 두 시행의 마지막 음절의 각운을 맞추는 대사 기법 내지 시형을 의미한다. 그런 반면 제1사절판본에만 나오는 코믹하고 즉흥적인 산문적 대사들이 있다. 제1사절판본에는 이 판본에만 존재하는 많은 언어적 특성이 내재되어 있고 이러한 것들은 번역을 통해서도 반드시 그 존재가 독자나 관객들에게 노출되어야 할 것이다.

(2) 산문은 산문대로 운문은 운문대로

비록 우리말 3.4/44조가 셰익스피어를 번역하기에 매우 유리한 시형이라고 할지라도, 셰익스피어의 약강오보격을 그대로 우리말 운율로 옮기는 것은 아니며, 그것은 처음부터 불가능한 것이다. 하지만 적어도 셰익스피어가 산문만으로 극을 쓴 것이 아니라 운문과 산문을 함께 사용했으며 어느 부분에서 운문을 사용했고, 어느 부분에서 산문을 사용했는지 그리고 그 이유는 무엇인지 하는 것 정도는 독자들에게 확실히 알려줄 필요가 있다.

셰익스피어가 운문을 쓴 데는 운문을 쓴 이유가 있고, 산문을 쓴 데는 산문을 쓴 이유가 있다. 이것을 알면 한국의 연출가들은 훨씬 더 다양한 아이디어를 가지고 연출 작업에 임할 수 있을 것이다.

셰익스피어는 독백이나 연설, 귀족들이나 연인들의 대화를 비롯해 대개의 대사들을 운문으로 작성했지만, 갑작스레 분위기를 바꾸거나 코믹한 대사, 빠른 호흡의 장광설, 일탈적인 정신 상태에 대한 표현, 일상적인 대화나 하층민들의 대화 등의 특정 목적을 위해서는 산문을 사용하였다. 따라서 셰익스피어 극을 번역할 때나 무대 위에서 재현할 때에도 운문 부분과 산문 부분을 구분해 표현할 필요가 있다.

대표적인 예가 햄릿의 "사느냐 죽느냐" 독백 직후에 이어지는 햄릿과 오필리아의 만남 장면인데, 수려하고 길게 이어지는 햄릿의 철학적 독백 이후에, 오필리아를 무섭게 다그치는 햄릿의 대사들은 그의 격정적이고 분열적인 내면을 반영하듯 약강오보격의 정형률 대신 산문으로 이루어져 있다. 필자 역시 "사느냐 죽느냐" 대사는 3.4/4.4조로 번역을 하였지만, 이후의 햄릿 대사는 산문으로 번역하여 햄릿의 내면의 변화를 표현하려 하였다.

> **햄릿** 듣자니, 너희 여자들 화장발 대단하다며 – 하나님은 너희들한테 한 가지 얼굴만 주셨건만, 너희들은 스스로 또 다른 얼굴을 추가로 만든다지. 춤추듯 엉덩이를 흔들며 갈지 자 걸음을 걷고, 하나님의 창조물에 온갖 별명들을 붙이고, 너희들 음탕한 짓거리를 순진무구한 탓이었다고 뻔한 핑계를 대고. 젠장! 뻔뻔한 것들! 더 이상 견딜 수가 없어 – 날

미치게 만든다고! 더 이상 결혼 같은 것은 없어. 이미 결혼한 것들, 딱한 쌍은 빼고, 살려두지. 하지만, 나머지들은 그냥 지금처럼 혼자서 살라고. 수녀원으로 가, 수녀원에나 가란 말이야! (7.180-187)

클로디어스로 오인해 폴로니어스를 살해한 다음, 그의 시신을 찾는 클로디어스 무리에게 횡설수설 선문답하듯 답하는 햄릿의 대사 역시 갑작스레 산문으로 표현된다. 이 부분 역시 반드시 운문과 산문이 구분되어 번역되어야 하고 연출되어야 한다.

> **햄릿** 저녁식사 중입니다. 다만 먹고 있는 중이 아니라, 먹히고 있는 중입니다. 지금은 정치 구더기 한 떼가 몰려들어 뜯어먹고 있습죠. 아버지, 살찐 왕이거나, 비쩍 마른 거지거나 그저 다양한 요일뿐이랍니다-한 번 식사에 두 개의 요리. 보세요, 사람들은 구더기를 미끼삼아 물고기를 잡는데, 그 구더기들은 왕의 시신으로 식사를 하고, 거지는 다시 그 구더기들을 먹은 물고기를 먹고- (11.138-143)

광기에 빠진 오필리아에게 산문이 주어진 것도 같은 이유에서다. 오필리아의 산문 대사를 앞뒤에 있는 3.4/4.4조 운문 대사와 비교하여 보자.

> **레아티즈** 이게 누구냐? 오필리아? 오, 사랑하는 내 동생아!
> 젊은 처녀의 인생이 노인의 잔소리처럼
> 그렇게 덧없는 것이 될 수 있단 말이냐?
> 오, 하나님! 오필리아, 어떻게 된 거냐?
> **오필리아** 안녕하세요, 난 꽃들을 모으고 있답니다. 여기, 여기 이것은 운향꽃, 당신을 위한 거예요. '일요일의 은총'이라고도 불리는 약초랍니다. 저도 좀 갖고요. 당신은 이 운향꽃을 좀 다르게 꽂으셔야 되겠는데요. 들국화도 있어요. 여기, 내 사랑, 정조의 상징인 만수향-제발, 내 사

랑, 나만을 기억해 줘요. 그리고 상사꽃, 내 생각만 하세요.

레어티즈 정신은 나갔어도 하는 말은 옳구나.

널 생각하라고! 널 기억하라고! 오 하나님, 오 하나님! (13.70-81)

레아티즈의 운문 대사 사이에서 광기에 빠진 오필리아의 산문 대사는 오필리아 내면의 비정상성을 보다 효과적으로 드러낼 수 있게 해준다. 이 장면에서 오필리아의 대사 외에는 모두 운문으로 되어 있기에 실재로는 오필리아의 산문 대사는 더욱 도드라지게 느껴진다.

셰익스피어 극에서 산문 대사의 가장 흔한 역할 중의 하나는 희극적 효과를 창출해내는 것이다. 오필리아의 무덤을 만들고 있는 두 명의 무덤지기 광대의 대사에서 그 예를 찾아 볼 수 있다.

광대 1 하지만 그 여자가 자기 자신을 빠뜨려 죽인 건 아니잖아.

광대 2 아니지, 그건 확실해. 물이 그 여자를 빠뜨려 죽였지.

광대 1 그래, 그런데 그게 그 여자 뜻하고 상관없이 그런 거 아니야.

광대 2 아냐, 그렇지 않아. 왜냐면, 보라고―나는 여기에 서있어. 그리고 물이 나한테 와. 그러면, 내가 내 자신을 빠뜨려 죽이는 게 아니야. 하지만, 내가 물에 가서 거기서 빠져 죽어. 그러면 나는 '일부러 죽는' 죄를 범하는 거라고. 뭘 말인지 알지, 응, 뭔 말인지. (16.5-11)

이외에도 산문이 운문과 구분되어 사용되면서 다양한 극적 효과를 창출해 내는 많은 예들이 있다. 우리말로 운문 번역하는 데 여러 어려움이 있어 완성도 높은 운문 번역이 되지 못하더라도, 최소한 셰익스피어가 운문 부분과 산문 부분으로 구분해 놓았다는 것 정도의 정보는 줄 의무가 있으며, 그래서 셰익스피어가 왜 그렇게 구분하였는지 그 의도라도 추측해 볼 수 있는 여지를 남겨줘야 할 것이다.

(3) 각운 살려 번역하기

셰익스피어 극의 기본 시형은 각운을 사용하지 않는 약강오보격의 무운 시(blank verse)이다. 하지만 셰익스피어는 필요한 곳에서는 서슴없이 다양하고 현란한 방법으로 각운을 사용하여 탁월한 극적 효과를 창출해 낸다. 그런데, 현재까지 출간된 대부분의 운문 번역서들에서 각운의 번역은 간과되고 있다. 이는 영어와는 달리 일반적으로 우리말 문장이 ' ~다' '~요' '~어' 등 한정된 어미로 이루어진 형용사나 동사로 끝나기 때문에 각운을 살리기 어렵다는 판단 때문일 것이다. 하지만 앞에서 이미 지적했듯이 각운도 조금만 신경을 쓴다면 어렵지 않게 우리말 리듬으로 살릴 수 있으며, 이는 우리 전통 연희나 마당극 등에서 흔히 사용되어 온 바이며, 최근에는 랩에서 온갖 종류의 각운 사용이 선보이고 있다.

셰익스피어는 앞서 예시한 〈로미오와 줄리엣〉에서뿐만 아니라 여러 작품에서 각운을 사용했는데 〈햄릿〉에서는 특히 더 적극적으로 활용하고 있다. 중요한 장면들이나 각 장이 거의 규칙적이라고 할 만큼 대부분 2행 연구(couplet)로 끝나며, 극중극은 모든 행이 2행 연구로 이루어져 있다. 2행 연구(couplet)란 연속된 2행의 마지막 음절이 각운을 이루는 것을 뜻한다. 이러한 2행 연구는 특히 〈햄릿 제1사절판〉에서 더욱 강조되어 있는데, 길이가 거의 두 배나 되는 다른 판본에서는 20개의 장 중 12개의 장이 2행 연구로 끝나는 반면, 〈햄릿 제1사절판〉에서는 17개의 장 중 11개의 장이 2행 연구로 마무리된다. 그런 만큼 〈햄릿〉을, 특히나 〈햄릿 제1사절판본〉을 번역할 때 2행 연구는 놓쳐서는 안 될 언어적 요소라고 하겠다.

필자가 번역한 『햄릿 제1사절판본(1603)』에서 2행 연구 번역의 몇 가지 예를 통해 2행 연구의 극적 기능 및 우리말 번역의 가능성에 대해 살펴보자. 우선 다른 판본에서는 폴로니어스로 나오는 코람비스의 2행 연구로 끝나는 장면의 경우이다.

Corambis Myself will be that happy messenger
Who hopes his grief will be revealed to her. (8.39-40)

코람비스 왕자의 슬픔은 죄다 왕비에게 전달되리,
나는 야 그걸 돕는 행복의 전령사되리. (8.41-42)

위 인용문은 코람비스(폴로니어스)가 극중극이 끝나면 햄릿을 왕비
방으로 불러들이고 자신은 휘장 뒤에 숨어 햄릿의 병증의 원인이 오필리
아에 대한 사랑 때문인지 아닌지를 확인해보겠노라고 말하는 장면의 마
지막 순간이다. 이 장면에서 원문은 "messen**ger**"와 "**her**"의 각운으로 끝나
는데, 필자는 이를 "전달**되리**"와 "전령사**되리**"로 각운을 만들어보았다. 자
신의 계획을 이러한 각운으로 마무리하게 함으로써 코람비스의 성격뿐만
아니라 장면 자체를 좀 더 코믹하고 경쾌하게 표현할 수 있을 것이다.
한편 두 명 이상의 등장인물이 함께 각운을 형성하며 장면을 마무리 하
는 경우도 있다.

King . . . . . .
Farewell, and let your haste commend your duty.
Voltemar and Cornelia In this and all things will we show our duty. (2.10-11)

왕 . . . . . .
잘 가시오, 책무를 다하길 지체 없이!
볼티머와 코넬리어 책무를 완수하겠습니다, 하나도 어김없이! (2.10-11)

위 인용문은 〈햄릿 제1사절판〉의 2장(다른 판본의 1막 2장)의 첫 부분으로서, 클로디어스가 무대 위에 등장하자마자 외교적 수완을 발휘하는 모습을 마무리하는 순간이다. 여기서 원문은 "duty"와 "duty"로 각운을 형성하는데, 필자의 번역에서는 "지체 없이"와 "어김없이"로 각운을 맞춰보았다. 명령하는 클로디어스의 "지체 없이"에 대해 신하인 볼티머와 코넬리어가 "어김없이"라고 운을 맞춤으로써 서로 간에 죽이 잘 맞거나 또는 신하인 볼티머와 코넬리어가 그만큼 클로디어스의 눈치를 보고 아첨하는 듯한 태도를 표현해 준다고 할 수 있을 것이다.

등장인물의 결심이나 계획 따위로 한 장면이 마무리 될 때도 각운은 효과적일 수 있는데 같은 어미를 두 번 반복함으로써 그만큼 화자의 의지를 강조할 수 있을 것이다. 연극을 통해 클로디어스의 양심을 자극해 복수를 결행하고자 하는 햄릿의 긴 독백의 마지막 2행에서, 오필리아의 익사 소식을 들은 후 햄릿에 대한 복수를 다짐하는 레아티즈의 대사에서 그러한 예를 찾아볼 수 있다.

Hamlet . . . . . .
> I will have sounder proof. The play's the thing,
> Wherein I'll catch the conscience of the king. (7.385-386)

햄릿 . . . . . .
> 좀 더 분명한 증거를 찾자. 그래 연극을 하는 거다.
> 연극해서, 왕의 양심 움켜쥐는 거다. (7.415-416)

Leartes . . . . . .
> Revenge it is must yield this heart relief,
> For woe begets woe, and grief hangs on grief. (7.53-54)

레아티즈 . . . . . .

　복수만이 이 가슴에 구원을 줄 테니까.

　비탄은 비탄을 낳고, 슬픔은 슬픔을 탐닉할 테니까. (15.53-54)

　이밖에도 2행 연구는 다양한 방식과 다양한 목적으로 〈햄릿〉의 여러 장면의 마무리를 장식한다. 그러나 〈햄릿〉에서 2행 연구가 가장 압도적인 존재감을 드러내는 것은 극중극에서 이다. 언급했듯이 극중극 자체는 모든 행이 2행 연구로 이루어져 있기 때문이다. 극중극의 일부분만 여기에 예시해 본다.

　Player Duke I do believe you, sweet, what now you speak,

　　　But what we do determine oft we break.

　　　For our demises still are overthrown;

　　　Our thoughts are ours, their end's none of our own.

　　　So think you will no second husband wed,

　　　But die thy thoughts, when thy first lord is dead.

　Player Duchess Both here and there pursue me lasting stirife,

　　　If once a widow, ever I be wife. (9. 98-105)

　배우 공작 여보 나는 당신이 하는 말 믿고말고,

　　　허나 종종 우리의 결심은 무너지고말고.

　　　유언자의 약속도 뒤집히곤 하니까.

　　　생각은 우리 것이나, 그 결과는 아니니까.

　　　재혼은 않겠노라 생각은 하겠지,

　　　허나 첫 남편 죽으면 그 생각도 죽고말지.

　배우 공작부인 이승 저승 어디서든 쫓아와라 영겁 고통일랑,

　　　과부된 몸 또 다시 남의 아내 되거들랑. (9.110-117)

극중극의 모든 행이 2행 연구로 이루어짐으로써, 무운시형으로 되어 있는 일반 대사들과 차별화되는 극중극만의 세계를 더 효과적으로 보여준다고 하겠다. 즉, 극중극의 언어를 더욱 연극적 언어로 만들어 〈햄릿〉이라는 연극 속에 존재하는 또 하나의 연극이라는 점을 언어적으로도 구현한다고 할 수 있겠다.

(4) 원문의 대사 나열 방식 반영하기

셰익스피어는 한 행 약강오보격의 시행을 기본으로 하지만 앞에서도 언급했듯이 때로는 2명 이상의 등장인물들의 짧은 대사가 결합해 약강오보격 한행을 형성하기도 한다. 이러한 경우 역시 특별한 의도에 의해 이루어진 것으로 번역함에 있어 필히 반영되어야 한다.

첫째, 이러한 복수 등장인물의 대사로 약강오보격 한 행을 이루는 대사 나열 방식은 인물간의 긴밀한 관계성이나 감정 상태 등을 표현한다. 앞에서는 〈로미오와 줄리엣〉의 경우를 살펴보았는데 〈햄릿〉에서도 찾아볼 수 있다. 아래 인용문은 호레이쇼와 마셀러스의 안내로 유령을 만나게 된 햄릿이 그들에게 비밀을 지켜줄 것을 부탁하는 장면인데, 계속해서 햄릿과 호레이쇼 및 마셀러스가 주고받는 대화가 서로 결합해 한 행을 형성하도록 되어 있다. 이는 그들의 대사가 마치 한 사람의 대사처럼 이어지도록 요구하는 것으로서 그만큼 그들이 긴밀한 사이임을 나타낸다고 하겠다.

> **Hamlet** I am sorry they offend you, heartily,
> Yes faith, heartily.
> **Horatio**　　　　　　　There's no offence, my lord.
> **Hamlet** . . . . . .
> As you are friends, scholars, and gentleman,

```
                 Grant me one poor request.
Both                              What is't, my lord?
                        · · · · · ·

Hamlet Nay, but swear.
Horatio                    In faith, my lord, not I.
                        · · · · · ·

Hamlet Here consent to swear.
Horatio                         Propose the oath, my lord. (5.111-128)
```

햄릿 맘 상하게 했다면 미안하네, 진심으로.

　　　그래 정말, 진심으로.

호레이쇼　　　상한 거 없습니다, 왕자님.

햄릿 · · · · · ·

　　　친구이자, 학자로서, 그리고 신사로서

　　　부탁하나 들어주게.

호레이쇼, 마셀러스　　　말씀하십시오, 왕자님.

　　　　　　　　· · · · · ·

햄릿 아니, 맹세를 해주게.

호레이쇼　　　맹세코 발설치 않겠습니다, 왕자님.

　　　　　· · · · · ·

햄릿 하, 하! 여기 계셨구나. 이 양반, 여기 지하에!

　　　자, 여기에 맹세하게.

호레이쇼　　　뭐라고 맹세할까요, 왕자님? (5.116-136)

　　둘째, 이러한 복수 등장인물의 대사가 결합해 한 행을 이루는 방식
은 상황의 긴박성이나 급박한 극적 리듬을 표현하기도 한다. 앞에서는

햄릿 일행이 유령을 발견하는 장면의 예를 들었는데, 이러한 대사 구성법은 햄릿이 왕비의 방에서 코람비스(폴로니어스)를 살해하는 장면에서도 발견된다. 여기선 왕비, 코람비스, 햄릿 세 사람의 대사가 한 행을 형성하는데, 이 세 배역의 배우들은 "사람 살려, 아!/사람 살려!/쥐새끼!"가 마치 한 사람의 한 줄 대사인 것처럼 신속하게 발화해야 한다.

Gertred What wilt thou do? Thou wilt not murder me.
     Help ho!
Corambis   Help for the queen!
Hamlet   Ay, a rat − (10.11-12)

왕비 어쩌려는 거냐? 나를 죽이기라도 하겠다는 거냐?
    사람 살려, 아!
코람비스   사람 살려!
햄릿   쥐새끼! (11.14-15)

(5) 말장난(PUN)도 가능한 한 살려서 번역해야 한다

셰익스피어의 장기 중의 하나가 동음이의어를 활용한 현란한 말장난(pun)이다. 기존의 번역에서는 번역 상의 어려움으로 인해 이를 거의 반영하지 않아 왔다. 하지만 이 역시 놓치고 가기에 너무나 아쉬운 연극적 가치가 매우 큰 부분이다. 기본적으로 셰익스피어의 동음이의어를 활용한 말장난은 영어이기에 가능한 부분이 많지만, 그렇다고 해서 우리말 화하기가 아예 불가능한 것은 아니다. 완벽하지는 않더라도 우리말 말장난을 시도해야 하며, 그래서 번역을 통해서도 최소한 셰익스피어가 말장난을 시도하고 있다는 사실 자체는 알 수 있어야 한다. 필자가 『햄릿 제1사절판본(1603)』을 번역하면서 일단은 셰익스피어가 의도했던 모든 말장난에 대해 번역해 보았다. 그 중 몇 가지 예를 소개한다.

[1]

Hamlet I am sorry they offend you, heartily.

Yes, faith, heartily.

Horatio   There's no offence, my lord.

Hamlet Yes, by Saint Patrick, but there is, Horatio,

And much offence too. . . . (5.111-14)

햄릿 맘 상하게 했다면 미안하네. 진심으로.

그래, 정말, 진심으로. . .

호레이쇼   상한 거 없습니다, 왕자님.

햄릿 아니, 패트릭 성자에 맹세코, 상한 게 있다네, 호레이쇼.

아주 엄청 상한 게, 이 나라에. . . . (5.116-120)

원문에서는 'offend/offence'를 '화나게 하다'와 '죄를 범하다'라는 두 가지 의미로 말장난을 한 것인데, 여기선 '맘을 상하게 하다'와 '부패란 의미에서의 상하다'로 풀어 번역해 보았다. 즉, 햄릿이 맘을 상하게 해서 미안하다고 사과하고, 이에 대해 호레이쇼가 맘 상한 것 없다고 대답하는데, 이것을 햄릿은 '부패'의 의미로 이어 받으며 이 나라에 무언가 상한 것(부패한 것)이 있다고 말하는 것이다.

[2]

Corambis My lord, I did act Julius Caesar. I was killed in the Capital. Brutus killed me.

Hamlet It was a brute part of him to kill so capital a calf. (9.58-60)

코람비스 왕자님, 줄리어스 씨어저 역이었습니다. 의사당에서 죽었죠. 브루터스가 절 죽였습니다.

햄릿 의원 댁 송아지를 죽이다니 브루터스가 아주 간덩이가 부르텄어 부르터. (9.67-70)

원문에서는 'Capital'과 'capital'이 각각 '의사당'과 '중요한'이란 의미로 사용되면서 말장난의 대상이 되고 있다. 필자의 번역에서는 '의사당'과 '의원 댁'으로 말장난을 시도해 보았다. 의사당은 의원들이 모여 있는 곳이니 의원 댁이라 할 만하고, 의원 댁 송아지란 그만큼 함부로 할 수 없는 귀한 송아지인 셈이기 때문이다. 물론 아예 '의사당 송아지'라고 바로 직접적으로 표현하는 것도 가능하다.

또한 원문에서 'Brutus'와 'brute'의 첫음절의 유사성을 활용한 말장난을 하고 있는데, 필자의 번역에서는 '브루터스'와 '부르텄어, 부르터'로 번역하면서 비슷한 말장난 효과를 의도했다. 물론 우리말에서 부르트다는 말은 주로 입, 혀, 발, 다리 등 쉽게 부어오르면서 물집이 잡히는 부위와 함께 사용하고, 간은 '붓다'는 말과 줄 조어를 이룬다. 하지만 햄릿이 미친 척 하면서 이런저런 말을 주워 모으는 것이기에 '간덩이'와 '부르트다'는 말의 조합 역시 햄릿의 위장된 광기를 연기하는데 도움이 될 수 있을 것이다. 마지막에 '브루터스'를 직접적으로 연상시키는 '부르텄어' 대신 '부르터'를 사용한 것은, 원문에서 'Brutus'의 라틴어 이름인 'Brute'를 연상시키는 형용사 'brute'를 사용했기에 이를 번역에서도 그대로 반영해본 것인데, 공연할 때는 한국 관객들에게 이해하기 쉽도록 '부르텄어 부르텄어'라고 하는 것도 좋은 방안이 될 것이다.

[3]

King Give them the foils.

Hamlet   I'll be your foils, Leartes. (17.56)

왕 검을 주어라.

햄릿　　　　　　난 명검 옆의 녹슨 검이네, 레아티즈. (17.59)

　왕과 햄릿 모두 'foil'이란 단어로 말장난을 하고 있다. 'foil'이란 동일한 단어로 왕은 '검'을, 햄릿은 '돋보이게 하는 것'을 의미하고 있다. 필자의 번역에선 햄릿의 'foil'을 '명검 옆의 녹슨 검'으로 다소 길게 번역함으로써, 원래 의도된 'foil'의 두 가지 의미를 아쉬운 수준에서나마 모두 살려보고자 했다.

　필자는 『햄릿 제1사절판본(1603)』 번역의 예를 들면서, '번역하기 위한 셰익스피어 텍스트 정하기' '운문과 산문 구별하여 번역하기' '각운 번역하기' '원문의 대사 나열 방식 반영하기' '동음이의어의 말장난 번역하기' 등의 방식으로 나누어 셰익스피어 본인이 의도한 원문의 제반 특성을 가능한 한 그대로 반영한 번역을 제안해 보았다. 이미 수차례 언급했듯이, 언어적 구조가 전혀 다른 셰익스피어 극작품의 언어적 특성을 우리말로 그대로 옮겨오는 것은 불가능하다. 하지만 우리말로 번역함에 있어, 적어도 셰익스피어가 의도한 바에 대해 그 흔적이라도 알려주는 것은 매우 긴요하고 또 절실하다. 흔적이라도 있으면, 독자나 관객이, 그리고 연출이나 배우가 그 흔적을 발판 삼아 셰익스피어를 그만큼 더 풍요롭고 깊이 있게 이해하며 무대화할 수 있을 것이다.

제8장

한국의 포스트모던 셰익스피어

한국 연극계에 셰익스피어 르네상스의 만개가 이루어지던 시기는 한국 문화예술계 전반에 포스트모더니즘의 물결이 넘실대던 시기와 겹쳐진다. 그런 만큼 셰익스피어 공연 중에서도 포스트모더니즘을 반영한 공연이 많았다. 포스트모더니즘적 셰익스피어 공연의 특성으로는, 원작에 대한 해체와 재구성, 혼돈과 무질서의 세계관을 전제한 열린 결말, 메타드라마적 극구성, 패러디의 적극적 활용, 여성주의 및 신역사주의적, 그리고 탈식민주의적 해석의 도입 등을 열거해 볼 수 있을 것이다. 이러한 맥락에서 포스트모던 셰익스피어 공연 그룹으로 묶어 볼 수 있는 것으로, 기국서의 〈햄릿〉 시리즈, 이윤택의 〈맥베스〉, 〈우리 시대의 리어왕〉, 김아라의 〈햄릿 프로젝트〉, 〈인간 리어〉, 〈맥베스 21〉, 〈인간 오텔로〉, 한태숙의 〈레이디 맥베스〉, 〈꼽추, 리차드 3세〉, 채승훈의 〈햄릿 머신〉, 원영오의 〈동방의 햄릿〉, 박재완의 〈트랜스 십이야〉, 김진만의 〈바퀴 퍼포먼스 로미오와 줄리엣〉, 김동현의 〈맥베스, The Show〉, 박수진 작, 김지후 연출의 〈줄리에게 박수를〉, 배삼식의 〈거트루드〉, 송형종의 〈온 에어 햄릿〉, 고선웅의 〈칼로 막베스〉, 국립극단이 제작하고 옌스-다니엘 헤르초크가 연출한 〈테러리스트 햄릿〉, 오태석의 1996년 버전 〈로미오와 줄리엣〉, 〈맥베스〉, 손진책의 〈템페스트〉 등을 우선 생각해 볼 수 있다.

이 중에서도 특히 기국서의 〈햄릿〉 시리즈와 이윤택의 〈맥베스〉, 〈우리 시대의 리어왕〉은 한국 연극계의 포스트모더니즘 징후를 가장 빨리 그리고 가장 적극적으로 드러낸 경우에 속한다. 1981년부터 시작해 2012년까지 이어진 기국서의 〈햄릿 1~6〉 시리즈나 이윤택의 〈맥베스〉(1992)와 〈우리 시대의 리어왕〉(1995)은 셰익스피어의 원작을 군사독재의 역사에서 비롯하고 있는 70~90년대 한국의 정치 상황에 빗대어 해체와 재구성을 과감하게 시도하였다. 이들 정치적 셰익스피어 극에 대해서는 앞의 '제6장 한국의 정치와 셰익스피어'에서 자세히 논한 바 있다. 오태석이 1996년 호암아트홀에서 선보인 〈로미오와 줄리엣〉도 그의 2000년대 버전과는 확연히 다르게 우리의 전통극 양식보다는 서구의 포스트모던적 취향을 훨씬 강하게 드러냈다. 무대 바닥엔 체스 판이 그려져 있었고, 등장인물들은 마치 그 체스 판의 말들처럼 사람 크기만 한 체스 말의 형상물들을 끌고 다니며 연기하였다. 이는 인간의 운명이 마치 체스 게임의 말들처럼 누군가에 의해 조종당하고 있으며 인간은 그 게임의 틀을 벗어날 수 없는 무기력한 존재라고 하는 포스트모더니즘적 세계관의 강력한 메타포이다. 반쯤 무너져 버린 건축물을 무대 배경으로 한 것이나, 로미오와 줄리엣의 죽음에도 불구하고 화해는커녕 더 큰 불화와 폭력을 극의 결말로 설정한 것 역시 포스트모더니즘 작품들 속에서 흔히 발견되는 혼돈의 연속이라는 주제를 표현한 것이라고 할 수 있겠다. 김아라는 1997년부터 경기도 죽산에 야외무대를 만들고 〈오이디푸스 3부작〉을 공연한 데 이어, 〈인간 리어〉(1998), 〈햄릿 프로젝트〉(1999), 〈맥베스 21〉(2000), 〈인간 오델로〉(2001) 등 셰익스피어의 4대 비극을 연이어 공연하였다. 원형으로 제작된 야외무대 한가운데 커다란 물웅덩이를 만들고, 그 위를 가로지르거나 주변에 설치된 플랫폼에서 연기를 하거나 마이크에 대고 낭독을 하듯이 대사를 토해냈다. 때때로 배우들은 그 물웅덩이 속에 뛰어 들어 격렬한 몸짓을 보여주기도 하였다. 무대 주위에 설치된 마이크 앞에선 공연이 진행되는 내내 생음악이 연주되고 노래가 뒤따르기도 하였다. 이러한 다양한 형식적 실험과 강렬한 음악의 도입은 어느새 김아라의 공연에 '복합장르 음악극'이란 김아라 특유의 공연 브랜드를 만들어주었다. 원작에 대한 제의적이고 신화적인 해체와 재구성, 다양하고 혁신적인 형식적 실험, 비극적 주인공들의 어두운 심연에 대한 과감하고 깊이 있는 무대 형상화 등, 김아라가 스스로 만든 죽산의 야외무대에서 수년간 열정적으로 보여준 일연의 실험적 셰익스피어 공연들은, 작품의 완성도에 대한 다양한 평가와는 별개로 '포스트모던'이란 수식어가 가장 잘 어울리는 셰익스피어 공연 중의 하나로서 한국 연극사에 뚜렷이 기록될 만하다.

옌스-다니엘 헤르초크가 연출한 국립극단의 〈테러리스트 햄릿〉(2008) 역시 빼놓을 수 없는 대표적인 포스트모더니즘적 셰익스피어 공연으로서 평가받아야 할 것이다. 김미도는 〈테러리스트 햄릿〉에 대해 "이번 〈테러리스트 햄릿〉은 국립극단이 해외 연출가와 협업한 공연사상, 아니 국내에서 해외 연출가와 협업한 모든 공연에 있어 가장 우수한 공연이었으며, 국립극단의 공연사 전체에 비추어 볼 때도 가장 빼어난 공연의 하나로 기억할 만하다"(32)고 평하였다. 독일 무대미술가 미리엄 부쉬에 의한 무대디자인부터 독특했다. 거대한 복도처럼 생긴 빈 무대는 객석 깊숙이 돌출해 들어갔을 뿐만 아니라, 무대 양 옆에는 각각 3열 정도의 객석이 마련되어 있어 관객은 의도치 않게 관찰자임과 동시에 관찰의 대상이 되었다. 즉 관객 역시 이 햄릿의 세계에 이미 속해 있는 상태에서 공연이 진행된 것이다. 헤르초크의

〈햄릿〉은 그만큼 철저히 현재적이었다. 모든 배우들은 현대 의상을 입고 있었으며, 소품 역시 햄릿이 품고 있는 권총과 소주병을 비롯해, 핸드폰, 디지털 카메라, 샘소나이트 여행가방, 기관총 등 온통 21세기 적인 것들이다. 검정색 리바이스 청바지를 입은 햄릿(서상원 분)은 우유부단하거나 사색적인 낭만적인 인물이 아니라, 권총을 들이밀며 복수를 갈망하고 소주로 병나발을 불며 고뇌를 토해내는 현대의 테러리스트이다. 여고 교복을 입고 등장하는 오필리아(고아라 분) 역시 자신의 감정을 숨길 줄 모르는 영락없는 현대의 재기발랄한 소녀의 모습이다. 화려한 색감의 양복과 드레스를 입은 클로디어스와 거트루드는 과감한 키스신을 남발하며 햄릿의 트라우마를 자극하는 권력과 섹스의 이미지를 연출해낸다. 기관총을 들고 지체 없는 복수를 외치는 레어티즈는 현대의 폭력성에 대한 또 하나의 상징이다. 호레이쇼는 극의 상황을 디지털 카메라로 담고 햄릿은 동영상 기록까지 주문한다. 그렇게 과거와 현재는 하나가 된다. 햄릿의 복수는 완성되지만, 햄릿 사후 덴마크의 엘시노 성을 장악하는 포틴브라스의 모습은 햄릿에게 복수를 재촉하던 햄릿 선왕의 혼령과 겹쳐진다. 이 순간 햄릿을 지배하던 선왕의 혼령은 마치 맥베스의 마녀를 연상시키며, 햄릿의 자의적 의지를 무력화시킬 뿐만 아니라 원작에 암시되어 있는 어떠한 역사적 진보의 가능성마저도 지워버린다. 옌스-다니엘 헤르초크가 연출한 국립극단의 〈햄릿〉은 연출, 연기, 작품에 대한 현대적 해석 등 모든 면에서 국내 셰익스피어 공연에 하나의 모범적 예로서 기억되어 마땅할 것이다.

이밖에도 1990년 이후 현재까지 수많은 셰익스피어 공연들이 포스트모던적 성향을 강하게 보여주었다. 본 장에서는 이러한 포스트모던적 셰익스피어 공연들 중 그동안 필자가 공연 리뷰를 써서 기록에 남겼던 공연들을 소개하고자 한다.

1. 하늘극장에서 펼쳐진 셰익스피어의 난장[29]

국립극장의 하늘극장에서 4월 1일부터 5월 26일까지 약 두 달간에 걸쳐, 〈클럽 하늘〉(댄스 시어터 동랑/연출 박일규), 〈동방의 햄릿〉(극단 노뜰/연출 원영오), 〈한여름 밤의 꿈〉(극단 여행자/연출 양정웅), 〈뮤지컬 십이야〉(루트 21/연출 박재완), 〈리어왕〉(연희단거리패/연출 이윤택) 등 다섯 편의 셰익스피어 작품들이 "셰익스피어 난장—원형·해체·재구"라는 타이틀로 성황리에 공연되었다. 이번 셰익스피어 난장은 2002년 처음 국립극장과 한국셰익스피어학회가 손잡고 공동 주관했던 셰익스피어 페스티발의 두 번째 시도인데, 전체적인 행사 운영이나 참가 작품들의 수준, 그리고 관객들의 반응 등 여러 가지 측면에서 의미 있는 소득들이 확인되었다. 특히, "원형·해체·재구"라는 이번 "난장"의 주제에 걸맞게 참가한 다섯 작품 모두 공연 방식과 내용에 있어서 참신한 변용과 기발한 착상이 돋보였으며, 무엇보다 관객에 의해 사방이 포위되었던 셰익스피어의 독특한 극장 환경 때문에 그의 작품 속에 내재될 수밖에 없었던 무대와 객석을 매개하는 '난장'적 특성이 우리 관객들에게 집중적으로 소개되었다는 점에서 의의가 컸다.

박일규의 〈클럽 하늘〉은 〈한여름 밤의 꿈〉의 무대를 오베론과 타이타니아가 운영하는 댄스 클럽으로 바꾸고, 춤과 노래에 마술과 서커스를 뒤섞어 질펀하고 환상적인 그야말로 난장의 마당을 연출해냈다. 관객을 댄스 클럽의 손님 역으로 삼아 도입부터 관객과 무대가 하나로 통합케 하는 공연 방식은 관객들이 자신들의 경직된 방어막을 풀고 이 '희한한 한여름 밤의 꿈' 속에 쉽게 의식을 맡기도록 하는 효과적인 극적 장치로 기능했다.

원영오의 〈동방의 햄릿〉은 이미 국내뿐만 아니라 베세토, 아비뇽 등 여

---

29 이현우. 「열린 공간 하늘극장에서 '몸짓의 난장' 펼친 〈셰익스피어 난장〉」. 『미르』 (2004. 7) 12-15.

러 번의 해외 연극제 공연에서도 호평을 받아 온 작품이다. 햄릿의 실존적 고뇌를 배우들의 몸짓을 이용한 다양한 이미지들을 통해 시각화 하며, 특히 담배 연기 속에 스러져가는 현대의 군상 속에 햄릿을 위치시킴으로써 죽음에 맞닿아 있는 햄릿의 고뇌를 우리네 소시민들의 일상적 고뇌와 일치시킨다. 〈동방의 햄릿〉의 많은 장점 중의 하나는 〈햄릿〉이라는 방대한 텍스트를 이미지 중심의 콤팩트한 시로 전환하는데 성공하고 있다는 점이다. 그래서 〈동방의 햄릿〉은 언어, 의상, 조명, 배우 등 모든 연극적 측면에서 너무도 소박한 운영을 하지만 꽉 짜인 에너지의 그물망처럼 늘 무대를 장악한다.

양정웅의 〈한여름 밤의 꿈〉은 우리의 전통 꼭두놀음의 틀을 빌려와 '한여름 밤의 꿈'의 전개에 대입한다. 그래서 주요 등장인물들마저 인형이나 만화 캐릭터처럼 정형화되곤 하지만, 대신 관객들은 그 만화 같은 꿈의 세계를 쉽게 용인한다. 요정의 왕과 여왕이 마치 꼭두각시 인형처럼 움직여도, 주변 인물의 도움으로 허미아의 이단 옆차기가 마치 와이어 액션처럼 연출되고, 배우들이 객석을 헤집고 다니며 말을 걸어와도 관객은 거부 반응을 보이지 않는다. 연극성이 강조되면 될수록 그 연극은 더 많은 자유를 보장받기 마련이다. 한편 양정웅은 '한여름 밤의 꿈'의 세계를 지배하는 존재로서의 요정 왕을 요정 여왕으로 대체하고, 더욱이 요정 여왕을 매혹시키는 섹스 심볼 격의 당나귀 보틈을 요정 왕이 매혹당하는 돼지머리 할머니로 설정함으로써, 여성성에 권력을 부여하고 여성성에 대한 심미적 편견에 도전한다.

박재완의 〈뮤지컬 십이야〉 역시 춤과 노래로 경쾌하게 원작의 세계를 이끌고 가는데, 극의 마지막 순간 두 여자 주인공 바이올라와 올리비아가 원작의 결말과 달리 공작과 세바스찬 두 남성의 선택을 거부함으로써 신데렐라의 신화를 뒤집는 독립적 여성상을 제시하면서 신선한 반전을 성취한다.

이윤택의 〈리어왕〉은 앞의 다른 작품들과는 달리 비교적 원작의 틀을 충실히 유지하면서, 원작에 오늘의 의미를 입히기보다는 원작 속에 내재된 철학적이고 추상적 의미들을 구체화하고 형상화하는데 주력했다. 이번 난장을 주도한 것이 그이지만, 정작 그 자신은 난장의 모래밭 속에 빼곡히 박혀 있는 언어의 보석을 끄집어내는데 더 열중했었던 것 같다. 〈리어왕〉의 주옥과 같은 대사들을 외면하지 않은 것은 현명한 선택임에 틀림없다. 특히, 원작 속의 화두와 같은 코딜리아의 대사 "Nothing"(드릴 말씀 없습니다)을 극 전체에 직조되어 있는 존재론적 의미의 "Nothing"(無)으로 구체화하며, 극의 결말을 죽은 코딜리아의 동그랗게 열린 입에 스포트라이트를 비추며 연출해낸 것은 이번 〈리어왕〉의 백미이자 성취라고 할 수 있다. 마치 그것은 "Nothing"(無)만이 유일한 현실이자 진실이라는 리어왕의 마지막 절규처럼 들린다.

셰익스피어의 텍스트가 버릴 것 하나 없는 위대한 고전임에는 틀림없지만, 동시에 바뀐 현실, 바뀐 관객을 수용할 수 있는 새로운 연극적 작업들이 지속적으로 접목되어야 하는 것 또한 자명한 일이다. 그것은 원작에 대한 불경이 아니라 살아 있는 셰익스피어를 찾아내는 일이다. 우리는 셰익스피어 자신도 자신의 작품을 시간과 공간이 변함에 따라 세월을 두고 끊임없이 수정 보완해 갔다는 사실을 주지할 필요가 있다. 원작에 대한 철저한 이해와 연구가 전제된다면 고전의 현대화 및 지역화는 고전의 재생산과 구분할 수 없는 등가의 중요성을 지닌다.

그러나 이번 '셰익스피어 난장'의 최대의 수확은 지속적으로 시도되고 있는 이러한 고전 셰익스피어의 현대적 변용이기보다는, 무대의 빗장을 열고 관객과 끊임없이 소통하며 더불어 극을 이끌어가는 셰익스피어 연극의 열린 공연방식에 대한 집중적 조명과 재현일 것이다. 이번 참가작품들은 모두 관객과의 직접적인 소통에 적극적이며, 객석을 연기 공간으로 활용하거나 또 때로는 객석의 관객을 배우 취급하는데 주저 하지 않았다. 심지어 〈클럽 하늘〉, 〈한여름 밤의 꿈〉의 경우 관객들은 공연이 진행되는 가운데 간단한 먹을거리를 즐기도록 유도되기도 했다.

셰익스피어의 대개의 극작품들은 글로브극장(Globe Theatre)에서 공연이 되었는데, 글로브극장을 비롯한 당시의 대개의 극장들은 무대가 객석 깊숙이 돌출되어 있어서 무대의 삼면이 관객에 의해 둘러싸여 있을 뿐만 아니라 무대와 접하고 있는 일층 객석은 맨바닥의 마당으로서 관객들이 공연 내내 서 있어야만 했던 독특한 구조를 가지고 있었다. 게다가 당시의 관객들은 오늘날 영국 축구의 훌리건들을 방불케 하는 거친 태도로 유명했는데, 공연 도중 간단한 먹을거리를 먹기도 하고 담배를 피기도 했으며, 공연이 맘에 들지 않으면 야유와 함께 사과나 오렌지, 심지어는 타일이나 의자 따위도 집어던졌다. 따라서 셰익스피어는 늘 이러한 "난장"판의 극장 환경 속에서 살아남기 위해 고심하면서, 관객에게 직접 다가가고 또 관객을 극 속에 적극적으로 끌어들이기 위한 여러 가지 극작술을 동원했는데, 비극에서 마저 노래와 춤, 그리고 즉흥적 연기를 서슴지 않았던 광대 배우를 지속적으로 활용한 것은 그러한 극작술의 대표적인 예가 된다. 〈햄릿〉에서도 나타나듯이, 셰익스피어는 당시 극장가의 이러한 난장적 상황을 비난하기도 하지만, 본질적으로는 이 '난장'에 더 많은 애착을 가졌던 것으로 보인다. 셰익스피어는 글로브극장을 설립한지 10년쯤 뒤인 1608년경에 프로시니움 극장 형태의 블랙프라이즈 실내 극장을 인수하지만, 여전히 그의 중요한 작품들을 대부분 글로브극장에서 공연했으며, 특히 그의 4대 비극들 중에서는 〈오셀로〉만 블랙프라이어즈 극장에 가도록 했다.

1990년대 이후 우리나라 연극계가 셰익스피어 붐을 경험하면서 지금까지 서울에서만도 150여 편의 셰익스피어 작품을 무대에 올려왔지만 이번처럼 셰익스피어 극의 살아 있는 난장적 특성이 집중적으로 조명된 예는 흔치 않았다. 사실주의 연극 양식의 고답적 셰익스피어 공연에서 이제는 암전 없이 줄달음치는 셰익스피어 특유의 빠른 극 전개 방식이 몇몇 극단에 의해 실연되기도 하고, 셰익스피어 텍스트 깊숙이 숨어 있는 은유와 사색의 언어들이 해체의 과정을 통해 그 속살을 훤히 드러내기도 했다. 하지만 셰익스피어가 얼마나 자유롭게 그리고 능수능란하게 그의 관객과 마주하고 뒤섞이며 관객과 더불어 자신의 연극을 이끌고 가는지에 대한, 즉 그의 연극의 난장적 특성은 좀처럼 주목받지 못해왔다.

이번 셰익스피어 난장에서 셰익스피어 극의 난장적 특성이 자연스럽게 실현될 수 있었던 것은 상당 부분이 하늘극장이라는 열린 공간의 극장 덕이 컸다고 본다. 야외 원형극장인 하늘극장에 설치된 가설무대는 마당 객석 깊숙이 돌출되어 3면이 관객에 의해 둘러싸이고, 극장의 지붕은 개방되었다. 이러한 조건은 셰익스피어의 글로브극장과 매우 유사한 것인데, 관객과 자연에 노출된 공연 환경은 우리나라의 마당극처럼 필연적으로 연극적 환상보다는 연극성 자체를 강조하기에 유리하다. 이번 참가작품들은 대체로 이러한 공연환경을 십분 활용했다고 본다.

물론 아쉬운 점도 있다. 원래 셰익스피어의 글로브극장에는 배우들 뒤통수 밖에 잘 안 보이는 무대 후면 건물의 발코니 양 옆에 귀빈석이 있었다. 그만큼 셰익스피어 시대에는 극을 보는 것만큼 듣는 것도 중요했다는 증거가 된다. 사실 셰익스피어 극은 몸짓의 난장과 언어의 사색이 둘이 아니라 하나이다. 전체적으로 보면 이번 셰익스피어 난장에서 가장 큰 소득이 재미를 느끼게 해주는 몸짓의 난장이었다면 가장 큰 손실은 사색과 통찰을 가져다주는 언어의 위축이라고 할 수 있겠다. 난장의 형이하학과 언어의 형이상학이 함께 뒤엉켜 춤추는 또 한 번의 셰익스피어 축제를 꿈꿔본다.

2. 서랍 속에 갇혀 버린 보석 〈꼽추, 리차드 3세〉[30]

셰익스피어의 〈리차드 3세〉는 참 매력적인 작품이다. 주인공 리차드는 태어날 때부터 꼽추요, 한 쪽 다리는 절름발이이며, 한 쪽 팔은 오그라들어 있는 기형적 육체의 인물이다. 그는 자신의 육체적 콤플렉스에서 기인하는 뒤틀리고 왜곡된 분노와 욕망으로 세상을 지옥으로 바꾸고자 결심하고 온갖 음모와 살육을 자행하면서 마침내는 왕좌에까지 오르지만, 동시에 내면 깊숙한 곳에서는 죄의식과 고립감에 몸부림친다. 이러한 리차드의 이중적, 극단적 모습이 정치, 사랑, 복수 등의 문제와 복잡하게 얽히면서 극 전체를 매우 다이내믹하게 이끌고 간다. 여기에 덧붙여 〈리차드 3세〉를 진정 매력적으로 만드는 또 하나의 요소는 리차드가 자신의 계략과 심중을 늘 관객에게 고백하고 상의하는 형식을 취함으로써 자연스럽게 관객을 자신의 공모자로 만들고, 또 그렇게 함으로써 관객이 악한 리차드를 증오하기보다는 리차드의 악행을 같이 즐기도록 하는 독특한 극 구조라고 할 수 있다. 이러한 이유들로 해서 〈리차드 3세〉는 1593년경 초연되었을 당시부터 지금까지 〈햄릿〉, 〈로미오와 줄리엣〉 등과 더불어 셰익스피어의 가장 인기 있는 극작품 중의 하나로 자리매김해 왔으며, 영국에서는 2003년 시즌에도 셰익스피어 공연을 대표하는 '로열 셰익스피어 컴퍼니'와 '글로브극장'이 모두 〈리차드 3세〉를 공연한 바 있다.

그런데 〈리차드 3세〉는 우리나라에서는 가장 공연이 드물게 되는 셰익

---

30 이현우. 「서랍 속에 갇혀버린 보석 〈꼽추, 리차드 3세〉」. 『예술의 전당』 184 (2004) 98-99.

스피어 레퍼토리에 속한다. 1990년 이래로 현재까지 서울에서만도 대략 150 여 편의 셰익스피어 공연이 이루어졌는데, 〈리차드 3세〉는 1995년에 국립극단(연출 김철리)에 의해 한 차례 공연되었을 뿐이며, 이번 한태숙의 〈꼽추, 리차드 3세〉가 두 번째 시도이다. 〈리차드 3세〉는 여러 장점에도 불구하고 3시간 30분 이상 걸리는 방대한 분량의 대작이라는 점과 기본적으로 영국의 역사극이라는 점에서 한국 연극계로서는 쉽지 않은 선택임에 틀림없다. 그러나 한태숙의 〈꼽추, 리차드 3세〉는 알렉산드르 쉬시킨의 서랍식 구조를 갖는 거대한 입방체 스타일의 독특하고 웅장한 무대에, 섬세한 내면연기와 냉정하게 계산된 동물적 몸짓으로 리차드의 뒤틀린 내면과 고립감을 훌륭하게 표현해낸 안석환의 연기, 그리고 무엇보다 거미라는 매우 적확한 상징적 이미지를 축으로 리차드의 기형적 육체에서 기인하는 기형적 내면을 집요하게 그리고 일관되게 무대 위에 형상화해낸 한태숙의 연출적 시도 등에 의해, 적어도 〈리차드 3세〉가 우리 관객들에게도 단지 남의 나라의 '역사극'으로서 가 아니라 한 역사적 인물에 대한 '비극'으로 받아들여질 수 있음을 보여주는데 성공하고 있다.

〈꼽추, 리차드 3세〉는 쉬시킨의 거대한 입방체 무대의 벽면에 거미의 그림자가 드리워지고 장미 전쟁에서 패해 죽임을 당한 헨리 6세의 미망인 마가렛이 현재의 요크 왕가에게 인과응보의 저주를 퍼붓는 데서부터 시작한다. 이어 리차드의 첫 번째 독백이 끝나면 입방체 무대의 뒷면이 열리면서 마치 무대는 어두운 심연 속으로 끝없이 이어지는 통로처럼 보이기 시작한다. 그리고 그 심연의 끝자락 속에서 등장인물들이 나오고 들어가기를 반복하고 또 때로는 몇몇 장면의 일단이 그 깊은 곳에서 이루어지면서 마치 그 무대 위의 심연은 리차드의 의식의 심연인 것처럼 보인다. 그 입방체 무대의 우측 측면 벽은 무대 전체를 압도하면서 거대한 성벽처럼 보이는데 철혈 통치와 잔혹한 감금의 역사를 상징하는 런던탑이 이 극의 중심 무대가 되는 만큼 극의 기저에 흐르는 전체적인 분위기와 색감을 단순하면서도 명료하게 표현해 준다. 쉬시킨은 이 입방체 무대 곳곳에 서랍식 구조의 등·퇴장로를 마련해 셰익스피어 공연에서 늘 문제가 되는 신속한 등·퇴장 문제를 매우 경제적으로 해결할 뿐만 아니라, 무엇보다 극 진행의 매 순간이 현재 진행형의 사건이라기보다는 순간순간 일어나는 리차드의 의식의 반영이라는 인식을 제공하면서 리차드의 내면세계에 초점을 맞추고 있는 한태숙의 전체적인 연출 콘셉트에 꼭 들어맞는 조합을 이룬다. 또한, 쉬시킨의 무대는 리차드가 왕이 된 다음 다시 무대 후면을 차단함으로써 자신의 정적들뿐만 아니라 아내 앤과 버킹검 등 우군으로부터도 철저히 고립당하기 시작하는 리차드의 존재 상황을 시각화 하는데, 더욱이 이 고립의 입방체 공간 속에 썩은 고목나무 같은 리차드의 옥좌를 제공함으로써, 거미 또는 하이에나를 연상시키는 동물적 몸짓을 이어가는 안석환의 연기와 맞물려, 왕관 쓴 리차드를 마치 초라한 장식용 나무에 의지하는 동물원 우리 속의 한 마리 짐승처럼 보이게 하는 아이러니를 자아낸다.

무엇보다 한태숙의 연출, 쉬시킨의 무대, 그리고 안석환의 연기가 조화를 이루며 정점을 장식하는 부분은 리차드의 꿈 장면이다. 리차드의 침실은 무덤처럼 스테이지 트랩에 마련되고 그 안에서 고통 받는 리차드의 몸부림이 무대 천장에서 위태롭게 줄에 매달려 내려와 있는 거대한 거울에 의해 객석에 비춰진다. 흔들리는 거울에 투영된 리차드의 모습은 언제 지워질지 모르는 리차드의 불안한 존재상황에 대한 적나라한 표현이다. 리차드의 악몽은 곧 현실과 중첩된다. 리차드의 악몽과 더불어 이미 후면 막은 제거되어 있고, 무대 뒤 그 깊고 어두운 심연의 끝자락으로부터 리치몬드의 군사 대신 리차드에 의해 죽임을 당한 원혼들이 나타나 리차드를 살해한다. 한태숙의 관심은 리차드의 내면에 있으며 그가 지금까지 보여준 것도 그의 내면세계라는 것을 관객들에게 명료하게 확인시켜주는 대목이다. 리차드를 물리친 리치몬드는 새로운 질서의 세계가 도래했음을 천명하는데 이 순간 리치몬드의 모습은 리차드의 외모를 그대로 빼닮아 간다. 역사는 발전하는 것이 아니라 그저 쳇바퀴 돌 뿐이라는 셰익스피어 학자 얀 코트의 '역사의 거대한 기계 구조'(The Grand Mechanism of History) 이론 이후 흔히 셰익스피어의 사극이나 비극에 대입되어온 극의 순환구조는 이미 셰익스피어 해석의 진부한 코드가 되어 버린 감이 없지 않지만 한태숙의 결말은 의외의 충격을 준다. 그가 리차드의 불구적 외형을 줄기차게 리차드의 심리와 연계시켜 왔다는 점에서 리치몬드의 리차드화는 역사의 전이만이 아닌 심리의 전이라는 극 해석상의 새로운 측면을 제시하기 때문이다.

한태숙의 〈꼽추, 리차드 3세〉는 한태숙의 또 하나의 대표작이 될 만하다. 하지만 아직 〈레이디 맥베스〉만큼은 아니다. 한태숙의 〈꼽추, 리차드 3세〉의 최대의 강점은 쉬시킨의 무대이다. 하지만 때때로 그것은 너무나 절대적이어서 배우들(또는 연출)이 그 절대성에 너무 쉽게 의존해 버리거나 압도당한 듯한 부분도 엿보인다. 일례로 쉬시킨의 무대의 한쪽 모서리는 객석까지 돌출해 들어와 원작에 마련된 '리차드와 관객과의 적극적 소통 관계'를 표현하려 하지만, 정작 리차드의 모놀로그는 늘 관객보다는 자기 자신을 향하면서 결코 적극적으로 관객과 마주하지 않는다. 성벽의 창문을 통해 귀곡성을 내는 마가렛의 존재는, 극 전체의 인과응보의 순환 구조를 결정지우는 내용상의 무게에도 불구하고, 거대한 벽면에 잠시 걸린 한 조각 벽보나 액자 속 그림처럼 보인다. 또한 전체적으로 배우들의 발성은 뒷벽이 제거된 깊은 무대 속에 갇혀 버린 듯 그 전달력이 현저히 떨어진다. 이로 인해 종종 이야기 구조가 애매해 지기도 하며, 리차드를 제외한 다른 등장인물들의 성격 묘사가 무뎌지고, 전체적으로 작품의 역동성이 원작에 비해 적지 않게 축소된 느낌이다.

〈꼽추, 리차드 3세〉는 한태숙과 쉬시킨의 작품이다. 하지만 배우와 관객의 작품이 되기 위해서는 조금 더 조탁의 과정을 거쳐야 할 것 같다.

3. 바퀴 주제와 형식의 절묘한 조합
-〈바퀴 퍼포먼스 로미오와 줄리엣〉을 보고[31]

이천오백 년 전의 희랍극이나, 사백 년 전의 셰익스피어를 포함한 르네상스 극작품 같은 서양의 고전극을 공연할 때 반드시 해결하고 넘어가야 할 그러나 결코 쉽지 않은 과제 중의 하나가 바로 시공간의 차이를 극복하는 그 공연 나름의 주제 제시일 것이며, 더불어 그에 적합한 형식 내지 양식을 마련을 하는 일일 것이다. 7월 중순부터 국립극장의 야외 공연장 '하늘 극장'에서 김진만 연출로 공연된 〈바퀴 퍼포먼스 로미오와 줄리엣〉(극단 앙상블)은 바로 그러한 서양 고전극 공연의 필수 과제를 멋들어지게 해치운 속 시원한 공연이었다.

〈바퀴 퍼포먼스 로미오와 줄리엣〉(이하 〈바퀴 로미오와 줄리엣〉)은 제목에서 암시되듯 공연방식의 핵심은 바퀴다. 배우들은 모두 인라인 스케이트, 스케이트보드, 트라이 스키 등을 타고 공연 내내 달린다. 무대에는 이러한 탈 것을 이용한 익스트림 스포츠 용 플랫폼이 무대 정중앙에 하나, 무대 후면 양측에 두 개, 객석 쪽에 하나씩 설치되어 있다. 배우들 중에는 전문 직업 배우들과 인라인 스케이트 프로 선수들이 섞여 있다. 이들이 익스트림 스포츠 플랫폼을 타고 넘으며 묘기를 부리고 하늘을 날고 무대를 가른다.

---

31 이현우, 「바퀴 주제와 형식의 절묘한 조합 -〈바퀴 퍼포먼스 로미오와 줄리엣〉을 보고」, 『서울의 연극』(Theater in Seoul)(2005. 9): 46-8.

드럼을 중심으로 한 강한 비트의 음악에 맞춰 사람의 발걸음보다 수십 배 빠른 인라인 스케이트의 속도가 작품 전체의 템포를 숨 가쁘리만치 빠르고 격렬하게 요동치게 한다. 중간 중간의 로미오와 줄리엣의 서정적인 장면은 배우들뿐만 아니라 보는 관객에게도 쉬는 휴지의 순간이다. 웬만한 현대 극 작품의 2-3배 되는 작품 길이와 영화처럼 잦은 장면 전환이 설정되어 있는 셰익스피어 극에서 빠른 장면 전환과 속도감 있는 극 진행은 필수적 요소이다. 이 부분에서 〈바퀴 로미오와 줄리엣〉보다 더 성공적인 공연을 기대하기는 힘들 것이다.

그러나 〈바퀴 로미오와 줄리엣〉은 원작의 주옥과 같은 대사의 대부분을 바퀴의 속도 속에 묻어 버린다. 그나마 대사의 상당부분은 무대 위의 배우들이 아니라 무대 뒤의 발코니에 위치한 두 명의 내레이터가 대신한다. 그래서 여기까지만 놓고 보면, 〈바퀴 로미오와 줄리엣〉은 단지 유명한 러브 스토리의 겉 줄거리를 잘 활용한 한편의 멋진 인라인 스케이트 퍼포먼스 정도로 이해될 수도 있을 것이다. 하지만 연출자 김진만은 언어의 절대적 약화라는 치명적 약점을 '바퀴'로 집약한 자신의 섬세하고 세련된 작품 해석과 무대 형상화로 훌륭히 메운다.

이 극에는 세 가지 종류의 바퀴가 등장한다. 첫째, 공연이 시작하지마자 모든 등장퇴장 입구를 통해 무대 중앙으로 굴러들어오기 시작하며 또 공연 내내 무대 장치의 일환으로 무대 위에 남아 있기도 하고 또 줄리엣의 관 뚜껑으로 활용되기도 하는 자동차 타이어이다. 두 번째는 이미 앞에서 언급한 인라인 스케이트 등 배우들이 타고 다니는 바퀴이다. 세 번째는 무대 후면 구조물의 발코니에 위치한 두 개의 커다란 철재 바퀴이다. 이것은 자동차 바퀴의 철재 휠처럼 보이는데, 마치 운명의 바퀴이거나 시간의 상징인 양, 이 두개의 바퀴가 구르면서 로미오와 줄리엣 이야기가 시작하기도 하고, 특히 마지막 장면에서는 바퀴의 회전과 더불어 로미오와 줄리엣의 동상이 생명을 부여 받고 환생하기도 한다.

김진만 스스로 공연 프로그램에서 밝히고 있듯이, 실제의 자동차 타이어뿐만 아니라 이 극의 모든 바퀴들은 현대 문명의 꽃이라고 할 수 있는 자동차를 상징한다. 김진만은 자동차라는 고도의 이동수단과 더불어 바쁘고 빠르게 움직여 가는 현대 사회 속의 로미오와 줄리엣을 의도한 것이다. 인라인 스케이트나 스케이트보드를 타고 다니는 배우들은 등장인물인 동시에 바퀴 달린 자동차이기도 하다. 배우들의 가죽과 형광 원단이 쓰인 하드한 질감의 의상은 자동차의 외관을 표현하며, 손에 채워진 두꺼운 보호 패드는 자동차의 범퍼를 암시한다(의상디자인 장금실). 등장인물 간의 다툼이 주로 이 패드의 충돌로서 표현됨으로써 자동차 간의 충돌을 연상시킨다. 자동차로 뒤덮인 세상, 자동차가 폭주하는 세상이다. 이것은 인간미가 말살된 기계화된 세상이고 속도에 미쳐버린 현대의 축소판이다. 캐플릿 가와 몬태규 가의 증오는 이렇게 바퀴에 실려 현대 사회 일반의 증오로 확대된다. 그리고 바로 여기에 로미오와 줄리엣의 사랑이 개입하는 것이다. 바퀴 신은 로미오와 줄리엣은 자신들의 죽음으로 양가의 증오를 화해로 전환시킨다는 원작의 경계를 넘어 기계화되어 버린 현대사회에 시종 인간적 열정과 사랑을 불어 넣는다. 이런 측면에서 로미오와 줄리엣의 존재는 현대 사회의 비인간화, 기계화에 대한 저항 기재로까지 느껴진다. 고도로 발달된 현대의 기계적 사회는 철저히 이성에 기반을 둔 것이다. 그래서 이에 대한 반동의 움직임의 하나가 이성의 한계를 거부하는 판타지이다. 연출 김진만은 〈바퀴 로미오와 줄리엣〉의 결말을 그렇게 로미오와 줄리엣의 판타지적 환생으로 마무리 한다. 거의 모든 로미오와 줄리엣 공연에서 로미오와 줄리엣의 죽음 후 두 가문이 화해의 표시로 두 사람의 동상을 만들기로 한 장면을 삭제하곤 하는데, 김진만의 상상력은 오히려 이 장면에서 힘을 발휘한다. 화해의 표시로 만들어진 로미오와 줄리엣 동상은 이미 언급했듯이 무대 후면 발코니의 커다란 철재 바퀴의 회전과 더불어 다시금 생명력을 부여받게 되고 서로를 포옹하며 사랑을 완성한다. 동상의 환생인지 아니면 그 자리에 있던 혼령의 가시화인지는 중요치 않다. 기계화, 자동화, 속도의 울타리 속에서 숨 막힐 듯 살아가는 이 시대의 관객들에게, 그들이 매일 부딪히는 일상의 조건들을 마구 펼쳐보이다가 결국엔 그것에 가하는 통쾌한 카운터펀치를 만끽하게 해 준 것이고 그것으로 충분하다.

〈바퀴 로미오와 줄리엣〉에서 바퀴는 표현 수단이자, 극의 의미를 압축하고 있는 중심 상징물이고, 극의 시 중 종을 관통하는 형식이다. 그래서 수많은 언어가 생략 되었음에도 극의 주제가 명료하고 절대 가볍지 않게 와 닿는다. 김진만은 프로그램에서 3년을 준비했고, 3개월 동안 혹독한 훈련을 했으며, 3주간 합숙훈련까지 했다고 밝히고 있다. 공연이 진행되는 동안 내내 배우들의 온몸을 적시는 땀방울 하나하나에서 그 고된 준비기간의 무게가 느껴진다. 셰익스피어는 흔히 어렵다고 말한다. 지금 이 순간에도 그에 대한 수없이 많은 논문들이 쏟아져 나오고 있을 만큼 엄청난 형이상학적 깊이를 지니고 있기도 하다. 그러나 기본적으로 셰익스피어 극은 훌리건 같은 거칠고 격정적인 관객들을 무대 코앞에서 제압하던 대중적 연극이다. 〈바퀴 로미오와 줄리엣〉은 매우 비 셰익스피어적인 수단들이 동원되었음에도 동시에 매우 셰익스피어적인 공연이다.

일부 배우들에게 맡겨진 대사가 제대로 전달되지 않거나 감정 표현이 덜 섬세하게 표현된 점 등 배우들의 개별적인 연기에서는 아쉬움이 없지 않다. 극 전체의 흐름이 시종 너무 빠른 것에만 집착하기보다는 조금은 더 굴곡의 리듬이 살았으면 하는 바램도 가져본다.

4. 어중간의 따뜻함에 박수를 〈줄리에게 박수를〉[32]

〈줄리에게 박수를〉(박수진 작, 김지후 연출, 예술극장 나무와 물, 2006.2.22~4.16)에는 〈햄릿〉과 〈로미오와 줄리엣〉이라는 두 개의 대표적인 셰익스피어 극작품이 극중극의 형식으로 햄릿과 오필리아 역을 맡은 두 남녀 배우의 사랑이야기와 흔한 비유로 날줄과 씨줄의 얼개처럼 절묘하게 짜여 있다. 극 중 햄릿은 현실세계에서는 우유배달로 생계를 꾸려나가는 가난한 배우이다. 그는 무대 밖 현실 속에서 극중 오필리아를 맡은 여배우를 사랑하는데, 그녀는 이전 줄리엣 역을 맡았을 때의 로미오 역의 배우를 사랑한다. 그 로미오는 지하철에서 우연한 사고로 죽었지만, 그녀는 그가 자살했다고 믿으며 아직도 그에 대한 연민에서 벗어나지 못하고, 그로 인해 오필리아 역을 맡은 지금도 여전히 줄리엣의 세계에 머물며 오필리아 역에 스며들지 못하고 있다. 극은 〈로미오와 줄리엣〉의 마지막 장면과 〈햄릿〉의 오필리아 장례식 장면을 연습하는 데서 끝맺는데, 오필리아는 마침내 로미오를 마음속으로부터 떠나보내며 과거의 짐을 내려놓고, 그리고 햄릿은 반대로 그 자신이 로미오가 되어 오필리아를 있는 그대로 받아들이고 그녀의 마음속에 먼저 다가가기로 결심하면서 끝난다. 극의 이야기 줄거리만을 보면 젊은이들의 싱겁기 그지없는 흔하고 뜨뜻미지근한 사랑이야기로만 보이기 십상이다. 그러나 이런 사랑이야기에 〈햄릿〉과 〈로미오와 줄리엣〉이란 두 셰익스피어 작품을 엮어내는 극작술, 그리고 그러한 얼개 짓에서 직조되어 나오는 소박하면서도 의미 있는 메시지는 이극을 결코 간단치 않게 만든다. 이 극의 이야기 구조를 좀 더 세분해 보면, 첫째, 현실의 햄릿과 오필리아 두 사람의 사랑이야기, 둘째, 〈로미오와 줄리엣〉, 〈햄릿〉의 극중극 세계, 셋째,

---

32 이현우. 「어중간의 따뜻함에 박수를 〈줄리에게 박수를〉」. 『서울의 연극』(*Theater in Seoul*). Vol.2 (2006. 5): 100-102.

두 극작품을 연습하는 배우들의 고달픈 삶의 세계로 구분해 볼 수 있다. 〈줄리에게 박수를〉은 이 세 층위의 세계를 〈햄릿〉이라는 하나의 극작품을 완성해 가는 구조로 엮음으로써 극의 통일성을 이룬다. 따라서 극 전체는 현재의 〈햄릿〉을 만들고 공연해 가는 과정 그 자체를 관객과 공유하는 메타드라마적 특성을 갖는다. 극 속의 극을 반영하는 메타드라마에서 가장 근본적이면서도 쉽지 않은 숙제가 관객이 쉽게 수긍할 수 있고 기꺼이 참여할 수 있도록 하는 게임의 틀을 설정하는 것이다. 즉 극이 현실과 극중극의 세계를 마구 넘나들 때 관객이 그러한 시공간의 이동을 낯설어 하거나 어색하게 느끼지 않도록 하는 연극적 배려가 있어야 한다. 그런데 〈줄리에게 박수를〉은 바로 이 부분에서 가장 두드러진 성공을 거두고 있다고 하겠다.

극이 시작하면 우유배달을 하던 햄릿은 자연스럽게 자신이 연극배우이고 햄릿을 연습 중이며, 오필리아 역의 배우에게 사랑을 고백했노라고 밝히면서, 이 극의 다중적 구조의 일단을 소개하더니 관객들에게 우유를 나누어 준다. 서로 우유를 달라고 난리치는 관객들은 이미 연극과 현실 사이의 경계를 허물고 서로 다른 이분적 세계가 자유롭게 소통하는 이 극의 운영방식에 익숙해지고 나아가 즐기기 시작한다.

〈햄릿〉하면 떠오르는 가장 유명한 대사는 "사느냐 죽느냐. . . ."일 것이다. 이 극의 햄릿이 보여주는 첫 번째 햄릿 연기 역시 "사느냐 죽느냐" 독백인데, 그것은 마치 유행가 가사처럼 조용필의 '킬리만자로의 표범' 반주에 맞춰서 전달된다. 여기서 연극 밖의 세계와 연극 안의 세계가 절묘한 교집합을 이루고 관객은 스스럼없이 그 교집합에 합류한다. 이제 〈햄릿〉 연습 장면은 오필리아가 햄릿에게 그동안 받았던 선물을 돌려주며 이별을 고하는 장면으로 넘어간다. 그런데 오필리아는 소품이 아니라 어제 현실의 햄릿이 사랑을 고백하며 주었던 반지를 내놓는다. 연극은 또 다시 이 반지를 매개로 〈햄릿〉의 세계와 햄릿과 오필리아 두 남녀의 이야기를 자연스럽게 교차시킨다. 연습을 마치고 집으로 돌아온 오필리아가 화려한 오필리아 드레스를 벗어던지면 남루한 분홍빛 내복이 나타난다. 극과 현실은 마치 한 몸처럼 공존한다.

극은 〈로미오와 줄리엣〉의 세계로도 넘어간다. 〈로미오와 줄리엣〉의 첫 장면은 로미오와 줄리엣이 첫 입맞춤을 나누는 가면무도회 장면이다. 하지만 줄리엣은 진짜 줄리엣이 아니라 유모 역의 여배우가 대역을 하던 것으로 들어난다. 극중극의 세계가 어느새 현실이 되어 있다. 마침내 진짜 줄리엣인 오필리아가 등장해 로미오와 발코니 장면을 연기한다. 그리고 그 즈음 신입단원으로 들어왔던 햄릿이 그들의 연기를 엿본다. 이것은 분명 과거 시점이다. 과거로의 이동을 위해 극작가 박수진은 '무궁화 꽃이 피었습니다'라는 놀이를 동원한다. 햄릿이 술래가 되어 '무궁화 꽃이 피었습니다'를 외치는 순간 아이들 놀이에서처럼 모든 배우들은 얼어붙는다. 이때 움직이면 반칙이라는 것을 우리는 모두 알고 있다. 이틈을 타 햄릿은 현재 시점에서 과거 시점으로, 또 과거 시점에서 현재 시점으로 넘나들며 관객과 마주한다. '무궁화 꽃이 피었습니다'는 무대 위의 배우들에게만 마술을 부리는 것이 아니다. 어린 시절의 추억을 불러일으키는 뜻밖의 그 주문은 관객의 의식마저 시간여행을 시킨다. 그래서 관객은 햄릿과 함께 그 과거의 순간을 들여다보는 일이 자연스럽고 즐겁다.

관객과 더불어 로미오가 지하철 사고로 죽던 날까지 다녀온 햄릿과 오필리아는 이제 자신들의 사랑의 문제를 놓고 정면으로 마주한다. 오필리아는 "금 밟지 말아요, 내 자리로 넘어오지 말라구요"라고 말하고, 햄릿은 "안 넘어가요. 누가 넘어가요? . . . 내가 그렇게 한가해 보여요. 목숨이 경각에 달려소 나도. 사느냐 죽느냐 그것이 문제요. 그것이 문제인 것만으로도 머리가 바스라질라 그래서, 힘들어서. . . ."라고 응대한다. 극 속 햄릿의 고뇌는 이렇게 현실의 햄릿의 고뇌가 된다.

오필리아 장례식 장면이 되면 햄릿은 오필리아 무덤에 뛰어 들어 그녀의 시신을 사이에 두고 레어티즈와 한바탕 싸움을 하는 햄릿의 연기를 한다. 하지만 오필리아 시신을 부둥켜안는 순간 그의 입에서 튀어나오는 대사들은 햄릿의 것이 아닌 가사 상태에 빠진 줄리엣을 안은 로미오의 대사이다. "당신의 꿈 같은 숨결을 빨아 마신 죽음도 당신의 아름다움 앞에선 . . ." 순식간에 햄릿과 로미오가 교차되고 오필리아와 줄리엣이 하나가 된다. 〈줄리에게 박수를〉이 관객에게 불러일으키는 정서의 내용 중엔 극작 구성의 기발함이 주는 상쾌한 쾌감이 차지하는 부분이 적지 않다.

〈줄리에게 박수를〉은 이미 2003년 초연 때부터 작품성과 흥행성을 모두 인정받았던 극작품이다. 극작가 박수진은 오태석의 제자답게 '오태석 표'라고 할 수 있는 시간과 공간을 자유롭게 넘나드는 연극성과 무엇보다 맛깔스럽고 시적인 운율감마저 지니는 우리말 구사를 이 작품의 큰 장점으로 부각시키고 있다. 하지만 스승과 다르게 세상을 향한 그의 시선은 좀 더 따뜻하고 긍정적이다. 이 극은 햄릿과 오필리아라는 극중 배역의 이름이 공연 동안 내내 실제 이름처럼 불려도 자연스럽게 들릴 만큼 고달픈 현실과 마주서 있는 위기의 인물들의 삶을 소재로 한다. 그러나 극은 그들의 고달픈 삶 자체보다는 그 고달픈 삶 속에 놓여 있는 등장인물들의 속가슴을 어루만져주고 쓸어주는 데 더 많은 힘을 할애한다. 복수를 위해 사랑을 위해 피를 뿌리고 피를 토하는 대신, 잘 나지도 특별할 것도 없는 그렇다고 지독히 못나지도 않은 어중간한 삶을 살아가는 어중간한 인간들에게 위로와 격려의 박수들 부탁하며 극은 끝을 맺는다. 그것은 어중간하기 짝이 없는 결말이지만 문제를 해결하며 끝장을 보기보다는 가슴 속에 묻고 현재 진행형의 현실을 수용하며 담담하게 오늘을 살아가는 비겁한 겁쟁이들(?)에겐 참으로 드물게 주어진 따뜻한 위로의 선물이다. 가장 폼 나는 극작가 셰익스피어의 극작품 중에서도 가장 폼 나는 비극인 〈햄릿〉과 〈로미오와 줄리엣〉을 가지고 너무도 소박한 메시지를 다듬어낸 데서 극작가 박수진의 그리고 이 극의 겸손하지만 단단한 힘을 발견한다.

〈줄리에게 박수를〉은 희곡이 참 좋은 작품이다. 하지만 원작의 의도를 잘 살린 연출 김지후, 그리고 따뜻한 극의 메시지에 꼭 맞는 따뜻한 표정과 연기를 일관성 있기 유지한 햄릿 역의 김종태, 현실과 극 속의 세계를 유연하게 오간 오필리아 역의 김은옥과 줄리엣 역의 박성연에게도 높은 점수를 주고 싶다. 다른 전체 배우들과의 앙상블 역시 이번 공연의 미덕이라고 하지 않을 수 없다. 다만 내내 유모 류의 배역에 머물고 있는 무명배우 줄리엣의 고뇌는 있는데, 좋은 배역을 맡고 있는 배우들의 치열함은 상대적으로 빈약하게 보이는 점, 전체 연극의 수준에 비해 극 속의 〈햄릿〉, 〈로미오와 줄리엣〉이 조금은 어설퍼 보이는 점 등은 아쉬운 부분이라고 하겠다.

5. 한 바탕의 칼 놀음으로 재구성된 〈맥베스〉
─극단 마방진의 〈칼로 막베스〉[33]

〈맥베스〉는 셰익스피어의 비극 중 가장 짧은 작품이다. 가장 긴 〈햄릿〉에 비해서는 그 길이가 절반 밖에 되지 않는다. 〈로미오와 줄리엣〉은 말할 것도 없고, 〈햄릿〉, 〈오셀로〉, 〈리어왕〉 등 셰익스피어의 다른 비극들에 넘쳐나는 멜로드라마적인 요소들이 철저히 배제된 채, 극의 흐름이 맥베스와 맥베스 부인의 욕망과 죄의식의 내면을 타고 흐르는 지극히 압축적인 작품

---

33 이현우, 「한 바탕의 칼 놀음으로 재구성된 〈맥베스〉 ─극단 마방진의 〈칼로 막베스〉」, 『오늘의 서울연극』 Vol.5 (2011.2) 13.

이다. 그래서 길이는 가장 짧지만 자칫 가장 지루하게 느껴질 수 있는 여지가 다분한 작품이다. 연출자 고선웅은 이를 극복하기 위해 놀이와 칼이라는 두 가지 효과적인 무기를 빼들었다.

고선웅은 작품의 배경을 영국의 스코틀랜드에서 먼 미래의 세렝케티 베이라는 범죄자들의 수용소로 바꿔 놓았다. 여기서 각각의 장면들은 마치 배우들의, 아니 수용소 범죄자들의 맥베스 놀이처럼 전개된다. 처음부터 배우들은 자신들이 앞으로 동아연극상 연출상에 작품상까지 받은 〈맥베스〉 공연을 보여줄 것이라고 밝히고 출발한다. 극이 시작하면 진지하게 한 장면 한 장면을 연기하다가도 이내 극의 세계에서 빠져나와 상황을 객관화해버리는데, 이전 장면에 대해 코멘트를 하거나 다음 장면을 소개하며, 또한 진지한 장면 이후엔 반드시 우스꽝스럽게 연출된 연기로 그 진지함을 여지없이 깨버린다.

고선웅은 이 '놀이'라는 형식을 빌어 셰익스피어의 거작을 한껏 가지고 논다. 극 속의 극을 보여주는 이러한 메타드라마적 기법은 관객들이 원작의 세계를 보다 객관적으로 바라볼 수 있도록 유도할 뿐만 아니라, 무엇보다 손쉽게 원작의 특징적 요소들을 집중적으로 무대화 할 수 있는 전략이다. 이 점에서 고선웅은 분명 성공하고 있다. 고선웅은 욕망 앞에서 주저하지만 결국엔 그 욕망을 채우기 위해 몸부림치는 맥베스(호산 분)를, 그리고 그러한 맥베스보다 더욱 욕망에 들떠서 맥베스를 부추기지만 맥베스보다 먼저 무너져 내리는 부나비 같은 맥베스 부인의 존재를 붉은 드레스를 입은 남자 배우(이명행 분)를 등장시켜 선명하게 표현해 낸다. 그는 이들 등장인물들을 때로는 진지하게 때로는 과장되게 일그러뜨려 코믹하게 표현하며 원작 속 등장인물들의 숨겨진 예각들을 날카롭게 드러낸다. 또한 맥베스나 그의 부인뿐만 아니라 던컨을 비롯한 다른 등장인물들에게도 모두 우스꽝스런 범죄자의 덧칠을 가함으로써 원작에 담겨진 폭력과 욕망의 순환고리를 더욱 선명하게 표출시킨다.

고선웅이 개작한 〈맥베스〉의 제목은 〈칼로 막베스〉이다. 약육강식이 펼쳐지는 세렝게티 베이 수용소의 범죄자들에게는 모두 칼이 주어져 있다. 〈칼로 막베스〉는 시종 칼을 휘두르는 무협활극 〈맥베스〉이다. 난무하는 칼은 이 극에 활력을 불어넣으면서도 폭력으로 점철된 〈맥베스〉의 세계를 효과적으로 시각화한다. 더욱이 이 칼은 맥베스 사후에 총으로 대체되면서 점점 더 악화되어져 가는 폭력의 역사를 표현하는 징검다리가 되기도 한다.

셰익스피어 공연을 볼 때 원작의 무게와 복잡함에 치여 대충 만들어진 듯한 공연을 심심치 않게 보게 된다. 고선웅의 〈칼로 막베스〉는 작품의 내용에 대한 이해뿐만 아니라, 배우들의 에너지 넘치는 연기, 장면과 장면 사이에 불필요한 끊김이 발생하지 않도록 하는 빠른 장면 전환 및 이를 효과적으로 실행시켜주는 이층 무대 구조의 사용(셰익스피어의 글로브극장에서처럼) 등 셰익스피어 극의 운영에 있어 필수적인 셰익스피어 공연방법론에 있어서도 철저했던 공연이다. 분명 〈칼로 막베스〉는 동아연극상 작품상, 연출상이 아깝지 않은 수작이다.

그러나 아쉬운 부분이 없는 것은 아니다. 〈칼로 막베스〉는 말 그대로 칼로 막 베면서 원작 〈맥베스〉를 잘 가지고 놀았으나, 때로는 너무 잘게 노는 것은 아닌가 싶은 대목도 없지 않다. 즉 놀이와 놀이 사이에 놓인 원작 속의 장면이 너무 짧게 유지될 뿐만 아니라, 놀이는 눈에 확 띄는 반면, 그 원작 장면의 재현은 관객의 시선을 사로잡는 힘이 상대적으로 약하게 느껴진다. 연출의 의욕이 과잉된 듯이 보이는 부분도 있다. 내면 속의 어두운 야욕을 상징하는 맹인술사(마녀)와 대비시켜 도덕과 양심을 상징하는 노승을 병치시켜 놓은 것은 지나친 친절은 아니었는지 되짚어 볼 필요가 있다. 지나친 친절은 오히려 상황을 애매하게 만들기도 한다.

제9장

한국 셰익스피어의 해외 공연

19세기 중엽 토마스 칼라일(Thomas Carlyle)이 '인도야 있든 없든 셰익스피어는 포기할 수 없다'[34]라고 한 이래 영국문화의 상징이 되어 버린 셰익스피어는 이제는 영어권 전체, 나아가 서구 문화의 상징이자 대변자가 되었다. 그리고 세계화와 더불어 문화상호주의가 본격화하기 시작하면서 셰익스피어는 언어와 상관없이 지구촌 전체의 문화적 소통을 가능케 한 문화적

---

[34] 흔히 '영국이 인도와도 바꾸지 않겠다고 한 셰익스피어'라는 말로 변형되어 잘 알려진 이 말은 토마스 칼라일(Thomas Carlyle)이 1840년 *On Heroes, Hero-Worship, and the Heroic in History*에서 당시 영국의 식민지였던 인도로 상징되는 경제적 가치를 포기하더라도 셰익스피어로 상징되는 정신, 문화적 가치를 포기해서는 안 된다는 취지에서 한 말이었다

Consider now, if they asked us, Will you give up your Indian Empire or your Shakespeare, you English; never have had any Indian Empire, or never have had any Shakespeare? Really it were a grave question. Official persons would answer doubtless in official language; but we, for our part too, should not we be forced to answer Indian Empire, or no Indian Empire; we cannot do without Shakespeare! Indian Empire will go, at any rate, some day; but this Shakespeare does not go, he lasts forever with us; we cannot give up our Shakespeare.

보편어가 된 듯이 보인다. 마치 〈백설 공주〉나 〈미녀와 야수〉 등의 동화를 전 세계 어느 나라 어린이든지 다 아는 것처럼 셰익스피어의 주요 비극과 희극 작품들의 내용은 지역적 · 언어적 장벽과 상관없이 폭 넓게 알려져 있고, 이 이야기 틀 위에 여러 이질적 문화가 덧입혀지면서 다양한 모양새의 새로운 셰익스피어가 탄생해 왔다.

이렇게 문화상호주의에 기반을 둔 셰익스피어 공연은 동 · 서양을 가리지 않고 이루어졌다. 새로운 표현 방식과 해석의 가능성을 찾고자 했던 피터 브룩(Peter Brook)이나 아리안느 무느쉬킨(Ariane Mnouchkine) 등 많은 서구의 연출가들이 아시아와 아프리카 등 비서구 지역의 문화와 연극을 자신들의 작품 속에 도입하기도 하였고, 반대로 비서구 지역 연출가들이 셰익스피어를 통해 자국의 연극 문화를 표현하거나 자국의 연극예술 속에서 셰익스피어를 녹여내기도 하였다.

바야흐로 셰익스피어는 세계화시대 문화상호주의의 아이콘이라고 할 수 있다. 셰익스피어를 통해 상호 이질적인 문화가 뒤섞이기도 하고 또 직접 타 문화권으로 이동해 적극적으로 그 곳의 문화와 조우하기도 한다. 그래서 셰익스피어는 상호 문화 간 융합의 장이기도 하지만, 한편으론 경쟁의 장이기도 하다. 중국화 된 셰익스피어 공연과, 일본화 된 셰익스피어 공연, 그리고 한국화 된 셰익스피어 공연은 흔히 상호비교의 대상이 된다. 평자들은 지역화 된 셰익스피어를 보면서 각각의 공연자체뿐만 아니라 그 안에 동원된 다양한 문화와 전통 예술에 대해서도 비교하고 평가하게 된다. 셰익스피어는 각 지역 내지 국가 간 문화력을 평가하는 바로미터가 되기도 하는 것이다.

최근 적지 않은 수의 한국적 셰익스피어 공연물들이 해외에서 공연해왔으며, 앞으로 이러한 연극적 교류는 더욱 활발해 질 것이다. 이들 한국적 셰익스피어 공연물들이 해외에서 어떻게 수용되고 있는가를 정확하게 확인해 보는 것은 각각의 개별적 공연에 대한 평가를 넘어 우리나라 공연 예술의 수준과 나아가 우리나라 문화력에 대한 평가를 확인하고 보다 나은 발전 방안을 모색해 보는 작업이기에 매우 중요한 의미를 갖는다. 필자는 이를 위해 해외 공연이 이루어진 여러 한국적 셰익스피어 공연 중, 필자가 해외 공연 현장에서 직접 목격한 김명곤의 〈우루왕〉, 오태석의 〈로미오와 줄리엣〉, 그리고 양정웅의 〈한여름 밤의 꿈〉의 해외 공연을 중심으로 우리나라 셰익스피어의 해외 공연 실태 및 수용 양상에 대해 살펴보도록 하겠다.

1. 한국 셰익스피어의 해외 공연 실태 및 평가 보도의 문제점

이윤택은 셰익스피어 작품을 가지고 해외 공연을 가장 많이 다녀온 연출가 중 한명이다. 안타깝게도 필자가 그의 해외 공연에는 한 번도 참석을 하지 못해 여기서 다루지는 못하지만 그의 〈햄릿〉은 러시아, 일본, 독일, 루마니아, 콜롬비아 등에서 공연을 하며 커다란 호평을 받은 바 있다. 이윤택은 〈햄릿〉 이외에도, 〈오구〉, 〈어머니〉 등의 작품을 가지고 세계 여러 나라를 순회 공연하였다. 21세기를 본격적으로 여는 2001년에 들어서면서 오태석의 〈로미오와 줄리엣〉 이외에도 〈난타〉, 〈명성황후〉, 〈도깨비 스톰〉, 〈지하철 1호선〉, 〈히바라키 400년의 초상〉, 〈춘풍의 처〉, 〈산씻김〉, 〈팔만대장경〉, 〈피의 결혼〉 등 여러 작품들의 해외 공연이 이루어졌다. 이에 따라 〈한국 연극〉에서 마련한 '한국연극의 세계화'를 논하는 자리에서 이윤택은 한국 연극의 해외 공연의 실태 및 이들에 대한 소식을 전하는 국내의 언론 보도의 문제점에 대해 다음과 같이 언급하였다.

해외 공연을 가면 으레 현지에서의 반응에 신경을 쓰게 마련이다. 그러나 해외 공연을 다녀온 연극의 현지 반응은 그렇게 신뢰할 만한 가치 평가는 되지 못한다. 동행 기자나 평론가가 '동행'이란 인연 때문에라도 나쁜 평가를 전해주지 않는다. 한국연극을 깊이 있게 이해하지 못하고 있는 외국의 연극인이나 평론가들의 반응이 정확하다고 할 수 없고, 그 반응 또한 다양할 수밖에 없다. 그러나 해외 공연을 다녀온 단체들은 아전인수 격으로 좋은 반응만을 내세우기 십상이고, 그 반응을 무슨 공적이나 연극적 성취 인양 국내 공연을 위한 선전문구로 내세우기 마련이다. 극단 측으로서는 당연한 입장이겠지만, 이럴 경우 현지에서의 반응을 객관적으로 증빙할 수 있는 자료를 제시해야 마땅할 것이다. (「해외 공연」 22)

간단히 말해, 해외 공연 성과에 대한 국내 보도에 거품이 많다는 것이다. 최진용 역시 이윤택과 비슷한 진단을 내리는데, "민간단체의 공연도 수준 높은 예술제에 참가하여 좋은 성과를 올린 경우도 있지만 대부분은 '엄청난 공연 성과와 열띤 호응을 받았다'는 자화자찬하는 보고와는 달리 개인의 실적 쌓기 용 공연이 대부분이었음을 부인할 수 없다"(26)며 해외 공연 평가에 허수가 많음을 지적한다. 특히 정진수는 보다 구체적으로 양정웅의 〈한여름 밤의 꿈〉과 오태석의 〈로미오와 줄리엣〉의 런던 바비칸 센터 공연에 대한 영국 일간지 『타임』의 평가를 예로 들면서 해외 공연 성과를 보다 냉정하게 되짚어 볼 것을 주문한다. 우리의 참 모습을 제대로 알아야 세계 무대에서 진정한 찬사를 받을 수 있는 작품을 만들 수 있다는 것이다.

머지않은 장래에 한국의 연극이 세계무대에 당당히 진출하여 현지의 평론가와 관객들로부터 찬사를 받을 날이 오게 되기를 진심으로 바라며 그러기 위하여 우리는 지금 우리들 자신의 참 모습을 똑바로 직시할 수 있어야 한다고 믿는다. 해외 공연을 통하여 듣기 좋은 소리만 골라서 듣고 그 소리만 옮겨 전하는 것은 당장의 체면을 세우는 데에는 도움이 될지 몰라도 한국

연극의 진정한 세계화를 위해서는 해독이 될 것임은 자명하다. (「작년 런던의」, 82)

이윤택과 최진용, 그리고 정진수 모두 해외 공연의 반응이 국내에서 확대 과장되어 선전되는 것을 경계한다. 그러한 예가 실제로 많았기 때문이며, 정진수의 지적대로 우리의 현 실체를 정확하게 파악하는 것은 세계무대에 안착하기 위한 절대 조건이기 때문이다. 하지만 그와는 반대로 해외에서의 성과가 국내에서 왜곡되거나 폄하되는 경우도 있다. 이럴 경우 엄청난 시간과 노력을 들여 해외 공연을 실천하고 또 성과를 낸 이들이 좌절하고 낙담하게 만들 수 있으며, 또 앞으로 도전하고자 하는 이들의 의지를 약화시킬 수도 있다. 셰익스피어를 포함한 한국 연극의 진정한 세계화를 담보하기 위해서는 평가의 객관화가 초석이 되어야 할 것이다.

이윤택은 해외 공연에 대한 평가의 객관화를 위해 "유력한 신문에 난 리뷰는 가장 신뢰할 수 있는 현지 반응일 수 있다. 이때는 지면을 원문과 함께 구체적으로 밝혀야 신뢰할 수 있는 것이다"(「해외 공연」, 24)라는 조건을 제시한다. 여기에 덧붙이자면, 유력 일간지도 하나 둘이 아니고 또 평론가들의 의견이 다양할 수 있는 것이기에, 신뢰성 있는 리뷰가 여러 개 발표되었을 때는 이를 종합적으로 언급해야 할 것이다. 그리고 가능하면 해외에서 이루어진 해당 공연을 평가자가 그 공연 단체의 동행자가 아닌 객관자로서 직접 관람하고 현장 상황을 관찰해야 할 것이다.

필자는 이러한 기준에 맞춰 필자가 해외 현장에서 직접 목격한 공연만을 논의의 대상으로 삼고, 또 가능하다면 그 공연들에 대한 현지의 유력 일간지의 여러 리뷰들을 종합적으로 비교·분석할 것이며, 이 경우 현지 리뷰의 원문도 함께 소개할 것이다.

(1) 세계를 누빈 한국의 문화 상품 - 김명곤의 〈우루왕〉

김명곤이 연출한 〈우루왕〉은 한국 셰익스피어 공연 중 가장 많은 해외 공연을 다녀온 공연 중 하나이다. 〈우루왕〉은 김명곤이 국립극장장으로 재임하고 있던 2000년에 국립극단, 국립창극단, 국립무용단, 국립 국악관현악단 등 국립극장 산하 4개 단체가 합동으로 만든 대규모 총체극으로 국악 뮤지컬이라는 새로운 공연 형식을 표방하였다. 〈우루왕〉은 김명곤이 연출을 맡았을 뿐만 아니라 대본도 썼는데, 셰익스피어의 〈리어왕〉과 우리의 바리데기 설화를 결합시켰다. 바리데기 설화는 부왕에 의해 버려진 바리공주가 부왕이 죽을병에 걸리자 오히려 저승에서 가져온 생명수로 부왕의 목숨을 되살린다는 내용으로, 리어왕에 의해 내쳐진 코딜리아가 두 언니에 의해 맨몸으로 쫓겨난 리어왕을 구한다는 〈리어왕〉의 스토리와 그 구성이 매우 유사하다. 김명곤은 이 유사한 두 스토리를 절묘하게 결합해 한국적 〈리어왕〉, 즉 〈우루왕〉을 탄생시켰다. 우루왕이 효 경쟁에서 아무 말도 하지 않은 바리공주(코딜리아)를 쫓아내고, 또 그런 우루왕이 첫째 딸 가화(고너릴)와 둘째 딸 연화(리건)에 의해 황야로 내몰리는 데까지는 〈리어왕〉의 이야기와 동일하다. 하지만 그 후의 이야기는 바리데기 설화에서 많은 부분을 차용한다. 우루왕이 미치광이가 된 채 사경을 헤매자, 바리가 온갖 시련을 이겨내고 저승의 천지수를 가져다가 우루왕을 치유한다. 더욱이 바리공주가 적들에게 체포되어 죽임을 당했다고 생각한 우루왕이 충격을 받아 죽자 이번에는 스스로 무녀가 되어 우루왕의 혼령을 극락으로 천도한다. 바리데기 설화는 스스로를 희생하여 죽은 영혼을 천도한다는 내용으로 인해 우리나라 무속에서 죽은 영혼을 천도하는 오구굿의 무가로 사용된다. 따라서 김명곤은 셰익스피어의 〈리어왕〉을 우리의 민속 설화인 바리데기 신화를 이용해 스토리상의 한국화만을 시도한 것이 아니라, 자연스럽게 '무속'을 끌어들임으로써 표현 양식상의 한국화를 구축한다. 〈우루왕〉에는 극의 클라이 맥스라고 할 수 있는 바리공주와 다른 무희들이 펼치는 천도제 춤 외에도, 판소리, 국악 관현악, 전통 무용 등 다양한 한국의 전통 예술이 가미되고 있다. 최영주는 이러한 〈우루왕〉에 대해 "세계 보편의 고전과 우리의 전통 설화가 하나로 섞이며, 그 안에 눈부시도록 풍요로운 한국의 전통 문화가 무대를 압도한 것 때문"(301)에 관객을 매료시키는 것이며, 국립극장이 "세계를 겨냥하여 만든 문화 상품"(301)이라고 설명한다.

〈우루왕〉은 원래 2000년 경주세계문화엑스포 개막공연으로 제작된 공연이었다. 2000년 10월 13일부터 15일까지 경주 반월성터 야외무대에서 공연되어 3000여명이 넘는 관객을 동원했다. 이때의 성공에 힘입어 곧 바로 2000년 12월과 2001년 7월 국립극장 해오름 극장에서 공연되면서 평단과 관객 모두의 커다란 호응을 이끌어 냈는데, 최영주는 "편안한 그러나 탄탄한 텍스트에 기대어 무대는 전통 문화를 보편적 이야기 속에 담아 현란한 감각의 향연으로 불 지르며 예상 밖의 울림으로 관객의 욕망을 채웠다. 너무도 익숙해 진부하다고 느껴왔던 우리의 문화가 매초 빠르게 모습을 바꿔가며 그 다양함으로 관객을 매료시켰다. 〈우루왕 이야기〉는 일반관객의 우연한 발걸음을 관극의 보람과 기쁨으로 채웠던 무대였다"(308)라며 매우 호의적인 공연평을 발표하기도 하였다. 2002년 3월엔 남미최대의 연극제인 '이베로 아메리카 연극제' 개막작으로 초청되어 첫 해외 공연을 나갔다. 5일간 콜롬비아 보고타의 콜숩시디오 극장에서 공연했는데, "객석 1,000석은 물론 보조석까지 동나는 성원을 받았다"고 하며, "세계 연극계의 거장 피터 브룩의 〈옷〉, 리투아니아의 국민적 연극 〈맥베스〉와 함께 '주목할 만한 3개 작품'에 선정되어 현지 언론의 집중 조명을 받았다"(김명곤 259)고 한다.

사진 30 〈우루왕〉(2001). 김명곤 연출. 국립극단. 우루왕(왕기석 분)이 광야에서 분노에 차 포효하고 있다.

　물론 〈우루왕〉도 처음부터 호의적이고 긍정적인 평가만을 받았던 것은 아니다. 김갑식은 경주에서의 〈우루왕〉 초연 공연을 보고 "아쉽게도 화학적 반응을 통해 새롭게 탄생한 〈우루왕〉은 없었다. 대신 〈리어왕〉과 〈바리데기〉의 주요 장면이 무대를 수시로 들락거렸다," "겉으로 드러난 외양의 화려함에 비해 압축의 미와 섬세한 심리 묘사가 아쉬웠다"(「우루왕」)라며 날카로운 비판을 가하기도 하였다. 경주 공연에서 많은 관객들이 환호하기는 하였으나 전문가의 시각에선 아직은 여물지 않은 작품성이 눈에 들어왔을 것이다. 경주에서의 초연 이후 김명곤은 꾸준히 〈우루왕〉을 수정·보완해 진화시켜 나갔다. 그래서 2001년 서울 공연에서부터는 평단으로부터도 적극적인 옹호를 받을 수 있었으며, 특히 '한국의 전통 예술이 가미된 셰익스피어'라는 상품성으로 인해 많은 해외 공연 초청을 받을 수 있었다.

　〈우루왕〉은 콜롬비아 보고타에서의 성공적인 해외 공연을 시작으로 같은 해 5월엔 '이스라엘 페스티벌'에 개막작으로 초청되었다. 이스라엘 페스티벌의 예술감독인 오피라 헤니그는 그 초청 이유를 "몇 달 전 비디오로 〈우루왕〉을 처음 봤을 때 감동과 흥분을 느꼈다"며 "서양 위주인 이스라엘에 동양문화와 새로운 생각을 소개하는 차원에서 이 작품을 초청했다"고 설명했다(조영호). 작품성과 더불어 무엇보다 〈우루왕〉을 도포하고 있는 다채로운 한국의 전통 문화적 요소들이 강한 초청 요인이었던 셈이다. 문화상호주의가 하나의 트렌드처럼 되어 있는 공연예술계의 현실 속에서 특히 해외 공연 시에는 '지역화'(localization)는 숙명일지도 모른다. 서구에서 공연되는 일본의 셰익스피어 공연물들도 대부분 노나 가부키 양식을 표방한 일본화를 추구한 작품들이고 그 밖의 중국, 인도나 중동 국가들의 셰익스피어 공연도 마찬가지이다. 〈우루왕〉은 이스라엘 페스티벌 개막작으로 5월 26, 27일 양일간 예루살렘 극장 내 셰로버 극장에서 공연돼 전석(900석) 매진의 성황을 이룬 가운데 갈채를 받았다(조영호).

〈우루왕〉은 연이어 2002년 6월 21일 22일 양일간 한일 월드컵 공동 개최기념 공연으로 오사카 국제교류회관에서 공연하였으며, 2003년 5월 23부터 25일까지 하멜의 해 기념행사의 일환으로 초청되어 헤이그의 루센트 단스 시어터에서 공연하였다. 또 같은 해 6월 7일엔 터키 국립극장 초청으로 로마시대 원형극장인 '아스펜도스 원형극장'에서 공연하였고, 2004년 7월 15일엔 튀니지의 카르타고 원형극장에서 공연하였다. 〈우루왕〉은 이러한 해외 공연에서 모두 열렬한 환호와 기립 박수를 받는 등 커다란 성공의 결실을 거두었다(김명곤 259-260).

〈우루왕〉 해외 공연의 이러한 성공 소식이 국내에 전해졌을 때 그것을 온전하게 다 받아들이는 분위기는 아니었다. 왜냐하면 국내 공연에서 많은 관객을 불러 모으고 평단의 호의적인 평가도 있었지만 전해 들려오는 해외

사진 31 〈우루왕〉(2001). 김명곤 연출. 국립극단. 무녀가 된 바리공주(박애리 분)가 우루왕의
영혼을 천도하기 위해 무무(巫舞)를 추려하고 있다.

공연 소식처럼 그렇게 대단하고 폭발적인 반응은 아니었기 때문이며, 한편
에선 비판의 목소리도 없지 않았기 때문이고, 또 이윤택이 지적하였듯이,
"해외 공연을 다녀온 단체들은 아전인수 격으로 좋은 반응만을 내세우기 십
상"이라는 인식 탓이기도 했다.

　필자는 〈우루왕〉을 모두 세 차례 보았다. 2000년 12월과 2001년 7월 서
울 공연을 보았고, 2003년 네덜란드 헤이그 공연을 보았다. 필자가 처음
2000년 공연을 보았을 때 김갑식이 경주 공연을 보고 비판했었던 내용을 거
의 그대로 느꼈었다. 짜임새가 긴밀하지 않고 춤과 노래 등 볼거리 위주의
외형적 연출에 치우치다보니 등장인물의 심리묘사에서 부족한 부분이 많이
눈에 띄었다. 하지만 2001년 7월 공연에서는 많은 부분이 개선되어 있었으
며, 2003년 네덜란드 공연에서는 훨씬 더 단단하고 짜임새 있으며 노래에

있어서도 왕기석 판소리 명창이 우루왕을 맡으면서[35] 서양 뮤지컬적 요소를 배제하고 보다 더 통일성 있는 국악 음악극으로서의 면모를 갖추었다. 연극은 생물이어서, 좋은 작품은 오랜 시간을 두고 진화해 나가는 예를 흔히 본다. 〈우루왕〉도 그랬다.

필자도 〈우루왕〉 네덜란드 공연을 직접 보기 전에는 〈우루왕〉의 해외 공연 성공 소식에 솔직히 반신반의하였다. 하지만 1,000석 극장을 가득 메운 네덜란드 관객들의 열광적인 반응을 직접 경험하면서 확신을 갖게 되었다. 바리공주가 다른 무희들과 더불어 무무(巫舞)를 추면서 우루왕의 영혼을 극락으로 천도하는 이 극의 마지막 장면이 끝나자 객석을 가득 메운 네덜란드 관객들이 거의 모두 약속이나 한 듯이 일제히 일어나 기립박수를 쳤다. 해외에서 제법 많은 공연을 보아온 필자는 서구의 관객들이 우리보다는 적극적으로 반응을 보이는 편이지만 이렇게 열광적으로 그것도 1,000명에 달하는 많은 수의 관객들이 일제히 자리를 박차고 일어나 기립박수를 쳐주는 것은 결코 흔한 일이 아니라는 것을 잘 안다. 공연 장소가 헤이그 여서 관객의 거의 대부분이 현지 네덜란드 관객들이었다. 네덜란드에서의 〈우루왕〉은 확실히 필자가 서울에서 보았던 2년 전의 공연보다는 훨씬 발전해 있었다. 하지만 여전히 약점은 있었다. 필자가 많이 보아왔던 서구의 명작들에 비해서 조명은 여전히 투박했으며, 의상에서도 좀 더 연극적인 터치가 더해졌으면 했다. 무엇보다 이미 두 번이나 봤던 작품인데 몇몇 배우들의 대사는 발성이 부정확해서 무슨 말인지 못 알아듣기 힘든 대사들이 없지 않았다.

그러나 이러한 것들은 작품 전체가 주는 감동에 비해서는 지엽적인 것이었다. 무엇보다 우리에겐 너무나 익숙해 있던 판소리 노래 가락과 국악

---

35 우루왕 역은 2000년엔 뮤지컬 배우 김성기가 단독으로 맡았으며, 2001년 공연엔 김성기와 판소리 명창 왕기석이 공동 주연을 맡아 연기하였다. 2002년 콜롬비아 공연에서 부터는 왕기석 명창이 단독으로 우루왕 역할을 연기해 왔다.

반주, 무용 등 한국 전통 예술의 힘이 기대했던 것 이상으로 현지 관객들의 마음을 흔들었으며, 코딜리아와 리어왕의 죽음으로 끝나는 원작의 결말을 대체한 바리공주의 희생과 우루왕 영혼의 천도라는 한국의 전통 설화의 이야기 구조가 가져오는 감동의 크기도 예상보다 훨씬 컸다. 물론 이러한 모든 요소들이 원작 〈리어왕〉과 절묘하게 조화를 이루며 서로에 잘 녹아들었기 때문에 가능했던 일 것이다.

한국화, 일본화, 중국화 등 지역화 된 셰익스피어 공연들이 자국 밖에서 공연될 때엔 언제나 일정 정도의 이국정서(exoticism)의 혜택을 본다. 작품의 완성도보다도 익숙하지 않는 다른 문화 예술적 요소들에 대해 호기심 내지 호감을 느끼며 환호하게 되는 것이다. 때문에 해외 공연에 대한 현지 공연 평이나 관객의 반응이 얼마나 정확한 것인지에 대해 회의적인 견해를 갖는 사람들도 적지 않다. 필자가 〈우루왕〉 네덜란드 공연을 직접 경험하면서 깨달은 것은 연극을 완성하는 절대 요소로서의 관객의 존재를 한국적 셰익스피어의 해외 공연을 평가할 때에도 당연히 고려해야 한다는 것이다. 연극은 관객과 더불어 완성해 나가는 예술이다. 연극 무대에서 만들어지는 기호들의 존재 의의는 관객에 의해서만 완성될 수 있다. 우리가 한국적 셰익스피어 공연물을 가지고 해외에서 공연할 때 당연히 그곳의 관객을 그 공연을 완성시키는 한 주체로 간주해야 한다. 그 공연물은 한국에서 한국 관객들과 함께 완성시킬 때와는 엄밀한 의미에서는 같은 공연물이 아니다. 해외의 관객들과 함께 만드는 또 다른 공연물인 것이다. 즉 평가의 잣대가 달라져야 한다는 것이다. '한국에서는 관객이나 평단의 반응이 이 정도였는데, 왜 해외에서는 그렇게 달라진 반응과 평가가 나왔느냐, 그것은 틀렸다, 아니면 국내에서 작품의 진가를 몰라본 것이다'라는 식으로 판단해서는 곤란하다는 것이다. 이국정서라는 것은 작품의 진정한 가치를 왜곡시키는 장애물이 아니라 작품의 또 다른 가치를 형성하는 구성 요소로서 간주해야 할 것이다. 그리고 이국정서라는 것도 작품 자체의 예술성이 뒷받침되지 않으면 제대로 기능하지 않음은 물론이다.

〈우루왕〉의 해외 공연 성과를 과장할 필요는 없다. 하지만 폄하할 필요도 없다. 〈우루왕〉의 해외 공연 성과는 우리가 셰익스피어를 비롯한 서양의 고전을 우리 문화 속에서 녹여내 어떻게 한국화 할 것인지 또 어떻게 해외 관객들과 만날지에 대해 훌륭한 한 답안을 제시한 것이라고 할 수 있겠다. 우리의 전통 문화 예술은 우리가 생각하는 이상의 매력과 위력을 가지고 있고 우리의 전통 설화도 예상하는 이상의 보편성을 지니고 국외의 관객들에게 호소력을 가질 수 있다. K팝과 한류 드라마가 전 세계적으로 엄청난 인기를 끌고 있다. 루마니아의 한 셰익스피어 학자가 한국의 삼국시대 역사를 꿰고 있어 놀란 적이 있다. 드라마 〈선덕여왕〉 등 한국 사극을 온라인상에서 다운 받아 본 까닭이었다. 〈우루왕〉의 해외 공연 성과는 우리 연극인들에게 좀 더 우리 문화 예술에 대한 자신감으로 가지고 과감하게 해외 관객들과 만날 것을 주문한다.

(2) 셰익스피어 왕국의 성문을 열다─오태석의 〈로미오와 줄리엣〉

오태석의 〈로미오와 줄리엣〉은 한국 셰익스피어의 해외 진출 사에 있어서 특별한 진일보의 발자취를 만긴 작품이다. 오태석의 〈로미오와 줄리엣〉은 국내에서도 가장 오랜 기간 동안 공연된 셰익스피어 공연물일 뿐만 아니라 국외 공연에 있어서도 가장 오랜 기간에 걸쳐 가장 많은 나라에서 공연되었으며, 무엇보다 셰익스피어 공연의 심장부라고 할 수 있는 영국 런던에서 성공적인 공연을 이루어냈기 때문이다. 그러나 오태석의 〈로미오와 줄리엣〉에 대해서는 그의 많은 작품들이 그러하듯이 국내에서도 찬반 논란이 있어 왔고, 그런 만큼 런던 공연의 성과에 대해서는 의혹의 눈초리가 많았다. 필자는 오태석의 〈로미오와 줄리엣〉이 처음 탄생하던 1995년 호암아트홀 공연에서부터 2001년, 2002년, 2005년, 서울 공연을 거쳐 2006년 런던 공연에 이르기까지 변화의 모든 과정을 현장에서 직접 지켜봤다. 오태석의 〈로미오와 줄리엣〉이 실제 영국 평단과 관객들로부터 어떤 평가를 받았는지 종합적이고 객관적인 검토를 해봄으로써 한국 셰익스피어의 현주소와 앞으로의 전망에 대해 살펴보고자 한다.

오태석의 〈로미오와 줄리엣〉은 1995년 10월에 호암아트홀에서 아직은 서양 옷을 입은 채 처음 공연되었다. 무대 후면에 다 허물어져가는 또는 아직도 공사 중인 것처럼 보이는 이층 건물을 배경으로 하고 무대 바닥은 체스 판을 연상시키도록 디자인 되었으며, 배우들은 체스 판의 말처럼 보이는 커다란 조각상들을 밀고 다니면서 연기했다. 결말부에서는 원작과는 달리 로미오와 줄리엣의 죽음 이후에도 몬태규 가문과 캐플릿 가문의 다툼이 지속되는 것으로 끝난다. 오태석의 1995년 〈로미오와 줄리엣〉은 한국적 정서를 담고 있다기보다는 포스트모더니즘의 영향을 더 많이 반영하고 있으며 그의 초창기 연극에 많은 영향을 주었던 부조리 극의 흔적을 발견케 한다.

하지만 2001년 4월 독일 브레머 셰익스피어 페스티벌에 참가하면서부터 오태석의 〈로미오와 줄리엣〉은 언어, 몸짓, 의상, 음악, 세트에 이르기까지 완전히 한국화한 작품으로 재탄생했다. 오태석의 이러한 '한국화' 전략은 유럽에서 공연하는 그의 입장에서 매우 적절한 전략이었을 것이다. 오태석이 1995년에 보여주었던 포스트모던적 〈로미오와 줄리엣〉은 그 자체로도 훌륭한 것이었지만, 이미 수많은 포스트모던적 셰익스피어 작품들이 제작되어 온 독일 연극계에서 그리고 독일 관객들에게 호소력을 갖기 어려웠을 것이다.

결과적으로 오태석의 한국화 전략은 대 성공이었다. 브레머 셰익스피어

페스티벌의 예술 감독이자 세계적인 셰익스피어 학자인 존 러셀 브라운
(John Russell Brown)은 "셰익스피어를 통해 유럽과 동양이 제대로 만났다"(김
갑식, 「로미오와 줄리엣」)라고 셰익스피어 원작에 대한 한국화 작업을 평가하
였으며, 객석의 반응도 좋아서 3회 공연이 모두 만석을 이루었다고 한다.
오태석 자신도 『동아일보』 김갑식과의 인터뷰에서 독일 공연에서의 성공에
대해 '한국화'가 주된 요인이었다고 설명한다.

> 현지에서 자막 없이 공연이 진행됐는데도 열렬하게 호응하는 관객의 반응
> 이 놀라웠다. 이번 무대에서 내가 발견한 것은 우리 선조들이 전해준 전통
> 놀이의 우수성이다. 셰익스피어의 비극을 다루면서도 우리 식의 흥겨운 놀
> 이와 춤으로 풀어간 파격성에 현지 관객들이 놀란 것으로 생각한다.

독일 공연을 통해 본격적으로 한국화하기 시작한 오태석의 〈로미오와
줄리엣〉은 이후 계속해서 수정·보완되며 더욱 정교하게 다듬어지며 진화
에 진화를 거듭했다. 우선 독일에서 돌아오자마자 5월 10일부터 7월 1일까
지 대학로 아룽구지 소극장에서 국내 관객들을 만났는데 약 2달간의 공연
기간 동안에도 오태석은 작품을 계속 수정해 나갔다. 필자는 개막 첫날 공
연과 마지막 날 공연을 보았는데, 첫 날 공연은 뭔가 정리가 안 되어 있고
전체적으로 어수선한 느낌이 강해 적잖이 실망했었고, 마지막 날 공연은 그
때까지 필자가 보아온 국내외의 〈로미오와 줄리엣〉 무대 공연 중에서 가장
탁월한 작품으로 와 닿았다. 최영주는 2001년 아룽구지에서의 〈로미오와
줄리엣〉이 보여준 '한국화'의 성공에 고무되어 새로운 한국적 연극 미학의
정립 가능성마저 기대하였다.

목화의 〈로미오와 줄리엣〉은 우리 연극사에 독자적인 미학을 성취한 점에

서 분명 자리 매김 될 것이다. 그렇다면 일본의 노극이나 중극의 경극이 그렇듯이 목화를 통해 이룰 수 있는 우리의 얼굴로 개발되어야 할 보다 견고한 연극 미학의 가능성은 무엇인가? 우리 미학의 정립이라는 문제를 거론하는 것은 목화의 이번 공연이 앞으로 후진들에게 끼칠 영향을 염두에 두었기 때문이다. (318)

오태석의 〈로미오와 줄리엣〉은 이후 2002년, 2005년의 국내 공연을 거쳐 2006년부터 본격적으로 해외 공연을 진행하였다. 2006년 1월엔 인도 뉴델리 카마니 극장 공연을 필두로, 2006년 7월 일본 3개 도시 순회공연을 진행했으며, 무엇보다 2006년 11월 23일부터 12월 9일까지 영국 런던의 바비칸 센터의 피트 극장에서 공연을 하였다. 이후 2008년 10월 중국에서 베이징을 포함한 3개 도시 순회공연을 하였으며, 2009년엔 다시 일본 공연, 그리고 2010년엔 영국 공연을 다녀왔다.

이러한 해외 공연 중 특히 주목해야 할 것은 런던 바비칸 센터에서의 공연이다. 한국의 셰익스피어 공연이 셰익스피어의 나라 영국에서, 그것도 영국 공연 예술의 핵심적 역할을 하는 런던 바비칸 센터에서 공연하였기 때문이며, 더욱이 평단과 흥행 모든 측면에서 커다란 관심과 반향을 불러일으키며 한국 연극사에 있어 의미심장한 성공을 거두었기 때문이다. 필자는 이 공연이 영국 관객들과 평론가들에게 실재로 어떻게 받아들여지는 가를 관찰하기 위해 필자의 대학원생 3명과 함께 직접 영국 현지를 방문했다. 그리고 크리스토퍼 배너만(Christopher Bannerman),[36] 피터 스미스(Peter Smith),[37] 윌 샤프(Will Sharpe),[38] 이브-마리 외스털른(Eve-Marie Oesterlen)[39] 등 영국의 공

---

[36] 영국 런던의 미들섹스 대학교(Middlesex Univ.) 무용과 교수이며, 안무가이자 연극연출가. LA 올림픽과 서울 올림픽 때 안무가로 활동한 바 있다.

[37] 노팅햄 트렌트 대학교(Nottingham Trent Univ.) 영문과 교수이자 연극 평론가. 『사회적 셰익스피어』(Social Shakespeare)의 저자이다.

연 및 셰익스피어 전문가들을 초청해 함께 공연을 관람하고 공연 후 토론 모임도 가졌으며 그들에게서 공연 리뷰도 받아보았다.[40] 또한 대학원생들로 하여금 공연을 관람하고 나오는 관객들과의 인터뷰도 실시해 녹화하기도 하였다. 그리고 나아가 당시 이 공연에 대한 주요 일간지 및 인터넷 신문의 리뷰들을 분석해 보기도 하였다.

바비칸 센터의 피트 극장은 좌석수가 200석 정도 되는 소극장이다. 공연이 끝났을 때 전체적인 관객들의 커다란 박수로 환호해 주었으나, 〈우루왕〉 때와 같은 열광의 도가니는 아니었다. 실재 관객들의 반응도 다양했다. 필자의 대학원생들과 인터뷰에 응했던 많은 관객들 중 감격해 하거나 즐거운 관극 체험을 들려주는 이들도 있었으나 어떤 이들은 잘 모르겠다는 이들도 있었고 어떤 이는 실망스러운 표정을 숨기지 못하면서 아예 인터뷰에 응하려고 하지 않는 이들도 있었다. 필자는 관객들의 이러한 다양한 반응이 당연하다고 생각했다. 오태석의 〈로미오와 줄리엣〉에는 기존의 기대감을 뒤집거나 배반하는 여러 설정들이 있다. 로미오와 줄리엣은 고상한 귀족 자제들의 모습이라기보다는 동네 장난꾸러기들 청소년들로 보이며, 이들의 첫날밤은 끝내 이루어지지 않고, 줄리엣의 죽음은 낭만적이라기보다는 너무나 고통스럽고 사실적으로 묘사되며, 더욱이 주인공들의 죽음에도 불구하고 두 집안은 더욱 분노하고 죽음의 칼싸움을 벌이며 이 극의 마지막을 장식한다. 오태석의 〈로미오와 줄리엣〉은 양식상의 한국화뿐만 아니라 내용상의 전복이 있어, 국내에서도 논란이 아예 없는 것은 아니다.

---

38 셰익스피어 인스티튜트(The Shakespeare Institute), 워릭 대학교(Warwick Univ.) 등에서 셰익스피어를 강의하고 있으며, 연극 평론가로도 활동하고 있다.

39 셰익스피어 학자이며 〈영국 대학 필름 & 비디오 협회〉(British Universities Film & Video Council)의 연구원. 『영화, 텔레비전, 그리고 라디오에서의 셰익스피어에 대한 연구 안내서』(Researcher's Guide to Shakespeare on Film, Television, and Radio)의 공저자이다.

40 필자의 논문 "British Responses to Oh Tae-suk's Romeo and Juliet at the Barbican Centre." 『고전 르네상스 영문학』 18.1 (2009)에서 이들의 공연 리뷰를 확인할 수 있다.

필자가 초청한 영국 전문가들 중에, 크리스토퍼 배너만과 피터 스미스는 매우 좋아했고, 이브-마리 외스털른은 보통이었고, 윌 샤프는 다소 부정적인 반응을 보였다. 이브-마리는 내용 전달이 잘 안 되는 부분이 있음을 지적하였고, 윌 샤프는 일본 니나가와 유키오의 일본화 된 셰익스피어 공연들에 비해 볼거리가 부족해 보인다고 지적하였다. 주요 일간지들의 경우, 『인디펜던트』(The Independent) 지와 『이브닝 스탠다드』(The Evening Standard), 『옵저버』(The Observer) 지는 매우 긍정적인 평가를 보여주었고, 『파이낸셜 타임즈』(The Financial Times)는 보통, 『타임즈』(The Times) 지는 혹평을 내놓았다. 그밖에 인터넷 신문이나 개인 블로거의 공연 평은 대체로 매우 긍정적이거나 보통이었으며 혹평은 없었다.

이들의 리뷰 내용을 좀 더 구체적으로 살펴보면, 『인디펜던트』의 제니 길버트(Jenny Gilbert)는 "당신이 웃는 동안 비극은 고삐를 죈다"(As you laugh, tragedy tightens its grip)고 한국적 해학과 어우러진 비극미를 칭찬했으며, 『옵저버』의 류크 제닝스(Luke Jennings)는 "작품의 규모는 작지만(목화란 가공하지 않은 솜이란 뜻이다) 그것은 진정한 비극이다"(the scale of the piece is small (mokhwa means raw cotton) but the tragedy is genuine)라고 '생략'과 '비약'에 기반하는 오태석 특유의 공연문법으로 인해 많이 압축되고 비워진 무대이지만 훌륭하게 성취된 비극성을 평가하였다. 『이브닝 스탠다드』의 키어런 커크(Kieron Quirke)도 "비극 앞에서도 미소 지으며"(Smiling in the face of tragedy)라는 제목의 리뷰를 통해 역시 희극적 요소와 비극적 요소의 효과적인 융합에 높은 점수를 주며 별 4개(5개 만점)를 부여하였다. 반면, 『타임즈』의 샘 말로우(Sam Marlowe)는 "희한하게 선택된 코미디가 넘쳐나면서 어떤 의미에서의 낭만적이거나 비극적인 힘도 소멸시켜버린다"(a prevailance of curiously judged comedy obliterating any sense of romantic or tragic power)라고 혹평하였다. 특히 그는 로미오와 줄리엣의 첫날밤 장면에 대해 냉소적인 반응을 보였다.

로미오는 줄리엣의 버선 한 쪽을 벗기느라 밤새 낑낑 맨다. 줄리엣은 키득거리며, 이불보 속으로 숨어든다. 로미오는 줄리엣을 찾아 헤매다가 보에 꽁꽁 엉켜 누에고치처럼 몸이 돌돌 말린다. 간신히 빠져 나왔을 때는, 이제는 날이 밝았고 성교할 기회가 없어졌다는 것을 암시하는 닭 울음소리를 들으며 희극적 좌절감을 보여준다.

Romeo spends an eternity attempting to pull off one of Juliet's socks; giggling, she flees beneath the sheets. He, pursuing her, gets so entangled in the bedding that he ends up cocooned in silk, managing to free himself only in time to hear, with comical frustration, the cock crowing, signifying morning and the loss of opportunity for intercourse.

샘 말로우의 이러한 냉소적 비판은 한국 전통 결혼 풍습에 대한 몰이해에서 비롯된 듯 보인다. 첫날밤 장면은, 리브카 제이콥슨이 지적하듯, "한국 관객들이 감상하고 이해할 수 있는 상징적 행위와 소품들"(symbolic acts and artefacts which his Korean audience could appreciate and understand)로 이루어진 장면일 수 있다. 하지만 그렇다고 현지의 런던 비평가들이 모두 샘 말로우처럼 이 장면에 공감하지 못하는 것은 아니다. 오히려 그를 제외한 대부분의 현지 비평가들은 이 장면을 오태석의 〈로미오와 줄리엣〉의 대표적인 장면으로 꼽으며 깊은 공감을 표한다. 류크 제닝스는 "감동적인 첫날밤 장면이다. 서로의 옷을 벗겨주려다가 실패한 로미오와 줄리엣은 이불보 사이에서 어린아이들처럼 장난을 친다"(a touching wedding-night scene when, having failed to undress each other, they play like kids among the sheets)라고 했으며, 제니 길버트는 "첫날밤 장면은 한 방을 가득 채우는 이불 보 아래서 어린아이 같이 나뒹구는 놀이이다. 그 놀이는 로미오가 이불보에 누에고치처럼 돌돌 말리면서 끝나는데, 마치 운명에 속박되고 재갈이 물리는 듯하다"(The bedroom scene is childish rough and tumble under a room-size sheet. the game ends with Romeo cocooned in fabric, bound and gagged by fate)라며 첫날밤 장면의 상징적 의미마저 유추해낸다. 사라 헤밍스는 "로미오와 줄리엣의 고립과 연약함이 이 거대한 소용돌이 속에서 강하게 표출된다. 그들은 거대한 이불보를 가지고 한 쌍의 강아지들처럼 장난을 치다 첫날밤을 다 보내는데, 이것은 그들의 환희와 장난스러운 천진난만함을 보여준다"(Romeo and Juliet's isolation and vulnerability within this maelstrom come across strongly. They spend their wedding night fighting with a huge sheet like a pair of puppies, suggesting both rapture and playful innocence)라고 언급하며 첫날밤 장면이 로미오와 줄리엣의 비극적 상황을 상징해줄 뿐만 아니라 인물묘사에도 기여하고 있음을 평가한다. 리브카 제이콥슨은 첫날밤 장면에 대한 보다 더 구체적 평가와 공감을 전해준다.

사진 32 〈로미오와 줄리엣〉(2006). 오태석 연출. 극단 목화. 첫날밤 장면에서 로미오(김병철 분)가 줄리엣(김문정)의 옷고름을 풀려하자 줄리엣이 비녀를 가리킨다.

첫날밤 장면은 단순하면서도 영감으로 가득 차 있다. 무대는 프랑스 샤무스 실크 천처럼 반짝반짝 눈부신 백색의 천으로 가득 덮여 있다. 줄리엣의 흰색 한복이 그 백색 천과 잘 어울린다. 그녀는 무릎을 꿇고 무대 중앙에 있는 향초에 불을 밝힌다. 눈부시게 하얀 무대에 어두운 조명이 들어오고, 낮은 촛대 위의 촛불이 명상하는 듯한 줄리엣을 비추며 순간적으로 엄숙하게 보이게 한다. 로미오가 도착하자 분위기는 금세 십대 아이들의 장난스럽고 유머러스한 만남으로 돌변하는데, 그들의 만남은 상징으로 가득하다.

The bedroom scene is simple but inspired. The stage is covered by a lustrous shine of a brilliant white what seems like a Charmeuse silk fabric. Juliet's white traditional Korean dress merges with it. She kneels and lights a scented candle at the centre front of the stage. The brilliant white stage with the dimmed lights and the single candle on a low stand illuminates a meditating Juliet inspiring momentary solemnity. On Romeo's arrival the atmosphere quickly turned into a teenager's playful and humorous encounter, pregnant with allegory.

샘 말로우의 불만에 가득 찬 공연 평이 "그들의 이야기의 열정과 힘은 번역에서 길을 잃었다"(the passion and power of their story have been somehow lost in translation)이라고 끝을 맺는 데서도 알 수 있듯이, 샘 말로우는 오태석의 배우들이 내뱉고 있는 구어적이고 속되 보이는 언어에 매우 비판적이며 거기에서 셰익스피어 극의 시적 가치들이 훼손되고 있다고 믿는다. 오태석 〈로미오와 줄리엣〉의 실패는 적어도 부분적으로는 "한국의 구어와 셰익스피어의 시어 사이의 불편한 차이"(the uncomfortable disparity between the Korean dialogue and Shakespeare's poetry)에 기인한다고 주장한다.

오태석의 〈로미오와 줄리엣〉에 매우 호의적인 평가를 내리는 제니 길버트 역시 오태석의 언어 문제를 언급한다. 그러나 그녀는 "좀 이상하게 번역된 자막에도 불구하고(로미오의 '난 오늘밤 그녀한테서 처녀막을 잘라낼 거야' 같은 자막이 의도하지 않은 웃음을 자아낸다)"(despite some dodgy translation of subtitles (Romeo's "I will cut the maidenhead out of her tonight" caused unintended mirth)), "여러분의 뇌리에 영원히 간직될 만큼 정교하게 시적인 장면들을 담고 있다"(contains scenes of poetic justness such as will lodge in your brain forever)고 오태석의 〈로미오와 줄리엣〉을 칭찬한다. 제니 길버트가 오태석의 〈로미오와 줄리엣〉의 시적 특성들을 잡아낼 수 있었던 것은 그녀가 '자막'과 '번역'을 구분해서 이해했기 때문이다. 즉, 그녀는 눈앞에서 지나가고 있는 어색한 영문 자막이 배우들이 말하고 있는 한국어 대사와 같지 않을 것이라는, 어찌 보면 당연한 사실을 인지하고 있는 것이다.

오태석의 〈로미오와 줄리엣〉이 바비칸 공연에서 활용한 영문 자막의 경우, 원작을 한국어로 각색한 대본을 다시 영어로 번역하여 자막을 만든 것이다. 이렇게 해서 만들어진 자막은 해당 작품을 원작으로부터 더욱 더 멀어지게 만드는 부작용을 내포할 수밖에 없다. 이러한 영문 자막이 야기하는 오해를 샘 말로우의 비평에서도 쉽게 할 수 있다. 일례로, 그는 첫날밤을 위해 로미오를 기다리는 줄리엣이 육감적인 기대감으로 가득 차 있는 원작의 우아한 대사를 "아, 지루해 죽겠네"(Oh, I'm bored to death)라는 산문적 대사로 망쳐버린다고 지적한다. 그런데 사실 오태석은 원작의 이 대사 "So tedious is this day"(3.2.28)을 "오늘 하루가 왜 이렇게 지루할까"라고 번역하였고 배우들은 그렇게 말한다. 오태석의 이 번역은 3.4/4.4조의 시적 리듬을 타고 있을 뿐만 아니라 원작의 의미와도 더 가깝다. 하지만 원문 텍스트뿐만 아니라 오태석의 번역도 반영하지 않은 채, 단순히 일상적 구어체 영어로 번역된 영문 자막은 불필요한 오해를 야기한 것이다. 그리고 샘 말로우는 '오태석의 우리말 대본과 영문 자막 사이의 불편한 차이'를 인정하지 않은 채 작품을 판단함으로써 실체와는 매우 다른 공연을 관극한 셈이다. 해외 공연에서는 자막도 작품의 일부분이라는 인식 하에 매우 신중하게 외국어 자막을 준비해야 한다. 한국어로 번역되거나 각색된 대본의 외국어 자막을 제작할 때에는 가능한 한 본래의 외국어 원문 텍스트를 반영하거나, 적어도 번역본 내지 각색본의 취지와 특성이 섬세하게 고려되어야 할 것이다.

오태석의 〈로미오와 줄리엣〉은 『타임즈』지의 혹평이 있기는 하였으나 대체로 상당히 긍정적인 평가를 내려주었다. 그런데 필자가 이들 영국 언론의 평가나 평점 자체보다 더 주목하는 점은 이들이 오태석의 〈로미오와 줄리엣〉에 얼마나 많은 관심을 가졌는가 하는 부분이다. 영국 10대 일간지 중 5개의 신문에서 리뷰를 실었으며 그 외에도 많은 전문적인 리뷰가 발표되었다는 것이 놀라울 따름이다. 사실 오태석의 〈로미오와 줄리엣〉에 쏟아진 영국의 관심은 공연이 시작되기 훨씬 이전부터 일어났다. 해외 초청작이 17일간이나 공연하게 된 것도 매우 이례적이라고 할 수 있는데, 이 공연들 중 대부분이 공연시작 3주 전쯤에 거의 매진되었다. 필자는 한국에서 3주전쯤에 인터넷을 통해 좌석 예약을 시도했기 때문에 이러한 상황을 직접 경험할 수 있었다. 필자가 관극한 날을 보니 대부분의 관객들은 현지 영국인들이었다. 한국 셰익스피어에 대한 이러한 커다란 관심과 기대를 기억하고 충족시키려는 지속적인 노력이 경주되어야 할 것이다.

오태석은 관객을 잘 알고 중하게 여기는 연출가다. 그는 자신의 연극이 늘 관객과 더불어 완성되길 바란다. 그의 연출법의 핵심 개념이라고 할 수 있는 '생략' '비약' '즉흥성' '의외성'이 모두 관객 스스로 극을 만들고 즐길 수 있게 하기 위함이라고 말한다. 그는 이번 런던 공연에서 런던의 관객들이 무엇을 원하는지를 알고 있었다. 그들이 오태석이라는 한국의 연출가에게서 기대하는 것은 수없이 공연되는 영국의 셰익스피어와는 아주 다른 셰익스피어였을 것이다. 그래서 오태석의 〈로미오와 줄리엣〉 바비칸 센터 공연은 한국에서 공연될 때보다 더욱 더 한국화 되어 있었다. 바비칸 센터 공연 직후 오태석은 필자와의 대담에서 영국 공연을 위한 전략으로 더욱 철저하고 섬세한 한국화를 의도했음을 밝힌 바 있다.

> **이현우** 서울 공연과 같으면서도 많이 달라보였습니다. 특히 감정의 철저한 절제, 배우들의 의도된 정적인 움직임과 발성이 눈에 들어왔습니다. 작품 전체가 동양화처럼 느껴지기도 하고, 작품의 정수가 유리병에 담긴 듯 명증하게 와 닿는 느낌이었습니다. 선생님의 의도를 듣고 싶습니다.
>
> **오태석** 말을 간소화하였는데, 그 사람의 노래를 부르듯 하였다. 약간 부담이 갔는데, 일단은 바비칸 공연장이란 것과 셰익스피어의 작품에 대해서 무모하게 축약시켰다는 자개가 있었다. 그래서 일단은 이것이 그쪽에 수용이 되는데 우리의 살과 피가 되는 우리가 동원할 수 있는 것을 조심스럽게 담았다고 볼 수 있다. 일단 내가 생각하는 연극에 대해 끊임없이 질문을 하게 된다.
>
> **이현우** 배우들이 더욱 극단적으로 정면을 응시하도록 하신 이유는 무엇입니까?
>
> **오태석** 우리 볼거리는 만들려는 동원한 것들이 대체로 관객을 전적으로 믿고, 간소하게 만들었고, 비약을 잘하게 했다. 그리고 다양한 즉흥성을 잘 동원하였다. 그리고 말을 겹으로 만들었다. 자기들끼리 놀지 않고 나한테 말을 하면서 비약을 하게 함으로써 관객과 같이 내용을 이어가는 방식을 채택하였다. 그럼으로써 관객들을 더욱 흥미롭게 만들 수 있는 것이다. (개인 대담)

오태석의 〈로미오와 줄리엣〉 런던 공연을 본 많은 이들이 런던에서 수차례 공연한 바 있는 세계적인 일본 연출가 니나가와 유키오의 셰익스피어 공연들과 비교한다. 오태석과 니나가와 모두 자국의 전통 연희 방식을 셰익스피어에 접목시켜 나간다. 그런데 일본의 노나 가부키는 기본적으로 더 양식화되어 있고 더 화려하다. 니나가와의 셰익스피어도 일본적 양식미가 도드라짐과 동시에 화려하고 볼거리가 많고, 이런 점이 서구의 관객들에게 큰 호소력을 갖는다. 이러한 정황을 잘 아는 오태석은 영국 공연을 앞두고 오히려 자신은 자신의 연극을 더 많이 비우고자 했다고 필자와의 인터뷰에서 밝힌 바 있다. 비움이 한국 전통극의 특징이고, 그런 만큼 더 철저히 자신의 무대를 비우고자 했다는 것이다. 오태석의 〈로미오와 줄리엣〉런던 공연에서는 로미오와 줄리엣 외의 다른 배역의 배우들은 꼭 필요할 때 이외에는 거의 감정을 드러내지 않았다. 발성도 나지막하고 모노톤으로 구사하며, 그에 맞춰 움직임도 매우 절제해 실행했다. 오태석 특유의 연기법대로 거의 언제나 배우들은 정면을 향하는데 한국에서보다 더 철저히 정면을 향

사진 33 〈로미오와 줄리엣〉(2006). 오태석 연출. 극단 목화. 로미오 친구(이수미), 머큐쇼(이도현), 로미오(김병철), 티볼트(이태형)가 서로 대화하면서도 정면을 향하는 오태석 특유의 연기법을 보여주고 있다.

하며 그만큼 매 순간의 연기는 축약되고 절제될 수밖에 없었다. 무대는 한국에서와 마찬가지로 비워졌다.

오태석은 필자와의 인터뷰에서 2001년 〈로미오와 줄리엣〉과 구분되는 2005-6년 〈로미오와 줄리엣〉의 연출적 콘셉트에 대해 "지금의 사랑이라는 것은 인스턴트 같은 것으로 쌓여 있기에 2005, 2006년 공연에서는 사랑을 아주 소중하게 느낄 수 있도록 하였다"라고 밝혔다. 오태석의 이러한 연출선은 런던 공연까지 그대로 이어졌을 뿐만 아니라, 로미오와 줄리엣의 사랑 이외의 모든 것이 매우 절제됨으로써 더욱 명증하게 그 실체가 드러났다. 이것은 마치 피터 브룩이 그의 〈햄릿〉에서 보여준 것과도 같다. 그는 모든 것을 철저히 절제하고 빈 무대 위에서 오로지 햄릿의 내적 고뇌에 초점을 맞추었다. 필자가 2003년 영국의 워릭 아트 센터(Warwick Arts Centre)에서 그의 〈햄릿〉을 보았을 때, 마치 〈햄릿〉의 정수가 유리병 안에서 오롯이 자신의 모습을 드러내는 듯 느껴졌다. 오태석의 〈로미오와 줄리엣〉이 바비칸 센터에서 그러했다.

2011년 8월 '에딘버러 인터내셔널 페스티벌'(Edinburgh International Festival)에 오프닝 작품으로 초청되어 공연한 오태석의 〈템페스트〉는 헤럴드 엔젤스(Heral Angels) 상을 수상하며 『가디언』지와 『파이넨셜 타임즈』로부터 별 4개를 부여 받는 등 언론으로부터 예외 없이 극찬을 받았다. 오태석의 〈템페스트〉는 자신의 한국적 극예술의 정신을 잘 구현했을 뿐만 아니라, 〈로미오와 줄리엣〉 공연 때 문제가 되었던 자막과 녹음된 전자 음악[41] 부분을 수정했다. 오태석의 언어는 그 어느 때보다 더욱 시적이었으며, 자막 또한 그러한 특성을 반영하였다. 음악은 배우와 악사들이 현장의 생음악을 연주해 냈다. 오태석의 〈로미오와 줄리엣〉 그리고 〈템페스트〉 영국 공연은 한국의

---

41 샘 말로우는 오태석의 〈로미오와 줄리엣〉의 음악에 대해 "끔찍하게 사전 녹음된 전자음악"(the ghastly pre-recoreded electronic music)이라고 평하였다.

셰익스피어가 어떻게 해외에서 수용될 수 있는지 그 모범을 보여준 것이라고 할 수 있겠다.

(3) 세계를 홀린 한국의 도깨비 셰익스피어 ─ 양정웅의 〈한여름 밤의 꿈〉

양정웅의 〈한여름 밤의 꿈〉은 2002년 처음 무대 위에 올린 이래, 10여 년이 지난 지금까지도 국내외에서 지속적으로 공연되고 있는 우리나라의 대표적인 셰익스피어 공연 중의 하나이다. 양정웅의 〈한여름 밤의 꿈〉은 특히 해외 공연 실적이 괄목할 만한데, 2003년 일본 도쿄 공연을 필두로, 폴란드, 콜롬비아, 에콰도르, 쿠바, 엘살바도르, 중국, 대만, 싱가포르, 인도, 벨기에, 프랑스, 독일, 그리고 영국 등 14개국에서 공연하였다. 특히 영국에서는 런던, 에딘버러, 브리스톨, 카디프 등 4개 도시에서 공연하였을 뿐만 아니라, 2006년에서는 우리나라 셰익스피어 공연 중에서는 처음으로 영국에 초청되어 런던의 바비칸 센터에서 공연했으며, 무엇보다 2012년 런던 올림픽 기념으로 개최된 '글로브 대 글로브 셰익스피어 페스티벌'(Globe to Globe Shakespeare Festival)에 초청되어 글로브극장에서 공연하기도 하였다. 양정웅의 〈한여름 밤의 꿈〉은 우리나라 셰익스피어 공연사에서 특별한 한 획을 그은 작품 중 하나임에 틀림없다.

양정웅의 〈한여름 밤의 꿈〉은 '여행자'라는 그의 극단의 이름처럼 전 세계를 여행하며 공연해왔으며 박수 받아 왔다. 양정웅의 〈한여름 밤의 꿈〉은 시대 상황을 고대의 우리나라 어느 시점으로 설정하며, 요정들은 우리나라 전래의 도깨비들로, 그리고 보틈은 산삼을 찾아 헤매는 심마니 노파 '아주미'로 대체된다. 배우들은 마치 꼭두각시놀음의 인형들을 연상시키는 정형화된 움직임을 보여주기도 하고 태견 무술 동작을 선보이기도 한다. 이 모든 동작들에는 무대 위에 배치되어 있는 전통 악기들의 연주가 함께 한다. 양정웅의 〈한여름 밤의 꿈〉 역시 매우 매력적으로 한국화 된 셰익스피어 공연물이다.

필자는 양정웅의 〈한여름 밤의 꿈〉 역시 발전 과정을 쫓으며 수차례 보아왔다. 양정웅의 〈한여름 밤의 꿈〉은 오태석의 〈로미오와 줄리엣〉만큼 변화의 폭이 크진 않았다. 작품 골격의 근본적인 변화보다는, 관객과 더불어 극을 진행시켜 나가는 탈춤이나 마당극 등의 한국전통극 양식에 매우 근접해 있는 까닭에 즉흥성이 강조되어 있고, 그래서 각 공연 현장의 조건에 따른 그 때 그 때의 변화가 더 주목을 끈다. 최초의 연출 콘셉트 자체의 변화보다는 오랜 동안 한솥밥을 먹으며 동거동락해온 공연 행위자들의 숙련도와 작품 이해도의 발전이 양정웅 〈한여름 밤의 꿈〉의 변화의 더 큰 부분을 차지한 듯이 보인다.

양정웅의 〈한여름 밤의 꿈〉에 대한 평가는 2002년 초연 때부터 매우 긍정적인 것이었으며 관객들의 반응도 폭발적이었다. 관객 반응이나 평단 평가의 대부분이 '한국적 각색과 양식이 매우 훌륭하다'는 것과 '내용이 매우 재미있다'는 것이었다. 다만 이때부터 최근까지 늘 붙어 다니는 꼬리표가 '재미있으나 의미가 약하다'는 것이다. 2002년 초연 직후인 2003년 '혜화동 1번지'에서의 공연을 본 최영주는 "원작이 지닌 다층적 의미가 지나치게 웃음으로 얼버무려진 느낌이다. 앞으로의 여정에서 생산적인 공연으로 남기 위해 이젠 '몸과 이미지'에 '의미'마저도 아로새겨야 하지 않을까?"(333)라고 조언하였다. 양정웅의 〈한여름 밤의 꿈〉은 2006년 바비칸 센터 공연에서도 비슷한 평가를 받았다. 오태석의 〈로미오와 줄리엣〉을 혹평했던 샘 말로우는 양정웅의 〈한여름 밤의 꿈〉에 대해서 "유쾌한 이야기가 충분히 즐겁게 계속 달려가지만, 원작의 어두운 정서적 심층엔 가까이 다가가려고 하지 않는다"(it has a jolly storybook aspect that, while it rarely ventures anywhere near the play's dark emotional underbelly, jogs along amiably enough)고 언급하며, 역시 '재미'를 인정하면서 '의미'의 빈약을 지적한다. 그는 이 공연에 별 3개를 부여하였다. 별 5개 만점에 3개면 무난한 점수다. 로열 셰익스피어 컴퍼니의 셰익스피어 공연들도 대개는 별 3개를 받는다. 별 4개면 매우 우수한 평가고, 별 5개 만점을 받는 공연은 극히 드물다. 샘 말로우도 '의미'의 빈약이라는 단점보다는 '재미'의 크기라는 장점을 더 평가했던 것이다. 런던 바빈칸 센터에서의 역사적 공연 소식이 여러 매체를 통해 잘 알려진 후인 2007년에도 양정웅의 〈한여름 밤의 꿈〉은 비슷한 평가를 받았다. 김명화는 "세련된 한국버전, 깊이는 아쉬움"이란 부제가 붙은 『한겨레』신문의 공연 리뷰에서, 양정웅의 〈한여름 밤의 꿈〉의 여러 장점들을 열거하면서도 "연극이 끝난 뒤 무대에 대한 여운을 갖기는 힘들어진다. 왜 셰익스피어가 원작의 결말을 연극에 대한 성찰로 마무리 지었겠는가. 관객의 욕망을 충족시키려는 자세도 좋지만 연극의 존재 이유에 대해 그들이 조금 더 고민해주기 바란다"라고 당부의 말을 덧붙인다.

양정웅의 〈한여름 밤의 꿈〉은 거의 바뀌지 않은 채로 2012년 마침내 셰익스피어 공연의 모태와도 같은 런던의 '글로브극장'에서 공연되었다. 2012년 런던 올림픽을 기념하기 위한 행사의 하나로 글로브극장에서 4월 21부터 6월 9일까지 개최되는 '글로브 대 글로브 셰익스피어 페스티벌'(Globe to Globe Shakespeare Festival)에서는 셰익스피어의 37개 작품을 37개국의 각기 다른 극단이 다른 언어로 공연되었는데, 양정웅의 〈한여름 밤의 꿈〉이 한국 대표로 참가했었던 것이다. '글로브 대 글로브 셰익스피어 페스티벌'은 셰익스피어의 세계화 및 지역화의 현황과 실체를 한눈에 파악해 볼 수 있는 소중한 기회였기에 세계 여러 나라의 셰익스피어 학자들도 몰려들었으며 필자 역시 그 곳에 있었다.

사실 필자는 양정웅의 〈한여름 밤의 꿈〉이 이번 '셰익스피어 페스티벌'에 초청되는데 약간의 도움을 주었다. 글로브극장 관계자가 각국을 대표할만한 셰익스피어 프로덕션을 섭외하는 과정에서 일본을 중심으로 아시아의 셰익스피어 공연을 연구하는 다니엘 겔리모어(Daniel Gallimore) 교수(일본 관세이 가쿠인 대학)에게 문의를 해왔고, 다니엘 교수는 필자에게 도움을 요청했다. 필자는 몇 개의 한국 셰익스피어 공연을 추천했는데, 그 중에서도 양정웅의 〈한여름 밤의 꿈〉을 가장 적합한 작품으로 추천하였다.[42] 그 까닭은 셰익스피어 시대의 글로브극장을 재현한 현재의 글로브극장의 구조 및 공연 조건 때문이었다. 글로브극장은 지름이 30미터 정도 되는 원형 극장으로서, 무대는 극장의 정중앙까지 돌출되어 있고, 관객들이 서서 보는 마당(yard)이 그 돌출 무대의 3면을 에워싸고 있으며, 객석은 3층까지 이어져 있다. 2,000명 정도를 수용할 수 있는 대형 극장이며, 마당에는 600명 정도를 수용할 수 있다. 글로브극장에서 행해지는 대부분의 공연에는 이 객석들이 모두 들어찬다. 마당 위에는 지붕이 없어서 낮에는 조명 없이 공연을 하며 웬만한 비가 와도 관객들은 우산이 허용되지 않은 채 공연이 지속된다. 셰익스피어 시대 때는 더욱 그러했겠지만, 지금도 다른 현대식 극장에 비해 관극 조건이 좋은 편이 아니다. 글로브극장에서 공연되는 모든 프로덕션들은 관객들, 특히 마당에서 서서 보는 관객들이 보다 즐겁게 극에 집중할 수 있도록 하기 위해 상당한 노력을 기울이며, 특히 이러한 노력의 일환으로 마당을 연기공간으로 적극적으로 활용한다. 그곳까지 확장된 무대를 만들기도 하며, 그곳에 배우들이 내려가 연기를 하기도 하고, 그곳의 관객들을 배우 취급하며 공연에 참여시키기도 한다. 그곳을 제3의 등·퇴장 입구로 활용하는 일 역시 다반사로 일어난다. 이제 '마당'은 다른 여타의 현대식 극

---

42 당연한 말이지만, 필자의 추천은 글로브극장이 양정웅의 〈한여름 밤의 꿈〉을 선택한 한 여러 이유 중의 하나일 뿐이다.

사진 34 〈한여름 밤의 꿈〉(2012). 양정웅 연출. 극단 여행자. 런던의 글로브극장에서 공연하는
모습이다. 마당 객석을 가득 메운 서서보는 관객들이 커튼콜에서 환호하고 있다.

장과 글로브극장을 구별시키는 일종의 브랜드가 되었다. '마당'을 어떻게 그
리고 얼마나 효과적으로 활용하는가가 글로브극장 공연의 성패를 좌우하는
바로미터라고 해도 지나치지 않을 정도이다.

    우리나라에 훌륭한 한국적 셰익스피어 공연은 많이 있지만 이러한 글로
브극장의 공연 조건에 최적화된 작품은 양정웅의 〈한여름 밤의 꿈〉이라고
확신했다. 양정웅의 〈한여름 밤의 꿈〉은 본래부터 탈춤이나 마당극 같은
우리 전통 연희의 공연 방식을 따르고 있기 때문에 어느 공연에서나 관객
과 많이 놀고, 극장의 종류와 상관없이 객석을 연기 공간으로 활용해 왔기
때문에, 특별히 글로브극장의 조건에 맞춰 변화를 줄 필요도 없이 '마당'을
마음껏 활용하며 공연하는 것이 가능했기 때문이다.

사진 35 〈한여름 밤의 꿈〉(2012). 양정웅 연출. 극단 여행자. 글로브극장에서의 공연 모습.

'글로브 대 글로브 셰익스피어 페스티벌'(Globe to Globe Shakespeare Festival)에 참가한 37개국의 극들은 작품도 각기 다른 셰익스피어 작품들이 었고, 언어도 각기 다른 언어를 사용하며, 각기 자신들의 나라의 문화와 공연 양식으로 지역화를 시도한 공연들이었지만, 거의 모든 공연 팀들이 마당을 연기공간의 일부로 적극적으로 활용하였다. 하지만 마당의 활용이 생래화되어 있는 우리나라 양정웅의 〈한여름 밤의 꿈〉만큼 탁월하게 그리고 자유자재로 활용하는 팀은 없었다. 양정웅의 〈한여름 밤의 꿈〉은 4월 30일과 5월 1일 양일간에 걸쳐 공연했는데, 필자는 영국 현지에서 이 작품을 비롯하여 10여개의 타국 팀 공연을 직접 참관하였기에 비교 관찰하는 것이 가능했다. 양정웅의 〈한여름 밤의 꿈〉의 배우들은 마당의 관객들 사이를 누비고 그들과 어눌한 영어로 소통하며 심지어 미리 준비한 작은 링을 마당은 물론이고, 2, 3층의 관객들에게마저 뿌리며 모든 관객들과 공감대를 형성하려 노력하였다. 다른 나라의 공연 팀들도 모두 마당을 활발히 이용하고 관객들과 소통하려 애썼지만, 양정웅의 배우들은 기술적으로만 관객을 이용하는 것이 아니라 근본적으로 그들을 '신명'의 상황으로 이끌고 간다는 점에서 다른 팀들과 극복될 수 없는 차이가 있었다. 공연 내내 관객들은 웃음과 환호의 도가니 속에서 배우들과 하나가 되고 있는 듯이 보였는데, 직접 참관을 했던 신정선 기자는 "약초 캐는 할머니인 아주미가 씹다 뱉은 수박을 정통으로 맞은 앞줄 관객들조차 재밌어서 어쩔 줄 몰랐다"고 했으며, 셰익스피어 학자 애들 리(Adele Lee)는 퍽의 역할을 하며 관객 사이를 누비고 다녔던 "두 도깨비가 관객에게 마법을 걸었다"(the duo cast a spell over the audience)고 표현하며, "이렇게 고양된 상태로 극장을 나가는 관객을 일찍이 본 적이 없다"(I can't remember the last time I've seen spectators leave in such high spirits)고 하였다. 또한 "가장 충격적이었던 것은 이 공연이 글로브극장 자체 제작 공연들과 그 정신에 있어 너무도 유사하다는 것이다. 등장인물들이 서서보는 관객들 사이에서 장난을 치고, 놀리기도 하며, 괴롭히기도 하고, 때론 연기에 참여시키기도 한다(말 그대로 용감한 여성 관객일 경우에)"(What's most striking about the show is just how close it is in spirit to the Globe's own productions. Characters frolic among the groundlings, teasing them, tormenting them, and drawing them into the action (literally in the case of one brave woman)라며 글로브극장의 공연물들과 양정웅의 〈한여름 밤의 꿈〉이 마당과 관객의 적극적 활용이라는 공통점을 가짐을 지적한 평론가 알렉산드라 코글란(Alexandra Coghlan)은 "셰익스피어 희극의 마법이 이 한국 번안극 속에도 틀림없이 작동하고 있다"(the magic of Shakespeare's comedy is unmistakable in this South Korean adaptation)라며 양정웅의 〈한여름 밤의 꿈〉을 극찬한다.

셰익스피어의 마당을 제 집 마당처럼 사용할 수 있는 것은 역시 마당에 익숙한 한국 셰익스피어라고 하겠다. 그리고 그것이 바로 필자가 이 공연을 글로브극장 측에 추천한 이유이기도 하다. 2012년 〈한여름 밤의 꿈〉은 2006년 바비칸 센터에서 공연된 것과 큰 틀에선 거의 달라진 것이 없는 동일한 작품이었다. 하지만 이번에는 관객들의 엄청난 환호뿐만 아니라 『텔레그라프』(Telegraph)와 『가디언』(Guardian) 같은 주요 일간지에서도 모두 별 4개를 부여해줄 만큼 평단의 호응도 대단했다. 같은 공연인데 왜 이렇게 반응이 달라졌을까? 이유는 단 하나이다. 앞서 지적했듯이, 양정웅의 〈한여름 밤의 꿈〉은 마치 글로브극장을 위해 태어난 것처럼 '마당'으로 대변되는 글로브극장의 구조와 공연 조건을 더할 나위 없이 탁월하게 수용하고 활용했기 때문이다. 마당 활용이 가져온 엄청난 극적 효과는 2006년 공연에서 평단으로부터 심지어는 관객으로부터도[43] 지적을 받았던, 원작의 시적 가치를 훼손하는 번역과 한국적 각색의 문제마저 사소한 것으로 변화시켜버렸다. 『텔레그라프』의 팀 워커(Tim Walker)는 "순수주의자들은 틀림없이 어떤 셰익스피어 번역도 원작에 미칠 수 없다고 말할 것이다. 하지만 이 공연은 객석을 가득 메운 채 공연하였다. 샐먼 루시디는 번역을 통해 잃는 것보다 얻는 것이 더 많다고 말한 바 있다"(The purists will doubtless say that no translation of Shakespeare can ever possibly match the original, but this production played to a full house nonetheless. Salman Rushdie once said that more things tend to be gained in translation, rather than lost)라고 언급하며 원작의 벽을 넘어 관객에게 커다란 호소력을 발휘한 양정웅의 한국화의 성공을 높이 평가한다. 팀 워커가 말한 순수주의자 입장에 있는 듯이 보이는 『가디언』의 브라이언 로건(Brian Logan)도 "아마도 셰익스피어의 시 만큼 달콤하지는 않겠지만, 다른 대부분에 있어서는 유쾌한 낭만적 희극이다"(Not as mellifluous as Shakespeare's verse,

---

43 양정웅 〈한여름 밤의 꿈〉의 2006년 런던 공연을 취재했던 『중앙일보』 최민우 기자의 보도에 의하면, 프레이 틸잰더라는 관객은 "한국적 색채에 박수를 보내고 싶다. 그러나 지나치게 '재미'란 해석에 집착해 중첩되고 균형감 있는 원작을 다소 훼손시킨 것 같다"는 비판적 시각을 보였다고 한다.

perhaps, but in most other regards, joyful romantic comedy)라며 셰익스피어 시의 상실을 아쉬워하면서도 이 공연의 가치를 인정함에 있어 망설임이 없다. 심지어 번역 전문가인 리차드 미치(Richard Michie)는 "극단 여행자의 〈한여름 밤의 꿈〉은 최고의 문학적 번역과 각색의 완벽한 실례이다"(Yohangza's Dream was also a perfect illustration of the best of literary translation and adaptation)라고까지 하며 '번역과 각색'을 극찬한다.

무대와 객석 사이를 구분하는 소위 '제4의 벽'을 무시하는 마당의 개념은 한국 전통극 양식의 가장 큰 특징 중의 하나이다. 이것은 현재 글로브극장에서 주창하고 있는 셰익스피어적 공연기법과 일치하는 것으로, 그만큼 한국적 공연방식이 셰익스피어를 무대화하기에 매우 유리하다는 것을 의미한다. 양정웅의 〈한여름 밤의 꿈〉은 한국화의 과정에서 야기된 원작의 시와 다층적 의미망의 위축이라는 한계를 한국 전통극적 양식의 힘으로 극복할 수 있음을 입증해준 탁월한 예라고 하겠다.

2. 세계무대를 향한 한국 셰익스피어의 도전

필자가 직접 목격한 한국 셰익스피어의 해외 공연에 대한 현지 반응은 모두 기대 이상이었다. 김명곤의 〈우루왕〉과 양정웅의 글로브극장 공연 〈한여름 밤의 꿈〉은 관객들의 가히 폭발적인 반응이 놀라웠으며, 오태석의 〈로미오와 줄리엣〉은 수많은 현지 언론의 뜨거운 관심-『타임즈』지의 부정적 반응을 포함해-과 호응이 인상적이었다. 특히 오태석 〈로미오와 줄리엣〉의 런던 바비칸 센터 공연과 양정웅의 〈한여름 밤의 꿈〉의 바비칸 센터 공연에 이은 런던의 글로브극장에서의 공연은 한국 셰익스피어 공연사에 한 이정표를 세웠다고 할 만하다. 수많은 명품 셰익스피어 공연들이 끊임없이 무대 위에 올려지고 있는 영국 런던에서 평단과 관객의 호응을 모두 이끌어 낸다는 것은 결코 쉬운 일이 아니다. 다른 어느 곳에의 성공보다 런던에서의 성공은 한국 셰익스피어 공연사, 아니 전체 한국 연극사에서 분명 특별한 의미를 지닌다.

연극현장 작업을 겸하고 있는 필자는 순천향 대학교 영어연극반(EDP) 학생들과 〈말괄량이 길들이기〉를 제작해 2008년부터 세계 순회공연을 다니고 있다. 지금까지 2008년 도쿄 호세이 대학, 나고야 도호대학 공연을 시작으로, 2010년 에딘버러 페스티벌 프린지, 2011년 싱가포르 국립대학, 2013년 뉴욕 주립 스토니 브룩 대학과 보스톤의 MIT 대학, 2014년 호주 브리즈번의 퀸즐랜드 대학, 그리고 2015년 다시 한 번 에딘버러 페스티벌 프린지에 참가하여 공연하였다. 한국화와 현대화를 뒤섞어 원작의 재구성을 시도한 작품인데, 한국 전통극적 공연양식과 의상, 음악, 춤이 활용이 되고 말괄량이 여주인공 케이트와 그녀의 친구들은 힙합 춤을 추는 현대적 춤꾼들로 등장한다. 마초적이고 유교적인 페트루키오가 말괄량이 힙합 걸 케이트를 길들인 줄 알지만, 모두가 한복을 입고 큰절을 하는 커튼콜 이후 갑자기 본색을 드러낸 케이트에 의해 결국엔 조화와 화합의 관계로 나아간다는 내용이다. 케이트에 의해 동화된 온 동네 사람들이 다함께 국악기와 현대 악기가 합주하는 음악에 맞춰 전통 무와 결합된 힙합 춤을 추고, 나중엔 페트루키오마저 이 대열에 합류하게 되면서 대단원의 막을 내린다. 초연 때부터 연출을 맡고 있는 김한백(영문학과 연극과 복수전공)을 비롯해 연극 전공을 하는 학생들이 일부 함께 참여하지만, 대부분은 전혀 연기 경험이 없는 영문과 학생들로 이루어져 있는 완전 아마추어 팀으로, 이들의 공연은 늘 환대를 받아왔기에 세계 순회공연 프로젝트를 계속 진행시켜 나갈 수 있었다. 특히 2015년 에딘버러 페스티벌 공연에서는 평론가들이나 관객들로부터 극찬을 받았다. 평론가 팀 윌코크(Tim Wilcock)는 웹진 〈프린지 리뷰〉(Fringe Review)에서 별 4개에 해당하는 "매우 적극적으로 추천하는 공연"(highly recommended show)으로 이 공연을 분류하면서, "프린지의 발견"(a Fringe find), "관극하기에 진정 즐거운 공연"(a true delight to watch)이라는 표현을 동원하며 극찬했다. 또한 『브리티쉬 코미디 가이드』(*British Comedy Guide*) 역시 팀 윌코크의 리뷰를 인용하며 별 4개로 EDP의 공연을 소개했으며, 『아웃라이어』(*The Outlier*)의 앤토니 새머로프(Antony Sammeroff)는 준수한 성적인 별 3개를 부여했다. 프로 극단도 영국의 평단으로부터 별 4개, 별 3개를 받는 것이 결코 녹녹한 일이 아니다.

이밖에 에딘버러 프린지 페스티벌을 소개하는 웹사이트(ticket.edfringe.com)에 올라온 관극 평에서 마이클(Michael)이란 관객은 "놀랍다라는 것이 이 공연에 딱 맞는 말이다. 프로페셔널하고 생동감이 넘치며 다채롭고 너무나 재미있다. 특히 결말 부분은 진정으로 멋지다. 내가 지금까지 에딘버러 프린지 페스티벌에서 보아온 600여 편의 공연 중 가장 즐거운 공연 중 하나였다"(Stunning is the right word for this. Professional, very lively, colourful, extremely funny and with a truly wonderful denouement. This is one of the most enjoyable productions I have seen on the Fringe (of nearly 600)라고 극찬하였으며, 티파니 닐드(Tiffany Nield)란 관객 역시 "올해 내가 본 것 중 가장 좋아하는 공연"(My favorite of what I saw this year)이라고 격찬하였다.

필자가 여기서 학생들의 셰익스피어 해외 순회공연 사례 및 성과를 소개하는 것은 한국 셰익스피어, 한국 문화에 대한 해외의 관심이 그만큼 크다는 것을 말하려는 것이며, 셰익스피어를 무대화하기에 한국적인 문화와 예술이 매우 효과적인 도구로 이용될 수 있다는 또 하나의 예를 들고자 함이다.

한국적 셰익스피어는 분명 경쟁력이 있다. 우리 연극인들에게 자신감을 갖자고 말하고 싶다. 하지만 우리는 이제 시작 단계이다. 한국적 셰익스피어는 최근의 놀라운 발전에도 불구하고 중국의 경극 식 셰익스피어나 일본의 노나 가부키 식의 셰익스피어만큼 알려져 있지 않다. 아직은 스즈키 다다시나 니나가와 유키오 같은 세계적인 명성을 갖고 있는 한국적 셰익스피어 연

사진 36 〈말괄량이 길들이기〉(2015). 김한백 연출. 순천향대학교 영어연극반 EDP. 페트루키오 (이민준)와 캐서리나(정소현)가 팽팽하게 맞서고 있는 장면. 2015 에딘버러 프린지 페스티벌에 참가한 순천향대학교 영어연극반 EDP 학생들이 가설무대에 올라 홍보를 위한 쇼케이스 공연을 하고 있다.

출가도 없다. 이미원은 한국 셰익스피어의 세계 도전이 본격화되기 직전인 1990년대 말 "셰익스피어는 이미 서구뿐만이 아닌 인간의 일반적인 기의일 뿐이며, 그 기표를 한국화 할 때 가장 쉽게 세계적인 연극이 가능하다. 즉 피터 브룩이나 무느쉬킨이 그러했듯이 이제는 우리가 한국적 셰익스피어를 통해 세계적인 무대로 등장할 때이다"라고 셰익스피어를 통한 한국 연출가들의 세계무대 진출을 역설하였다. 필자는 머지않은 장래에 이들 세계적 연출가들의 명성에 필적하는 셰익스피어 연출가가 틀림없이 이 땅에서도 나오리라 믿는다. 그 가능성은 이미 보았다. 다만 아직은 좀 더 노력하고 더 자주 세계무대에 올라서야 한다. 한국 셰익스피어 르네상스는 이제 막 시작이다.

한국 셰익스피어 르네상스 주요 공연 메타데이터(1990~2011)

비극

1. 타이터스 앤드러니커스

(1) 타이터스 앤드러니커스

번역 김철리

연출 김철리

극단 국립극단

극장·기간 국립극장 달오름극장(2003.04. 18~25)

출연자 타이터스 이문수 / 마커스 문영수 / 타모라 권복순 / 아론 최원석 / 라비니아 이은희 / 루시어스 한윤춘 / 새터나이너스 서상원 / 디미트리어스 김종구 그 외 이영호 이상직 지춘성(객원) 김진서 노석채 우상전 김재건 오영수 최운교 이승옥 서희승 최상설 등 출연

스태프 무대디자인 김준섭 / 의상디자인 송은주 / 조명디자인 김창기 / 소품디자인 정양희 / 음악 정대경 / 조연출 정인겸

공연 특성 〈타이터스 앤드러니커스〉 국내 초연이며, 연출자의 특정한 관점이나 기법 등을 강조하기보다는 원작의 내용을 효과적으로 전달하는 데 집

중했다. 고대 로마와 현대성을 결합한 의상이 주제의 보편성을 확보하는 데 기여하였으며, 무엇보다 속도감 있는 극 전개가 돋보였다. 매 공연 객석의 계단까지 관객들로 채워질 만큼 관객의 호응과 관심이 컸다.

(2) 타이투스 앤드로니커스

연출 윤시중

극단 하땅세

극장·기간 대학로 예술극장 소극장(2011.03.05~16) / 서강대 메리홀(2011.11.24 ~12.25) / 밀양연극촌 성벽극장(2012.07.25~26)

출연자 대학로 예술극장 공연

타이투스 이상직 / 태머러 정진아 / 러비니어 조선주 / 애런 전범주 / 루셔스 문숙경 / 새터나이너스 채민석 / 디미트리어스 이길준 / 마셔스 염용균 / 마커스 이승헌 / 배셔너스 민경은 / 광대 홍도영 / 시녀 유성주

서강대 메리홀 공연

타이투스 임세윤 / 태머러 최희윤 / 러비니어 김지애 / 애런 이길준, 민주홍 / 루셔스 유성주 / 새터나이너스 염용균 / 카이론 임세환, 김혜주 / 에일리어스 윤창환 / 퀸터스 박세기, 김도읍

스태프 드라마트루기 윤조병 / 무대미술 윤시중, 이경표 / 작곡 서상권 / 보이스 디렉터 서상권 / 무대조명 장지연 / 무대의상 정민선 / 무대소품 이민주 / 인형제작 옥종근 / 아트디자인 김영주 / 기획 김병기·이길준

공연 특성 일반적인 형태의 실내극장 공연임에도 불구하고, 셰익스피어의 글로브극장의 구조 및 공연 방식을 작품 속에 대입하였다. 관객들은 공연 내내 서서 보면서 돌출된 무대를 에워쌌으며, 마치 현재 런던에 재건된 글로브극장에서 이루어지고 있는 공연 방식을 재현하듯, 배우들과 교류하거나 군중의 일부가 되기도 하였다. 셰익스피어의 글로브극장의 구조 및 공연방식을 국내에 처음 본격적으로 소개한 공연이었다는데 의의가 있는 공연이었다.

2. 로미오와 줄리엣

(1) 로미오와 줄리엣

연출 오태석

극단 목화

극장·기간 호암아트홀(1995.10.05~23)

출연자 로미오 이명호 / 줄리엣 주다정 / 신부님 오현경 / 영주 정진각 / 캐플릿 김병옥 / 몬테규 서준영 / 패리스 이상희 / 티볼트 김병춘 / 머큐쇼 박희순 / 피터 장남렬 / 벤볼리오 안준모 / 샘슨 김상중 / 그레거리 강현식 / 밸더저 임원희 / 유머 황정민 / 캐플릿 부인 조미혜 / 몬테규 부인 김남숙 외

스태프 조명디자인 아이끼와 마사아끼 / 조명 오찌 따쯔야 / 의상 이승무 / 분장 손진숙 / 안무 최준명 / 음악 황강록 / 무대 이경희 / 소품 조은아 / 음향 오미정 / 진행 한송이 / 조연출 손병호 / 무대감독 이은희 / 기획 서현석

공연 특성 1995년 호암아트홀에서 공연된 〈로미오와 줄리엣〉은 이후 국내외에서 수없이 공연된 오태석의 한국화 된 〈로미오와 줄리엣〉의 모태적 역할을 한 작품이다. 이 작품은 오태석 특유의 3.4/4.4조의 우리말 번역을 활용하였지만, 내용은 비교적 원작에 충실한 공연이었으며, 무엇보다 글로브극장의 무대 구조의 특성을 잘 응용한 작품이었다. 빈 무대를 기본으로 하면서도 글로브극장처럼 무대 후면에 이층구조물을 만들어 보다 속도감 있는 극 진행이 가능토록 하였다. 이 이층구조물은 허물어진 건축물 내지는 공사 중인 건축물처럼 디자인되어 있어 극 속에 내재된 혼란과 폭력성 등을 시각화하였다. 무대 바닥은 체스 판을 연상시켰으며, 그 위에는 체스 게임의 다양한 생김새의 말들이 조각상처럼 놓여 있었다. 등장인물들은 이 체스 게임의 말들을 자신들의 움직임에 맞춰 이리저리 이동시켜 감으로써 자신들이 체스 게임의 말들과 동일시 되도록 하였다. 로미오와 줄리엣의 죽음 이후에도 캐플릿과 몬테규 양가는 화해하지 못하고 오히려 더 큰 원망과 원한을 가지고 싸움을 벌인다. 셰익스피어의 원작을 충실히 반

영하면서도 포스트모던적인 메시지를 효과적으로 담아낸 수작이었다.

(2) 로미오와 줄리엣

각색 오태석

연출 오태석

극단 목화

극장·기간 독일 브레멘 라입니츠 광장 극장(2001.04.26~29) / 아룽구지 소극장 (2001. 05.10~07.01) / 예술의 전당 토월극장(2002.03.29~04.14) / 국립극장 하늘극장(2005.10.03~09) / 인도 뉴델리 카마니 극장(2006.01.08) / 일본 키라리 후지미(2006.07.14) / 일본 도쿄 씨어터 엑스(2006.07.16~17) / 일본 키타큐슈(2006.07.21~22) / 영국 런던 바비칸 센터(2006.11.23~12.09) / 남산 드라마 센터(2007.10.24~28) / 중국 난징 문화예술센터 (2008.10.31~11.01) / 중국 장자강 용깡극장(2008.11.05) / 국립극장 하늘극장(2009.09.29~10.11)

출연자 2001년 공연

문희순(로미오) 박희순 / 구영남(줄리엣) 장영남 / 구씨(캐플릿) 김병옥 / 구씨 부인(캐플릿 부인) 이수미 / 문씨(몬태규) 김홍준 / 문씨 부인(몬태규 부인) 김혜영 / 정진각 / 유모 황정민 / 한병춘(머큐쇼) 김병춘 / 구현식(티볼트) 강현식 / 군수 이병선 / 약방영감 안장훈 외

2006년 공연

로미오 김병철 / 줄리엣 김문정 / 캐플릿 강현식 / 영주 문영수 / 로렌스 신부 서희승 / 유모 조은아 / 머큐쇼 이도현 / 캐플릿 부인 이혜영 / 몬태규 오주환 / 티볼트 이태형 / 몬태규 부인 박정현 / 약방할멈, 로미오 친구 이수미 외

스태프 2001년 공연

무대디자인 조은아 / 조명디자인 아이까와 마사아끼 / 의상디자인 이승무 / 무대감독 김영남 / 안무 최준명 / 분장 손진숙 / 조명 이동용 / 작곡 황강록 / 소품 이우미 / 기획 고평수

무대디자인 조은아 / 조명디자인 아이까와 마사아끼 / 의상디자인 이승무 / 안무 배정혜 / 춤지도 김현미 / 소리지도 김형철 / 분장 손진숙 / 조명 이동용 / 작곡 황강록 / 기획 양윤정

공연 특성 2001년부터 2009년까지 공연되면서 한국의 셰익스피어 르네상스를 주도한 가장 중요한 공연 중 하나이다. 공연 양식, 의상, 등장인물의 이름, 3.4/4.4조의 우리말 번역, 한국적 정서의 표출 등 모든 면에서 철저히 한국화 된 〈로미오와 줄리엣〉이다. 또한 정면을 응시하고 맨발을 고집하는 오태석 식 연기법이 활용된다. 로미오와 줄리엣의 희생에도 불구하고 양가가 화해하지 못하고 계속 싸우게 되는 결말은 1995년 호암아트홀 버전과 동일하다. 독일, 일본, 중국, 인도 등 세계 여러 나라에서 공연하였으며, 특히 2006년 11월 23일부터 12월 9일까지 셰익스피어의 본고장인 영국 런던의 바비칸 센터에서 공연하였다. 바비칸 공연은 전회 매진을 기록하였을 뿐만 아니라, 『타임즈』(*The Times*)의 혹평을 제외하곤 『인디펜던트』(*The Independent*), 『옵저버』(*The Observer*), 『이브닝 스탠다드』(*The Evening Standard*) 등 주요 신문들을 비롯해 많은 크고 작은 언론 매체들로부터 호평을 이끌어냈다.

(3) 바퀴 퍼포먼스 로미오와 줄리엣[44]

각색 김진만

연출 김진만

극단 극단 앙상블

극장·기간 국립극장 하늘극장(2005.07.22~08.01) / 국립극장 하늘극장(2006.04.15 ~05.28) / 서울열린극장 창동(2007.07.22~08.06)

출연자 2005년 공연

로미오 장지훈, 김재민 / 줄리엣 조정민, 강연정 / 캐퓰렛 박태경 / 캐퓰렛

---

[44] 2006년 공연부터는 제목을 〈익스트림 로미오와 줄리엣〉으로 바꿨다.

부인 연화선 / 몬태규 · 약제사 이계영 / 몬태규 부인 · 헬레나 김수정 / 유모 박혜진 / 로렌스 김효배 / 에스컬러스 · 마티노 전수 / 패리스 문성진 / 티볼트 김염 / 벤볼리오 장용석 / 벨더자 허성현 / 머큐쇼 이동수 / 피터 유병선 / 에이브러햄 김지원 / 존 김정현 / 패리스 윤민식 / 샘슨 박성엽 / 그레고리 심완수 / 서사역 이상범 / 서사역 함유운 / 루치오 김재민 / 로잘린 강연정 / 특별출연 차승재, 정기민, 정수진 / 음악연주 퍼포밍 정규하

<u>2006년 공연</u>

로미오 유태완 / 줄리엣 조정민 / 캐퓰렛 김대통 / 몬태규 이계영 / 에스컬러스 전수 / 패리스 문성진 / 티볼트 김염 / 벤볼리오 장용석 / 벨더자 박현우 / 머큐쇼 김지원 / 피터 차왕근 / 샘슨 박성엽 / 그레고리 심완수 / 특별출연 정기민, 정수진

스태프 예술감독 반무섭 / 제작지원 김영모, 방석형 / 제작감독 맹봉학 / 제작자문 지춘성 / 기술자문 전상철 / 음악감독 · 작곡 김민수 / 작곡 정규하, 장영수, 한승훈 / 안무 천창훈 / 피겨안무 박진섭 / 의상디자인 장금신 / 의상팀장 이윤선 / 의상담당 이은희 / 분장 한금주 / 조명 이상근 / 조명 오퍼 김범기 / 사진 홍정기 / 무대미술 최두선, 김원현 / 무대감독 김학진 / 조연출 · 음향 오퍼 강병성 / 영상제작 김석 필름버그 / 진행 박수은 / 프로듀서 김진희 / 기획 · 마케팅 김승우, 임밀 / 홍보 유진 컴퍼니

(4) 창극 로미오와 줄리엣

극본 박성환

연출 박성환

극단 국립창극단

극장 · 기간 국립극장 달오름 극장(2009.02.07~15) / 서울광장(2009.08.03~04) / 대학로 예술극장 대극장(2009.10.14~15) / 국립극장 달오름 극장(2009.12.05~13) / 함안 문화예술회관(2010.07.24) / 국립극장 달오름 극장(2010.12.22~29)

출연자 로묘(로미오) 임현빈, 이광복 / 주리(줄리엣) 박애리, 민은경 / 보절댁(유모) 서정금 / **최봉추**(캐플릿) 이광원 / 꾀수(머큐쇼) 남해웅 / 무당 구룡댁(로렌스 신부) 허애선 외 국립창극단원 및 국립무용단원

스태프 예술감독 유영대 / 작창 안숙선 / 드라마트루기 이현우, 김향 / 악보 이용탁 / 객원 지휘 임상규 / 무대디자인 박경 / 안무 백형민 / 조명디자인 구승현 / 음향디자인 김호성

공연 특성 〈로미오와 줄리엣〉을 창극으로 만들었다. 셰익스피어의 시어가 우리의 판소리를 통해 그 음악적 진가를 발휘했다고 하겠다. 또한 우리의 판소리와 창극이 셰익스피어를 통해 현대화되고 세계화될 수 있는 가능성을 보여주었다고 할 수 있다. 〈로미오와 줄리엣〉의 배경을 고려시대 영·호남으로 옮겨왔다. 로미오는 경상도 함양 귀족의 아들 로묘가 되고, 줄리엣은 전라도 남원 귀족의 딸 주리로 재탄생한다. 양가의 갈등은 경상도 사투리와 전라도 사투리로 표현되면서 언어의 음악성을 더욱 배가한다.

(5) 코믹쇼 로미오와 줄리엣

각색 여기야

연출 여기야

제작 껌 아트홀

극장·기간 껌 아트홀(2008.09.05~2013.06.30)

출연자[45] 2010년 공연

꽃거지 로미오 김종현 / 웨이터 로미오 김경진 / 보디가드 로미오 김범 / 연하남 로미오 이정훈 / 호박씨 줄리엣 허효진 / 팜므파탈 줄리엣 이경옥 / 무개념 줄리엣 우희정 / 킬러 줄리엣 윤예진

2012년 공연

나쁜 남자 로미오 장경훈 / 웨이터 로미오 박휘남 / 옥션 로미오 유우람 / 연

---

[45] 5년간 장기 공연되면서 계속해서 출연진이 바뀌어 왔다. 여기선 그 중 파악이 용이했던 일부만을 기록한다.

하남 로미오 김성제 / 옥탑방 줄리엣 옥수연 / 보디가드 줄리엣 박영아 / 고딩 줄리엣 조민지 / 클럽 줄리엣 김예슬

2013년 공연

폭주족 로미오 맹주영 / 실장님 로미오 김형민 / 시골 로미오 이승준 / 성냥팔이 줄리엣 박서원 / 마피아 줄리엣 박영아 / 연습생 줄리엣 김한나

스태프 프로듀서 박경훈 / 조연출 전예정 / 안무 전예정 / 음향 현정화 / 조명 조재영 / 홍보 김선기, 진용필, 모지웅

공연 특성 5년간 대학로에서 장기 공연된 작품이다. 철저한 상업극으로 제작되었지만, 4쌍(초기엔 3 쌍)의 각기 다른 로미오와 줄리엣을 관객들이 선택하게 해서 그때그때 다른 〈로미오와 줄리엣〉을 보여주는 기발한 아이디어를 높이 살 수 있는 공연이었다. 5년 동안 로미오와 줄리엣의 여러 유형도 지속적으로 바뀌어 왔다. 관객참여형 공연으로서 관객들의 많은 호응을 얻었다.

3. 줄리어스 시저

(1) 줄리어스 시저

번역 신정옥

연출 정일성

극단 국립극단

극장·기간 국립극장 해오름 극장(2002.11.29~2002.12.08)

출연자 줄리어스 시저 장민호 / 브루터스 최상설 / 캐시어스 오영수 / 캐스카 서희승 / 앤토니 김명수 / 옥테이비어스 이영호 / 이밀리어스 우상전 / 루실리어스 심우창 / 멧살라 이문수 외 국립극단 단원 및 객원

스태프 작곡 강선희 / 무대디자인 이학순 / 의상디자인 송은주 / 조명디자인 김인철 / 분장디자인 김종한 / 소품디자인 이경하 / 음향 한철

공연 특성 로마시대의 의상을 입고 원작에 충실한 공연이었다.

4. 햄릿

(1) 햄릿

각색 김정옥

연출 김정옥

극단 극단 자유

극장·기간 예술의 전당 토월극장(1993.03.13~21) / 광주 문화예술회관 (1993.03.27~28) / 부산 문화예술회관(1993.04.03~04) / 대구 시민회관 (1993.04.10~11) / 수원 문화예술회관(1993.05.15~16) / 구미 문화예술회 관(1993.05.22~23) / 대전 우송예술회관(1993.05.29~30) / 프랑스 롱뿌엥 극장(1993.04.24~25) / 독일 본 샤우스 피엘 극장(1993.04.28.)

출연자 햄릿 유인촌 / 왕비 김금지 / 무당 박정자 / 폴로니어스 박웅 / 광대(왕비) 윤복희 / 왕 권병길 / 광대(오필리아) 한영애 / 광대 · 로젠크란츠 안진환 / 광대 · 길덴스턴 최용재 / 레어티즈 황재연 / 광대 최희영, 정구연, 황수경, 김은숙, 조덕현 / 오필리아 이소향

스태프 무대미술 이병복, 최순화, 천경순, 정은경, 최영로 / 기획 김용현 / 조연 출 이원종, 홍성민 / 분장 안진환 / 조명 이상봉 / 음향효과 윤경섭 / 사진 박기호 / 검술지도 이종구 / 음악 홍승철 / 무대감독 김윤식 / 무대기계 유 재일

공연 특성 굿을 도입한 수많은 한국적 햄릿 공연의 효시가 되는 작품이다. 김 정옥 특유의 몽타주 기법으로 원작을 16개의 장면으로 재구성하고 작품 전체를 하나의 굿으로 만들었다. 원작의 후반부에 나오는 오필리아 장례 식 장면에서부터 시작하면서, 극 전체가 망자들의 과거의 삶에 대한 회상 임과 동시에 망자들의 영혼을 위로하기 위한 굿의 과정으로 전개된다. 원 작의 극중극 장면을 대체한 굿판에서 오필리아는 영매가 되어 선왕의 혼 령과 접신하며, 선왕 암살의 비밀을 폭로한다. 거대한 흰 천을 활용하여 한국적 무대미술의 진수를 보여준 이병복의 무대디자인이 주목을 받았으

며, 유인촌, 박정자, 김금지, 박웅, 한영애 등 호화 캐스팅도 큰 화재가 되었던 공연이다. 프랑스와 독일 등에서도 공연함으로써, 2000년대에 들어서야 활발해진 한국 셰익스피어의 해외 공연의 초석을 놓기도 하였다.

(2) 햄릿

각색 이윤택

연출 이윤택

극단 연희단거리패

극장·기간 동숭아트센터(1996.06.26~30) / 문예회관대극장(1996.09.14~23) / 러시아 로스토프 청소년 예술극장(1996.10.04~05) / 독일 베를린 세계문화의 집(1998.05.03) / 아시아 아스티지(ASSITEJ) 총회 초청 일본 5개 도시 순회공연(1999.07.23~08.01) / 일본 토가 페스티벌 참가 신토가산방(2000.04.30~05.01) / 일본 순회 공연(2000.10.17~12.08) / 예술의 전당 자유소극장(2001.03.23~04.08) / 국립극장 하늘극장(2003.10.08~10.11) / 국립극장 하늘극장(2005.09.21~29) / 부산 문예회관 중강당(2006.04.16) / 눈빛극장(2009.11.05~22) / 예술의 전당 토월극장(2010.04.13~18) / 루마니아 셰익스피어 페스티벌(2010.05.03.)

출연자[46] <u>1996년 공연</u>

햄릿 김경익 / 클로디어스 조영진 / 거트루드 남미정 / 호레이쇼 정동숙 / 로젠크란츠 김소희 / 길덴스턴 정희정 / 오필리어 이윤주 / 레어티즈 임성진 / 플로니어스 이종현, 박찬조 / 극중극 왕비 박정희 / 무덤 속 광대 윤준호, 정은영, 김준배 / 병사들 강왕수, 변경철, 백진철, 이길우 / 레이놀도 조현자 / 극중 광대 이해옥

<u>2001년 공연</u>

햄릿 이승헌 / 클로디어스 조영진 / 거트루드 남미정 / 호레이쇼 김경익 / 오

---

46 이윤택의 〈햄릿〉은 15년 이상 진화를 거듭하는 가운데 계속 공연되면서, 참여자들도 많이 바뀌었다. 여기에서는 그 중 중요한 변화가 있었던 공연들의 경우만을 기록한다.

필리어 김소희 / 레어티즈·극중왕 장재호 / 플로니어스 강영구 / 무덤지기
정동숙 / 무덤지기·마셀러스 변혜경 / 극중 왕비 박소연 / 무덤지기·극중 배
우 김광용 / 로젠크란츠 곽지숙 / 길덴스턴 권선영 / 프란체스코 최우준 / 버
나도 김명훈

2003년 공연

햄릿 지현준 / 거트루드 김소희 / 클로디어스·선왕 장재호 / 폴로니어스 한
갑수 / 호레이쇼 이승헌 / 오필리어 박선주 / 무덤지기 1·오즈리크 변혜경 /
프란시스코·무덤지기 2 김광룡 / 레어티즈 김낙균 / 버나도·로젠크란츠 최
홍준 / 마셀러스·길덴스턴 심완보 / 레이놀드 류경희 외

2009년 공연

햄릿 윤정섭 / 거트루드 김소희 / 클로디어스·선왕 이승헌 / 폴로니어스 류
병훈 / 호레이쇼·무덤지기 1 김미숙 / 오필리어 신주연 / 무덤지기 2 · 극중
배우 변혜경 / 레어티즈 염순식 / 로젠크란츠 이정욱 / 길덴스턴 한상민 / 극
중 배우 서승현, 노심동

2010년 공연

햄릿 지현준 / 거트루드 김소희 / 클로디어스 이승헌 / 포틴브라스 윤정섭 /
폴로니어스 오동식 / 호레이쇼 김미숙

스태프 1996년 공연

드라마트루그 김동욱 / 무대미술 김은진 / 의상디자인 김혜민 / 의상제작 정
희영 / 음악 장성윤 / 소도구제작 김진이 / 펜싱지도 박연규 / 조연출 김미
령 / 기획·제작 배미정, 신혜진, 하호성, 김봉준 / 분장 배은수

2003년 공연

드라마트루그 김동욱 / 프로덕션 매니저 김주섭 / 무대 김경수 / 조명 조인곤
/ 의상 김미숙 / 연습감독 정동숙

2009년 공연

신체연기훈련 케이트 플랫 / 무대디자인 장해근 / 무대제작 김경수 / 조명디
자인 조인곤 / 의상제작 김미숙 / 조명·무대감독 빙광선

2010년 공연

음악작곡 강상구 / 몸의 움직임 양승희 / 의상디자인 정경희 / 무대디자인 안지만 / 무대제작 김경수 / 무대 우승걸

공연 특성 이윤택의 〈햄릿〉은 1996년 이후 현재까지 끊임없이 진화해가며 국내외에서 지속적으로 공연됨으로써, 한국의 〈햄릿〉 공연사에 새로운 이정표를 세웠다. 비교적 원작의 틀을 충실히 유지하면서도 한국적 정서를 이입하는 데 성공하여, 한국과 외국 모두에서 환영받는 〈햄릿〉을 창출해 냈다. 햄릿과 선왕 유령이 조우하는 장면은 햄릿이 선왕의 혼령에 접신되어 선왕 암살의 비밀을 알게 되는 것으로 대체되었으며, 무엇보다 오필리아 장례식 장면에서 오필리아의 혼령이 살아 있는 사람처럼 레어티즈 및 햄릿과 안타까운 만남을 갖는 모습에서 삶과 죽음의 경계를 넘나드는 한국적 정서가 강렬하게 표현되었다. 오필리아의 무덤 속에서 레어티즈와 오필리아가 부둥켜안고 울부짖고 있는 가운데 무덤지기들이 그들에게 흙을 뿌리는 장면은 이윤택 〈햄릿〉의 백미와 같은 명장면이다. 무대를 뒤덮은 거대한 흰 천을 햄릿 영혼이 나신의 상태로 천천히 걸어가며 무대 뒤로 퇴장하는 마지막 장면은 이 극에 종교적인 숭고성과 제의성마저 부여해 주고 있다.

(3) 동방의 햄릿

각색 원영오

연출 원영오

극단 극단 노뜰

극장·기간 북촌 창우극장(1998.05.19~24) / 여해문화공간(1999.04.12~18) / 일본 토가 페스티벌 토가 오픈 에어 씨어터(1999.05.03~06) / 아비뇽 페스티벌(2001.07.06~28) / 국립극장 별오름극장(2001.09.14~16) / 마로니에 공원 특설무대(2001.10.29~11.01) / 아비뇽페스티벌 오프(르 쁘띠 루브르)(2002.07.04~07) / 베세토연극제 초청공연(북경 인민예술소극장)(2002. 11.07~08)

/ 국립극장 별오름극장(2003.04.18~05.04) / 아르헨티나 코르도바 페스티벌(2003.10.16~17) / 이탈리아 토리노 유럽연극센터 극장(2003.11.07~9) / 국립극장 하늘극장(2004.04.23~05.01)

출연자 **2001년 공연**

박용 / 최석규 / 오명희 / 양승한, 이지현 / 김대건 / 이윤신 / 채우태

2004년 공연

선왕 이일섭 / 햄릿 김대건 / 거투르드 이지현 / 클로디어스 양승한 / 망령 남궁부, 이재은, 지선화 / 햄릿키드 채우태

스태프 **2001년 공연**

조연출 최봉민 / 조명디자인 윤광덕 / 의상디자인 김혜민 / 오브제 김송미

2004년 공연

음악감독 김희범 / 의상디자인 김혜민

공연 특성 삶과 죽음의 경계선 위에 서있는 햄릿의 고뇌를 삶과 죽음의 경계를 무너뜨리고 있는, 그리고 꿈과 현실의 경계를 지우고 있는 동양사상 속에서 풀어냈다. 욕망과 번뇌 속에서 몸부림치고 있는 등장인물들의 삶은 그 자체가 현실인지 꿈인지조차 모호하다. 그만큼 모두 덧없고 허무할 뿐이다. 주제의식이 선명한 각색과 깔끔하고 독창적인 연출 기법이 돋보였던 공연이다. 해외 여러 나라에서 호평 속에 공연된 바 있다.

(4) 햄릿 프로젝트

원작 찰스 마로윗츠

연출 김아라

극단 무천

극장·기간 죽산 야외극장(1999.08.06~29)

출연자 햄릿 김형태 / 클로디어스 남명렬 / 포틴브라스 박상종 / 유령 최경원 / 오필리아 이유정 / 광대·폴로니어스 전진기 / 거트루드 김현옥 / 연주자 서

민규 / 거트루드 · 코러스 서지희 / 코러스 장 정승재 / 로젠크란츠 · 코러스 권오진 / 길덴스턴 · 코러스 고성희 / 부대장 · 사제 · 코러스 성노진 / 레어티즈 · 코러스 양지홍 / 코러스 서민규, 하은진, 홍연주, 이선영

스태프 예술감독 김진해 / 음악감독 김형태 / 작곡 서민규 / 안무 김현옥 / 무대미술 박동우 / 영상 김형수 / 분장 백지영, 오누리 / 조명감독 신호 / 조명오퍼 용선중 / 음향감독 이송욱 / 의상제작 김수연, 오수현, 고인하 / 무대제작 김태수 / 현장감독 최형철 / 무대감독 김운기 / 기획홍보 박정영, 김해보, 김진상 / 그래픽 김세곤 / 영상기록 김기환 / 사진 최홍준, 전해원 / 조연출 김지후

공연 특성 〈햄릿 프로젝트〉는 김아라가 스스로 경기도 죽산에 야외무대를 만들고 공연한 셰익스피어 4대 비극시리즈 중의 하나이다. 마로윗츠의 〈햄릿〉을 대본으로 하여, 햄릿의 분열하듯 고통스러워하는 내면세계를 극화하는데 초점을 맞추었다. 원형으로 제작된 야외무대 한가운데 커다란 물웅덩이가 만들어졌고, 배우들이 그 위를 가로지르거나 주변에 설치된 단상 위에서 연기를 하거나 마이크에 대고 낭독을 하듯이 대사를 토해냈다. 때때로 배우가 그 물웅덩이 속에 뛰어 들어 격렬한 몸짓을 보여주기도 하였다. 무대 주위에 설치된 마이크 앞에선 공연이 진행되는 내내 생음악이 연주되고 노래가 뒤따르기도 하였다. 햄릿 역을 맡은 김형태는 '황신혜 밴드'의 리드 보컬이었다. 그는 한쪽 다리가 불편한 장애인이었는데, 그의 이러한 신체적 장애는 햄릿의 내면세계의 굴곡과 위기를 상징적으로 시각화하는 효과가 있었다. 물에 뛰어들어 춤을 추던 거트루드의 격렬한 몸짓은 이 극에 죄의식을 씻어내기 위한 일종의 제의적 효과를 불러일으켰다. 김아라의 〈햄릿 프로젝트〉는 한국 연극사에서 가장 기억할 만한 포스트모던 셰익스피어 공연 중의 하나임에 틀림없다.

(5) 노래하듯이 햄릿

각색 배요섭

연출 배요섭

극단 공연창작집단 뛰다

극장·기간 국립극장 별오름극장(2005.09.28~10.05), 의정부 예술의 전당
(2007.05.14) / 국립극장 하늘극장(2007.05.18~05.27) / 아르코 예술극장
소극장(2008.10.24~11.02) / 대학로 설치극장 정미소(2008.11.08~30) /
인천종합문화예술회관 소극장(2009.11.2~22)

출연자 2007년 공연

광대 1~5 황혜란, 최재영, 김수아, 정현석, 명현진

2008년 공연

광대 1~4 황혜란, 김수아, 최재영, 정현석

스태프 2007년 공연

작곡·음악감독 한정림 / 무대감독 이현주 / 무대디자인 김경희 / 인형디자인
김성아 / 의상디자인 이진희 / 조명디자인 강정희 / 편집디자인 윤정우 / 기
획 김덕희, 황지연

2008년 공연

작곡·음악감독 한정림 / 무대감독 이현주 / 무대·인형디자인 김경희 / 의상
디자인 이진희 / 조명디자인 강정희 / 분장디자인 채송화 / 프로덕션 매니저
김덕희 / 홍보 백정집

공연 특성 죽은 자의 원혼을 위로해주는 무승의 역할을 하는 광대들이 우연히
햄릿 무덤을 지나다가 그의 억울한 사연이 적혀있는 일기를 발견한다. 그
들은 햄릿의 넋을 위로해 주기 위해 그의 삶을 되짚어 보는 〈햄릿〉을 공
연하기도 하고 제를 올리기도 한다. 3명에서 5명의 배우들이 광대 역할을
맡고 거대한 인형을 조작해 가면서 극을 진행하였다. 배우들의 훈련된 몸
동작과 노래가 훌륭하였으며, 원작을 제의의 형태로 풀어나가는 배요섭
연출의 창의적 아이디어가 미학적으로 잘 표현되었던 수작이었다.

(6) 테러리스트 햄릿

번역 신정옥

연출 옌스-다니엘 헤르초크(Jen-Daniel Herzog)

극단 국립극단

극장·기간 국립극장 달오름극장(2007.11.06~24) / 국립극장 달오름극장
(2008.09.18~26)

출연자 햄릿 서상원 / 폴로니어스 서희승 / 레어티즈 한윤춘 / 로젠크란츠 김진서
/ 길던스턴 강윤종 / 오스릭 민대식 / 무덤지기 최상설 / 호레이쇼 이상직 /
클로디어스 김재건 / 거트루드 남유선 / 오필리아 고아라 / 배우 김종구, 노
석채, 김마리아 / 유령 오영수

스태프 예술감독 오태석 / 무대·의상디자인 미리엄 부쉬 / 미술감독 천경순 / 드
라마투르그·대본구성 김미혜, 요하네스 키얼스텐 / 음악·음향 요아힘 스태
픈하겐 / 분장 김종한 / 탱고 지도 현용복 / 펜싱지도 고종환 / 독일팀 제작
협력 독일 올덴부르그 국립극장, 토마스 크라우스 / 조연출·통역 이단비 /
사진 정광진

공연 특성 〈테러리스트 햄릿〉은 해외 연출가와 협업한 셰익스피어 공연 중 가
장 성공적인 결실을 맺은 작품이며, 한국의 셰익스피어 공연 중 가장 완
성도 높은 작품 중 하나일 것이다. 극의 배경을 현대로 옮겨왔지만 원작
의 내용과 의미를 매우 충실히 그리고 심도 있게 전달했다. 객석 깊숙이
돌출해 들어갔을 뿐만 아니라 무대 위의 양 측면에도 객석을 설치한 기
다란 형태의 무대가 관객과 배우 사이의 교감의 효율성을 크게 제고시켰
다. 이러한 무대 형태와 이용법은 셰익스피어의 글로브극장의 무대 구조
를 현대적으로 응용한 것이어서 더욱 의미가 컸다. 검정색 리바이스 청바
지를 입은 햄릿은 우유부단하거나 사색적인 낭만적 인물이 아니라, 권총
을 들이밀며 복수를 갈망하는 현대의 테러리스트이다. 햄릿 사후 덴마크
의 엘시노 성을 장악하는 포틴브라스의 모습은 햄릿에게 복수를 재촉하
던 햄릿 선왕의 혼령과 겹쳐진다. 햄릿을 지배하던 선왕의 혼령은 마치

맥베스의 마녀를 연상시키며, 햄릿의 자의적 의지를 무력화시킬 뿐만 아니라, 어떠한 역사적 진보의 가능성마저도 지워버린다.

(7) 햄릿

각색 양정웅

연출 양정웅

극단 여행자

극장·기간 명동예술극장(2009.10.30~11.08) / 호주 애들레이드 페스티벌 센터 (2010.09.15) / 영국 피콕 씨어터(2014.07.12)

출연자 햄릿 전중용 / 클로디어스 정해균 / 거트루드 김은희 / 폴로니어스 김진곤 / 레어티즈 정우근 / 오필리아 김지령 / 호레이쇼 이성환 / 로젠크란츠 김영조 / 길덴스턴 김상보 / 무녀 박소영, 박선희 / 극중극 배우 정수연, 변민지, 남승혜, 이신우, 문석형 / 광대 도광원,

스태프 무대미술·의상디자인 임일진 / 안무 이종승 / 음악 김은종 / 조명 여국군 / 분장 전주영

공연 특성 굿을 〈햄릿〉을 풀어내는 핵심 도구로 사용하였다. 한국의 많은 〈햄릿〉 공연들이 굿을 활용했지만, 양정웅의 〈햄릿〉만큼 적극적으로 굿을 작품의 전면에 내세우지 않았다. 유령의 첫 등장 장면에 오기굿, 오필리아의 장례장면에 수망굿, 마지막 장면에서 햄릿이 죽는 순간에는 진오기굿을 삽입하였다. 극의 흐름과 굿의 내용이 잘 들어맞았다. 또한 극 전체에 굿의 여러 가지 제 요소들이 지속적으로 활용되었다. 굿에 초점이 맞추어지다보니 햄릿의 고뇌와 같이 등장인물들의 내적 세계가 섬세하게 표현되지 못한 것 같은 아쉬움이 없지 않았다. 호주와 영국 공연에서 많은 관심과 호평을 받았다.

(8) 햄릿 Q1

변역 이현우

연출 이현우

극단 디오니소스 드라마 연구회 / 극단 물결

극장·기간 동덕여대 공연예술센터(2009.03.20~29)

출연자 햄릿 이무생 / 유령·배우 공작 박정근 / 클로디어스 황건 / 거트리드 이연규 / 코람비스·신부 김준삼 / 레아티즈·배우 서사 엄성태 / 오필리아 이솔지 / 몬타노·신사·보초 1·배우 루시아누스 차승호 / 호레이쇼 김명식 / 포틴브라스·볼티머 장석문 / 로센크라프트·마셀러스·무덤지기 1 최우준 / 길더스톤·버나도·무덤지기 2 김영현 / 코넬리아·시종 태항호 / 악사 한나래 / 특별출연 신부 송옥 / 특별출연 배우 공작부인 김미예 / 특별출연 영국사절 김상현

스태프 제작 김미예 / 기획 송영아 / 예술감독 송현옥 / 드라마트루그 홍창수 / 무대디자인 표종현 / 의상디자인 김지현 / 조명디자인 정진철 / 음악·음향디자인 김진호 / 분장 김소희 / 조연출 김유진, 최보람 / 기획팀 허부영, 황지영 / 홍보마케팅 방현승 / 사진 김재윤 / 홍보디자인 최진희

공연 특성 〈햄릿 제1사절판〉을 국내에서 처음으로 무대화했다. 시공간을 한국 구한말을 연상시키는 불특정의 어느 시점으로 옮겨왔으며, 특히 포틴브라스의 군대를 일제 식민지 시대의 일본군을 연상시키도록 하여 햄릿 사후 포틴브라스 군대의 덴마크 입성이 갖는 침략적 의미를 한국의 관객들이 보다 강렬하게 느끼도록 유도하였다. 붉은 색 꽃가루가 가득 채워진 직사각형의 구덩이가 무대 위에 설치되어 그곳이 왕과 왕비의 욕망의 침실과 오필리아의 무덤 등 다용도로 활용되었다. 그 구덩이 안의 붉은 꽃가루들은 오필리아가 바닥에 뿌리는 여러 종류의 꽃으로도 사용되고, 코람비스, 클로디어스, 레어티즈 등의 피로도, 그리고 오필리아의 무덤에 뛰어든 레어티즈를 뒤덮는 흙으로도 이용된다. 붉은 꽃가루는 공연이 진행되면서 점점 더 무대를 가득 채우게 되고, 그렇게 붉은 꽃가루로 뒤덮인 무대 위에서 햄릿과 레어티즈, 왕과 왕비가 죽는다. 햄릿 사후에 등장한 포틴브라스의 군대는 햄릿의 시신을 그 구덩이 안에 집어넣은 후 구덩이의 뚜껑을 닫아 햄릿의 죽음의 허망함을 더욱 강조한다.

5. 오셀로

(1) 오셀로 니그레도

각색 조현아

연출 송형종

극단 가변

극장·기간 연극실험실 혜화동 1번지(2004.11.03~12.12)

출연자 오셀로 황진영 / 데스데모나 박명희 / 이아고 오동식 / 캐시오 주우

스태프 기획 김원태 / 무대 김은경

공연 특성 오셀로, 데스데모나, 이아고, 캐시오 등 네 명의 주요 등장인물만으로 원작을 재구성하였다. 각각의 등장인물들의 자기 파괴적 강박증에 초점을 맞추어 심리적, 현대적으로 재해석한 작품을 만들어 냈다.

(2) 이아고와 오셀로

각색 한태숙

연출 한태숙

극단 물리

극장·기간 LG 아트 센터(2006.09.12~2006.09.17)

출연자 이아고 박지일 / 오셀로 장우진 / 데스데모나 김소희 / 에밀리아 이연규 / 캐시오 이석준 / 로더리고 오동식 / 비앙카 서은경 / 검정개 이기돈

스태프 제작 LG아트센터 / 무대 이태섭 / 조명 김창기 / 음악 강은구 / 의상 조혜정

공연 특성 이아고를 중심으로 원작을 재구성하였다. 질투에 사로잡혀 오셀로를 사냥하는 이아고의 내면을 사냥개라는 상징적 존재를 등장시켜 보다 뚜렷하게 형상화해 냈다. 이태섭의 거대한 무대가 등장인물들의 불안하고 위태로운 심리상태와 상호관계를 효과적으로 설명하였으며, 배우들의 열연이 빛을 발하였다.

(3) 오셀로

번역 신정옥

연출 정일성

극단 미학

극장·기간 동덕여대 공연예술센터 대극장(2008.04.11~20)

출연자 오셀로 김명수 / 데스데모나 김효서 / 이아고 강경덕 / 이밀리어 장설하 / 오셀로 한재영 / 케시오 이성주 / 비앵커 송정희 / 로더리고 박인배 / 몬타노 이창호 / 그레이쉬아노 김동일 / 로도비코 전민규 / 장교 강진영, 최현웅, 이정기

스태프 제작·예술감독 홍유진 / 무대디자인 남지경 / 조명디자인 백승희 / 조명 이선희, 이정훈, 배대수, 윤규현, 이승주 / 작곡 강석훈 / 안무 조훈일 / 의상 손진숙 / 분장 왕민 / 조연출 김동일, 이애라 / 무대감독 조명훈 / 총진행 곽인호, 장우진 / 진행 전비인 / 홍보 배유정, 박해미, 김형일 / 기획 박미향, 이근혜, 서지혜 / 음향오퍼 배하나

공연 특성 연출의 새로운 해석을 가하거나 하는 것 없이 철저히 원작에 충실하게 만든 작품이다. 안정감 있게 원작을 재현해냈다. 오셀로 역의 김명수의 열연이 돋보였던 공연이다.

(4) 오셀로 셰익스피어 인 발레

각색 송현옥

연출 송현옥

안무 제임스 전, 박상철, 백영태

극단 물결, 국립발레단

극장·기간 예술의 전당 토월극장(2008.07.11~13)

출연자 <u>극단 물결</u>

오셀로 유태웅 / 이야고 이현우 / 데스데모나 서은경 / 코러스 이은형, 엄성태, 차승호, 김영현, 한아름, 허부영, 배은미, 김유란

국립발레단

오셀로 이수희, 이충훈, 이영철, 박창모 / 이야고 장운규, 이원철 / 데스데모나 노보연, 전효정, 윤혜진, 최정윤 / 카시오 하준용 / 에밀리아 김지영 / 앙상블 홍우연, 박귀섭, 정혜란, 김혜원, 정현옥, 백연, 오셀로 분신 정남열, 김준희, 이순재, 송정빈, 서재민, 이종필, 이영훈, 김창기, 황사랍선, 최시몬

스태프 예술감독 최태지 / 부예술감독 문병남 / 음악코디네이터 김종욱 / 무대감독 유준규 / 음악 장석문, 최용석, 주상우 / 무대디자인 이태섭, 표종현 / 의상 이재희, 김인옥, 송보화 / 조명디자인 서경원 / 무대조감독 이동민 / 무대전환팀장 윤종환 / 분장 구유진 / 사진 송인호 / 운동 클리닉 임준범 / 조연출 배수진 / 음향디자인 백승훈

공연 특성 연극과 발레를 결합한 독특한 공연 방식을 선보였다. 국내의 대표적인 안무가인 제임스 전, 박상철, 백영태가 각각 자신 만의 독특한 해석과 안무로 원작을 발레로 표현해냈으며, 이 3개의 각기 다른 〈오셀로〉를 송현옥 연출이 연극 〈오셀로〉로 하나로 결합하였다. 제임스 전은 아내의 순결과 사랑을 의심하는 소위 '오셀로 증후군'에 초점을 맞춰 오셀로의 내면세계를 강렬한 안무로 형상화했으며, 박상철은 이상주의자 오셀로와 현실주의자 이야고의 대립에 초점을 맞춘 발레를 보여주었고, 백영태는 열한명의 오셀로를 내세워 오셀로의 자기분열을 시각화하였다. 송현옥 연출은 연극배우들을 등장시켜 원작의 스토리를 충실히 재현해냄으로써 각기 다른 세 개의 〈오셀로〉가 진행되는 사이사이에서 다리 역할을 하며 공연에 통일성을 부여해 주었다. 연극도 아니고 발레도 아니라는 비난도 있었지만, 독특한 공연방식이었을 뿐만 아니라, 무엇보다 일반적인 발레 공연보다 훨씬 쉽게 이해할 수 있어 좋았다는 호의적인 반응 또한 뒤따랐다.

6. 리어왕

(1) 우루왕

각색 김명곤

연출 김명곤

극단 국립극단, 국립무용단, 국립창극단, 국립국악관현악단

극장·기간 경주 반월성터 야외무대(2000.10.13~15)/국립극장 하늘극장 (2000.12.14~17) / 국립극장 하늘극장(2001.07.13~22) / 콜롬비아 보고타 (2002.03.15~19) / 이스라엘 예루살렘(2002.05.26~27) / 일본 오사카 (2002.06.21~22) / 네덜란드 헤이그(2003.05.23~24) / 터키 아스펜도스 (2003.06.07) / 튀니지 카르타고(2004.07.15)

출연자 <u>2001년 공연</u>

우루왕 김성기, 왕기석 / 바리공주 박애리, 이선희 / 고흘승지 장민호 / 야노대신 박상규 / 추밀대신 이상직 / 가화공주 조은경 / 연화공주 계미경 / 을지 김진서 / 솔지 최원석 / 매륵승지 이영호 / 우화충 우상전 / 행랑아범 서희승 / 청년광대 한윤춘 / 사신·우루분신·거지 양성철 / 사로왕·거지두목 이종윤 / 무사·거지 송인호, 정승교, 최진우 / 동자·우루시녀 조근혜 / 거지·우루시녀 주혜원 / 거지·궁녀 김은정, 김지희, 안명주, 이은준 / 갈대부인 안숙선, 정미정 / 수광대 김학용, 윤석안 / 여광대 서정금 / 소녀광대 유주현, 김혜영 / 무녀 나태옥 / 무장승 한승석 / 제관 주호종 / 기수 유수정 / 방창 이영태, 허애선, 이광원, 김미진, 이연주 / 광대 정길만, 이세범 / 소녀광대 오현주 / 수호신·수호무사 김남용, 백형민 / 수호신·무사장 우재현 / 수호신·무사 김윤수, 박성국, 박종호, 정세훈, 신동엽 / 무사 윤성철, 진상석, 정관영, 김현주, 이지영 / 무희·무녀 김진영, 정유진, 박영애, 정보은, 조샘, 임수정, 손수경, 유혜정, 장혜진, 이은아, 나선주 / 바리분신·무녀 조수정 / 시녀·무녀 김승애, 김주연, 이경선, 정혜승 / 피리 조화상, 이석주, 이상준 / 대금 이용구, 장미영, 박재호 / 소금 문형희 / 해금 김영

미, 장재경, 서은희, 이은경 / 가야금 김희정, 한향희 / 양금 김미경 / 거문고 오경자 / 소아쟁 서보람 / 대아쟁 최병숙, 박기영 / 타악 김규형, 성지은, 최민, 박천지 / 신디 마현경

스태프 <u>2001년 공연</u>

협력연출 고동업 / 음악 원일 / 작창 안숙선 / 안무 배정혜 / 지휘 한상일 / 조안무 윤상진 / 조연출 최성신, 이영호, 윤석안 / 무대디자인 박동우 / 의상디자인 최보경 / 소품디자인 이경하 / 탈 디자인 김남수 / 조명디자인 박정수 / 음향디자인 오진수 / 기술감독 김영봉 / 조명 구승현, 고상순, 박용환, 주영석, 이승재 / 음향 김호성 / 무대장치 이원영, 강승구, 주기홍 / 작화 구재하, 이성현 / 영사 범기창 / 무대기계 김동기, 이승수, 김영훈, 전선택 / 소품 정복모, 채수형 / 의상 김경수 / 장신구 엄인섭, 심종현 / 무대감독보 오상영 / 분장디자인·특수분장 윤예령 / 사진 신상철 / 기획 김연수 / 홍보 임소연

공연 특성 〈리어왕〉과 바리데기 설화를 결합하여 한국적 〈리어왕〉을 탄생시켰다. 우루왕(리어)에 의해 버림 받은 바리공주(코딜리아)가 오히려 우루왕을 위기에서 구해내며, 결국엔 무녀의 역할까지 감당하며 우루왕의 혼령을 극락으로 이끈다. 〈리어왕〉의 많은 주제 중 특히 한국적 정서에 잘 맞는 효의 주제에 초점을 맞추었으며, 코딜리아의 역할을 대폭 강화해 여성주의적 주인공 바리데기를 창조하였다. 국립극단, 국립국악관현악단, 국립무용단, 국립창극단 등 국립극장의 4개 단체 모두가 참여한 초대형 작품으로서 한국연극사에서 가장 큰 규모의 셰익스피어 공연으로 기록될 만하다. 양식적으로는 창과 국악관현악, 그리고 한국무용이 어우러진 한국적 소리와 움직임의 한국화가 특징을 이루며, 무엇보다 한국의 설화 및 한국의 무속의식을 작품 속에 효과적으로 이입한 점이 돋보였다. 국내뿐만 아니라, 일본, 네덜란드, 이스라엘, 튀니지, 터키, 콜롬비아 등 해외의 여러 나라에서 큰 호응을 얻으며 성황리에 공연하였다.

(2) 리어왕

번역 이태주

연출 이윤택

극단 연희단거리패

극장·기간 부산시민회관 소극장(2004.04.29~05.02) / 국립극장 하늘극장
(2004.05.19~26)

출연자 2004년 부산시민회관 공연

켄트 백작 조영진, 장재호 / 글로스터 한갑수 / 에드거 곽병규 / 에드먼드 오
영호, 김낙균 / 고네릴 정동숙 / 리건 김소희, 이영아 / 코델이아 여승희 /
광대 김미숙 / 오즈왈드 이승헌 / 프랑스왕 조주현 / 버건디 서세권

2004년 국립극장 공연

리어 전성환 / 코딜리아 김소희 / 고네릴 김미숙 / 리건 강나루 / 글로스터
한갑수 / 켄트 장재호 / 에드거 곽병규 / 엔드먼드 김낙균 / 광대 변혜경 /
오스왈드 이승헌 / 신사 오영호 / 병사·의사 문창주

스태프 2004년 부산시민회관 공연

무대미술 김경수 / 의상 송은주 / 음악 김영식 / 조명감독 조인곤

2004년 국립극장 공연

음악 김영식 / 조명감독 조인곤 / 조명 빙광선, 박선교 / 의상 김미숙 / 무대
감독 김광룡 / 음향 추은경 / 분장·가면제작 문정아

공연 특성 원작에 이윤택 특유의 해체와 재구성의 메스를 들이댄 작품이다. 하
지만 다른 실험적 셰익스피어 극들에 비하면 비교적 원작의 뼈대를 잘
살린 편이다. 불특정한 시대와 장소를 배경으로 하는데, 미쳐버린 리어왕
과 미치광이 톰으로 변장한 에드가가 만나는 오두막은 한국의 포장마차
로 대체되기도 한다. 부산 연극계를 오랜 동안 이끌어왔으며 이해랑 연극
상을 수상한 바 있는 전성환(리어왕)의 열연이 빛났던 공연이다.

(3) 리어왕

각색 배삼식

연출 이병훈

극단 미추

극장·기간 예술의 전당 토월극장(2008.09.04~10) / 아르코 예술극장 대극장
(2009.03.13~22) / 명동예술극장(2010.06.12~20)

출연자 2008년 공연

리어 정태화 / 거너릴 서이숙 / 콘월·노대신 최용진 / 리건 황연희 / 켄트
조정근 / 버건디 공·의사 함건수 / 올버니 장항석 / 에드먼드 정나진 / 글로
스터 김현웅 / 프랑스 왕·기사·군인 장덕주 / 광대 이강미 / 에드거 조원종
/ 코러스·시종 백수정 / 코러스·시종 김미영 / 오스왈드 안영훈 / 코러스·
기사·군인 황태인 / 코러스·시종 조나경 / 코러스·기사·부대장 이병우 /
코딜리아 박설헌 / 코러스·기사·군인 이명우 / 코러스·시종·글로스터 길잡
이 이영옥 / 코러스·기사·군인 권정훈 / 대금·소금 여승헌 / 가야금 김보
연 / 타악 최순호 / 정가 박희원

스태프 2008년 공연

무대미술 박동우 / 작곡 김철환 / 조명 김창기 / 의상 이유숙 / 소리연기 김
진영 / 움직임 연출 유진우 / 연습감독 박홍근 / 신체훈련·격투기 지도 이상
철 / 분장 최은주 / 소품 김동영 / 음향 김병진 / 무대감독 신용수 / 조연출
이현옥 / 기획 박현숙 / 홍보 김환희

공연 특성 마당놀이로 유명한 극단 미추의 공연답게 무대미술, 의상 등 여러
분야에서 한국화를 시도하였다. 하지만 정작 이 공연의 미덕은 일정한 한
국화의 시도에도 불구하고 원작에 매우 충실했다는 점이다. 원작의 힘과
가치가 안정감 있게 객석에 전달되었다. 특히 원작의 가장 큰 주제 중의
하나인 세대 간의 갈등이 의상에 의해 쉽게 표현되었는데, 젊은 세대는
현대적인 감각의 검은 의상을 입고 기성세대는 화려한 색상의 옷을 입어
시각적으로 확연히 대비되었다. 2008년 연극평론가 협회 선정 올해의 베

스트 연극 3, 한국연극 선정 올해의 우수공연 베스트 7에 선정되었으며, 2008년 대한민국 연극대상을 수상하였다.

7. 맥베스

(1) 레이디 맥베스

각색 한태숙

연출 한태숙

극단 물리

극장·기간 문예회관 소극장(1998.01) / 문예회관 소극장(1999.10.02~10.15) / 예술의 전당 자유소극장(2000.05.20~06.18) / 예술의 전당 자유소극장 (2002.06.08~23)/폴란드 토룬극장, 폴란드 콘탁 연극 페스티벌(2002.05.27 ~28) / 일본 도쿄 에비스 가든홀(2008.03) 예술의 전당 토월극장 (2008.03.21~04.13) / 중국 동방선봉극장, 베이징 올림픽 문화축전 (2008.07.11~13) 싱가포르 에스틀러네이드 극장, 싱가포르 아트 페스티 벌(2010.05.29~30) / 아르코 예술극장 소극장(2010.06.10~20)

출연자 <u>1999년 공연</u>

레이디 맥베스 서주희 / 전의 전동환 / 오브제 시종 이영란 / 음악 시종 원일 / 시종 김영민

<u>2008년 공연</u>

레이디 맥베스 서주희 / 전의 전동환 / 오브제 시종 이영란 / 악사 시종 박재 천 / 키다리 시종 홍승균 / 구음 시종 김민정 / 난쟁이 시종 권겸민

스태프 <u>1999년 공연</u>

무대미술 이광섭 / 무대감독 서재형 / 조연출 이한범 / 조명 이인연 / 음향 김동수 / 무대 김태화 / 의상 이재경 / 사진 권양수 / 진행 허진숙 / 기획 신찬영, 이승희, 오승희

무대 이태섭 / 오브제극 창자가 이영란 / 조명 이보만 / 안무 박호빈 / 의상 김우성 / 조연출 김수희 / 오브제극 어시스턴트 고선영

공연 특성 원작 〈맥베스〉를 레이디 맥베스의 관점에서 재구성한 작품이다. 죄의식에 사로잡혀 매일 밤 몽유 증세를 보이는 레이디 맥베스가 전의의 최면술을 통해 지금까지 있었던 자신과 맥베스의 죄업을 재현해내며 죄의식으로부터 벗어나고자 몸부림치는 과정을 보여준다. 레이디 맥베스의 죄의식을 이영란이 얼음조각, 밀가루반죽 등의 각종 오브제를 통해 더욱 극적으로 표출해낸다. 맥베스 역을 연기한 서주희가 레이디 맥베스의 어두운 내면세계를 혼신을 다한 열정적이고 섬세한 연기로 표현해 극찬을 받았다. 음악, 조명, 오브제, 연기 등 극의 제 요소들이 조화를 이루며 원작을 재구성한 셰익스피어 공연 중 단연 탁월한 성과를 낸 수작이다. 국내에서도 수차례 재공연 되었으며 폴란드, 일본, 싱가포르 등 해외 공연에서도 호평을 얻었다.

(2) 맥베스, The Show

각색 김동현

연출 김동현

극단 작은 신화

극장·기간 소극장 학전 그린(2000.11.16~12.03) /예술의 전당 토월극장 (2006.04.28~05.07)

출연자 2006년 공연

맥베스 이대연 / 레이디 맥베스 길해연 / 여전사·코러스·마녀·부랑자 백은경 / 던컨·전사·청소부 강일 / 무대감독 최현숙 / 맬컴·전사 오용택 / 뱅코우·전사 박지호 / 여전사·무희·마녀 윤은심 / 전사·자객·부랑자 김선표 / 맥더프·전사·부랑자 김병희 / 전사·부랑자·자객 김현태 / 전사·부랑자·자객 김종근 / 전사·청소부·부랑자 김석이

스태프 2006년 공연

무대 손호성 / 조명 김창기 / 음악 김태근 / 의상 조혜정 / 안무 백수진 / 분장 이동민 / 음악감독 원미솔 / 음향 김병진 / 소품 김종식 / 아코디언 연주 채수린 / 타악 이재일 / 무대장치 이용갑 / 조연출 정승현, 이신정 / 드라마 터치 이곤

공연 특성 〈맥베스, The Show〉는 "인생이란 걸어가는 그림자, 가엾은 배우, 자기 차례가 되면 무대 위에 올라 난리법석을 떨지만, 이내 사라져야 한다. 그것은 바보들이 들려주는 어리석은 이야기, 음향과 분노로 가득 차 있지만 결국 아무런 의미도 없다"는 맥베스의 마지막 독백을 극 전체를 운영하는 핵심 원리로 삼고, 원작을 전체적으로 재구성한 작품이다. 처음부터 배우들은 객석에서 분장을 하며 무대로 등장함으로써 자신들이 연기하는 등장인물들에 배우의 이미지를 강하게 결부시킨다. 던컨을 살해하고 왕이 된 후의 맥베스는 자신의 원맨쇼를 본격적으로 보여주며, 자신 역시 배우일 뿐임을 강박적으로 보여준다. 죽음을 맞이한 등장인물들은 다시 객석으로 내려가 위치함으로써 인생과 연극을 등치시키고 있는 이 극의 의미망을 한층 강화한다. 이러한 연극적 의미망은 무엇보다 의상에 의해 효과적으로 표현된다. 배우들은 처음 객석에서 무대 위에 오를 때에 각자의 역할이 강조된 의상을 입고, 또 무대에서 객석으로 내려올 때는 다시 벗는다. 이 극에서 의상은 단순한 무대 의상의 차원을 넘어, 삶을 지배하는 보이지 않는 힘으로까지 역할을 한다.

(3) 칼로막베스

각색 고선웅

연출 고선웅

극단 극공작소 마방진

극장·기간 예술의 전당 자유소극장(2010.10.27~29) / 대학로 예술극장 소극장 (2011.01.20~02.06)

출연자 2011년 공연

막베스 호산·막베스 처 이명행 / 당컨 유병훈 / 방커 조영규 / 맹인술사 양
영미 / 스윙 김영기 / 막베스 처 조한나 / 로스 이정훈 / 주치의 홍의준 / 맨
티스 강득종 / 노승 김영노 / 코오다 강대진 / 영스워드 김해리

스태프 2011년 공연

무술감독 이국호, 한지빈 / 기술감독 김원태 / 조연출 김해리 / 무대 김충신
/ 조명 최창식 / 음악·음향 김용화, 김태규 / 의상 김지연 / 영상 김종훈 /
분장 정경숙 / 안무 안미경 / 그래픽 디자인 하라 / 기획 고강민

공연 특성 〈칼로 막베스〉는 시종 칼을 휘두르는 무협활극 〈맥베스〉이다. 극의
배경은 스코틀랜드에서 약육강식이 펼쳐지는 세렝게티 베이 수용소로 바
뀌었으며, 그 곳의 범죄자들에게는 모두 칼이 주어져 있다. 난무하는 칼
은 이 극에 활력을 불어넣으면서도 폭력으로 점철된 〈맥베스〉의 세계를
효과적으로 시각화한다. 더욱이 이 칼은 맥베스 사후에 총으로 대체되면
서 점점 더 악화되어져 가는 폭력의 역사를 표현하는 징검다리가 되기도
한다. 고선웅의 〈칼로 막베스〉는 작품의 내용에 대한 이해뿐만 아니라,
배우들의 에너지 넘치는 연기, 장면과 장면 사이에 불필요한 끊김이 발생
하지 않도록 하는 빠른 장면 전환 및 이를 효과적으로 실행시켜주는 이
층 무대 구조의 사용(셰익스피어의 글로브극장에서처럼) 등 셰익스피어
극의 운영에 있어 필수적인 셰익스피어 공연방법론에 있어서도 철저했던
공연이다. 2010년 초연 공연 때, 동아 연극상 작품상, 연출상을 수상했다.

8. 아테네의 타이먼

(1) 아테네의 타이먼

번역 김재남

연출 남육현

극단 유라시아 셰익스피어 컴퍼니

극장·기간 대학로 극장(2010.08.03~08.22) / 예술의 전당 자유소극장
(2010.08.25~08.31)

출연자 김인수 / 이영 / 김영하 / 국호 / 전이두 / 홍서준 / 강양은 / 장문규
/ 최임경 / 김원 / 허대욱 / 홍미라 / 이경인 / 황유라 / 변혜진 외

스태프 무대미술 안소영, 최병훈 / 조명 박상준 / 의상 오현이 / 소품 박지희 /
사진 이창석 / 음악 김서영 / 안무 강효정, 변혜진 / 조명오퍼 최용선 / 포스
터 조기봉

공연 특성 국내 초연작이다. 유라시아 셰익스피어 컴퍼니의 다른 셰익스피어
작품들처럼 원작에 충실한 공연이었다.

9. 안토니와 클레오파트라

(1) 안토니와 클레오파트라

번역 김미혜
연출 윤호진
극단 실험극장
극장·기간 호암아트홀(1990.10.20~11.04)

출연자 안토니 이호재 / 클레오파트라 이혜영 / 시저 정보석 외
스태프 무대디자인 앱들 파라(Abdel Farrah) 외
공연 특성 이혜영, 정보석 등 당시의 인기 스타 배우를 캐스팅하고, 무엇보다
당시의 단일 공연 제작비로서는 상당한 액수인 2억 여 원을 투입했으며,
고대 이집트의 화려한 왕궁과 대규모전투장면 등의 효과를 살리기 위해
영국 로열 셰익스피어 극단의 수석무대미술가 앱들 파라를 초청해 무대
와 의상제작을 맡겼던 야심작이었다. 클레오파트라 역을 맡았던 이혜영
의 열연이 기억에 남는 공연이었다.

10. 코리올레이너스

(1) 코리올라누스

번역 이현우

연출 이현우

극단 화동연우회

극장·기간 예술의 전당 자유소극장(2005.12.22~31)

출연자 마르티우스 유태웅 / 볼룸니아 손봉숙 / 버질리아 서은경 / 어린 마르티우스 강대욱 / 메니니우스 이석희 / 코미니우스 김승환 / 라르티우스 이상희 / 로마 원로원 1 임형근 / 로마 원로원 2 박이하 / 로마 원로원 3 김태범 / 로마의 관리 1 신구 / 로마의 관리 2 최용민 / 오피디우스 주재규 / 오피디우스 부관 하형주 / 볼스키 병사 1 김재환 / 볼스키 원로원 김동욱 / 씨시니우스 손선근 / 브루투스 김현균 / 로마 시민 1·로마 병사 1·볼스키 시민 1 이인현 / 로마 시민 2·로마 병사 2·볼스키 시민 2 안석천 / 로마시민 3·로마병사 3·볼스키 시민 3 김광남 / 로마시민 4·로마병사 4·공모자 김석정 / 로마시민 5·볼스키시민 5 최현주 / 로마 시민 6·로마 병사 6·볼스키 시민 6 송제혁 / 로마 시민 7·로마 병사 7·로마 전령·볼스키 병사 2 김진호 / 로마 시민 8·볼스키 시민 8·오피디우스의 여인 이지윤 / 로마 시민 9·볼스키 시민 9 이재은 / 로마 시민 10·로마 병사 10·볼스키 시민 10 정순호 / 공안관 이대영 / 공안관·로마의 관리 송성일

스태프 총제작 이근희 / 사무국장 김정남 / 조연출 최현주 / 드라마투르기 이지윤 / 무대감독 김시번 / 무대감독보 이고임 / 무대디자인 양영일 / 의상디자인 최원 / 조명 박원근 / 음악감독·작곡 이 나리메 / 분장 강대영 / 소품 이관영 / 소도구 이재은 / 사진 박한흠 / 영상 이원재, 이상구 / 홍보디자인 더하우스 / 홍보물제작 이상희 / 기획 홍서희 / 홍보 이우용 / 트럼펫 조성훈, 노두호 / 타악기 황진학, 이규봉 / 음향 김진호 / 세트제작 드림아츠 / 의상제작 조명란 / 컴퓨터 그래픽 정순호 / 음향오퍼 이상민 / 조명오퍼 박진수 /

영상오퍼 김무현 / 스턴트 코디네이터 김태현

공연 특성 국내 초연이었다. 〈코리올라누스〉의 배경이 되는 고대 로마시대와 공연이 이루어지는 현재의 서울이라는 별개의 시공간을 뒤섞기 위한 여러 가지 방법이 동원되었다. 로마 시민과 객석의 관객을 동일시하기 위해 무대 위에 설치된 15대의 TV 모니터에 실시간으로 객석의 관객이 중계되었으며, 무대 위의 배우들은 정면 객석 밑으로 만들어진 입구를 통해 등장과 퇴장을 반복하기도 하였다. 로마 시민들의 시위 장면에서는 현재의 한국 시민들의 시위 장면이 TV 모니터에서 방영되기도 하였다. 의상은 고대 로마와 현대가 뒤섞인 양식을 보여주었다. 무기는 고대 로마의 칼과 창이 활용되었으나, 음향을 이용해 헬기, 기관총 등 현대 무기를 함께 뒤섞었다. 무대에는 무너진 성곽처럼 보이는 구조물이 설치되었으며, 성곽의 일부인 것처럼 TV 모니터 15대가 설치되었다. 타악을 중심으로 한 라이브 음악이 극에 생동감을 더했다. 공연 양식상의 다양한 실험과는 달리 내용은 매우 원작에 충실한 공연이었다. 본 공연은 가장 권위 있는 셰익스피어 텍스트 중의 하나인 아든 셰익스피어 시리즈 〈코리올레이너스〉 제3판에 소개되었다.

희극

1. 실수연발

(1) 실수연발
번역 이근삼
각색 김상열
연출 김상열

극단 극단 신시

극장·기간 구룡소극장(1990.07.17~31)

공연 특성 원작을 완전히 한국적으로 재구성하였다. 시대 배경을 한국의 삼국시대로 옮겨왔으며, 공연양식 역시 우리의 전통연희인 탈춤 방식을 취했다.

(2) 실수연발

번역 이근삼

각색 이승규

연출 이승규

극단 인천시립극단

극장·기간 인천종합문화예술회관 소극장(1994.10.02~04) / 연강홀(1997.11.28 ~12.25) / 뉴욕 공연(1998.01)

출연자 1997년 공연

　　최일훈, 이범우, 정원경, 김현준, 한인택

스태프 1997년 공연

　　정용석, 이태섭, 권오진

공연 특성 김상열의 〈실수연발〉과 마찬가지로 시대 배경을 한국의 삼국시대로 옮겼으며 공연양식 역시 우리의 전통연희방식을 따랐다. 안지온의 가족들이 배가 난파돼 당나라와 고구려, 백제, 신라 등으로 뿔뿔이 흩어졌다가 우연히 백제의 미추홀에 모여들게 되지만 아들 쌍둥이와 하인 쌍둥이를 서로 구별하지 못해 한바탕 소동을 겪지만, 마침내 모든 실수연발의 사건들이 해결되어 안지온의 가족들이 재회의 기쁨을 누리게 된다. 좋은 반응을 얻어 몇 차례 재공연 되었으며 1998년에는 뉴욕한인회의 초청으로 미국공연도 성황리에 진행한 바 있다.

2. 말괄량이 길들이기

(1) 말괄량이 길들이기

각색 김성진

연출 서충식

극단 극단 주변인들

극장·기간 국립극장 별오름극장(2002.11.16~24)

출연자 영주 한진수 / 슬라이 김웅희 / 주막 안주인 전소현 / 벱티스타 손종환 / 빈첸시오 김웅희 / 루첸시오 김택수 / 페트루치오 이동준 / 그레미오 한진수 / 호텐시오 김정익 / 트라니오 우승권 / 비온델로 최혜수 / 그루미오 현종근 / 로렌 전소현 / 교사 남성훈 / 캐더리나 김정은 / 비앵카 김수경 / 미망인 박경옥 / 재단사·하인 남성훈

스태프 드라마트루기 김미예 / 조연출 김수경 / 동작지도 김은지 / 무대미술 지상화 / 조명디자인 정재연 / 의상디자인 박소영 / 음악 이진일 / 분장 운기진 / 무대감독 박윤호

공연 특성 '2002 셰익스피어 러브 페스티벌'의 일환으로 제작된 공연이었다. 원작을 현대적으로 각색하기는 하였으나 비교적 원작의 내용을 충실하게 반영한 공연이었으며, 무엇보다 배우들의 속도감 있는 화술과 연기가 돋보였다. 원작의 의미와 희극적 재미를 잘 살린 공연이었다.

(2) 말괄량이 길들이기

각색 김대환

연출 김대환

극단 Kim's Comfunny

극장·기간 소극장 다르게 놀자(2008.11.21~오픈 런)

출연자 <u>2009년 공연</u>

장승우, 정태성, 김동민, 오동원, 이원범, 서재필, 최상림, 정미마, 유혜진

2010년 공연

황서원, 최상림, 황태민, 강재흠, 김태형, 민정훈, 이용희

스태프 2009년 공연

조연출 황윤석 / 드라마트루기 최예지 / 음악 최승호 / 세트 김민오 / 기획 소광민, 장승우, 최상림 / 포스터 김진화 / 조명 김희진 / 음향 이진희 / 진행 조지수, 김태은, 허미란

공연 특성 철저한 관객 참여형 연극으로 재구성한 공연이다. 무대는 서양의 선술집인 펍처럼 꾸며져 있다. 관객들은 객석에 입장하면서 그 펍에서 제공하는 음료를 즐길 수 있다. 공연 내내 배우들은 관객들과 소통하는데, 때로는 관객들은 무대로 나와 나무가 되거나 특정한 연기를 주문받기도 하고, 케이트와 페트루키오의 결혼식 장면에서는 집단적으로 몰려 나와 두 사람의 결혼 의상 꾸미기 배틀을 벌이기도 한다. 케이트를 비롯한 여자 역을 남자 배우들이 맡아 특별한 관객 재미를 주기도 한다. 전체적으로 재미 위주의 상업극임에 틀림없지만, 동시에 원작의 즐거움을 잘 살린 공연이다. 2008년 초연한 이래로 2015년 현재까지 오픈 런을 하고 있는 한국 셰익스피어 공연사에 유례가 없는 흥행기록을 이어가고 있다.

3. 베로나의 두 신사

(1) 베로나의 두 신사

각색 글렌 월포드

연출 글렌 월포드

극단 신시컴퍼니

극장·기간 세종문화회관 M 씨어터(2010.07.17~8.28)

출연자 발렌타인 김호영 / 프로듀스 이율 / 줄리아 최유하 / 실비아 김아선 / 스피드 오석원 / 란스 김남호 / 루체타 이경미 / 공작 성기윤 / 투리오 이동근 / 안토니오 방정식 / 추방자 1·2 강현우, 황재열 / 땡칠이(극중 출연하는 개)

스태프 작곡 · 편곡 밴 영 / 음악감독 오인영 / 무대디자인 토루 시마키와 / 조명디 자인 민경수 / 음향디자인 김기영 / 의상디자인 김지연 / 분장디자인 김유선 / 소품디자인 이미연 / 무대제작감독 김종훈 / 조연출 김대훈

공연 특성 영국의 여류 연출가 글렌 월포드가 뮤지컬 버전으로 만든 〈베로나 의 두 신사〉이다. 2007년 일본에서 초연되었다.

4. 사랑의 헛수고

(1) 사랑의 헛수고
번역 신정옥
연출 남육현
극단 유라시아 셰익스피어 컴퍼니
극장 · 기간 셰익스피어 극장(2008.03.11~2008.04.06)

출연자 마가렛 수녀 강연주 / 아르마도 이석호 / 홀로퍼니스 오동규 / 로잘린 이주은 / 퍼디난드 정주빈 / 공주 최정은 / 베룬 김국진 / 뒤멘느 장완희 / 롱거빌 임동 재 / 코스타드 박세철 / 모스 김동민 / 부아예 김상태 / 캐서린 이명주 / 자끄네 타 이환희 / 마리아 강혜민 / 덜 김종서
스태프 조연출 박연주, 성화숙 / 무대미술 김정훈 / 음악 정상훈 / 의상 손민지 / 안무 최정은 / 진행 황지하, 조필성
공연 특성 국내 초연된 공연으로서의 의의를 지닌 작품이다.

(2) 사랑의 헛수고
각색 조현진
연출 김성노
극단 한국연극연출가협회
극장 · 기간 아르코 예술극장 소극장(2009.04.14~26) / 대학로 예술극장 대극장 (2010.12.29~2011.01.06.)

출연자 2009년 공연

촌장 박정순 / 대신 권범택 / 내관 문경민 / 공주 강문희 / 구리찌우뚱 김경숙 / 후르르치 최광희 / 세자 한덕호 / 운고 이영진 / 지암 최원영 / 마당쇠 이승기 / 돌쇠 이준영 / 곱단이 추은경

스태프 2009년 공연

조연출 박동규 / 음악 서상완 / 의상디자인 · 제작 엄화영, 나현정, 최유리, 차세련

공연 특성 2009년 아시아연극연출가 워크숍의 일환으로 제작된 작품이다. 한 국적으로 잘 각색되고 세련되게 연출된 공연으로서 호평을 받았고, 그로 인해 다음 해에 대학로 예술극장 대극장에서 재공연 되었다.

5. 베니스의 상인

(1) 베니스의 상인

번역 신정옥

연출 박재완

극단 국립극단

극장· 기간 국립극장 하늘극장(2005.09.06~09.15)

출연자 샤일록 오영수 / 공작 문영수 / 튜발 · 고보 노인 우상전 / 모로코 · 아라곤 왕 이상직 / 네리사 남유선 / 바사니오 노석채 / 란슬롯 한윤춘 / 그라시아노 문호진 / 안토니오 전진우 / 제시카 박희은 / 발사자 신현승 / 솔라니오 이원재 / 포샤 김마리아 / 로렌조 김용래 / 살레리오 이애린 / 거리의 악사 류원택

스태프 조연출 우현종 / 의상 · 장신구디자인 장혜숙 / 액팅 코치 김태훈 / 음악 박훈 / 조명디자인 조인곤 / 안무 천창훈 / 소품디자인 한정광 / 분장디자인 신주연 / 노래 지도 강창범 / 음향 오퍼 노태양 / 의상제작 '시옷' 이유선, 강은미, 조민희, 정영주 / 분장 이인

공연 특성 국립극단에서 주로 보여주던 정극 스타일의 공연과는 많이 다른 실험적 셰익스피어 공연이다. 국립극단의 젊은 배우들을 중심으로 20여곡의 음악이 힙합 리듬을 따라 흐르고 배우들이 그 리듬에 맞춰 노래하고 춤춘다. 안토니오, 밧사니오 등 젊은이들은 힙합 의상을 입고 자유분방한 모습을 보이는 반면, 샤일록, 튜발 등 구세대들은 중세풍의 의상을 입고 나온다. 세대 간의 충돌이라는 이 극의 또 하나의 주제를 시각적으로 부각시키는 가운데 비극적 존재로서의 샤일록에 초점을 맞춘 공연이었다.

(2) 베니스의 상인

번역 신정옥

연출 이윤택

극장·기간 명동예술극장(2009.12.11~2010.01.03)

출연자 샤일록 오현경 / 포샤 윤석화 / 밧사니오 한명구 / 안토니오 정호빈 / 포샤 김소희 / 베니스의 공작 김길호 / 네리사 김미숙 / 아라곤의 왕, 고보 이승헌 / 모로코 왕, 튜발 유병훈 / 로렌조 지현준 / 제시카 주인영 / 그라시아노 한상민 / 살레리오 염순식 / 란슬롯 이정욱 / 솔라니오 윤종식 / 레오나도 서승현 / 벨더자 추은경 / 스테파노 박수은 / 유대상인 오동식 / 바이올린 박경은 / 트럼펫 이은학 / 트럼본 이성헌 / 기타 최현근 / 신디사이저 최민아 / 베이스 정재영 / 드럼 박종문 / 트럼본 이종승

스태프 무대디자인 장해근 / 의상디자인 조명례 / 조명디자인 조인곤 / 무대제작 김경수 / 미술감독 문정아 / 연극안무 케이트 플랫 / 음악감독 김인경 / 조연출 오동식

공연 특성 이윤택의 많은 해체적, 재구성적 셰익스피어 작품들과 달리 원작에 충실한 작품이다. 베니스를 상징하는 물과 다리를 무대 세트로 활용한 무대디자인이 돋보였다.

6. 한여름 밤의 꿈

(1) 신라의 달밤

각색 홍창수

연출 이종훈

극단 서울시 뮤지컬단

극장·기간 세종문화회관 야외 분수대 무대(2000.08.25~09.08)

출연자 미흘 주성중 / 문창 고영빈 / 수경 왕은숙 / 옥향 류채정 / 미흘 서창우 / 문창 조상원 / 수경 박정아 / 옥향 임화춘 / 군주 이흥구 / 군주 김법래 / 연화 권명현 / 연화 이혜경 / 도깨비 대왕 이병준 / 도깨비 여왕 박선옥 / 스님 곽은태 / 주례 조문성 / 먹산 윤영환 / 덤보 원유석 / 상쇠 송영규 / 장돌 함제범 / 봉재 이경준 / 박대 임휴상 / 사자 김형묵 / 신하 이계창 / 골치 배준성 / 골치 서주성 / 미랑 윤성원 / 미랑 심문정 / 도깨비 맹희진, 이신미, 길성윤, 김보라, 조수정, 차미정, 이수진, 이재식, 장대웅, 김백현, 이재욱, 전지석 / 들러리 장윤진, 이선영, 임지선, 강문자, 한애리, 이호정

스태프 작곡 홍동기, 계성원, 강상구 / 작사 박병도 / 안무 서병구 / 무대미술 윤정섭 / 의상디자인 정경희 / 소품디자인 천경순 / 분장 손진숙 / 기술감독 박종선 / 음악감독 김봉환 / 음향감독 서봉준 / 피아노 김정리 / 조연출 이미옥 / 조안무 강효성 / 녹음 다다 녹음실 / 의상제작 무대와 의상 / 소품 제작 서울 무대 / 무대 제작 종합 무대 / 음향 문화 음향 / 조명 그린 조명 / 그래픽 디자인 컬러 스테이지(신병준) / 사진 이제욱 / 기획 이성봉

공연 특성 원작을 신라시대로 옮겨왔다. 등장인물 이름, 의상, 세트 등 모두 신라시대의 것을 차용하였으며, 공연 양식은 뮤지컬이었다. 원작의 의미와 재미를 잘 살린 뮤지컬 수작이었다.

(2) 한여름 밤의 꿈

각색 양정웅

연출 양정웅

극단 여행자

극장 · 기간 밀양여름공연예술축제(2002.07) / 연극실험실 혜화동 1번지(2002.08) / 제1회 부산연극제(2002.09) / 의정부 예술의 전당 소극장(2003.07) / 대학로 리듬공간 소극장(2003.07) / 남양주 세계야외공연축제(2003.08) / 학전블루 (2003.08) / 과천 한마당 축제(2003.09) / 일본 도쿄 삼백인 극장(2003.11) / 국립극장 하늘극장(2004.05.05~05.09) / 강남 동영 아트홀(2004.05) / 폴란드 말타 국제연극제(2004.05) / 대학로 게릴라 극장(2004.07) / 거창문화센터 공연장(2004.07) / 대전 문화예술의 전당(2004.07) / 남양주 세계야외공연예술 축제(2004.08) / 수원 화성 국제연극제(2004.08) / 군포 문화예술회관(2004.08) / 부천 복사골 문화 센터(2004.09) / 콜롬비아 보고타 초청 공연(2004.09) / 콜롬비아 마니살레스 국제 연극제(2004.09) / 에콰도르 끼토 국제실험연극제(2004.10) / 에딘버러 페스티벌 프린지(2005.08) / 쿠바 하바나 국제 연극제(2005.09) / 엘살바도르 산살바도르(2005.09) / 전주 한국 소리문화의 전당(2006.06) / LG 아트센터(2006.06.17~06.20) / 영국 런던 바비칸 센터(2006.06.28~07.01) / 영국 브리스톨 타바코 팩토리 (2006.07.05~07.22) / 독일 셰익스피어 페스티벌(2006.07) / 폴란드 그단스크 국제 셰익스피어 페스티벌(2006.08) / 성남 아트센터(2006.08) / 거제 문화 예술 회관(2006.08) / 호주 시드니 페스티벌(2007.01) / 호주 아들레이드 페스티벌 센터(2007.01) / 퍼스 공연예술 축제(2007.02) / 홍콩 아트 페스티벌(2007.02) / 아르코 예술극장 대극장(2007.06.15~07.08) / 제주 문예회관 대극장(2008.06.06~06.08) / 정보소극장(2009.07.08~07.19) / 광주문화예술회관 소극장(2010.10.02~10.03) / 명동예술극장(2011.08.03~08.21)

출연자 <u>2004년 공연</u>

항 전중용 / 벽 김지성 / 루 김준완 / 익 김은희 / 가비 정해균 / 돗 김영조, 박소영 외

2007년 공연

가비 정해균 / 익 채국희 / 가비 김준호 / 벽 김지령 / 향 이성환 / 두두리 이진 / 아주미 박소영 / 두두리 김진곤 / 돗 김지연 / 루 이정선

스태프 2004년 공연

조명 주성근 / 무대 이윤수 / 음악 김은정 / 오브제 유영봉 / 안무 박영애 / 분장 채송화 / 의상 이명아 / 악사 이충우 / 기획 배정자

2007년 공연

음악 김은정 / 무대미술 이윤수 / 조명 여국군 / 음향 강민수 / 의상 이명아 / 분장 채송화 / 재안무 이윤정 / 무대감독 고용한 / 한국무용지도 신규영 / 소리지도 전수희 / 타악지도 최종환 / 영문번역 앨리사 김

공연 특성 셰익스피어의 원작을 철저히 한국화한 작품이다. 공연 양식은 꼭두 각시놀음과 탈놀이 등 우리나라의 전통연희에서 차용해왔으며, 시대 배경은 우리나라 고대의 언제쯤으로 옮겨왔고, 요정들은 도깨비로 바뀌었 다. 보틈은 심마니 노파 아주미로 대체되었으며, 나머지 동네 직공들 및 그들이 준비하는 극중극 '피라무스와 티스비' 장면은 생략되었다. 한국화 하면서도 여성주의적 터치가 눈에 띈다. 요정 왕 오베론이 요정 여왕 타 이테니아를 사랑의 묘약으로 지배하는 원작과는 반대로, 도깨비 여왕 돗 이 도깨비 왕 가비가 돼지로 변한 아주미와 사랑에 빠지게 만든다. 이 작 품은 극단 여행자의 대표작일 뿐만 아니라, 한국의 〈한여름 밤의 꿈〉을 대표한다고 할 수 있을 만큼 국내외적으로 잘 알려진 공연이다. 2002년 초연된 이래로 이 책에서 통계 기한으로 삼고 있는 2011년을 넘어 현재 2015년까지 지속적으로 공연되고 있다. 극단의 이름에 걸맞게 국내 각 지 역뿐만 아니라 수많은 해외 도시에서 공연하였다. 한국의 셰익스피어 공 연으로서는 최초로 영국 런던의 바비칸에서 공연하였으며, 특히 2012년 런던 올림픽 기념으로 글로브극장에서 개최된 '글로브 대 글로브 셰익스 피어 페스티벌'에 초청되어 한국 셰익스피어 공연 최초로 런던의 글로브 극장에서 공연되는 기록까지 작성하였다.

(3) 클럽 하늘

각색 박일규

연출 박일규

극단 댄스 시어터 동랑

극장·기간 국립극장 하늘극장(2004.04.01~04.18)

출연자 타이타니아 김진희 / 오베론 박일규 / 라이샌더 이진규 / 허미아 김선아, 이양숙 / 디미트리어스 김용래, 김효수 / 헬레나 한세라, 이보배, 방윤희, 김혜원 / 퍽 박재성 / 보툼 맹상렬 / 요정 2 한은숙, 신다영 / 요정 3 장영주 / 요정 & 댄서들 이은주, 민세희, 조영현, 홍지연, 이지현, 김유진, 김상아, 남두산, 김소영, 유경열, 박근이, 김혜영, 장은희, 유보람, 김정엽, 장유진 / 타이타니아 언더 한은숙, 이은주

스태프 서커스연출 박세환 / 미술감독 이인수 / 안무 박일규, 김진희 / 음악감독 정유순 / 의상 홍미화, 송은주 / 노래지도(보이스 코치) 김령희 / 조연출 맹상렬

공연 특성 〈클럽 하늘〉은 2003년 공연된 〈클럽 오베론〉이란 타이틀로 공연된 바 있는데, 원작 〈한여름 밤의 꿈〉을 나이트클럽 '하늘'에서 벌어지는 오베론의 환상과 마술을 서커스와 춤, 노래가 있는 뮤지컬로 변형시켰다. 서커스 부분은 국내 유일 서커스단인 동춘 서커스(단장 박세환)가 맡아 전문성 있는 쇼를 보여주었다. 세트는 극장 입구에서부터 극장 안 무대까지 모두 숲속을 재현해 놓은 듯이 설정되었으며, 관객들은 지정된 좌석이 없이 자유롭게 원하는 곳 어디에서든지 공연을 관람할 수 있었다. 라이브 밴드와 코러스가 연주하는 17곡의 대중가요와 팝송이 극장을 일종의 라이브 콘서트 홀로 뒤바꿔 놓았으며, 배우들과 관객들은 하나가 되어 춤추고 함께 노래하며, 그야말로 '클럽'의 상황을 재현하였다.

7. 윈저의 즐거운 아낙네들

(1) 윈저의 명랑한 아낙네들
각색 살로몬 헤르만 모젠탈
작곡 까를 오토 에렌프리트 니콜라이
연출 최현묵
극단 영남오페라단
극장·기간 대구오페라하우스(2010.10.29~2010.10.30)

출연자 팔스타프 유형광 / 플루트 부인 이수경 / 라이히 부인 김정화 / 안나 라이히 성정화 / 펜톤 김승희 / 슈페르리히 오영민 / 까쥬 서정혁 / 대구 오페라 페스티벌 오케스트라 / 경산 시립 합창단 / 우혜영 뮤 발레단
스태프 예술감독 김귀자 / 지휘 시몬 까발라 / 합창지휘 김용훈 / 안무 우혜영
공연 특성 셰익스피어의 원작을 독일 작곡가 까를 오토 에렌프리트 니콜라이가 오페라로 만든 작품이다. 제8회 대구 국제 오페라 축제의 일환으로 제작된 작품이다.

8. 헛소동

(1) 헛소동
번역 신정옥
연출 남육현
극단 유라시아 셰익스피어 극단
극장·기간 북촌창우극장(2007.05.22~30) / 국립극장 별오름극장(2007.06.01~17) / 용인시 행정타운 아트 센터 예술원 극장(2007.06.19~20)

공연 특성 국내 초연작으로 원작에 충실하면서 희극적 재미에 초점을 맞춘 공연이다.

9. 뜻대로 하세요

(1) 뜻대로 하세요
연출 김철리
극단 서강대학교 서강연극회
극장·기간 서강대학교 메리홀(2000.05.18~5.21)

공연 특성 서강대학교 개교 40주년 기념 선후배 합동 공연이었다. 〈좋으실 대로〉는 아직 국내의 전문 극단에 의한 공연은 이루어지지 않았다.

10. 십이야

(1) 십이야
번역 신정옥
연출 박원경
극단 국립극단
극장·기간 국립극장 소극장(1998.09.11~20)

출연자 오시노 최원석 / 비올라 한희정 / 토오비 오영수 / 앤드류 이문수 / 말볼리오 전국환 / 올리비아 곽명화 / 페스테 서희승 / 마리아 조은경 / 세바스찬 이상직 / 안토니오 박상규 / 발렌타인 문영수 / 큐리오 이영호 / 페비안 김종구 / 선장 장민호 / 신부 최상설 / 경관 김재건, 최운교 / 하인 우상전 / 시녀 남유선, 계미경 / 시종 김진서, 노석채, 서상원 / 귀부인 백성희, 이승옥, 이혜경, 권복순 / 수병 정상철 / 선원 김석훈 / 악사 한지훈
스태프 무대감독 정상철 / 드라마트루기 남육현 / 무대미술 이태섭 / 의상 황현희 / 음악 이철웅 / 안무 김긍수 / 음악지도 서상권 / 조명 이동훈 / 음향 한철 / 분장 김종한 / 반주 박경미 / 조연출 김선애, 김광종 / 기획·홍보 권혜미
공연 특성 내용과 스타일 모두 원작에 충실하면서도 희극의 재미를 한껏 살린 수작이었다. 국립극단의 배우들이 대거 등장하였으며, 국립극단의 위상

에 걸맞은 셰익스피어 작품을 만들어냈다. 작품에 대한 해석, 등장인물들에 대한 세심한 재현, 배우들 간의 앙상블, 속도감 있는 극 전개 등 모든 면에서 모범이 될 만한 공연이었다. 다만 원작에 충실하더라도 좀 더 혁신적이거나 현대적인 해석이 가미되었으면 하는 아쉬움은 있었다.

(2) 트랜스 십이야

각색 박재완 · 오동식

연출 박재완

극단 가변

극장 · 기간 국립극장 별오름 극장(2002.11.07~11.14) / 창조 콘서트홀(2003.04~ 05) / 아룽구지 소극장(2003.06~07) / 발렌타인 극장(2003.11) / 발렌타인 극장 2관(2004.04.10~2004.05.30) / 발렌타인 극장(2004.06.01~2004.07.11)

출연자　2002년 공연

봐이크 유승일 / 올리 오동식 / 쏘냐 김소숙 / 앤시아 이화선 / 오시아 박수은 / 앤 정인애 / 아크 김병호 / 발렌시아 이서연 / 선 고유창 / 마리스 연보라 / 세바스 김동화 / 바니걸 이영선

2004년 공연

봐이크 유승일 / 올리 오동식 / 쏘냐 송인경 / 앤시아 이문화 / 오시아 임정은 / 앤 우유정 / 아크 조승수 / 마리스 신소진 / 세바스 김동화 / 바니걸 이수영

스태프　2002년 공연

예술감독 김은정 / 조연출 오동식 / 무대 지상화 / 음악 홍대성 / 드라마터지 오수진 / 무대감독 황보연 / 분장 김영순

2004년 공연

제작 하제 프로덕션 / 각색 오동식 / 연출 오동식 / 음악 홍대성

공연 특성　원작의 남자 등장인물을 여성으로 바꾸고, 여자 등장인물을 남성으로 바꿈으로써, 젠더에 대한 기존의 인식을 전복시킬 뿐만 아니라, 이러한 인식적 전복을 통해 희극적 재미를 배가시킨다. 2002년 초연부터 2003

년 공연까지는 박재완의 연출로, 그리고 이후엔 오동식의 연출로 반복 공연되면서 많은 관객으로부터 호응을 얻었다.

(3) 십이야

각색 양정웅
연출 양정웅
극단 여행자
극장·기간 남산골 한옥마을 국악당(2011.11.11~2011.11.20)

출연자 산자고 안태랑 / 쑥부쟁이 이국호 / 맥문아재비 전중용 / 섬초롱 오민석 / 쑥부쟁이 김대진 / 꼭두서니 김진곤 / 비수리 도광원 / 해국 성민재 / 청가시 정우근 / 패랭이 한인수 / 홍가시 김상보

스태프 무대·의상 임일진 / 음악 우현주 / 조명 여국군 / 안무 강미선 / 분장 이동민 / 조연출·무대감독 이대웅 / 그래픽디자인 최지훈 / 움직임지도 고재경

공연 특성 양정웅의 〈한여름 밤의 꿈〉처럼 철저히 한국화한 작품이다. 등장인물들의 이름도 청가시, 홍가시, 섬초롱 등 한국 고유의 예쁜 이름으로 바뀌었으며, 고운 한복이 활용되었고, 한국 전통의 마당놀이 양식으로 공연되었다. 남자 배우들이 여자 역할을 맡아, 남장 여인인 바이올라로 인해 빚어지는 원작의 혼란스러운 상황을 한층 더 강화하였다. 관객과 함께 즐기는 마당놀이 특유의 활기와 에너지로 커다란 흥과 재미를 전해주었으나, 원작의 결말을 장식하는 말볼리오의 증오를 생략함으로써, 원작에 내포된 극의 무게감이 반감된 점은 아쉬웠다.

11. 트로일러스와 크레시다

(1) 트로일러스와 크레시다

각색 안영선
연출 김성노

극단 실험극장

극장·기간 국립극장 달오름 극장(2002.11.13~17)

출연자 트로일러스 김도형 / 크레시다 김선화 / 프라이엄 홍용묵 / 패리스 이정우 / 헥터 이상범 / 카산드라 김유리 / 팬더러스 박성준 / 이니에스 홍현석 / 애거맴넌 양창완 / 율리시즈 남우성 / 에킬러스 김기범 / 에이젝스 강승민 / 다이어미디즈 김종혁 / 더사이트·해설 문경민

스태프 무대감독 성준현 / 드라마트루기 이현우 / 미술 노은정 / 음악 서상완 / 조연출 주혜경 / 분장 문윤숙

공연 특성 '2002 셰익스피어 러브 페스티벌'의 일환으로 제작되었으며, 국내 초연된 공연이었다. 거의 4시간 정도 걸리는 원작의 분량을 90분으로 대폭 축소시켜 공연하였다. 원작 속에 그려져 있는 그리스 신화 속 인물에 대한 냉소적 전복에 초점이 맞추어졌다. 율리시즈, 아킬레스, 아가멤논 등의 그리스의 신화적 영웅들이 우스꽝스런 속물들처럼 그려졌을 뿐만 아니라, 트로이의 영웅 헥터의 죽음 역시 허망하기 짝이 없게 묘사되었다. 정작 주인공 트로일러스와 크레시다가 전달해주는 사랑에 대한 환멸의 주제가 약화된 점이 아쉬웠으며, 냉소적 톤이 작품 전체적으로 지난 친감이 없지 않아, 코믹한 부분과 진지한 부분의 리드미컬한 교차가 효과적으로 이루어지지 못한 아쉬움이 있었다.

12. 끝이 좋으면 다 좋아

(1) 끝이 좋으면 다 좋아

번역 신정옥

연출 남육현

극단 유라시아 셰익스피어 극단

극장·기간 북촌창우극장(2007.11.27~12.30)

출연자 버트람 백작 정주빈 / 헬레나 조정민 / 백작부인 노윤정 / 패롤리스 김장

호 / 프랑스 왕 오동규 / 라후 손수용 / 듀메인 이재선 / 과부 김미나 / 라밧
취 이강철 / 병사·통역병 김상태 / 다이애나 조윤정 / 듀메인 김한준

스태프 의상 서현숙 / 음악 정상훈 / 음향 이혜원 / 조명 황지하 / 안무 김민정

공연 특성 국내 초연작으로서 비교적 원작에 충실하려고 노력했던 공연이다.
원작의 희극적 재미를 잘 살렸다.

13. 법에는 법으로

(1) 법에는 법으로

번역 김창화

연출 김창화

극단 국립극단

극장·기간 국립극장 소극장(1992.11.12~25)

출연자 빈센치오 전국환 / 엔젤로 주진모 / 이자벨라 권복순 / 에스칼루스 권성덕
/ 클라우디오 박상규 / 신사 1 서희승 / 신사 2 이영호 / 류치오 이문수 / 교
도관 정상철 / 베드로수사 김재건 / 팔꿈치 최상설 / 물거품 오영수 / 폼페이
김종구 / 엡호슨 문영수 / 바나딘 김명환 / 마리안나 이혜경 / 줄리엣 이경
성 / 프란치스카 허지연 / 마담 오버돈 손숙, 손봉숙 / 왕 장민호 / 왕비 백
성희 / 귀족부인 이승옥 / 재판정 관리 우상전 / 전령 최운교 / 소년 배유정
/ 하인 정진이

스태프 장치·소품디자인 여운덕 / 의상디자인 최보경 / 음악 박형신 / 분장 김종
한 / 장치제작 송점수 / 조명 오광수 / 정치전환 정용수 / 작화 구재화 / 음
향 최성건 / 소품 이상익 / 의상 김경수 / 장신구 편덕용 / 조연출 이재광,
노승희 / 무대감독 김창래

공연 특성 국내 초연작으로 원작에 충실한 공연이었다. 국립극단을 대표하는 배
우들이 총동원되어 호연을 보여주었으며 안정감 있는 무대로 호평 받았다.

로맨스

1. 페리클리즈

(1) 페리클레스

번역 이현우

각색 이인수, 박춘근

연출 김광림

극단 화동연우회

극장·기간 대학로 예술극장 대극장(2010.12.04~2010.12.12)

출연자 헬리카누스 신구 / 세리몬 이기용 / 미틸레네 방문 신사 이관영, 최용철, 강영건, 송재경, 김태범 / 사이머니디스 이석희, 최용민 / 가우어 임진택 / 안티오커스 정한용, 윤동환 / 뚜쟁이 이근희 / 클레온 이현우 / 리시마커스 김승환, 유태웅 / 탈리아드 김재환 / 광대 손선근, 임대일, 이준원, 김명식, 이채상, 최문희, 김은정, 성수연 / 페리클레스 김현균 / 레오나인 김용균 / 볼트 안석천 / 판다 이재준 / 다이오니자 이효림 / 마리나 김미선 / 양면선 타이자 · 안티오크의 공주 마리아 민키나

스태프 총제작 이수문 / 기획 김정남, 송성일 / 홍보 마케팅 김윤갑 / 기술감독 김일준 / 조연출 구혜미 / 고수 이규호 / 무대연주 고명진, 김동근, 옴브레, 미미 / 안무 김수정 / 음악디자인 김동근, 조용욱 / 조명디자인 이유진 / 조명 프로그래머 임재덕 / 무대디자인 조은별 / 영상디자인 김세훈, 김완진 / 소품 디자인 양한일 / 의상디자인 최원 / 분장디자인 이동민 / 홍보물 제작 이상희 / 홍보디자인 한철, 박원진, 김은희 / 사진 하형주 / 영상 이원재, 정진 / 영상 편집 이상구 / 온라인 홍보 방현승 / 무대제작 드림 아츠

공연 특성 극단 화동연우회의 20주년 기념 공연으로 제작된 공연이다. 가우어 역을 창작 판소리 명인 임진택이 맡아 마치 판소리로 〈페리클레스〉 이야

기를 들려주는 듯한 공연 방식을 취하였다. 전체적으로는 특정 지역이나 시간대에 제약됨 없이 코스모폴리탄적이고 자유분방하게 시공간을 초월하여 극의 내용이 전개되었다. 가우어가 극의 내용을 소개할 때 인형극 대신 애니메이션이 함께 활용되었으며, 미틸레네의 매음굴은 마치 현대의 라스베가스처럼 꾸며졌다. 여러 가지 실험적 시도에도 불구하고, 비교적 원작의 내용에 충실한 공연이었으며, 원작의 희비극적 요소를 안정적으로 표현한 공연이었다.

2. 심벌린

(1) 심벨린
번역 김철리
연출 김철리
극단 극단 사조, 극단 비파
극장·기간 국립극장 달오름극장(2004.11.17~11.21)

출연자 박정순, 정진아, 오성태, 이선주, 백은경 외
공연 특성 국내 초연작으로 비교적 원작에 충실하려고 노력한 공연이다.

3. 겨울 이야기

(1) 겨울동화
번역 신정옥
각색 조민
연출 임경식
극단 반딧불이
극장·기간 예술의 전당 자유소극장(1999.11.23~12.12)

출연자 카밀로 공호석 / 폴릭세네스 유태균 / 레온테스 이문수 / 양치기 이봉규 /

헤르미오네 차유경 / 파울리나 백경희 / 디온 김영한 / 현재의 여신 안운호 / 안티고누스 김동찬 / 과거의 여신 남재욱, 장은화 / 플로리첼 김성일, 최병모 / 광대 이활경 / 모프사 박수영, 김은주 / 아우토리쿠스 오재균 / 미래의 여신 김영은, 서우진 / 도르카스 김수현, 강효정 / 페리디타 김성영, 정신혜 / 시종 오동현, 김현진

스태프 제작 최배석 / 기획 한상균, 유성균 / 의상 장혜숙 / 무대제작 김충신 / 조명 박남석 / 분장 이동민 / 음악 함은정 / 음향 류호성 / 노래지도 서상권 / 안무 백경희 / 사진 양성윤 / 포스터 사진 권용상 / 기술감독 김만식 / 무대감독 배경석 / 조연출 박주리 / 음향 오퍼 이혜진

공연 특성 좀 더 긴밀한 극 구성을 갖도록 원작을 각색하였으나 기본적으로 원작에 충실한 공연이었다. 의상이나 무대 배경에는 현대적 정서와 고풍이 혼합되도록 하였고, 노래와 춤을 삽입하여 원작의 동화적 분위기를 한층 고취시키기 위해 노력하였다. 안정감 있고 따뜻한 겨울 동화를 객석에 들려주었다.

(2) 겨울 이야기

번역 김미희

각색 기신정

연출 김석만

극단 서울시극단

극장·기간 세종 M 씨어터(2009.12.24~2010.01.21)

출연자 리온 김신기 / 매밀리어스 · 시간 안연주 / 퍼디타 최유리 / 리젤 박건우 / 허마니 최나리 / 안티고 김동규 / 이밀리 김은정 / 아이리스 · 몹사 곽정화 / 이자벨라 · 도커스 이경아 / 폴리나 강지은 / 세니즈 주성환 / 카밀로 이창직 / 양치기 똘레 서영민 / 오톨리 이종열 / 제프리 곽현석 / 광대 김동규 / 아키머스 이종열

스태프 드라마트루그 남동훈 / 움직임지도 이두성 / 작곡 한정림 / 무대디자인 박

상봉 / 조명디자인 이중우 / 의상디자인 조문수 / 분장디자인 손진숙 / 소품
디자인 정윤정 / 안무 임란정 / 음악조감독 박미향 / 오케스트라편곡 양혜림
/ 홍보물 디자인 이은영 / 무대감독 김종문 / 무대조감독 장연희 / 음향감독
조영진 / 조명감독 이중우 / 무대기계 안종칠 / 조연출 박혜선 / 연출보 최
주리

공연 특성 서울시 극단에서 '어린이 셰익스피어 시리즈'의 일환으로 제작한 공
연이다. 등장인물의 이름을 어린이들에게 좀 더 쉽게 이해될 수 있도록
짧고 단순하게 고쳤으며, 작품의 길이도 줄이고 좀 더 단순화 시켰다. 하
지만 전체적으로 원작의 내용이 충실히 반영된 공연이었으며, 동화적 분
위기가 잘 표현되었다.

4. 태풍

(1) 태풍

각색 장수동
연출 장수동
극단 공연집단 두레
극장·기간 동숭아트센터 소극장(1992.07.03~31)

출연자 아사달 송인현 / 낮도깨비 안병균 / 우거 도용구 / 누리히 서준영 / 뎁드
기·흑지랑 이남희 / 아라불 신현종 / 갈부루·초라니 전국향 / 아랑 조은영
/ 고주망태 김영웅 / 도깨비 이재환, 정태진

스태프 안무 강송원 / 작곡 원일 / 무대미술 최부석 / 의상 최원 / 분장 김기진
/ 소품 김현정 / 진행 이정하 / 기획 김만혜 / 제작 신동림 / 신디사이저 노
성은 / 아쟁·타악 이문수 / 촬영 강충석 / 예술감독 오경숙 / 조연출·무대
감독 이재환 / 조명 장석영 / 음향 장재원 / 탈 제작 나무와 연필 / 사진 최
영선 / 디자인 전용성 / 제작 협력 극단 미추, 극단 현대예술극장

공연 특성 시대적 배경을 삼국시대의 언제쯤으로 옮겨왔고, 프로스페로의 마

법의 섬을 이어도라 불리는 파랑 섬으로 설정하였다. 등장인물들의 이름
도 모두 삼국시대 신라인의 이름으로 바꾸었으며, 정령 에어리얼은 도깨
비로 설정되었다. 실제 모래를 무대 위에 깔아 섬의 분위기를 살렸으며,
원작의 한국화가 충실히 이루어진 작품이었다.

(2) 템페스트

각색 배삼식

연출 손진책

제작 예술의 전당

기간 2009.05.20~06.06

출연자 정씨(프로스페로) 정태화 / 서씨(미란다) 서이숙 / 박씨(곤잘로) 김동영 /
장씨(알론조) 장항석 / 함씨(스테파노) 함건수 / 김씨(퍼디넌드) / 김현웅 / 나
씨(캘리번) 정나진 / 송씨(세바스찬) 송태영 / 주씨(안토니오) 장덕주 / 조군
(에어리얼) 조원종 / 이씨(트린쿨로) 이현옥 / 최씨 최용진 / 이원장·해설
자·주노 이미숙 / 간병인 이씨·아이리스 이강미 / 간병인 전양·케레스 전애
현 / 요양인·정령 황태인, 박설헌, 이영옥, 박은수, 권정훈, 이명우 / 요양
인·약사 김미영, 황재희, 조안나

스태프 무대 박동우 / 조명 김창기 / 의상 김지연 / 음악 김철환 / 소품 김동영
/ 분장 최은주

공연 특성 원작의 시공간을 현재의 무연고 노숙자 요양원으로 옮겨왔다. 이곳
에 수용된 노숙자들은 문화예술복지사업의 일환으로 진행되는 연극치료
프로젝트로서 〈템페스트〉 공연을 준비한다. 요양원의 현실과 〈템페스트〉
의 세계가 절묘하게 뒤섞인다.

(3) 템페스트

각색 오태석

연출 오태석

극단 목화

극장·기간 예술의 전당 토월극장(2010.09.01~12) / 제23회 거창국제연극제 공식 초청 거창군 위천면 수승대내 축제극장(2011.07.30) / 에딘버러 페스티벌 인터네셔널 에딘버러 킹스 씨어터(2011.08.13~16) / 백성희장민호극장(2011.08.26~2011.09.10) / 동국대학교 이해랑 예술극장(2011.09.27~2011.10.06) / 대전예술의전당 앙상블홀(2011.10.08~2011.10.09) / 대학로 예술극장 대극장(2011.12.15~2011.12.25)

출연자 2010년 공연

자비왕 정진각 / 쌍두아 조은아 / 제웅 / 이수미 / 질지왕 송영광 / 세자 김성언 / 만담녀 이난형 / 선장 김태환 / 지도로 정일협 / 아랫머리 이승현 / 아지 정연주 / 허재비 윤희경 / 허재비 문현정 / 겸지 하정호 / 허지배 이주희 / 허재비 유선영 / 갑판장·광대 김준범 / 주방장 유종욱 / 만담남 신화철 / 허재비 배효도 / 허재비 정종현 / 소지 조복래 / 허재비 신율이 / 허재비 김용범 / 허재비 양예지

스태프 2010년 공연

조명디자인 아이까와 마사아끼 / 의상디자인 이승무 / 무대디자인 조은아 / 소리지도 김형철 / 노래지도 우은중 / 움직임 지도 문근성 / 포토그래퍼 이도희, 신귀만 / 일어통역 우지숙 / 조명감독 이경천 / 건반 김대성 / 아쟁 김주현 / 해금 장연정 / 대금 배대연 / 피리 김민곤

공연 특성 원작의 우리나라 삼국유사의 어느 지점으로 옮겨와 철저히 한국화한 작품이다. 오태석의 연극미학이 가장 잘 녹아들어간 오태석 최고의 극작품이라고 할만하다. 셰익스피어의 시어를 우리말의 3.4조, 4.4조 운율로 되살려 언어의 미학을 최대한 살리려 노력하였으며, 원작 속에 배태되어 있는 놀이적 요소와 제의적 요소를 한국적으로 재현해내는 데 성공했다. 오태석 특유의 생략과 여백의 미학이 원작의 핵심적 요소들을 명증하면서도 극적으로 잘 살려냈다. 에딘버러 인터내셔널 페스티벌에서 헤럴드엔젤스 상, 2011 대한민국연극대상(대상, 남자연기상, 무대예술상), 2011 평론

가협회 올해의 연극 베스트 3, 2012 동아연극상(대상, 연출상), 2012 셰익스피어 어워즈(대상, 연출상) 등 많은 상을 수상하였다.

5. 두 귀족 친척

(1) 사랑과 광증
번역 신정옥

각색 이종훈

연출 이종훈

극단 인천시립극단

극장·기간 인천종합문화예술회관 야외공연장(2009.07.31~08.09, 2010.07.23~08.01) / 거창군 위천면 수승대내 축제극장(2010.08.04~08.06)

출연자 진주(가수), 김용란, 정남철, 조윤경, 서국현, 이범우, 차광영, 김세경, 송정화, 강주희, 강성숙, 최진영, 정순미, 김문정, 최지연, 김태훈, 서창희, 이수정, 황혜원(객원) 이강덕, 최재성, 이용석

스태프 무대디자인 송관우 / 작 미하엘 슈타우다허 / 안무 홍경희 / 조안무 유봉주 / 의상디자인 정경희 / 소품디자인 임은진 / 헤어디자인 Ray / 분장디자인 손진숙 / 홍보물디자인 차효선 / 사진·비디오 유재형 / 조연출 손경희 / 기획·행정·진행 이종열, 이옥희, 유은미, 이돈형

공연 특성 셰익스피어의 〈두 귀족 친척〉의 국내 초연작이다. 한국적 각색을 시도한 뮤지컬 작품으로서, 시대 배경을 신라시대쯤의 특정하지 않은 시기와 장소로 옮겨왔다. 원작의 희극적 재미를 잘 살린 뮤지컬 작품이다.

역사극

1. 헨리 6세 1부

(1) 헨리 6세 1부
번역 김재남
연출 남육현
극단 유라시아 셰익스피어 극단
극장·기간 예술의전당 자유소극장(2011.04.06~04.17)

출연자 헨리 6세 윤세민 / 찰즈·존 텔버트 지윤재 / 마가레크 가정금 / 아르매냑
대사·변호사·간수·병사 김해님 / 우드빌·병사·아르매냑 대사 노미진 / 하
인 1·시종·병사 고나연 외
스태프 의상 손진숙 / 무대미술 심재욱 / 조명디자인 정은주 / 오퍼 이상철 / 음
악 김세희 / 사진 이창석 / 무대팀 박초롱 / 진행 김이구, 박성근
공연 특성 국내 초연작으로 원작의 내용을 충실히 전달하고자 노력한 공연이다.

2. 헨리 6세 2부

해당되는 작품이 없음

3. 헨리 6세 3부

해당되는 작품이 없음

4. 리차드 3세

(1) 리차드 3세
번역 이태주

연출 김철리

극단 국립극단

극장·기간 국립극장 대극장(1995.11.10~11.17)

출연자 리차드 3세 오영수 / 버킹햄 공작 이문수 / 마아가렛 왕비 이승옥 / 엘리자베스 왕비 손봉숙 / 앤 왕비 권복순 / 요오크 공작부인 백성희 / 에드워드 4세 장민호 / 헤이스팅스 경 김재건 / 스탠리더비 백작 문영수 / 클라렌스 공작 권성덕 / 리버즈 경 전국환 / 그레이 경 박상규 / 도오 후작·사진 이상직 / 암살자 우상전 / 암살·노훠크 후작 서희승 / 클라렌스의 아들 문경숙 / 클라렌스의 딸 이소향 / 어린 요오크 조은경 / 런던 시장 최상설 / 왕자 에드워드 이혜경 / 윌리엄 갯츠비 경 이영호 / 쇼오 부인·사신 한희정 / 리차드 레드클리프 경 최운교 / 공증인·클리스토퍼 신부 김종구 / 제임스 티렐 경 정상철 / 엘리자베스 왕비의 하녀·사신 남유선 / 엘리자베스 왕비의 딸·사신 김나영 / 로버트 브라큰베리·로섬버랜드·죤 오튼 박성준 / 리치먼드 백작·스탠리의 사신 박경근 / 추기경 바우치어·로벨 경 류마두현 / 요오크 대주교·토마스 보완 경·설리 백작 최광종

스태프 예술감독 권성덕 / 드라마트루기 김영환 / 무대미술 김준섭 / 의상디자인 정경희 / 음악 이중기 / 소품 및 장신구 디자인 김경옥 / 무술지도 이승훈 / 분장 김종한 / 조연출 성준현 / 장치 제작 송점수 / 무대전환 정용수 / 작화 구대화 / 무대기계 김동기 / 소품 이상익 / 의상 김경수 / 장신구 편덕용 / 조명 박정수 / 음향 김형준 / 무대감독 김영봉

공연 특성 원작에 매우 충실하면서도 전체적으로 얀 코트의 '역사의 기계구조' 이론을 반영한 듯 리차드 3세의 죽음 이후 영국 역사의 평화와 질서 회복을 약속하지 않는다. 무대 전체를 가로지르는 거대한 철재 구조물은 이러한 주제 의식을 시각화하였다. 하지만 느린 극 전개와 각 장면에 대한 세밀한 묘사의 부족 등 의욕에 비추어 아쉬움이 남는 무대였다.

(2) 꼽추, 리차드 3세

번역 강태경

연출 한태숙

제작 예술의 전당 악어 컴퍼니

극장·기간 예술의 전당 토월극장(2004.11.05~11.28)

출연자 리차드 3세 안석환 / 앤 장영남 / 엘리자베스 고수민 / 요크 공작부인, 마가렛 지영란 / 버킹검 공작 최홍일 / 헤이스팅스 손진환 / 클라렌스, 스탠리 박성준 / 에드워드 4세, 케이츠비 장우진 / 쇼어부인 정청민 / 리치몬드 김주완 / 리버스 조명운 / 시종·병사 곽자형, 최동욱, 서동진, 정연욱 / 거미 1·추기경 장성원 / 거미 2·태자 석미숙 / 왕자 윤제원 / 시장 문성덕 / 신부 1 장창미 / 신부 2 김유선

스태프 무대디자인 알렉산드르 쉬시킨 / 조명디자인 천세기 / 안무 장성원 / 음악감독 문성덕 / 음악 Korean Pan Handlers(단장 장창미) / 의상제작 조혜정 / 분장 최은주, 홍선영 / 무대감독 고재진 / 기술감독 윤재진 / 무대조감독 구자경 / 조연출 김수희

공연 특성 무대를 압도할 뿐만 아니라 원작의 의미를 잘 살린 알렉산드르 쉬시킨의 무대디자인이 돋보인 공연이었다. 무대의 한 모퉁이는 객석 앞부분까지 돌출해 들어와 리차드와 관객과의 소통의 중요성을 강조하였으며, 무대를 압도하면서도 토월극장 무대의 가장 깊숙한 곳까지 후퇴해 들어간 무대 세트는 리차드의 어두운 의식세계를 효과적으로 시각화하였다. 하이에나를 연상시키는 동물적 연기를 보여준 안석환의 연기 역시 훌륭하였다. 전체적으로 원작을 충실히 반영하면서도 〈레이디 맥베스〉에서처럼 등장인물의 무의식의 세계에 초점을 맞춘 한태숙의 연출 역시 빛을 발하였다. 다만, 원작에 의도되어 있을 뿐만 아니라 쉬시킨의 무대에도 잘 형상화 되어 있는 것과는 달리 안석환이 연기한 리차드가 관객과 함께 자주 소통하지 못한 점은 아쉬움으로 남았다.

5. 존 왕

(1) 존 왕
번역 김재남
연출 남육현
극단 유라시아 셰익스피어 극단
극장·기간 예술의전당 자유소극장(2010.04.02~04.11)

출연자 노현희, 장희진, 이성용, 김춘기, 고인배, 정슬기
공연 특성 국내 초연작으로 원작에 충실하고자 노력한 공연이다.

6. 에드워드 3세

(1) 에드워드 3세
번역 신정옥
연출 남육현
극단 유라시아 셰익스피어 극단
극장·기간 국립극장 KB청소년 하늘극장(2010.11.03~11.07)

출연자 강영하, 김영호, 국호, 이주은, 권은재, 김주연, 한수정, 홍가람, 박지웅, 서재호, 김서진, 신채윤, 최태중, 문지영, 제희원, 권민수
스태프 무대미술 최병훈 / 조연출 신채윤, 최태중, 김서진, 배미현 / 조명 박상준 / 사진 이창석 / 소품 권은재, 박성근 / 음향 오퍼 배미현 / 조명 오퍼 김국하 / 포스터 · 프로그램 디자인 권순현
공연 특성 국내 초연작으로 원작에 충실하고자 노력한 공연이다.

7. 리차드 2세

(1) 리처드 2세
번역 신정옥

연출 남육현

극단 유라시아 셰익스피어 극단

극장·기간 국립극장 별오름 극장(2008.09.26~10.12)

출연자 이현정, 오동규, 이준영, 정주빈, 박창완, 최임경, 양미선, 최석진, 이주광, 허부영, 김희원, 김종서, 조필성, 지성미, 황지하

스태프 조연출 황보인 / 무대미술 이태원 / 음악 정상훈 / 의상 손민지 / 진행 장일환, 황지하, 조필성 / 신체훈련 김혜옥

공연 특성 국내 초연 공연으로서, 원작을 충실히 반영하려 노력한 공연이다.

8. 헨리 4세 1부

(1) 헨리 4세 1부

번역 김재남

연출 남육현

극단 유라시아 셰익스피어 극단

극장·기간 청운대 예술극장(2009.03.17~04.05)

출연자 헨리 4세 박찬빈 / 다이아나, 프린세스 이영란 / 왕자 할 곽동철 / 폴스타프 이성룡 / 모티머 백작, 블런트 김춘기 / 우스터 백작, 개즈힐 석정만 / 술집주모 이현정 / 모티머 부인·주장관 곽수정 / 노섬벌런드 백작·오웬 글랜다워·대주교 지성근 / 피토·더글라스 백작 노준섭 / 헨리 퍼시 오동규 / 퍼스 부인·이스트치이프 주모 장윤실 / 여행자 4·여급 샐리·마리안느 최임경 / 스텔라·여행자 3·여급 로라 양미선 / 바돌프 조필성 / 여행자 2, 이스트치이프 술집 여급 쥴리 지성미 / 여행자 1·술집 주인 빈트너·사자·하인 황지하

스태프 의상디자인 손진숙 / 무대미술 김정훈 / 음악 정상훈 / 무술지도 국호 / 조연출 양미선, 최태희 / 조명 조필성 / 연출부 진행 스태프 강연주, 이재선, 이상준

공연 특성 〈헨리 4세〉를 제1부만을 공연한 것은 국내 초연이다. 원작에 충실

한 공연이었으며, 속도감 있는 극 전개 및 팔스타프 역의 이성룡의 열연
이 돋보인 공연이었다.

9. 헨리 4세 2부

(1) 헨리 4세 2부
번역 김재남
연출 남육현
극단 유라시아 셰익스피어 극단
극장·기간 국립극장 KB청소년 하늘극장(2009.06.02~06.07)

출연자 헨리 4세 박찬빈 / 다이아나, 프린세스 이영란 / 왕자 할 곽동철 / 폴스타프
이성룡 / 모티머 백작, 블런트 김춘기 / 우스터 백작, 개즈힐 석정만 / 술집주
모 이현정 / 모티머 부인, 주장관 곽수정 / 노섬벌런드 백작 · 오웬 글랜다워 ·
대주교 지성근 / 피토, 더글라스 백작 노준섭 / 헨리 퍼시 오동규 / 퍼스 부
인 · 이스트치이프 주모 장윤실 / 여행자 4 · 여급 샐리 · 마리안느 최임경 / 스
텔라 · 여행자 3 · 여급 로라 양미선 / 바돌프 조필성 / 여행자 2 · 이스트치이프
술집 여급 쥴리 지성미 / 여행자 1 · 술집 주인 빈트너 · 사자 · 하인 황지하
스태프 의상디자인 손진숙 / 무대미술 김정훈 / 음악 정상훈 / 무술지도 국호 / 조
연출 양미선, 최태희 / 조명 조필성 / 연출부 진행 스태프 강연주, 이재선,
이상준
공연 특성 〈헨리 4세〉를 제 2부만을 공연한 것은 국내 초연이다. 원작에 충실
하고자 노력한 공연이다.

10. 헨리 5세

(1) 헨리 5세
번역 김재남
연출 남육현

극단 유라시아 셰익스피어 극단

극장·기간 대학로 예술극장 소극장(2009.09.29~10.07)

출연자 해설 강의영 / 엑서터 공작 나기수 / 프랑스 왕비 · 런던 술집주인 넬 강연주 / 프랑스 왕 서영탁 / 프랑스 군사령관 박효근 / 웨스트모얼런드 백작, 케임브리지 백작 국호 / 프랑스 캐서린 공주 정현수 / 프랑스 황태자 · 영국군 바돌프 · 영국 대주교 노준섭 / 프랑스 레이디 엘리스 · 전령관 베로니크 장윤실 / 헨리 5세 윤태칸 / 영국군 피스톨 · 플루엘렌 정주빈 / 영국 스크루프 백작 · 프랑스 하플러 시장 · 윌리엄즈 · 프랑스 병사 김영인 / 글로스터 · 님 병장 서승인 / 토머스 그레이 · 올리언즈 문종필 / 프랑스 대사 · 가우서 · 영국군 병사 송정현

스태프 음악감독 정상훈 / 무대디자인 조경훈 / 조연출 도지율, 조은경 / 음향 오퍼 김정미 / 조명 오퍼 강문정 / 포스터 · 프로그램 디자인 전수연 / 무술지도 국호

공연 특성 국내 초연작이며 원작의 내용을 충실히 전달하고자 노력한 공연이다.

11. 헨리 8세

해당되는 작품이 없음

『국가문화유산종합정보서비스』. 2000. Web. 2013.3.12.

국립극장. 「시놉시스」. 『우루왕 프로그램』. 서울: 국립극장, 2001.14-5.

권재현. 「한국 옷 입은 셰익스피어 희극-셰익스피어 고향 英도 홀렸다」. dongA.com. 2011.8.15. Web. 2013.3.6.

『극단 여행자 & 양정웅 연출의 *Hamlet*』. 공연 프로그램. 2009.

기국서. 「햄릿 5」. 『한국 희곡 읽기의 새로움』. 홍창수 편저. 서울: 월인, 1999. 602-649.

김갑식. 「〈우루왕〉, 화려한 춤사위 비해 짜임새 부족」. 『동아일보』. 2000.12.19.

_____. 「로미오와 줄리엣 "독일 관객 한국 연극에 열띤 환호"」. 『동아일보』. 2001.5.8.

김경미. 「너무나 사랑스러운 햄릿, 생각이 너무 많아 〈노래하듯이 햄릿〉」. *Our Theatre Review*. 2007.5.23. Web. 2007.9.12.

김남석. 『오태석 연극의 미학적 지평』. 서울: 연극과 인간, 2003.

김동욱. 「가을에 만나는 고전극의 정수 -국립극단 〈햄릿〉」, 『한국연극』(2001. 10): 22-23.

김명곤. 『김명곤 자전: 꿈꾸는 광대』. 서울: 유리창, 2012.

김명화. 「리뷰: 연극 '한여름 밤의 꿈' -세련된 한국 버전, 깊이는 아쉬움」. 『한겨레』 2007.6.29.

김미도. 「공산권과의 연극교류 현황」. 『문화예술』 143 (1991): 18-23.

김미혜. 「극단의 자유와 소련 유고자파드 극단의 현실감 있게 재탄생된 이 시대의 햄릿」. 『TV보다 더 큰 세상 iMBC.com』. 1990.7. Web. 2013.1.31.

김방옥. 「연극평: 정치사회문제접근 깊이 없어」. 『동아일보』 1990.10.8.

김성희. 『연극의 사회학, 희곡의 해석학』. 서울. 문예마당, 1995.

김소연. 「극단 여행자 〈햄릿〉: 굿판에서 묻다, 삶이냐 죽음이냐」. 『아트뷰』 12 (2009): 64-65.

김순덕. 「이윤택 연극 엇갈리는 평가」. 『동아일보』. 1995.4.19.

김옥란. 「5·18 서사로서의 〈햄릿〉과 기국서의 연극사적 위치 -〈기국서의 햄릿〉 연작을 중심으로-」. 『한국극예술연구』 34 (2011): 223-266.

김윤철. 「오늘의 한국연극, 이렇게 진단한다」. 『민족극과 예술운동』 11 (1995): 48-58.

_____. 「특징 없는 셰익스피어 읽기」. 『한국연극』(1995.8): 51-52.

_____. "Introduction" to *Contemporary Korean Theatre*, Eds. Kim Yun-cheol & Kim, Miy-he, Seoul: Theatre and Man Press, 2000. 5-14.

김인회, 정진홍. 『수용포 수망굿』. 서울: 열화당, 1985.

김정옥. 「굿판으로 펼칠 이색 〈햄릿〉」. 『문화일보』(1993.3.6).

김주연. 「[문화내시경] 햄릿이 묻는다 "이곳은 대체 어디인가?"」. 『주간경향』 1002호. 2012.11.27. Web. 2014.1.3.

김준영. 「런던 무대에 선 한국의 셰익스피어」. 『한국 연극』 (2007.1): 75-77.

김창기. 「연작극 〈햄릿 4〉 화제 만발」. 『조선일보』 1990.2.10.

김태곤. 『한국무속연구』. 서울: 집문당, 1981.

『두산백과사전 두피디아』. Web. 2013.3.12.

명인서, 최준호(편). 『오태석의 연극세계』. 서울: 현대미학사, 1995.

박성환. 『공연 대본: 창극 로미오와 줄리엣』. 2009.

박정영. 「고전은 아직도 우리에게 가치가 있는가」. 『객석』(1995.5).

배요섭. 〈노래하듯이 햄릿〉. 극단 뛰다. 2007. DVD.

서연호. 『산대탈놀이』. 서울: 열화당, 1987.

_____, 오태석 대담, 장원재 정리. 『오태석 연극: 실험과 도전의 40년』. 서울:

연극과 인간, 2002.

_____. 『한국현대희곡사』. 서울: 고려대학교 출판부, 2004.

신정선. 「토종 '한여름 밤의 꿈,' 셰익스피어 영혼을 흔들다… "한국, 브라보" 엄지 치켜세운 영국인 1400명」. 『조선일보』. 2012.5.2.

심정순. 「공연 〈레이디 맥베스〉에 나타난 젠더, 욕망 및 힘의 아이러니」. 『연극평론』 21 (2000): 177-81.

_____. 『글로벌 시대의 한국연극 공연과 문화 I: 개방초기 ─1980년대 군사정권 시대』. 서울: 푸른사상, 2002.

신정옥. 『셰익스피어 한국에 오다 ─셰익스피어의 한국수용과정연구』. 서울: 백산출판사, 1998.

_____. 「셰익스피어의 한국 수용(3) ─1980년~1987년」. 『드라마 연구』 26 (2007): 5-72.

신현숙. 「신체언어와 연극담화」. 『소리 없는 언어, 움직이는 언어』. 서울: 한국기호학회, 2001. 49-53.

양종승. 「무당부채 연구」. 『생활문물연구』. 5 (2002): 79-96.

오세곤. 「옮긴이의 글」. 『한여름 밤의 꿈』. 서울: 예니, 1999. 7-10.

오태석. 『공연대본: 로미오와 줄리엣』. 목화 레퍼터리 컴퍼니, 2001.

_____. 개인 대담. 2007.1.27.

_____. 『공연극본: *The Tempest* (태풍)』. 목화 레퍼터리 컴퍼니, 2011.

윌리엄 셰익스피어(김우탁 역). 『한여름 밤의 꿈』. 서울: 성균관대학교 출판부, 1999.

_____ (김해균 역). 「로미오와 줄리에트」. 『쉑스피어 희곡선』(1). 평양: 문예출판사, 1991. 15-142.

_____ (신정옥 역). 『한여름 밤의 꿈』. 서울: 전예원, 1990.

_____ (오세곤 역). 『한여름 밤의 꿈』. 서울: 예니, 1999.

_____ (김재남 역). 『햄릿』. 서울: 을지서적, 1995.

_____ (신정옥 역). 『햄릿』. 서울: 전예원, 1989.

_____ (신정옥 역). 『로미오와 줄리엣』(개정판). 서울: 전예원, 2009.

_____ (여석기 역). 『햄리트』. 서울: 정음사. 1965.

_____ (이경식 역). 『햄릿』. 서울: 하우, 1993.

_____ (이덕수 역). 『햄리트』. 서울: 형설출판사. 1990.

_____ (정인섭 역). 「로우미오우와 쥬울리어트」. 『셰익스피어 전집』 I. 서울: 정음사, 1964. 67-130.

_____ (최재서 역). 『햄릿』. 서울: 정음사, 1978.

_____ (최종철 역). 『햄릿』. 서울: 민음사, 1994.

_____ (최종철 역). 『맥베스』. 서울: 민음사, 1993.

_____ (최종철 역). 『로미오와 줄리엣』. 서울: 민음사, 2008.

이경미. 「절망과 우울을 넘어서서 말하다 '파괴는 당해도 절대 지지 않는다'」. Webzine Arko 223. 2012.12.3. Web. 2014.1.3.

이두현, 『한국의 가면극』. 서울: 일지사, 1979.

이득주, 이윤택 대담. 「'연산'에 나타난 세계 속의 우리극」. 『한국연극』(1995.8): 20-21.

_____, 「연산과 햄릿」. 『우리극연구』 5 (1995): 144-156.

이명숙. 「서울지역 무구의 신화·의례적 기능 연구 −부채, 방울, 대신 칼을 중심으로」. 『한국무속학』 8 (2004): 89-112.

이미원. 「한국적 셰익스피어의 실험과 그 세계화 −'동양정신'은 21세기 연극의 전망이 될 수 있는가?」. 『'90년대 연극평론 자료집(Ⅵ)』(한국연극평론가협회 편). 서울: 평민사, 2000. 180-181.

이상란. 「권력과 연극적 담론 −가스통 살바토레의 〈스탈린〉과 이윤택의 〈우리시대의 리어왕〉의 대비 고찰−」. 『한국연극학』 8 (1996): 109-132.

이영경. 「2012 대한민국의 초상, '햄릿 6: 삼양동 국화 옆에서'」. 『문화저널 21』. 2012.11.12. Web. 2014.1.3.

이영미. 「이영미의 연극읽기: 우리 시대의 리어왕」. 『한겨레』. 1995.4.29.

이윤택. 『우리 시대의 리어왕』. 서울: 공간미디어, 1995.

_____. 『문제적 인간』. 서울: 공간미디어, 1995.

_____, 이해경(대담). 「재구축과 해체 사이의 고뇌」. 『공연과 리뷰』(1995): 86-100.

_____. 『연희단 거리패의 햄릿』(공연 프로그램). 1996.

_____. 「해외 공연의 실체: 해외 공연의 허허실실」. 『한국연극』(2000.4): 20-24.

_____. 『연극작업: 햄릿 읽기』. 서울: 우리 극 연구소, 2001.

_____. 「맥베스」. 『이윤택 공연대본전집 2』. (서연호, 김남석 공편). 서울: 연극 과인간, 2006. 153-226.

이진아. 「남은 것은 침묵뿐」. 『미르』 11 (2005): 40-41.

이철우. 「굿의 현대적 재해석에 따른 희곡화 −오태석의 희곡 〈초분〉, 〈여자가〉, 〈백마강 달밤에〉 분석」. 『한성어문학』(1997): 172-190.

이현우. 『셰익스피어: 관객, 무대, 그리고 텍스트』. 서울: 동인, 2004.

_____. 「한국적 〈햄릿〉은 왜 오필리아에게 주목하는가?」. 『디오니소스』 1 (1997): 141-148.

_____. 「할리우드의 셰익스피어 붐과 한국연극계의 셰익스피어 붐」. 『연극평론』. 21 (2000): 41-58.

_____. 「셰익스피어 운문 번역에 대한 한 제언" 『연극의 이론과 비평』 3 (2002): 40-54.

_____. 「열린 공간 하늘극장에서 '몸짓의 난장' 펼친 〈셰익스피어 난장〉」. 『미르』 (2004.7): 12-15.

_____. 「서랍 속에 갇혀버린 보석: 〈꼽추, 리차드 3세〉」. 『예술의 전당』 184. (2004.12): 98-99.

_____. 「바퀴: 주제와 형식의 절묘한 조합 −바퀴 퍼포먼스 〈로미오와 줄리엣〉 을 보고」. 『서울의 연극(*Theater in Seoul*)』(2005.9): 46-48.

_____. 「어중간의 따뜻함에 박수를 〈줄리에게 박수를〉」. 『서울의 연극(*Theater in Seoul*)』 2 (2006.5): 100-102.

_____. 「한 바탕의 칼 놀음으로 재구성된 〈맥베스〉 −극단 마방진의 〈칼로 막 베스〉」. 『오늘의 서울연극』 5 (2011.2): 13.

_____. 『햄릿 제1사절판본』. 서울: 동인, 2007.

_____. 「한국의 뉴 밀레니엄 셰익스피어」. *Shakespeare Review* 48.3 (2012): 533-564.

_____. 「셰익스피어의 극 언어, 어떻게 한국화 할 것인가?」. *Shakespeare Review*

51.1 (2015): 27-65.

_____. "Experimental Shakespeare in Korea: Toward the Muscular Femininity." *Shakespeare Review* 42.3 (2006): 797-811.

_____. "Dialectical Progress of Femininity in Korean Shakespeare since 1990." *Shakespeare's World / World Shakespeares: The Selected Proceedings of International Shakespeare Association World Congress Brisbane 2006*. Eds. Richard Fotheringham, Christa Jansohn & R. S. White. Newark: University of Delaware Press, 2008. 273-291.

_____. "British Responses to Oh Tae-suk's Romeo and Juliet at the Barbican Centre." 『고전 르네상스 영문학』 18.1 (2009): 139-169.

_____. "Shamanism in Korean *Hamlets* since 1990: Exorcising Han." *Asian Theatre Journal* 28.1 (2011): 104-128.

이혜경, 이윤택 대담. 「재구축과 해체 사이에서의 고뇌」. 『공연과 리뷰』(1995. 4): 86-100.

임수택(역). 「피터 브룩 VS 피터 쉬타인 −거장들의 이중주」. 『객석』(1991.5): 189-190.

임승범. 「충청지역의 종이무구-충남 태안지역을 중심으로」. 『한국무속학』 13 (2006): 45-70.

임일진. 「화해와 위로의 공간에서」. 『극단 여행자 & 양정웅 연출의 *Hamlet*』. 공연 프로그램. 2009.11.

장원재(정리). 『오태석 연극: 실험과 도전의 40년(오태석 · 서연호 대담)』. 서울: 연극과 인간, 2002.

장일범. 「환상과 축제, 잃어버린 꿈 되찾기」. 『객석』(1995.7).

전준택. 「시작이 반을 넘은 축제」. 『셰익스피어 공연 읽기』. 김미예, 김태훈 편. 서울: 동인, 2003. 396-404.

정상영. 「부조리한 현실 고발한 사회풍자극 넘쳤다」. 『한겨레』 2012.12.19. Web. 2014.1.22.

정중헌. 「연극화제 −셰익스피어 비극 〈햄릿〉 청바지 70명이 실험공연」. 『조선일보』. 1981.4.15.

정진수. 「연출의 말」. 『〈햄릿〉 프로그램』. 2001.

_____. 「작년 런던의 바비칸 센터에 초대된 두 편의 한국 공연 -〈한여름 밤의
꿈〉과 〈로미오와 줄리엣〉에 대한 현지의 극평」. 『한국연극』(2001.1): 82-83.

조광화. 『오필리어: 누이여, 나의 침실로』(공연 대본). 1995.

조동일. 『탈춤의 역사와 원리』. 서울: 기린원, 1988.

조영호. 「국립극장 총체극 〈우루왕〉」. 『한국일보』. 2002.5.27.

주소형. 「노래하고 춤춰라 햄릿: 연희단 거리패의 〈햄릿〉과 극단 뛰다의 〈노래
하듯이 햄릿〉」. 『서울의 연극』(2005.11): 81-83.

채승훈. 「'일상성 연극'에 대한 섣부른 규정, 독이 될 수 있다」. 『연극평론』 46
(2007): 1-10.

최길성. 「무속에 있어서 집과 여성」. 『한국무속의 종합적 고찰』. (김인회 외). 서
울: 고대민족문화연구소 출판부, 1982. 93-125.

최민우. 「도깨비 불에 홀린 셰익스피어 고향」. 『중앙일보』. 2006.6.29.

최영주. 『글에 담은 연극사랑: 최영주 연극평론집 1998~2007』. 서울: 지성의 샘,
2008.

최재훈. 「이 달의 공연 이야기」. 『한국연극』(1999.10): 114-127.

최종철. 「역자서문」. 『맥베스』. 서울: 민음사, 1993.

최진아. 「진도 씻김굿의 물질문화 연구 -무구와 무복을 중심으로」. 『한국무속학』
2 (2000): 249-273.

최진용. 「마케팅을 통한 한국 연극의 세계화: 해외 공연의 활성화를 위한 전략
방안」. 『한국연극』(2000.4): 25-28.

한상철. 『현대극의 상황과 한국연극』. 서울: 현대미학사, 2009.

_____ 외. 「상업주의 기운의 상승 속에 목표 감을 잃고 있는 한국연극 -90년대
연극계 총평」. 『공연과 리뷰』 24 (1999): 9-25.

홍창수 편저. 『한국 희곡 읽기의 새로움』. 서울: 월인, 1999.

_____. 「소돔의 비판 예술가 L」. 『이윤택 공연대본전집 3』. (서연호, 김남석 공
편). 서울: 연극과 인간, 2006. 225-239.

Arnold Hauser (최성만, 이병진 역). 『예술의 사회학』. 서울: 한길사, 1983.

Asian Shakespeare Intercultural Archive. Dec. 2011. Web. 22. Feb. 2013.

Billington, Michael. "*The Tempest* —Review." *The Guardian.* 15 Aug. 2011. Web. 23 Apr. 2013.

Badawi, M. M. *Background to Shakespeare.* London: Macmillan, 1981.

Bramwell, Murray. "Spirited Korean take on Denmark's woes." *The Australian.* 20 Sep. 2010. Web. 2 Feb. 2013.

Brook, Peter. *The Empty Space.* New York: Avon Books, 1969.

Carlyle, Thomas. *On Heroes, Hero-Worship, and the Heroic in History.* 26 July 2008. Web. 12 Feb. 2014.

Coghlan, Alexandra. "Globe to Globe: A Midsummer Night's Dream, Shakespeare's Globe." *The Arts Desk.* 30 Apr. 30 2012. Web. 11 Feb. 2014.

Gilbert Jenny. "Darcy Bussell and Igor Zelensky, Sadler's Wells Theatre, London / Romoe and Juliet, Barbican Pit. London." *The Independent.* 3 Dec. 2006.

Gurr, Andrew. "Enter through the Yard?" *Around the Globe* Autumn (1999): 32-33.

Hemmings, Sarah. "Roemo and Juliet." *Financial Times.* 27 Nov. 2006.

Hopkins, Mark. "A Midsummer Night's Dream." *The Sydney Morning Herald.* 26 Jan. 2007. Web. 14 Apr. 2007.

Hunt, Marvin W. *Looking for Hamlet.* New York: Palgrave Macmillan, 2007.

Jacobson, Rivka. "Romeo and Juliet." *The British Theatre Guide.* Web. 23 Feb. 2006.

Jenning, Luke. "Less really is more: Balanchine and a small scale Korean production outdo lavish sets." *The Observer.* 26 Nov. 2006.

Kiernan, Pauline. *Staging Shakespeare at the New Globe.* London: Macmillan, 1999.

Kim, Mi-hui, "Macbeth' told from wife's perspective," *The Korea Herald* 24 May 2000.

Lee, Adele. "A Midsummer Night's Dream," *Year of Shakespeare.* 4 May 2012. Web. 9 July 2012.

Logan, Brian. "A Midsummer Night's Dream —review." *The Guardian.* 2 May 2012.

Michael. "Review." *tickets.edfringe.com.* 17 Aug. 2015. Web. 19 Oct. 2015.

Michie, Richard. "Korean Midsummer Night's Dream shows off the glory of translation." *Global Lingo.* 2 May 2012. Web. 14 Feb. 2014.

Marlowe, Sam. "A Midsummer Night's Dream."*The Times.* 3 July 2006. Web. 14 Apr. 2007.

_____. "Romeo and Juliet." *The Times.* 29 Nov. 2006.

Nield, Tiffany. "Review." *tickets.edfringe.com.* 24 Aug. 2015. Web. 19 Oct. 2015.

Oswald, Peter. "Interview with Peter Oswald." *Globe Research Bulletin 15a: Interviews with the White Company, The 1999 season.* (1999): 3-8. Web. 20 Feb. 2007.

Quirke, Kieron. "Smiling in the face of tragedy." *The Evening Standard.* 27 Nov. 2006.

Scott, Robert Dawson. "*The Tempest* at the King's Theatre." *The Times.* 16 Aug. 2011. Web. 23 Apr. 2013.

Shakespeare, William. *The Riverside Shakespeare.* Second Edition. Ed. G. Blakemore Evans & J. J. M. Tobin. New York: Houghton Mifflin Company, 1997.

_____. *The First Quarto of Hamlet.* Ed. Kathleen O. Irace. Cambridge: Cambridge UP, 1998.

Smith. Denzell S. "Prospero the Shaman." *Rendezvous: Idaho State University Journal of Arts and Letters.* 7.1 (1972).

Spottiswoode, Patrick. E-mail Interview. 29 Apr. 2003.

Walker, Tim. "A Midsummer Night's Dream, at Shakespeare's Globe, Seven Magazine Review —The Korean contribution to the international Shakespeare festival at the Globe was a colourful revelation." *The Telegraph.* 11 May 2012.

Wilcock, Tim. "The Taming of the Shrew," *Fringe Review.* 17 Aug. 2015. Web. 19 Oct. 2015.